本书为国家社科基金青年项目"西田哲学中的国家观念研究"(项目批准号:11CSS004)结项成果

西田几多郎的国家观研究

❋ 吴玲 著

中国社会科学出版社

图书在版编目(CIP)数据

西田几多郎的国家观研究 / 吴玲著 . —北京：中国社会科学出版社，2020.11
ISBN 978-7-5203-7062-2

Ⅰ.①西… Ⅱ.①吴… Ⅲ.①西田几多郎（Kitaro Nishida 1870-1945）—国家理论—研究 Ⅳ.①D093.13

中国版本图书馆 CIP 数据核字（2020）第 162573 号

出 版 人	赵剑英
责任编辑	宫京蕾
特约编辑	李晓丽
责任校对	秦 婵
责任印制	郝美娜

出　　版	中国社会科学出版社
社　　址	北京鼓楼西大街甲 158 号
邮　　编	100720
网　　址	http://www.csspw.cn
发 行 部	010-84083685
门 市 部	010-84029450
经　　销	新华书店及其他书店
印刷装订	北京君升印刷有限公司
版　　次	2020 年 11 月第 1 版
印　　次	2020 年 11 月第 1 次印刷
开　　本	710×1000 1/16
印　　张	21
插　　页	2
字　　数	355 千字
定　　价	128.00 元

凡购买中国社会科学出版社图书，如有质量问题请与本社营销中心联系调换
电话：010-84083683
版权所有　侵权必究

目 录

序章 总论——问题的提出及中日学界研究现状 …………… (1)
  一 研究对象和研究方法 ………………………………… (1)
  二 学术价值与现实意义 ………………………………… (3)
  三 国内外研究现状述评 ………………………………… (5)

第一章 西田哲学基本命题 ………………………………………… (38)
  第一节 "纯粹经验"
      ——西田哲学国家观的逻辑前提 ………………… (40)
    一 "纯粹经验"的内涵——以直觉超越逻辑 ………… (40)
    二 "理"——实在的统一力 …………………………… (44)
  第二节 "绝对无"的"场所逻辑"
      ——西田哲学国家观的逻辑依据 ………………… (47)
  第三节 "绝对矛盾自己同一"的辩证法
      ——"场所逻辑"的宗教性发挥 ………………… (50)
    一 "绝对矛盾自己同一"的辩证法的内涵 …………… (51)
    二 西田对黑格尔和马克思哲学辩证法的批判 ……… (52)
    三 "绝对矛盾自己同一"的辩证法的宗教性 ………… (54)
    四 现实世界中的"绝对矛盾自己同一" ……………… (55)
  第四节 人神合一的宗教观
      ——西田哲学与国家观的归宿 …………………… (57)
    一 神——实在的统一力 ………………………………… (58)
    二 对神的"敬爱"——体会神的真意 ………………… (59)
    三 真正的宗教心 ………………………………………… (60)
    四 自然科学的真理与宗教信仰 ………………………… (61)
    五 神与道德 ……………………………………………… (62)
    六 西田哲学的基本特征及其在国家观中的应用 …… (63)

第五节 《善的研究》中的国家观及其时代性特征 …………… (65)
- 一 调和的、相对的个人主义 ……………………………… (65)
- 二 国家——"社会的善"的核心 ………………………… (66)
- 三 《善的研究》的学术谱系、时代背景与反响 ………… (69)

第二章 西田哲学国家观 ……………………………………… (79)
第一节 西田哲学的政治伦理观 ……………………………… (79)
- 一 "至善"的内涵 ………………………………………… (79)
- 二 超越道德的"人格"概念 ……………………………… (84)
- 三 个人、家庭与社会 ……………………………………… (86)
- 四 个体意志与共同意志 …………………………………… (90)
- 五 道德与法律 ……………………………………………… (92)
- 六 实践道德的依据 ………………………………………… (101)

第二节 西田哲学文化观 ……………………………………… (104)
- 一 日本学者对《日本文化的问题》的评价 ……………… (105)
- 二 西田对文化概念的解读 ………………………………… (109)
- 三 西田对东西方文化的定位 ……………………………… (112)
- 四 西田眼中的日本文化的特征 …………………………… (116)
- 五 日本文化的"世界性" ………………………………… (124)
- 六 西田哲学文化观的实质 ………………………………… (128)

第三节 西田哲学国家观 ……………………………………… (129)
- 一 关于理性、民族、社会的概念 ………………………… (130)
- 二 国家的概念 ……………………………………………… (134)
- 三 "历史的世界"理论 …………………………………… (139)
- 四 国家理性的问题 ………………………………………… (144)
- 五 日本的"国体本意" …………………………………… (149)
- 六 西田哲学的家族国家观 ………………………………… (155)

第四节 西田哲学世界观
——"世界性的世界形成主义" ………………… (161)
- 一 "世界性的世界形成主义"的内涵 …………………… (162)
- 二 "世界性的世界"的形成步骤 ………………………… (166)
- 三 皇室在"世界性的世界"中的作用 …………………… (170)

第三章　西田几多郎与时局 ……………………………………（175）
第一节　西田与日本政府的接触 ……………………………（177）
　　一　参加教学刷新评议会 …………………………………（177）
　　二　参加诸学振兴委员会，发表系列演讲 ………………（180）
　　三　与近卫、原田的交往 …………………………………（181）
第二节　西田与陆海军 ………………………………………（189）
　　一　西田与海军的接触 ……………………………………（189）
　　二　西田与荒木贞夫的早期接触 …………………………（191）
　　三　"天皇御进讲" …………………………………………（192）
第三节　发表《世界新秩序原理》 …………………………（196）
　　一　矢次一夫的回忆 ………………………………………（197）
　　二　田边寿利的回忆 ………………………………………（200）
　　三　"东条演说"与《世界新秩序原理》 ………………（203）

第四章　西田几多郎与"世界史的哲学""近代的超克" …（208）
第一节　"世界史的哲学派" ………………………………（209）
　　一　"京都学派"与"世界史的哲学派" ………………（209）
　　二　战时的日本思想界 ……………………………………（211）
　　三　"世界史的哲学派"与海军 …………………………（213）
第二节　西田几多郎与"近代的超克" ……………………（216）
　　一　关于"近代的超克" …………………………………（217）
　　二　日本国家拥有的"道义的生命力" …………………（220）
　　三　关于"圣战" …………………………………………（225）
第三节　西田哲学世界观与军部的战争理念 ………………（228）
　　一　"国际联盟主义"与"世界性的世界形成主义" …（228）
　　二　"东亚共荣圈原理"与军部法西斯 …………………（231）
　　三　"特殊性的世界"理论的"现代性"意义 …………（236）
　　四　西田几多郎对战争的态度 ……………………………（239）

第五章　西田哲学国家观与其他思想家的国家观比较 ……（249）
第一节　西田哲学国家观与"天皇机关说"论争 …………（249）
　　一　天皇与国家 ……………………………………………（251）
　　二　"国家人格"的问题 …………………………………（255）
　　三　关于"国体"的内涵 …………………………………（258）

四　西田几多郎与"国体明征运动" ……………………………（262）
　　五　日本近代国家理论的特征 ………………………………（263）
　第二节　西田哲学国家观与北一辉的"超国家主义" …………（265）
　　一　日本学者对北一辉的评价 ………………………………（266）
　　二　北一辉基于社会进化论的道德观与西田哲学道德观 ……（269）
　　三　北一辉国体论与西田哲学国家观 ………………………（272）
　　四　北一辉与西田哲学世界观 ………………………………（281）
　第三节　西田哲学与津田史学 …………………………………（284）
　　一　津田史学与西田哲学道德观、历史观 …………………（287）
　　二　津田史学与西田哲学文化观 ……………………………（294）
　　三　津田史学与西田哲学天皇观、国家观 …………………（306）
结　论 ………………………………………………………………（313）
参考文献 ……………………………………………………………（318）
后　记 ………………………………………………………………（329）

序章 总论——问题的提出及中日学界研究现状

一 研究对象和研究方法

作为近代日本体系化哲学的创始人，从1911年发表第一部哲学著作《善的研究》，至1945年5月完成最后一篇论文《场所逻辑与宗教的世界观》，西田几多郎一生致力于建构独特的哲学体系。在《善的研究》中，西田总括了其哲学基本原理——"纯粹经验"，同时，他也概括地谈到了对国家和宗教的体认。在《善的研究》之后，西田先后提出"绝对无"的"场所逻辑""行为的直观"与"绝对矛盾自己同一"的辩证法等理论体系，使西田哲学臻于完成。从20世纪30年代中后期开始，西田在其哲学体系逐步完善之后，开始以自创的逻辑与方法论解读东西方文化、近代国家的存在原理等问题。20世纪40年代之后，通过学生和好友的联络，西田应陆军方面邀请，在国策研究会作了题为《世界新秩序原理》的讲话。在这篇政治性极强的发言中，西田着重论证了日本国体、皇室、民族、国家，以及"世界新秩序"等问题。至此，文化观、国家观、世界观成为西田哲学的终极归属。西田深入诠释其国家观的时期，正是日本发动大规模对外侵略战争的时期，西田努力将其国家观与"狭隘的、排他性的日本主义"划清界限，宣扬"日本精神"的"世界性"，使西田哲学成为面向世界的"世界哲学"。尽管西田特别强调其哲学视角下的国家观既不同于日本流行的"狭隘的家族国家观"，又与当时欧美流行的标榜对外侵略和征服的"帝国主义国家观"有本质区别，是"面向世界的、开放的"国家观，是"绝对矛盾自己同一的世界的自然发展状态"。但是，西田的国家观依然发挥了为日本军部法西斯的对外扩张提供理论支撑的作用。西田认为，现实的日本国家就是以皇室为核心的"矛盾自己同一"的国家，这种"历史地形成的国体"在世界上是独一无二的，因此具有独特的"优越性"。关于未来世界的发展方向，西田认为，世界历史的终极发展阶段是"世界性的世界"，而构建"世界性的世界"的前提是建设"特殊性的世界"。在亚洲，以日本为领袖的"特殊性的世界"——"东亚共荣圈"是通往"世界性的世界"的必经阶段，因此，欲最终实现"世界性的世界"这一理想，并将"日本精神"推向世界，必须仰赖"日本皇室之光"的照耀。从上述观点的推演逻辑可见，西田试图从其"面向世界"的国家观念出发，配合军部的"大东亚共荣圈"理论，竭力美化日本军国主义的对外侵略活动。

西田哲学的国家观与西田哲学的认识论、辩证法、道德观、文化观、历史观、世界观融合在一起，构成了西田哲学和伦理学的基本理论架构。因此，作为细致阐释西田哲学的道德观、文化观、历史观、世界观的前提，必须从西田哲学的基本原理入手，在西田哲学的理论建构中寻求其国家观的理论出发点。作为日本近代颇完备的哲学体系，西田哲学中包含的"纯粹经验"的认识论、"绝对矛盾自己同一"的辩证法、"绝对无"的"场所逻辑"等概念范畴构成了对西方哲学体系的独特解释及运用，体现出日本哲学特有的以"绝对无"包容"万有"的"包容性"特征。在西田哲学的国家观中，这种强调"无限包容"的理念得到充分应用，亦成为其论证所谓"皇室包容一切"的理论来源。鉴于此，我们在探讨西田哲学国家观之前，简要剖析西田哲学的上述基本理念，进而探求西田哲学基本原理在其国家观中的应用。

本书以西田哲学的文化观、国家观、世界观为主要研究对象，试图通过辨析西田几多郎关于日本文化的本质问题，日本的"国体本意"和"国家理性"问题，日本在"世界性的世界"中的定位等问题，探寻西田哲学国家观的内涵与本质，并与日本学界的相关主流研究成果相对照，深入解析日本学界主张的所谓西田哲学国家观中的"反帝国主义"倾向和"现代性意义"，揭示西田哲学国家观的侵略性本质。为了更加全面地阐释西田哲学的时代性特征，亦有必要细致梳理西田几多郎与政府、军界的关系，并把西田哲学的国家观与京都学派"世界史的哲学""近代的超克""天皇机关说"与"天皇主权论"、北一辉的"超国家主义"、津田左右吉的历史理论等日本同时期著名思想家的国家观念进行比照。因为这样，不仅可以明晰西田哲学国家观在近代日本思想界的影响，更能够从同时代的日本人文学术各领域杰出学者那里梳理出某些国家观念上的共性特征，并借助比较分析，在战前日本社会纷繁复杂的国家主义思想中切开一个截面，窥探近代日本国家观念的特性。

由于本书采取与多数日本学者相关研究截然不同的批判性研究视角，因此，我们力求以马克思主义国家理论为指导，运用辩证唯物主义与历史唯物主义的观点和方法，通过对西田哲学具体原理的理论研究、逻辑分析，逐步揭示西田哲学国家观的本质特征。由于西田几多郎在广泛运用康德、黑格尔、斯宾诺莎等西方哲学家的国家观理论和概念的基础上，诠释出立足于日本传统信仰的国家观，因此，在分析西田哲学国家观的基本观念时，本书也运用比较研究的方法，通过梳理西田对西方国家理论基本概念的处理与变通，寻找西田哲学国家观中的日本文化要素。在分析西田哲学中与国家观相关的主要哲学命题之后，本书的重点研究思路在于：批判性地研讨西田哲学文化观、国家观、世界观的实质，揭示西田本人与战时受到军部左右的日本政府的密切联系，进而揭露西田试图为军部法西斯提供理论支持的初衷，剖析西田的哲学国家观与日本法西斯主义理论之间的内在关联性。

二 学术价值与现实意义

西田哲学国家观是宣扬"以皇室为日本国家核心"的近代家族国家观。西田不仅把国家当作整个人类历史的终极存在、核心存在，还赋予国家至高无上的神性。西田哲学认为，国家是"具有绝对价值的存在"，是"道德的源泉"，而"皇道"是日本国家"优于"亚洲其他民族国家的标志。西田哲学国家观中宣扬的"世界新秩序原理"是首先在东亚构建以日本为核心的"东亚共荣圈"，再通过"东亚共荣圈"模式，使世界统一于日本皇室之下。上述观点构成西田哲学国家观的基本主张，包含明显的侵略主义倾向。然而，对于西田哲学国家观的以上结论构成，大多数日本学者不仅并未给予特别关注，而且，日本主流学界甚至对此采取集体忽视的态度。日本学界把论证重心放在阐释西田哲学的"反帝国主义倾向"上，从而有意忽略西田哲学国家观的核心主张。此外，日本学界还把注意力集中到西田借助西方哲学原理对日本传统思想的哲学建构上，对西田哲学中的国家观念问题，也仅仅从哲学史角度入手，分析其与黑格尔、康德国家观以及马克思主义国家观的区别与联系。在日本学术界，对"世界必然统一在皇室之下"这个西田哲学国家观最突出的立论关注甚少，特别是未能把西田哲学中的国家伦理学作为日本近代国家主义思潮的内容之一，从而有意忽略能够代表近代日本民族世界观、国家观的西田哲学在近代日本国家主义、法西斯主义思潮中的作用。

针对日本学界的研究状况，在西田哲学的理论建构中寻求其国家观的理论出发点，通过深入剖析西田哲学国家观的内涵与实质，与日本学界主张的西田哲学具有所谓"反帝国主义"倾向这一主流观点展开深入辨析，不仅能够洞悉西田哲学国家观中明显具有支撑对外侵略理论这一本质特征，更能够清晰地梳理日本近代国家主义思潮的思想内核。

由于本书讨论的内容是国内日本史学界较少论及的领域，因此，将有助于日本史的基础研究。本书与以往研究的不同之处在于：并非从国家主义思想的直接倡导者那里入手，而是从表面上看似乎与国家主义无关的日本近代哲学家西田几多郎入手，通过对西田哲学国家观的深入分析，以及对西田与日本同时期著名思想家的国家观念的比较，探寻近代日本国家主义思潮中的侵略主义、帝国主义成分。

值得关注的是，随着近年来日本新国家主义的抬头，很多本身就具有日本民族国家主义、大民族主义倾向的学者开始借助对西田哲学的"研究"，宣扬日本民族"优越论"。更有诸多西田研究者将西田哲学中所谓"反帝国主义"倾向过分放大，试图通过片面地夸赞西田哲学的"现代性""世界性"价值，论证以西田哲学为代表的日本近代哲学是"世界哲学"而非侵略哲学，以此为今天的日本文化"走向世界"寻找哲学渊源。另外，自欧洲各国在平等合作的基础上实现"区域一体化"以来，强调区域合作成为当今世界协调发展的主题之一。在日本，主张亚洲各国区域合作的构想和理论也纷纷出现。于是，一些日本的西田哲学研究者亦将西田的"东亚共荣圈原理"视为"与欧洲共同体相同的理念"，从而更加热衷于论证西田哲学国家观、世界观的"现代性意义"。在这种背景下，对西田哲学中的文化观、国家观、世界观的具体主张和实质进行学术性的细致分析，鉴别西田哲学"东亚共荣圈原理"中对亚洲其他国家的蔑视与偏见，揭示西田哲学"世界性世界形成原理"中的侵略性主张，不仅能够有力驳斥某些日本学者借宣传西田哲学"独特价值"和"世界性"之名，为日本对外侵略寻求理论借口的"学术"结论，对日本人正确认识近代历史有所裨益，而且在亚洲各国未来的合作与发展中，对防止某些历史沉渣的泛起，或以某个国家为中心名为"纵向共同体"，实为侵略性、压迫性理念的死灰复燃也将起到重要作用。

三 国内外研究现状述评

(一) 国外研究现状

1. 日本学者的研究

到目前为止,对西田哲学国家观进行的系统深入研究仅限于日本学界。第二次世界大战后,对西田哲学的研究一直受到日本哲学界、文化学界和历史学界的关注,对西田哲学的学术性定位也经历了一个不断发展、深化的历史过程。由于本书关注的是西田哲学国家观,因此,在梳理研究历史时,我们在整体上总结国外学界针对西田哲学研究脉络的基础上,重点梳理与西田哲学国家观相关的研究成果。

(1) 第二次世界大战后初期的起步性研究(1945—1960)

第二次世界大战后初期,马克思主义历史学家率先展开对西田哲学的批判。他们指出,西田哲学是"帝国主义化了的自由主义资产阶级的哲学"①;起到了把粉饰侵略的言论理性化的作用②;"为日本的卓越性寻找基础的西田氏不得不做出如下讴歌:'东亚共荣圈'是世界史的自觉的必然阶段,因此应当肯定,太平洋战争是历史的生命力的发现,所以是正义"③;西田哲学"是作为资产阶级意识形态精髓的资产阶级哲学,是资产阶级哲学在我国的代表者"④;"具有绝对主义天皇制思想藩屏的性质"⑤;西田的思想是"使人们追随绝对主义及法西斯新侵略政策的超越性伦理"⑥。上述对西田哲学的定位是从反省侵略战争这个时代前提出发,以马克思主义的阶级划分理论为基础对西田哲学进行的批判,并得出了许多颇具创见的结论。然而,由于这一时期的历史学家并未对西田哲学国家观展开细致、

---

① 永田広志:『哲学と民主主義』,古明地書店1948年版。
② 丸山真男:『現代政治の思想と行動』,未来社1957年版。
③ 林直道:『西田哲学批判』,解放社1948年版。
④ 戸坂潤:『無の論理は論理であるか——西田哲学の方法について』,『戸坂潤全集』,勁草書房1966年版。
⑤ 宮川透:『近代日本思想の構造』,東京大学出版会1968年版。
⑥ 1949年,古在由重、高桑純夫、真下真一、松村一人四位学者以《哲学的现代史》为题召开座谈会,松村一人对西田哲学的现实功用作了上述发言。(『哲学の現代史』,文化評論社1949年版,第97页。)

深刻的研究，只是在梳理近代日本思想史过程中，对西田哲学予以初步观照，致使其结论仅仅局限在总括性定位的层面上，再加上史料整理工作亦未展开，导致未能进行深入细致的批判，因此，第二次世界大战后马克思主义历史学家对西田哲学的批判研究尚停留在最初的整体性研究阶段。

另外，西田的弟子们则开始集中整理西田的著作与书稿，不仅刊行了最早版本的《西田几多郎全集》（岩波书店 1947—1953），还整理了西田生前与友人山本良吉、铃木大拙的往来书信与西田几多郎日记（西谷启治编《寸心日记》）等。这些基本史料奠定了后来对西田哲学进行深入研究的基础。从 1948 年开始，西田的弟子们每年在京都妙心寺内的西田墓碑"寸心塔"前自发举办"西田几多郎纪念演讲会"，宣读纪念论文，吟诵追忆诗篇。

在这一阶段，对西田哲学持批判态度的学者与西田的弟子们曾经围绕《世界新秩序原理》的发表问题展开一次争论，从严格意义上说，这场争论并非学术性论争，而是历史事件亲历者在针对特定事件展开追忆性评论时，引发的不同观点倾向的激烈碰撞。1954 年，正值西田逝世十周年，《文艺春秋》发表大宅壮一的论文《西田几多郎的败北》，大致梳理西田在写作《世界新秩序原理》时期与军方人员的交涉过程。针对大宅壮一的某些观点，西田的弟子长与善郎撰写《西田几多郎博士的悲剧》，高坂正显撰写《西田几多郎博士与"世界新秩序原理"的由来》，提出严厉质疑。质疑的焦点在于：西田是在怎样的背景下写作《世界新秩序原理》？大宅壮一认为，当时的西田遭受军方监控，人身安全受到威胁，为了保护自身和弟子们的安全，西田"不得已屈服"，因此，《世界新秩序原理》并不能体现西田的本意，是其向政治屈服的产物。[①] 高坂正显认为，大宅壮一的叙述"错误百出"，是凭空想象的"剧本"。认为当时的形势不仅不是陆军对西田施压，反而是陆军向西田征求理论支持，西田应陆军的要求，撰写了《世界新秩序原理》的理论部分，其他关于战争、皇室、"八纮一宇"等内容，则是由负责联络西田与陆军的田边寿利和军方顾问金井章次执笔。[②] 由于高坂正显是与西田来往密切的弟子，且依据多出自《西田书简》及西田与弟子之间的谈话，因此，与大宅壮一相比更有说

---

① 大宅壮一：『西田幾多郎の敗北』,『文芸春秋』, 1954 年 6 月。
② 高坂正显：『西田幾多郎博士と「世界新秩序の原理」の由来』,『心』, 1954 年 9 月。

服力。

然而，关于《世界新秩序原理》写作背景问题的讨论并未终止，这不仅由于此次争论遗留下诸多问题（如《世界新秩序原理》中哪些内容体现了西田本意，哪些内容是由田边、金井附加上去的；西田在撰写《世界新秩序原理》时期，与陆军、政府之间的关系是怎样的等），更由于《世界新秩序原理》中出现了"皇室""战争""八纮一宇"等词汇，这与西田几多郎一贯运用独特的哲学语言解读人生、民族、文化、国家问题的做法有较大区别，也使许多学者在研究《世界新秩序原理》时，不得不面临这样的疑惑：《世界新秩序原理》是否体现了西田的真实意图？此次争论中，高坂的观点被此后大多数日本研究者采纳，大家普遍认同《世界新秩序原理》是西田独立撰写的观点，并将其收录于第二次整理刊行的《西田几多郎全集》中。

（2）研究的初步展开（1960—1970）

20世纪60年代以后，一些学者通过对刚刚刊行的《西田几多郎全集》的研究，开始对第二次世界大战后初期学界的西田哲学批判研究进行补充和深化。随着研究的逐步展开，学者们纷纷从不同角度评判西田哲学的意义。古田光认为，西田哲学是"在因日本急速'近代化'而导致的混乱和焦躁中，探索日本'近代性个人'的精神支柱的哲学"，因此，西田哲学拥有的历史的、社会的基本性质绝不是前近代的、封建的，而是近代的、市民的。① 古田光进一步指出："《善的研究》中的西田的哲学思想表明，他未能克服主观主义的、观念论的性格。"② 山田宗睦认为，不应把西田哲学看作天皇制哲学，而应视之为"欠发达的资产阶级市民哲学"，并对西田晚年提出的"历史性、生产性作用的逻辑"给予高度评价③。下村寅太郎认为，西田的"场所逻辑"是以非合理性的存在——个体的存在为基础创建的逻辑，在这里可以看到西田哲学的"世界史的意义"④。上山春平认为，西田哲学中作为"对生命的深刻洞察"和"直观主义"而被继承下来的东洋的、佛教的思想，拥有弥补西方近代"科学

---

① 古田光：『西田幾多郎』收录于：『近代社会思想史論』，青木書店1959年版。
② 古田光：『西田哲学の位置と意義』，『思想』，1967年第7期。
③ 山田宗睦：『日本型思想の原型』，三一書房1961年版。
④ 下村寅太郎：『西田幾多郎・人と思想』，東海大学出版会1965年版。

思考方法中的缺陷"的可能性。①

1960年7月，《理想》杂志刊出"西田哲学批判"专号，展开对西田哲学的集中批判与研究。在这次专题讨论中，学者们主张对西田哲学应采取一分为二的评价：应当批判西田哲学中的"非现实性"，同时应当肯定西田哲学的"积极功绩"，主张必须将其"作为今后人类共有的精神遗产而加以保留和研究"②。可见，这一时期学者们的关注点开始转向西田哲学对人类的"精神性贡献"、和作为生命哲学的意义，表明日本学界对西田哲学的研究已经开始偏离或部分放弃第二次世界大战后初期从批判帝国主义理论和天皇制视角出发定位西田哲学，对西田哲学的研究开始走向异化和多样化。

（3）研究的进一步深化和对立性观点并存的时期（1970—1990）

20世纪70年代以后，以上山春平《日本的思想》为代表，日本学者展开对西田哲学的专题性研究。上山春平对西田哲学国家观进行了具体分析与评价，认为西田哲学国家观中"包含着对完全缺乏国际性见解的偏狭的日本主义，和以日本国家的利害为中心的利己的帝国主义的批判"；西田的"世界性的世界形成主义"思想是"试图把世界性融入到日本精神中去"的"开放的国家主义"，是"国际主义的爱国思想"③。船山信一在《西田几多郎全集》第十五卷附录中总结道："战前和战时的'左翼'哲学家们虽然对于西田哲学是否具有封建性质、西田哲学与东洋哲学之间的关系，以及西田哲学与宗教，特别是佛教之间的关系问题有不同看法，但他们在绝对不把西田哲学看作法西斯哲学这一点上，看法是一致的。"④ 此后，日本的西田哲学国家观的研究者大多致力于重新解读西田哲学倡导的"世界性的世界形成主义"和日本文化"对世界的特殊贡献"。第二次世界大战后的批判性立场逐渐被淡化。

1983年，作为丛书《20世纪思想家文库》的一部分，岩波书店出版由中村雄二郎撰写的《西田几多郎》一书，成为日本哲学界对西田哲学进行再评价的一部力作。《20世纪思想家文库》评价了现代世界思想史上

---

① 上山春平：『日本の土着思想』，弘文堂1965年版。
② 刘及辰：《西田哲学》，商务印书馆1963年版，第144页。
③ 上山春平：『日本の思想』，サイマル出版会1971年版，第80—83頁。
④ 船山信一：『西田幾多郎全集』，第十五卷付録，岩波書店1979年版，第6頁。

最具代表性的思想家，西田几多郎是作为第一辑中日本的唯一代表被选入文库的，这说明日本学界开始把西田几多郎列入世界著名思想家行列，把西田哲学奉为"世界哲学"，也反映出日本知识界追寻日本民族文化"独特性"的迫切心情。中村雄二郎也因为对西田哲学进行"空前深入的研究"而成为当时备受关注的哲学家。① 1987年，岩波书店出版中村雄二郎的第二部研究西田哲学的专著《西田哲学的解构》，该书的最后一章《西田几多郎的宗教论与历史论》发表在同年的《思想》杂志上。中村雄二郎采取把西田哲学分解为多个"问题群"的方法，深入研究西田哲学的基本原理。通过对"问题群"的解读，中村将西田哲学提升到一个全新高度。他认为："西田哲学（至少在其积极的一面上看）是在日本之中体现日本的同时超越日本，并且在近代之中体现近代的同时超越近代。作为上述哲学，在现在也是活生生的，尽管人们意识不到，却构筑着'日本哲学'的坐标轴。"② 中村雄二郎倾心关注的是西田哲学的基本哲学命题，他并未对西田哲学国家观、文化观、历史观进行细致的分析评价，仅仅在评价西田哲学辩证法的本质问题时，简略地提及了西田哲学文化观的问题所在："从自己的东洋文化，即日本文化的立场出发，简单地、无限定地论证其对西洋文化立场的优越性。"③

这一时期，在批判西田哲学的时代作用问题上，主张西田哲学充当了侵略战争帮凶的观点仍然占据一席之地。其中，竹内芳郎的观点具有代表性，他认为："西田哲学在战时不仅完全没有呈现出批判日本的帝国主义侵略战争的视角，反而将其神圣化，煽动很多真挚的青年投入到这场丑恶的战争中，这已经是众所周知的事实。"④ 古田光也认为，虽然京都学派和西田的立足点在于尽量从日本国家内部阻止其倒向利己的帝国主义、独善的民族主义，但是，"在对待亚洲诸多国家民族时，对在八纮一宇的名目下将其置于日本帝国主义统治之下的主张，却发挥了提供美化其内容的理念性辩护的机能。并且，对于国内的知识阶层来说，也起到了使其从内

---

① 西川富雄在1985年的《思想》杂志上还发表了热情洋溢的书评。见西川富雄『西田哲学をどう見るか』，『思想』1985年第1号，第125—138頁。
② 中村雄二郎：『西田哲学の脱構築』，岩波書店1987年版，第67頁。
③ 中村雄二郎：『西田幾多郎の宗教論と歴史論』，『思想』1987年第5期。
④ 竹内芳郎：『ポストモダンにおける知の陥穽』1986年，转引自袴谷憲昭『批判仏教』，大蔵出版1990年版，第130—131頁。

心出发参加、支持在圣战的名义下发动包含各种矛盾的太平洋战争的作用",而这正构成京都学派的"悲剧"的根源。①

总之,这一时期是整个日本学界大幅提升对西田哲学重视程度的时期。研究者们一方面通过颂扬西田哲学的"世界性""反帝国主义性",试图将西田哲学上升为"世界哲学",进而完全剔除西田哲学与法西斯哲学的关联性;另一方面,也认识到西田哲学文化观中蕴含的日本文化"优越论"倾向,强调西田哲学在实际作用上发挥的为日本帝国主义对外侵略战争煽动人气的功能。这两种看似相反的观点的出现,表明日本学界对西田哲学的研究走向更加深入的层次,构成这一时期的研究特点。

(4)集中关心西田哲学的"世界性意义"时期(1990—2000)

20世纪90年代以后,随着全球化进程的推进,日本向"政治大国""文化大国"迈进,日本思想界对西田哲学的关注进一步升温,出现了通过重新解读西田哲学来探寻日本文化"独特性"的研究倾向。在这一时期,研究西田哲学的著作大量涌现。主要有:上田闲照《对西田哲学的提问》②、《品读西田几多郎》③、《上田闲照集第一卷西田几多郎》④,小坂国继《西田哲学研究——场所逻辑的产生与构造》⑤、《西田哲学与宗教》⑥、《西田几多郎:其思想与现代》⑦,荒井正雄《一个对西田哲学的解读》⑧,铃木亨《西田几多郎的世界》⑨,平山洋《西田哲学的重新构筑》⑩,大桥良介《西田哲学的世界》⑪,新田义弘《作为现代的问题的西

---

① 古田光、作田啓一、生松敬三编集:『近代日本社会思想史(2)』,有斐閣1971年版,第277頁。
② 上田閑照:『西田哲学への問い』,岩波書店1990年版。
③ 上田閑照:『西田幾多郎を読む』,岩波書店1991年版。
④ 上田閑照:『上田閑照集第一巻 西田幾多郎』,岩波書店2001年版。
⑤ 小坂国継:『西田哲学の研究——場所論理の生成と構造』,ミネルヴァ書房1991年版。
⑥ 小坂国継:『西田哲学と宗教』,大東出版社1994年版。
⑦ 小坂国継:『西田幾多郎:その思想と現代』,ミネルヴァ書房1995年版。
⑧ 荒井正雄:『一つの西田哲学読解』,中部日本教育文化会1997年版。
⑨ 鈴木亨:『西田幾多郎の世界』,勁草書房1988年版。
⑩ 平山洋:『西田哲学の再構築』,ミネルヴァ書房1995年版。
⑪ 大橋良介:『西田哲学の世界』,筑摩書房1995年版。

田哲学》①，粂康弘《西田哲学——其确立与陷阱》②，根井康之《用西田哲学审视现代社会》③ 等。

上述著作在延续 70 年代以来多角度解读西田哲学的思路的基础上，从对西田几多郎生平的细致挖掘、对西田几多郎哲学思索的深入剖析入手，论证西田哲学的现代意义。小坂国继在这一时期出版了三部西田哲学研究著作，其中，《西田哲学研究——场所逻辑的产生与构造》主要研究了西田哲学中期以前的基本构造与发展过程，《西田哲学与宗教》则以西田的宗教哲学思想为中心解读西田宗教哲学的形成过程。在最后一部著作《西田几多郎：其思想与现代》中，作者通过对"辩证法的世界""行为的直观""从被创造者到创造者""历史的身体""制作""绝对矛盾自己同一""逆对应"等后期西田哲学的基本原理进行深入解读，探寻在当前的哲学状况下，如何继承、发扬西田哲学的问题。通过这三部著作，小坂国继大致完成了对西田哲学的全面性研究。小坂国继在这一时期的研究重点是解读西田哲学基本原理的现代意义。值得注意的是，小坂国继在第三部研究著作中，运用批判视角论证了西田哲学中存在的问题："西田竭力研讨的是绝对无的宗教性自觉的层面"，"而不是历史的形成的具体内容与过程"，因此，"西田的实践概念是观想性的"。④

粂康弘在《西田哲学——其确立与陷阱》中，对西田几多郎、田边元、和辻哲郎等日本近代学院派哲学家的思想进行了细致的比较研究。关于西田哲学在当时的日本国家体制中的作用问题，作者认为，西田在《善的研究》中完成的哲学思索是"试图确立从根本上打破复归到近代以前的国家体制，以及冲破这个时代枷锁的原理"，认为以西田为首的哲学家"在国家主义的思想统制扩张到国民生活的方方面面的时代，创造出能够解决所有矛盾的高层次方策（作为一切矛盾的焚烧炉的高层次的实在）"，⑤ 高度评价了西田哲学拥有的现实政治意义。

根井康之从解决地球环境、资源、粮食、人口、民族、人权等现代全

---

① 新田義弘：『現代の問いとしての西田哲学』，岩波書店 1998 年版。
② 粂康弘：『西田哲学——その成立と陥穽』，農山漁村文化協会 1999 年版。
③ 根井康之：『西田哲学で現代社会を観る』，農山漁村文化協会 1992 年版。
④ 小坂国継：『西田幾多郎：その思想と現代』，ミネルヴァ書房 1995 年版，第 310 頁。
⑤ 粂康弘：『西田哲学——その成立と陥穽』，農山漁村文化協会 1999 年版，第 252—253 頁。

人类面临的诸多问题的角度出发,探寻西田哲学提供的在"根源上解决上述世界问题"的理念。作者认为:"在因苏联、东欧的社会主义崩溃而导致马克思主义思想的有效性被严厉质疑的今天,作为超越客观性的、合理性的社会认识,西田哲学将拥有极大可能性。"①

在这一时期,尽管关于西田哲学文化观、国家观、世界观的专著并未出现,但是,日本学界显然已经开始关注西田哲学中的政治性主张,具体表现在《思想》杂志刊出的一系列研究论文中。1995年,《思想》杂志刊出"西田几多郎逝世50周年特集",包括西方学者在内的西田哲学研究者展开了关于西田哲学的大讨论。在这次专题讨论中,关于西田哲学文化观、国家观、世界观研究的主要观点有:大桥良介认为,西田哲学中关于"世界"的命题体现出直接性和逻辑性相结合的意义,如果按照西田哲学"客观的逻辑主义"原则继续推演,那么西田主张的世界便是"以一个个自己的完全独立为条件的,与全体主义相对立的世界",从这个角度出发,对以往屡次遭到批判的、体现西田政治见解的论文——《世界新秩序原理》就有继续解读的必要了。②

上田闲照从西田日记和书简入手,分析了西田几多郎在"天皇机关说"事件和"二二六事件"中的态度,认为对于这两个事件,西田都表现出了对"国家前途完全走向黑暗"的担心;在对战争的态度上,西田也表现出了"深深的忧虑之情",这表明西田"始终避免对战争的直接肯定"。上田闲照认为,西田主张的"皇道"与孙中山在日本倡导的"王道"接近,西田着重强调的是"日本文化对世界的贡献",而不是军部宣扬的"皇道精神"。另外,西田在论述皇室时用了"矛盾的自己同一",而不是"绝对矛盾的自己同一",这表明"西田并不主张将皇室绝对化(毋宁是不将皇室绝对化)"。上田闲照通过对西田哲学日本文化论进行分析之后,最终得出的结论是:"不能把西田看作'日本精神'主义者、'天皇'绝对论者、国家主义者、军国主义者、战争参与者和'大东亚战争'的理念宣传者","西田尊重以东方文化传统为背景的日本文化的独自性,同时,也强烈地萌生出为了形成新的世界文化,日本文化如何行动

---

① 根井康之:『西田哲学で現代社会を観る』,農山漁村文化協会1992年版,前言第2页。
② 大橋良介:『群論的世界——西田哲学の「世界」概念——』,『思想』第857号,1995年,「西田幾多郎歿後50年特集」,第68頁。

来面向世界这个根本性的关注点","不能把西田视为与国家主义相结合的日本文化至上论者"①。

　　源了圆在分析西田几多郎的传统观时认为,西田的哲学思维绝不是西方文明至上主义者,西田的最终目标是"以东方文化为背景创造新的人类文化、世界文化",是通过彻底地学习西欧文明,通过发现比以往的东方文化和西方文化更加深入、广大的根基来创造这种世界文化。西田的立足点与主张日本民族中心主义的国粹论者截然不同,"西田是世界性视野上的文化多元论者","他主张在现实世界里,各自的民族文化在保持作为民族文化的个性的同时,还应当创造拥有普遍性的文化,他是个文化多元论者。在这里存在着西田的传统论、文化论的卓越性、先驱性"。②1988年,作为对西田几多郎的传统观念研究的补充,源了圆在《思想》上发表《西田几多郎的日本文化论中关于"物"的思想》。他认为,西田在文化观中提出的"作为物来思考,作为物来行动"这一日本文化的特征"具有突破常识的冲击力和独创性",用这种关于"物"的思想来研究西田哲学文化观,就可以发现其与当时国粹主义者的区别,因为当时的西田是在论证与时局毫无关系的哲学基础性问题。③源了圆主张将西田纯粹的哲学思想与当时的时局截然分开,以此将西田哲学日本文化论中关于皇道和国体的论证从日本战前复杂的政治形势中剥离出来,把西田哲学提升到"纯粹的日本哲学"高度。遊佐道子认为：主张西田哲学为圣化战争助力"这个'众所周知'的'事实'实际上只不过是在战后'被创造出来的'新神话而已","在西田逝世50周年之际,我强烈地感觉到,再次审视西田及其哲学的时刻到来了"。④

　　与以往学术界关注西田哲学的基本原理不同,这次特集中的论文大多关注西田哲学的文化观、国家观、世界观,并以此论证西田哲学的现代

---

　　① 上田閑照：『西田幾多郎——「あの戰爭」と「日本文化の問題」』,『思想』第857号,1995年,「西田幾多郎歿後50年特集」,第107—133頁。
　　② 源了圓：『近代日本における伝統観と西田幾多郎——エリオットの伝統論との出会い——』,『思想』第857号,1995年,「西田幾多郎歿後50年特集」,第215—220頁。
　　③ 源了圓：『西田幾多郎の日本文化論における「物」をめぐる思想』,『思想』第888号,1998年,第145—146頁。
　　④ 遊佐道子：『アメリカで西田研究を考える』,『思想』第857号,1995年,「西田幾多郎歿後50年特集」,第228頁。

性，从而把西田哲学由"世界哲学"进一步抬升为面向人类未来的"现代性哲学"。虽然在这些论文中，作者们仍然只围绕西田哲学某些具体概念范畴进行细致分析，但在品读其论文时，能够体味出一种对于早在战后初期就已经大致成为定论的西田哲学政治观点批判的反对情绪。尽管学者们在论文中并未对诸如"西田哲学实际发挥了将粉饰侵略战争的言论理论化的作用"等观点进行明确批驳，但在其论文的最后都要对上述批判西田哲学实际作用的观点提出些许质疑，这种对战后初期西田哲学批判的质疑性研究视角构成这一时期西田哲学研究的主体倾向，这种倾向清晰地显示出日本学者在西田哲学研究上的方向转换。此后的日本学者对西田哲学文化观、国家观和世界观的研究尽管在不断走向深化、具体，但大致都延续着这一评判方向。

（5）多样化评析西田哲学文化观、国家观、世界观时期（2000年至今）

进入21世纪以后，日本学界一方面成立专门的西田哲学会，继续深入挖掘西田哲学基本原理的现代性意义。2008年，《理想》杂志第681号刊出特集——"西田哲学的诸问题"，学者针对西田哲学的场所、自觉、经验、绝对无、表现、创造等概念范畴展开研究。另一方面，出现了专门论述西田哲学国家观、文化观和世界观的成果。主要著作有：荒井正雄《解读西田哲学：黑格尔解释与国家论》[①]、小坂国继《西田哲学与现代：解读历史、宗教、自然》[②]、嘉户一将《西田几多郎及其对国家的质问》[③]、藤田正胜《西田几多郎的思索世界——从纯粹经验到世界认识》[④]等。

①西田哲学会

2003年6月7日至8日，西田哲学会第一次年度大会在京都大学举行，200多名会员参会。此后，每年7月，西田哲学会都召开年度大会。在西田哲学会的推动下，对西田哲学的多样性研究在日本学术界和文化界

---

① 荒井正雄：『西田哲学読解：ヘーゲル解釈と国家論』，晃洋書房2001年版。
② 小坂国継：『西田哲学と現代：歴史・宗教・自然を読み解く』，ミネルヴァ書房2001年版。
③ 嘉戸一将：『西田幾多郎と国家への問い』，以文社2007年版。
④ 藤田正勝：『西田幾多郎の思索世界——純粋経験から世界認識へ』，岩波書店2011年版。

广泛开展起来,参加西田哲学会的学者们将西田哲学中的某个问题点定为大会的核心讨论议题作专题报告,西田哲学会历次会议召开情况见表1。直至今日,西田哲学会共计召开16次年度大会,在每次会后刊行的《西田哲学会会报》中,以网络公开的形式发布"西田哲学研究会"的相关信息。

表1　　　　　　　　西田哲学会历次会议一览表①

会议	时间	地点	指定讨论议题
第一次	2003.6.7—8	京都大学	西田哲学的场所
第二次	2004.7.24—25	上智大学	纯粹经验
第三次	2005.7.23—24	石川县西田几多郎纪念哲学馆	关于自觉
第四次	2006.7.22—23	大谷大学	关于生命
第五次	2007.7.21—22	独协大学	西田的哲学与宗教
第六次	2008.7.26—27	石川县西田几多郎纪念哲学馆	哲学与艺术
第七次	2009.7.25—26	京都大学	国家与历史
第八次	2010.7.24—25	明治大学	身体
第九次	2011.7.16—18	石川县西田几多郎纪念哲学馆	我与汝
第十次	2012.7.21—22	京都产业大学	无
第十一次	2013.7.20—21	立正大学	技术
第十二次	2014.7.19—21	石川县西田几多郎纪念哲学馆	西田几多郎与铃木大拙
第十三次	2015.7.25—26	京都工艺纤维大学	创造
第十四次	2016.7.23—24	明治大学	现象学与西田哲学
第十五次	2017.7.15—17	石川县西田几多郎纪念哲学馆	西田哲学与法兰西哲学
第十六次	2018.7.21—22	关西大学	永远的现在

除召开年会外,西田哲学会还定期举办"西田哲学研究会"和"演讲会"。其中,"西田哲学研究会"分别在京都和东京设立分会,每月召开一次研究成果发表会和读书会,参加活动的主要是对西田哲学感兴趣的大学生、教师、外国留学生和家庭主妇等。每次读书会召开之前,均指定西田的某篇著作中的部分内容,通过研究者指导、讲解的方式共同阅读。"西田哲学研究会"京都分会从1973年开始举办,东京分会从1999年开

---

① 表格相关信息来源于西田哲学会网页:http://nishida-philosophy.org。

始举办①，吸引了众多对西田哲学抱有兴趣的各阶层人士，使西田哲学从研究机构走向社会大众。从 2006 年开始，西田哲学会还设立"西田哲学研究基金"，用于资助相关研究，每个获得基金资助者可以得到 30—50 万日元的支持，每年支持 2—4 项。可见，"西田哲学研究会"和"西田哲学研究基金"分别从不同方向推进西田哲学的普及与研究，这表明在西田哲学研究者的推动下，西田哲学已经开始走出学术领域，越来越多地发挥指导日本人生存的"生命哲学"的作用。今天，在日本建有多处与西田相关的纪念设施，如位于西田故乡石川县宇气村的西田几多郎纪念哲学馆、位于金泽市的金泽故乡伟人馆、位于镰仓的学习院西田几多郎博士纪念馆（寸心庄）等。另外，位于京都市左京区的一条连接南禅寺与慈照寺的小径，也因为西田几多郎常常散步其间，被称为"思索之小径"，进而在 1972 年被正式命名为"哲学之路"，成为入选"百条日本之路"的著名景点。在靠近法然院的小径上，还树立着篆刻有西田短歌的石碑。

　　西田哲学会成立后不久，便关注西田哲学的国家观问题。2009 年第七次年会的指定议题为"国家与历史"，理事会关于设定此议题的缘由作了如下解读："在最近的西田研究中，针对关于'国家'与'历史'的成果大量发表的现状，出现了务必要在西田哲学会年度大会中设立专门论坛进行讨论的意向。"② 关于该议题，三名学者做了专题发言，京都产业大学的植村和秀从政治学和思想史角度作了《从国家与历史的侧面重新解读西田几多郎》的报告。植村强调西田试图从个人立场出发改造当时日本政治形势的尝试，是基于对当时日本庞大的官僚机构和 20 世纪的国家形态的不理解。认为重视创造的西田哲学对 19 世纪的国家与历史来说是适合的，而对 20 世纪的国家与历史来说是不适合的。提出在今天这个真正意义上的世界性的世界中，人类的创造将突破国家与历史的纪元，西田哲学将在这个国家与历史的根本性转换中拥有新的政治性意义。③立正大学的板桥勇仁作了《历史的世界的个性的自己创造与国家——从西田哲学的观点入手》的报告。作者对比了西田关于世界与国家的概念，认为

---

①　『西田哲学会会報』創刊号，2003 年 11 月 20 日発行。
②　『西田哲学会会報』第七号，2009 年 11 月 20 日発行。
③　西田哲学会第 7 回年次大会・シンポジウム『国家と歴史』発表レジュメ1：植村和秀：『国家と歴史の側から、西田幾多郎を問いなおす』，2009 年。

后期西田哲学在提及国家时，"是从历史的现实世界的个性化的自己形成、自己创造入手，捕捉国家的实际存在原理与意义"，并以此断定后期西田哲学认为国家是拥有极其多样性的共同体。① 日本女子大学的田中久文作了《西田国家论的特质及其问题点》的报告。其认为西田国家观拥有一定程度上对当时闭塞的政治状况的批评性意义，西田主张在"道德性"中发现国家使命的国家观遮蔽了现实国家中蕴藏的非合理性与独善性，甚至于"根源恶"的问题。②

针对上述三个专题发言，学者们展开热烈讨论，讨论的热点集中于以下几个问题：西田以及京都学派的学者们与战时特殊时代之间的关系；对于学者们在战时日本国内极为严峻的政治思想形势下进行的思索与行动，后世是否可以进行批评；从历史哲学的立场出发思考"国家与历史"的西田几多郎，与对战时政治形势展开针对性讨论的高山岩男和高坂正显等学者的区别。在上述讨论热点中，"批评西田在战争形势下进行的哲学思索是否合适"的问题成为争论的核心问题之一，这似乎表明此时日本的西田哲学研究者们已经在评判西田哲学的政治性倾向这一根本性问题上展开思考，而这种思考却是以是否可以对其加以批评的讨论作为前提。不论这是对西田哲学在战时起到的作用进行的历史性批判，还是对西田哲学理论本身进行的纯粹哲学性批判，这种是否应当将批判之剑指向西田哲学的激烈讨论本身就颇具意味。这体现出更多的当代日本学者倾向于主张不应对战时，特别是太平洋战争期间日本学界的学问性思考进行批判。当然，在"国家与历史"的议题下，田中久文也对西田的"道德国家观"遮蔽了现实国家的非合理性问题作出批评。这表明，尽管提出了"是否可以批判"这一立场，但田中提出的批判主张仅仅局限于针对西田"道德国家观"一个理论及观点的批评，远未达到站在整体批判的立场上看待西田哲学的高度。

值得一提的是，在本次年度大会上提交的海外报告《美国的日本哲学研究状况》中，作者布雷特·戴维斯（Bret Davis）在大致梳理英语圈

---

① 西田哲学会第 7 回年次大会・シンポジウム『国家と歴史』発表レジュメ 2：板橋勇仁：『歴史的世界の個性的な自己創造と国家——西田哲学の観点から』，2009 年。

② 西田哲学会第 7 回年次大会・シンポジウム『国家と歴史』発表レジュメ 3：田中久文：『西田の国家論の特質とその問題点』，2009 年。

国家的西田哲学研究现状之后,提出如下观点:"他们(京都学派的哲学家)在太平洋战争时的政治思想的确应当在考虑其历史性状况时进行批判性考察。然而,他们在其自己理解的层面上本来就是哲学家,所以,应当把他们作为哲学家加以考察。"这种先承认应当做批判性考察,再将西田定位为哲学家,以便将这种批判性控制在学术范围内的视角可以说是对日本学者们上述争论的回答。这个回答作为外国学者的视角具有独特性。然而,戴维斯在报告中却没有做出这种批判性考察,他更关心的仍是"西田与其他伟大的日本哲学家并未仅仅局限在日本的文化和语言这个特殊性范围(局限的视野)内,而是在自觉地实现其哲学的可能性。西方哲学家们在这一点上也能从日本哲学的方法和内容中学到很多"。① 可见,与日本的研究者一样,戴维斯的核心观点仍然是发掘西田哲学"面向世界的可能性"。

综上所述,在西田哲学第七次年会上,外国学者和日本学者对西田哲学国家观作了集中讨论,由于讨论的问题仍然主要集中在研究立场和问题视角层面,因此,日本学者仍未能对西田哲学国家观形成基础性评价,这一领域关系到西田哲学及京都学派在战时发挥的历史作用问题,更关系到对日本战时思想精英在学问与思想上遗留下来的遗产的评价问题,甚至关系到日本思想文化本身在面临极端性民族主义时暴露出的根源性弱点问题。上述问题的复杂性直接指向现代日本思想界如何清算战时思想文化倾向问题,这导致在这次年会上出现了各种观点碰撞与争鸣的局面。

②专门性研究著作

关于日本学界在21世纪对西田哲学国家观的细致研究,我们可以从专门性研究著作中梳理出主要观点与整体性研究倾向。

对西田哲学的文化观、国家观、世界观进行细致分析的荒井正雄认为:西田主张的国家主义是"非侵略的世界协调主义","西田对军部法西斯的批判姿态是不变的"。② 西田在《国家理由的问题》中强调的"国家是历史的世界自己形成的形态"的观点暗示了对军部法西斯提出的狭

---

① 海外報告『アメリカにおける日本哲学の研究状況について』ブレット・デービス(Bret Davis),『西田哲学会会報』第七号,2009年11月20日発行。
② 荒井正雄:『西田哲学読解:ヘーゲル解釈と国家論』,晃洋書房2001年版,第104—114頁。

隘"日本主义"的批判。① 在判定西田哲学国家观的本质时，荒井正雄认为，西田哲学国家观既没有陷入本国中心主义，又没有陷入西欧至上主义，它确认了各个民族国家的文化主体性②。荒井正雄认为，西田哲学的世界观，即"世界性的世界形成主义"原理是以开放的世界主义"对抗军部法西斯右翼狭隘的帝国主义"的理论。③ 荒井最后将西田哲学的世界观与当今世界的"欧洲一体化"模式相对照，认为"欧洲一体化"模式实质上是并列的、互相对立的欧洲各国在地域性的欧洲价值理念之下，"绝对矛盾自己同一"地构成了一个"地域性的世界"，这个"地域性的世界"，即西田在世界观中主张的"特殊性的世界"，这种结合的逻辑就是西田哲学的"绝对矛盾自己同一"逻辑的实际应用。他对西田哲学世界观的最终评价是："比起把西田哲学当作'法西斯意识形态'的哲学、过去的哲学而一味摒弃的做法，承认西田哲学拥有的现代性——在多文明世界中的世界性——援引其多样化国际社会的方法论，例如诸民族、诸国家共存（历史的世界的形成）的方法论，不是公平的评价吗?"④ 关于西田哲学与"近代的超克"论之间的关系问题，荒井正雄认为，"近代的超克"论受到西田影响的仅仅是"世界史的使命"，尽管把"近代的超克"论作为战争时期"臭名昭著"的战争协从论加以批判，但是，不能把它作为西田哲学的"正统性展开"来看待。⑤

小坂国继在 2001 年出版《西田哲学与现代：解读历史、宗教、自然》，该书的第一章"京都学派与'近代的超克'问题"和第二章"西田几多郎与太平洋战争"，细致论述了西田几多郎的日本文化观，晚年西田的历史观与国家观，以及西田的"世界新秩序原理"和"国体论"问题。小坂国继认为，西田的日本文化论是"与当时跋扈的'日本主义'和'日本精神'处于对立位置"的、"面向世界的文化观"。⑥ 他认为，西田哲学国家论有两个相反的方向："在场所的自觉的立场下，国家是世

---

① 荒井正雄：『西田哲学読解：ヘーゲル解釈と国家論』，晃洋書房 2001 年版，第 107 頁。
② 同上书，第 72 頁。
③ 同上书，第 123 頁。
④ 同上书，第 79—83 頁。
⑤ 同上书，第 124 頁。
⑥ 小坂国継：『西田哲学と現代：歴史・宗教・自然を読み解く』，ミネルヴァ書房 2001 年版，第 40 頁。

界的个性化，自己是世界的创造性的力点；而在日常的、通俗的立场下并非如此，国家与世界相背离，自己与世界相冲突。"他认为西田论述的国家是远离现实的"理念上的国家"，并由此断定西田哲学国家观的立场是文化的、宗教的立场，而非现实政治的立场。① 关于西田对皇室和日本国体的解读，小坂国继评价道：尽管西田哲学"蕴藏着在不知不觉中把现实的皇室本身看作绝对无的危险性"，②且在西田的论述中"不得已流露出复古主义、国粹主义的气息，但是，那些是在当时被日常性使用的词语，并且必须看到，那种词语的使用，有为了方便而不得已的因素。另外，如果细致研讨就会了解到，西田绝对没有把'皇室'实体化，而是把它作为'绝对的现在''永远的现在'，把它看作'空'乃至'绝对无'。并且，'八纮为宇''皇道''国体'等词语常常与'世界性的世界形成原理''世界主义''历史的世界性'等词语连接使用"。③因此，他认为西田的本意仅在于诠释皇室具有"绝对无"的性质，和"世界性的世界形成主义"。关于西田与战争的关系问题，小坂国继从西田晚年写给高山岩男、长与善郎、高坂正显、久松真一的信中明确表露出的对战争的反感和对战败的预想入手，认为西田和京都学派的弟子们与军部，特别是海军方面接触，"并不是为了协助和参加军部推行的战争，而是在冷静地接受历史现实及其发展方向的基础上，试图实现把军部的独断专横纠正为道义，把东亚共荣圈的理念引导到正确的方向"。"在今天看来，这个理念可以说仍然是正确的。"④ 小坂国继认为，西田与"京都学派"的不同点在于："他们（高山岩男、高坂正显、西谷启治、铃木成高）等主张的'世界史的哲学'强调日本在大东亚战争中的特殊位置，在他们的近代化批判中，无论从哪个角度说，政治性要素都要强于文化性要素，并且，在实际上积极参与战争这一点上，他们也与西田、田边（田边元）、三木（三木清）不同。"⑤

小坂国继和荒井正雄对西田哲学国家观的辨析在当前日本学界颇具代

---

① 小坂国継：『西田哲学と現代：歴史・宗教・自然を読み解く』，ミネルヴァ書房2001年版，第61—62頁。

② 同上书，第92頁。

③ 同上书，第76頁。

④ 同上书，第91頁。

⑤ 同上书，第23—24頁。

表性和总结性。他们主要的研究架构在于：首先，将西田哲学的国家观与日本军部的对外侵略宣言截然区分，把西田哲学的政治性理念与日本政府和军部的对外侵略理论彻底划清界限，认为西田是"远离政治"和"冷静地批判"政治的学者。关于这一点，上山春平和上田闲照也认为，西田在战争时期采取了"远离政治"的"消极遁世"态度。其次，努力寻找西田与进步思想家（如三木清、河上肇）的私交和思想共鸣，以此重新判定西田哲学政治性立场的归属。再次，将西田哲学的世界观与京都学派"世界史的哲学"理论相区分，拉大西田哲学与现实政治的距离，同时认为京都学派并未扮演为侵略战争寻找理论支撑的角色，而是"试图使陆军感受到道义上的责任感"。最后，通过对黑格尔"东方的世界"的世界观的分析，认为黑格尔的世界观是忽略了东方文明的、以西欧中心主义为出发点的一元化世界观，进而证实西田哲学以"无"的逻辑为基础、提倡文化多元并存的世界观才是值得推崇的使"东西方文明共同繁荣"的"世界主义"。总之，经过上述一系列分析与推演，日本学界终于将明显为侵略扩张主义寻找借口的西田哲学国家观粉饰成所谓"拥有现实政治意义和世界性意义"的"进步的国家理念"。

2007年2月，年轻的学者嘉户一将出版著作《西田几多郎及其对国家的质问》，受到关心西田哲学国家观的学者们关注。杉本耕一和藤田正胜分别刊发书评，对这部著作给予较高评价①。嘉户一将的著作是日本学界唯一从主权论角度定位西田哲学国家观的著作，他通过详细梳理明治以后日本法学界围绕国家与法的正统性问题的讨论，从政治学的主权论角度论证西田哲学国家论的实质及其对家族国家观的批判。他认为，"对于西田来说，所谓国家是以无为基础的制度的建筑物"，"西田的国家论是一种关于正统性的言论，西田把主权放在了核心位置"。因此，主权是超越性的"绝对无"，"西田的主权论是博丹以来的主权论中最彻底地主张至高性和绝对者形象的"。嘉户一将认为，与把国家作为普遍性概念，导致忽视国家的历史起源，崇尚个人主义的近代观念不同，也与用神话般的说教隐匿悖论的国体论不同，西田哲学的主权论是以近代条件下存在的政权

---

① 杉本耕一：『書評：嘉戸一将著「西田幾多郎と国家への問い」』，『日本の哲学（8）』2007年第12期。藤田正勝：『時代のなかに立つ西田幾多郎——嘉戸一将「西田幾多郎と国家への問い」——』，『思想』2007年第10期。

模式为参照、探求人类存在的制度性和共同性问题。西田把近代日本的皇室"当作无的媒介者,不是作为主权者或者决断者,而是作为'场所',作为保证性的机能来定位的,所以,西田的主权论必须作为国体论批判来理解"。①"西田对作为'生物的种'的'民族'的否定,意味着他对明治宪法体制下的家族国家论和国体论等思想体系的批判。"② 藤田正胜在书评中特别强调了嘉户一将"把西田的国家论放在当时的时代状况下,放在各种各样主张之中去考察,这一点拥有重大意义"③。实际上,嘉户一将的著作完全围绕西田的主权论、国体论展开理论辨析,几乎没有关注西田与战时日本流行的国体论之间的关系问题,认为西田的主权论构成了对国体论的批判的结论也是通过对西田主权论的理论分析草草得出的。作为资深的西田哲学研究者,藤田正胜在书评中对这个结论的格外关注进一步表明,日本学界急于将西田哲学国家观与第二次世界大战时日本流行的"国体论"划清界限。

2011年3月,现任京都大学研究生院日本哲学史讲座主任教授、京都学派哲学的传承者藤田正胜④出版专著《西田几多郎的思索世界——从纯粹经验到世界认识》。同年12月,在《日本哲学》杂志第12号《特集——东洋的逻辑》上刊登了美浓部仁撰写的书评,对该著作的每一个章节都进行了细致总结。⑤ 藤田正胜在著作中收录了自己从事西田哲学研究17年的代表性成果。对西田哲学中的纯粹经验、生命与美、场所逻辑、语言与思索、自己与他者、辩证法的一般者、行为的直观、历史与国家、世界认识与宗教等命题都作了专门论述。可以说,该著作代表了作者对西田哲学的总体性认识。在该著作第八章"历史与国家的问题"中,作者

---

① 嘉戶一将:『西田幾多郎と国家への問い』,以文社2007年版,第218—220頁。
② 同上书,第76頁。
③ 藤田正勝:『時代のなかに立つ西田幾多郎——嘉戶一将〈西田幾多郎と国家への問い〉——』,『思想』2007年第10期,第117頁。
④ 这是卞崇道在《西田几多郎的现代思想》中文版序言中对藤田正胜的评价,卞崇道接下来评价说:"与上田闲照致力于在日本国内普及京都学派哲学相呼应,藤田正胜则致力于把京都学派哲学推向世界,换言之,藤田关注的是'世界'这一场域下日本哲学的独创性与对话性。"([日]藤田正胜:《西田几多郎的现代思想》,吴光辉译,河北人民出版社2011年版,序言第3页。)
⑤ 美濃部仁『藤田正勝「西田幾多郎の思索世界——純粋経験から世界認識へ」』,『日本哲学』12,特集「東洋の論理」,2011年12月。

逐一评述了西田表述国家观念的几篇核心论文：《日本文化的问题》《国家理由的问题》《世界新秩序原理》《国体》，并剖析了西田对现实政治、日本国家的态度。

藤田认为，在《日本文化的问题》中，西田的意旨"绝不是排斥西方文化和西方思想，亦绝未片面主张日本文化和日本思想的特殊性或优越性"，反之，"西田对于试图排除其他，宣扬日本精神唯一性的立场表现出明确的反对"；西田文化观"并不是偏执狭隘的自文化中心主义，而应当是多文化主义的构想"①。关于西田对"皇室"和"皇道"的诠释，藤田与上田闲照一样，主张西田在使用"皇道"一词时，是在与试图推行战争的人们展开一场思想上的"意义的争夺战"，认为"西田不是在思考如何助推时局，而是在与之战斗，并且西田意识到这即使是没有胜算的战斗，自己也有坚持下去的意义"②。在藤田的著作中，原本在第二次世界大战时期与军部和日本政界过从甚密，并多次为其提供理论支持的西田反而成为与时局作战的"斗士"。在评述西田哲学的世界观时，藤田认为西田的《世界新秩序原理》"绝不是基于国家利己主义"，而是"超越了国家利己主义的框架，基于'世界性使命'的自觉"，认为"西田提出的东亚共荣圈构想试图为战时流行的'大东亚共荣圈'这个名词赋予其他内容，在这里，西田在'东亚共荣圈构成原理'的根基处思考的是与对亚洲各国进行帝国主义侵略完全相反的事情"，"其中包含着对现实中侵略亚洲各国的明确批判"③。藤田在评价西田的国体观时认为：西田的国体"并不是与民族膨胀主义，或帝国主义相结合来理解的"，西田"把在当时'国体'论中被绝对化的'国体'作为国家的个性，从而将其相对化"，"是从完全超越国家主义视角出发讨论'国体'问题的"④。有趣的是，在藤田正胜的著作中着力强调的是西田哲学国家观和世界观中提倡的"开放性"与"世界性"，并将之与战时狭隘的国家理论相对比，以证明西田哲学与现实政治之间的"战斗性"关系。然而，对西田在上述著作

---

① 藤田正勝：『西田幾多郎の思索世界——純粋経験から世界認識へ』，岩波書店 2011 年版，第 207—211 頁。
② 同上书，第 216—218 頁。
③ 同上书，第 227—228 頁。
④ 同上书，第 233 頁。

中提及的诸如"真正的国体在日本之外的国家那里是没有的","今天的世界史课题的解决,要从我国国体的原理出发,不仅英美理应服从之,轴心国也应效仿之"① 等论断,藤田不是将其轻描淡写地归纳为"受到当时时代的强烈影响"②,就是干脆无视,在著作中对此类内容几乎完全没有涉及,从而将这些本应成为西田哲学国家观结论性原理的论断从西田哲学国家观的核心原理中剔除出去。从当前最新的研究成果来看,藤田的这种问题视角透露出当前日本学界评判西田哲学国家观念的基本立场。

③研究报告与论文

在出版专门性研究著作的同时,一些日本学者也在专题性研究报告中考察西田哲学与战时日本主流思想之间的关系问题,例如,三岛正明在《西田几多郎的科学观与日本的近代》中提出:"西田认为20世纪是世界性自觉的世界史的时代,或者也可以说成是历史的世界的自觉的时代","作为历史认识,把20世纪认为是以世界为单位的时代的认识是无误的",但是,"高山、高坂、西谷等'世界史的立场与日本'的京都学派这伙人却把这种本应从长期的时间跨度出发来把握的时代认识原封不动地套用到了现在,即战时的世界,他们把现实世界当成了自己哲学的试验场。西田的意图应该不是解决政治和时事问题,他也确实没有为战争中的日本国家助力的意图,除了发表《日本文化的问题》前后的那段时期之外,西田没有触碰过'近代的超克'这个领域"③。三岛正明主张西田在战时发表的所有作品都是在解读哲学问题,而非评论政治与时事,因此主张在哲学领域评价西田几多郎的原理与主张,并严格区分西田哲学与京都学派、"近代的超克"思想。

深沢彻在《浪漫主义的陷阱——关于西田几多郎〈日本文化的问题〉》中认为:"在历史的变迁中,当西田哲学把不过是作为偶然的结果而蔓延持续下来的皇室当作'无的有',并将其实体化的时候,西田哲学

---

① 西田幾多郎:『西田幾多郎全集』第十一卷,岩波書店2005年版,第450頁。
② 藤田正勝:『西田幾多郎の思索世界——純粋経験から世界認識へ』,岩波書店2011年版,第231頁。
③ 三島正明:『西田幾多郎の科学観と日本の近代』,『二松学舎大学東アジア学術総合研究所集刊』第35卷、2005年3月,第86—87頁。

便一下子沦落为不自觉地叫嚣文化民族主义的诸多'日本文化论'之一了。"①

植村和秀在《西田几多郎的哲学性挑战——从自己出发的创造》中,试图以西田哲学对国家与世界的思考为中心,梳理西田从"日本国家"出发通向"世界史的立场"的理论链条,从而解读西田哲学的核心问题意识和时代性。植村捕捉到的西田哲学核心问题意识是"创造",认为西田基本肯定已经建立的社会与国家,主张个人通过"自己创造",给自己、社会与国家带来希望。植村将西田诠释成与兰克一样拥有乐观性思想、未被严峻现实影响和冲击的非政治性思想家。对西田哲学在近代日本社会起到的作用与影响问题,植村并未论及,而是强调西田哲学带有"盲目乐观"倾向,是脱离政治的"纯学术"。② 这种评判在当前日本研究者中具有普遍性,即否定西田哲学具有强烈的解决日本战时社会现实问题的欲念,否定西田哲学与"近代的超克"和"世界史的立场与日本"座谈会之间具有本质联系,将西田哲学强行划入"纯学术"范畴,以此躲避对其为侵略主义提供理论支持的批判。

综观日本学界 21 世纪以来的西田哲学国家观研究,可以说,在当前日本学术界,打着"发扬西田哲学精髓"旗号,从西田哲学的辩证法、自然观、经验论出发,夸耀西田哲学国家观中的"日本精神"和"世界性原理"的观点占据主流。当然,一部分日本学者在研究战前日本国家主义实质的问题时,也对作为京都学派逻辑原型的西田哲学国家观持批评态度。如后藤道夫、山科三郎在《国家主义与战争》中指出:西田哲学国家观是"宣扬日本民族道义优越性的国家主义的哲学","起到了为太平洋战争辩护的作用",而京都学派的关于"近代的超克"的理论"是西田哲学的通俗政治版",对于信奉西田哲学,并被驱赶到战场上的人们来说,西田哲学是"死亡哲学"。③ 然而,这种对西田哲学国家观的批判是在批判日本国家主义思想、战争理论的主题之下,作为论证主题的论据之

---

① 深沢徹:『ロマン主義の陥穽——西田幾多郎「日本文化の問題」について——』,『桃山学院大学社会学論集』第 37 卷第 2 号,2004 年,第 98 頁。

② 植村和秀:『西田幾多郎の哲学の挑戦——自己からの創造』,『産大法学』41 卷 2 号,2007 年第 9 期。

③ 後藤道夫、山科三郎:『ナショナリズムと戦争』,大月書店 2004 年版,第 160—167 頁。

一展开的。

在当前的日本学界，从批判性视域出发，从西田哲学的认识论、辩证法入手，从道德观、文化观、历史观、世界观等多种角度对西田哲学国家观进行细致、深刻批判的专门性研究始终未能成为西田哲学研究的主流方向。由于西田哲学的话语体系具有独特的暧昧性，因而导致研究西田哲学的学者在用词上也暧昧起来，很少有日本学者就西田哲学对近代日本社会思想界产生的影响作出清晰评判。实际上，对照京都学派的观点，可以看出西田哲学是具有强烈解读现实社会问题欲念的哲学，具有明确的国家观、战争观、世界观。其在战争观与世界观上的基本观点与逻辑的主体倾向与日本战时整体社会思想中的战争意识与世界观紧密相关。西田哲学的基本立场无疑影响到"近代的超克"、京都学派等活跃在战时、战后的思想家集团。

2. 西方学者的研究

在西方学者那里，对日本哲学的研究是被放在日本思想史研究的学问框架内进行的，甚至在英语圈中，诸如"日本哲学"（Japanese Philosophy）这样的表达方式也很少出现。① 而西田哲学则大致被放置在日本哲学和"京都学派"两个研究视域中，从哲学和历史学角度展开研究。因此，很少有西方学者展开对西田哲学国家观的专门性研究。我们只能在对"京都学派""现代性"等问题的讨论中总结出西方学者对西田哲学国家观的基本评价。

1989 年以来，德国先后出版三部关于"日本哲学"的研究著作：L. 布日鲁《日本哲学入门》②，G. 保罗《日本的哲学——从初期至平安时代》③，P. 帕尔特纳、J. 荷塞《日本哲学》④。在《日本哲学入门》中，仅第三章第五节概略地介绍了"京都学派"的西田几多郎和田边元的"无"的哲学；《日本的哲学——从初期至平安时代》则仅仅论述了古代日本哲学，特别是佛教在日本的发展沿革与基本理论；与前两部著作相

---

① [日] 末木文美士：《"日本哲学"的可能性》，龚颖译，《世界哲学》2009 年第 5 期。

② Lydia Brüll, Die japanischen Philosophie, E ine E in fuhrung. Darm s tade W issenschaftliche Buchgese llschaft, 1989.

③ Gregor Paul, Philosophie in Japan. Von den Anfangen b is zur Heian-Ze it München ludicium, 1993.

④ Peter Pörtner /Jens Heise, Die Philosophie Japans. Stuttgart Kröner, 1995.

比，帕尔特纳、荷塞《日本哲学》在德国受到好评，该著作把日本哲学定位为"场所的哲学"（Topische Philosophie），并在第 12 章的近代哲学部分简单介绍了西田几多郎。

1994 年 3 月，在美国召开题为"禅、京都学派和国家主义问题"国际学术研讨会，会后由夏威夷大学出版社出版会议论文集《如梦初醒——禅，京都学派和民族主义问题》①。在论文集中，西方学者发表的与西田哲学相关的文章有：克里斯托弗·埃乌斯《帝国道德未预知的危险：禅和西田哲学》，安德鲁·费伯格《西田哲学中的现代性问题》，约翰·马拉鲁德《质疑国家主义的现在与将来：一个对禅和京都学派的批判方法》。②与日本学界 20 世纪 90 年代的研究倾向一样，上述文章的视角也开始偏离以往承认并批判西田政治性论文中的国家主义和日本扩张主义的研究方向，转换为对西田哲学文化观的解读，学者们大多注重从文化哲学的角度解释西田哲学。

约翰·马拉鲁德认为，尽管西田不承认自己的哲学是政治哲学，但是，在当时的时代，受到来自思想界的批判和国家权力的压力，西田哲学最终还是"被政治化"了，"从他自身的著作和论文中可知，西田绝不是日本扩张主义的民族主义的支持者"，相反，西田提出了一个战时日本国家除了狭隘的日本中心主义之外的"选项"，这个"选项"是站在文化哲学立场上的。然而，由于西田哲学在表述上的不明确，导致被战时日本政府和军部利用。马拉鲁德认为，与当时德国的海德格尔哲学在目的和结果上都充当了法西斯的共犯不同，西田哲学"比起目的来说，只是成为结果上的共犯"。因此，必须放弃西田文化哲学中"历然存在的日本中心主义"，其日本中心主义主要表现在："对于欧洲中心主义，西田是用与之异曲同工的日本主义来攻击的"，"为了把日本民族诠释成真正的民族国家，西田把日本民族设想为共有一种语言和文化，因此是形成一个国家的单一民族，并且这个民族将始终延续"。作者认为，在剔除上述"日本中心主义"因素之后，西田的文化哲学中对未来"多元文化世界"的设想

---

① *Rude Awakening—Zen, the Kyoto School and the Question of Nationalism*, Ed. by James W. Heisig, John C. Maraldo, University of Hawaii Press, 1994.

② 遊佐道子：『アメリカで西田研究を考える』，『思想』第 857 号，「西田幾多郎歿後 50 年特集」，1995 年，第 233 頁。

是值得思索的。①

费伯格在《西田哲学中的现代性问题》中认为，"西田的民族主义主要是文化的，而非军事的，他对种族主义者和官方政策的极权主义解释都提出了批评"，"但他还是希望日本能通过战争成为新的政治、文化领域的中心"。关于西田哲学与京都学派的"世界史的哲学"的关系，费伯格认为："军国主义者的民族主义从西田的文化哲学中获得了一种吊诡式的反帝国主义的气息。"因此，西田"支持日本在亚洲的霸权，并且还热情地赞同天皇制"。"与海德格尔在纳粹时期一样，人们也听到西田在不断重复帝国主义者的口号"，只是在日本投降的前几个月，西田才对战争和日本的处境提出了完全不同的主张。②

马拉鲁德和费伯格对西田哲学的评判与日本学者的结论有明显区别，他们在明确指出西田哲学在战时扮演了帝国主义和侵略战争的帮凶的前提下，论及西田文化哲学的"现代性"，其批判的立场十分鲜明。上述研究立场构成了西方学者关于西田哲学研究的基干，即在否定西田哲学中的日本主义倾向的前提下探讨西田哲学的文化意义。不过，也有西方学者与日本学者一样，避开批判视角，从西田哲学的"反对军国主义"表现入手评判西田哲学的时代意义。法国学者贝尔纳尔·斯蒂文斯在《京都学派的哲学》中认为："20世纪30年代，当时的法西斯主义者和军国主义者的帝国主义思想带来的超国家主义话题席卷日本知识界。称西田为积极的战争支持者确实言之过甚，正确地说，是西田被体制利用。""关于现代世界中的日本的作用和皇道，西田的措辞的确在政治上是极不明确的论述。但是，我们可以看到他与超国家主义的急进路线和比较稳健的天皇制论者的路线相对立，站在了独自的立场上。"③斯蒂文斯与日本学者一样，力图把西田哲学塑造成从日本的对外侵略行动和天皇制信仰中完全独立出来的哲学体系，从而摆脱第二次世界大战后一直存在的对西田哲学的批判立场。

---

① ジョン・C・マラルド，山本誠作訳：『世界文化の問題——西田の国家と文化の哲学の体得へ——』，『思想』第857号，1995年，「西田幾多郎歿後50年特集」，第170—180頁。
② ［美］费伯格：《西田哲学中的现代性问题》，《世界哲学》2004年第2期。
③ ベルナール・ステイウエンス，岩田文昭訳：『京都学派の哲学』，『思想』第857号，1995年，「西田幾多郎歿後50年特集」，第134—163頁。

(二) 国内学界研究现状

1. 研究著作

在我国学术界，对西田哲学的关注始于 20 世纪 60 年代。1963 年，中国科学院哲学社会科学部哲学研究所的刘及辰教授出版《西田哲学》一书，是中国学者撰写的第一部关于西田哲学的研究著作，也是中国学者关注西田哲学的开端。刘及辰教授之所以出版《西田哲学》，是因为在岸信介政府以来的日本政府对外热衷建立"亚洲共同体"，对内试图提升天皇威信的政治背景下，日本一些哲学工作者试图通过宣传西田哲学，达到维护天皇制的目的。于是，刘及辰教授运用马克思主义辩证唯物主义和历史唯物主义的理论和方法，通过细致研究西田哲学的基本原理，站在中国学者的彻底批判主义立场上，揭示出西田哲学的本质特征，并对西田哲学国家观作了基本评价。关于西田哲学的本质，刘及辰教授认为："西田哲学，是以东方佛教思想为基础以西方哲学思想为材料并用后者的逻辑把前者装扮起来的一种东方哲学。它是具有封建性格的资产阶级唯心主义哲学。"[1] 关于接触到社会、历史、国家、民族等具体问题后的后期西田哲学，刘及辰教授认为："后期的西田哲学完全变成了天皇制绝对主义的拥护论，变成了日本法西斯主义的御用哲学，对于日本侵略战争起到了帮凶作用。"[2] 关于西田的民族论，刘及辰教授指出："西田由民族问题中拔除了阶级内容，并把部分问题扩大为总问题，用民族间的斗争代替了无产阶级的解放斗争。"结果，西田的民族论"引起民族间的仇视"；"掩盖民族解放运动中无产阶级的领导意义，削弱民族解放的信心和斗志"；"便于资产阶级利用民族统一和团结的口号来发动和进行弱肉强食的罪恶的侵略战争"。[3] 关于西田的国体论，刘及辰教授认为：对内，它是"统治人民、奴役人民的一种思想武器"；对外，"它又成了侵略主义的一种思想武器"。[4] 刘及辰教授的上述观点基本上确立了此后中国学者评判西田哲学的基调。

在刘及辰教授进行的拓荒性研究之后，研究日本哲学和日本历史的学

---

[1] 刘及辰：《西田哲学》，商务印书馆 1963 年版，第 3 页。
[2] 同上书，第 4 页。
[3] 同上书，第 126 页。
[4] 同上书，第 129 页。

者们并未展开对西田哲学的后续深入研究，而是把关注的重心放在了对近代日本国家主义、法西斯思想的批判性研究上，在探求日本近代国家主义的根源和众多法西斯思想家的个案研究方面取得大量成果。与之相比，对西田哲学国家观的研究仍显薄弱，不仅没有研究专著，而且能深入剖析的研究论文也不多见。

20 世纪 80 年代末期以后，在王守华、卞崇道《日本哲学史教程》（山东大学出版社 1989），铃木正、卞崇道《日本近代十大哲学家》（上海人民出版社 1989），刘及辰《京都学派哲学》（光明日报出版社 1993），卞崇道《日本近代思想的亚洲意义》（『日本近代思想のアジアの意義』農山漁村文化協会 1998），黄心川主编《东方著名哲学家评传》（日本卷）（山东人民出版社 2000），朱谦之《日本哲学史》（人民出版社 2002），吴光辉《传统与超越——日本知识分子的精神轨迹》（中央编译出版社 2003），卞崇道《日本哲学与现代化》（沈阳出版社 2003），韩书堂《纯粹经验：西田几多郎哲学与文艺美学思想研究》（齐鲁书社 2009），刘岳兵《日本近现代思想史》（世界知识出版社 2010）等著作中，都开辟专门章节，介绍、评价西田哲学。在上述著作中，大多数学者延续了批判视角，对西田哲学的文化观、历史观和国家观的评判出现一些新观点。例如，关于西田几多郎在政治上的表现，《东方著名哲学家评传》（日本卷）认为：一方面，西田意识到无法抗拒当时日本政府的指导思想；另一方面，由于佛教具有相当强烈的封建性，因此，西田对皇室一直怀有敬仰之心，"在他已经认识到日本政府推行的是对外侵略的法西斯主义时，却幻想说服曾受教于自己门下的皇室贵族出面制止政府。更有甚者，他为了表示自己对天皇的忠诚之心，牵强地把'矛盾的自己同一'的逻辑与'皇道'结合，主张要以'皇道'为世界做贡献"[①]。关于西田哲学的本质问题，朱谦之在《日本哲学史》中认为："西田哲学的性格，是保守的和反动的宗教的哲学，是东方型的一种封建思想体系的复活，如果说这种哲学还有它的'独创'的地方，那就是以垄断资本主义时期的西洋资产阶级哲学作为外衣，而其内容则加进了几千年东方封建社会所残留下来的腐朽货色。"认为西田哲学中

---

① 黄心川主编：《东方著名哲学家评传》（日本卷），山东人民出版社 2000 年版，第 458 页。

的世界形成的原理是"认为只有天皇制国家的帝国主义才是日本形成的原理","西田哲学是拥护天皇制的一种哲学"。① 上述具有鲜明批判色彩的观点一直是中国学者研究西田哲学的主体方向。不过,受到日本学者对西田哲学研究不断深化的影响,一些观点也开始被介绍、被接受,促使中国学者的西田哲学研究走向多样化。

《日本近代十大哲学家》中收录了竹内良知撰写的"西田几多郎"。关于西田与战前日本政治的关系,竹内写道:"自法西斯主义在日本开始妄施淫威时,西田就忧虑日本的前途。他凭借个人关系给曾受教于自己门下的近卫文麿、木户幸一做工作,为阻止法西斯主义做了多方面的、不懈的努力。但他的工作并没有奏效。"竹内突出强调的是西田在战前受到法西斯主义分子迫害,以及西田强调"文化的世界性"思想中的民主倾向。不过,最后作者也承认:"西田的国家论本质上并没有超出黑格尔的国家论,并且在具体地论述日本国家时把天皇看成为'无的象征'。"② 自此,以批判为主要研究视角的中国学界开始介绍日本学界对西田研究的新成果,这表明中国学界关于西田哲学的研究一定程度上受到日本学界的影响。

在《传统与超越——日本知识分子的精神轨迹》一书中,为了描述日本近代知识分子在对抗西方文化的冲击时,如何将东方传统思维哲学化,并超越西方文化的影响,赋予东方哲学以世界性的内涵的思想历程,作者将西田哲学的形成、建构,以及西田哲学文化观的"世界性意义"作为主要研究内容,以深刻解读在东方国家近代化过程中进行的对东方传统如何解构和如何超越西方近代文化这两大课题。该著作的上述研究视角新颖而独特,然而很明显,这种视角受到日本学界的深刻影响。作者在吸收日本学界评判西田哲学文化观的基本观点基础上,指出西田哲学文化观的本质:"西田的文化论并不是基于东方文化和西方文化的对立结构,而是从现代的'世界'这一坐标轴出发来思索世界文化的问题。"③ "西田始终积极地将创造世界文化作为自己的一个目标",因此,"他不是所谓

---

① 朱谦之:《日本哲学史》,人民出版社2002年版,第310页。
② 铃木正、卞崇道等:《日本近代十大哲学家》,上海人民出版社1989年版,第194页。
③ 吴光辉:《传统与超越——日本知识分子的精神轨迹》,中央编译出版社2003年版,第215页。

'偏狭'的日本主义者,而是一个'世界主义者'"。① 在强调西田哲学文化观的"世界性"问题上,作者的立场与研究西田哲学文化观的日本学者的立场非常接近。遗憾的是,关于西田文化观的归结——皇室问题,作者仅以一句描述一语带过:"西田将日本文化的精神象征定位在了皇室这一精神实体",②并未作深入剖析,这也与日本学者对待西田哲学文化观的关注重心一致。关于晚年的西田与日本政府的关系和对战争的态度问题,作者指出:"战争的残酷性与长期性也促使西田认识到日本的国家主义体制和自己的文化论之间的矛盾。""理想与现实的差异在此也就构成了这一'悲剧'的结果。"这个结论基本上未能突破日本学者的基本立场。不过,作者在结论中提到:"西田局限在了以日本为中心而进行历史考察这一狭隘的视角,即便是'世界的日本'的学说,也不可回避地陷入到了一种国家主义的陷阱。"③尽管作者并未对西田哲学文化观中的日本中心主义倾向,以及晚年西田与日本政府和军部的关系进行深入、细致的梳理与剖析,但是,洞察到西田哲学文化观中的"日本中心"立场和"国家主义"倾向,说明作者的研究仍然延续了中国学者对西田哲学文化观的基本立场。

韩书堂在《纯粹经验:西田几多郎哲学与文艺美学思想研究》一书中,从西田哲学展现出来的艺术与美学价值入手,解读西田哲学对人生、生命的艺术式思考,从而揭示西田哲学艺术论给现代人的启示。作者强调,在世界各民族文化和艺术广泛接触的今天,"对于我们东方的艺术思维方式和对世界的把握方式,更要引起我们的重视"。④ 从文艺美学角度论证西田哲学和东方艺术思维方式的现代性,体现出中国学者已经注重从不同的文化角度关注西田哲学的意义。

刘岳兵在《日本近现代思想史》中设置"西田哲学与时局"专题,重点分析在战争状态下,西田在思想上的抵抗与服从的经历,"揭示在特殊的历史时期思想史所呈现的复杂风貌",并"在客观效果上重视后期西

---

① 吴光辉:《传统与超越——日本知识分子的精神轨迹》,中央编译出版社2003年版,第209页。
② 同上书,第214页。
③ 同上书,第215页。
④ 韩书堂:《纯粹经验:西田几多郎哲学与文艺美学思想研究》,齐鲁书社2009年版,第288页。

田哲学即京都学派思想对日本法西斯主义战争的协助",以考察"西田哲学思想中'对天皇制意识形态的对抗的侧面'与其'屈服于天皇制意识形态的侧面'两者是如何表现在西田的思想中的"。从上述具有较强针对性的问题意识出发,刘岳兵对后期西田哲学作出评判:"西田在与国家主义者妥协的同时,试图以自己独特的辩证法扭转褊狭的日本精神论者的思想";"西田对总力战的反对和对日本的现状及国家指导者的愤慨、遗憾,在他的书信中表现得非常明确";"批评将'国体与军部作同一观的态度',强调'从文化上找出国体的世界性意义',是西田几多郎在国家观与文化观上的基本理念";"他所提倡的这种大东亚共荣圈的思想实际上也不可避免地成为了美化太平洋战争的'圣战意识形态'的一种表现";"在全体主义(法西斯主义)盛行而压制个人自由的时代,他在天皇面前敢于将全体主义与个人主义(自由主义)相立并论,这已经表现出了对全体主义的抵抗和争取个人自由的积极姿态"。刘岳兵将西田哲学总结为是"一个难解的且赋有象征意义的西田哲学体系"。① 刘岳兵的上述评价部分地参照了上山春平等日本学者的观点和论证,代表了当前日本学界对后期西田哲学与时局关系研究的最新成果,其独特的问题视角也有助于剖析"暧昧的"西田哲学在解读国家、战争、世界问题时的基本立场。然而,由于刘岳兵的"西田哲学与时局"仅仅是在日本近现代思想史中梳理"抗日战争时期的思想状况"的一个组成部分,因此,作者并未在分析西田哲学的基本理念、方法的基础上解读其国家观、世界观的理论构成,而是仅关注后期西田哲学在战争、国家、国体问题上的表述。

综观以上中国学者的研究,在对西田哲学的综合性研究领域已经出现了开拓性成果,对西田哲学的文化观、文艺美学思想的现代意义的研究也已走向深入。但是,关于西田哲学国家观、世界观的深入研究,特别是从西田哲学的基本范畴——"纯粹经验"、"场所"逻辑、"绝对矛盾自己同一"的辩证法等原理入手的纵向研究尚未出现。

2. 研究论文

关于西田哲学的研究论文多是从经验论、实在论、辩证法、宗教观等角度展开研究的。如朴金波《论西田的"纯粹经验"》(《吉林大学社会科学学报》1994 年第 3 期),朴金波《论西田哲学的体系及其实质》

---

① 刘岳兵:《日本近现代思想史》,世界知识出版社 2010 年版,第 276—290 页。

(《外国问题研究》1994年第3期),朴金波《西田的"绝对无"》(《吉林大学社会科学学报》2001年第3期),王庆生《西田的实在论思想发微》(《青海师专社科学报》2002年第3期),顺真《西田哲学的儒学来源》(《吉首大学社科学报》2006年第7期),徐弢《西田哲学的核心概念及其禅学意涵》(《世界哲学》2007年第5期)。迄今为止,中国学者仅在关于西田哲学国家观、世界观,以及西田与战前日本政治的关系的相关研究论文中提出一些问题,形成一些观点。

朴金波在博士学位论文《西田"融创哲学"研究》(吉林大学马克思主义哲学专业博士学位论文,2008年)中,把西田哲学定位为"融创哲学":"他是试图将东西方哲学相融,古今哲学相融,唯心唯物相融。在融合中创新,在融合中超越,在融合中形成自己的体系。"① 关于西田哲学与当时的日本现实的关系问题,作者用了一句话加以概括:"由于受马克思主义哲学的影响,西田开始注意到现实社会问题,跳出一向沉思的圈子,接触到历史、社会、国家及民族等具体问题。而且在这些问题上与当时的统治势力做了更进一步的妥协。以至后期的西田哲学完全成了天皇制绝对主义的拥护论者。"② 这是西田哲学综合性研究中的独特观点。

2000—2001年,中国社会科学院东方文化研究中心日本文化研究部和日本京都大学研究生院文学研究科日本哲学史专业进行了以"东亚近代哲学的意义"为课题的共同研究。2000年8月,在北京召开关于"近代日本哲学的东亚意义"学术讨论会。中国学者刘文柱的论文《关于西田哲学现代意义的思考》提出的对西田哲学文化论的质疑具有鲜明的论辩意味。他指出,在西田看来,中国文化和印度文化都不能成为与西方文化的结合点,只能"在日本找到东、西文化的结合点"。原因在于,中国、印度文化难以改变自己的源远流长或者说根深蒂固的传统。针对西田的这个推断,刘文柱提出如下疑问:"改变东方民族文化传统是与西方文化相结合的前提条件吗?西田哲学本身不就具有很强的民族性吗?"③ 刘

---

① 朴金波:《西田"融创哲学"研究》,博士学位论文,吉林大学马克思主义哲学专业,2008年。
② 同上。
③ 刘文柱:《关于西田哲学现代意义的思考》,载卞崇道、藤田正胜、高坂史明主编《东亚近代哲学的意义》,沈阳出版社2002年版,第211页。

文柱还指出：西田的这种"日本本位的思想与他对世界文化的认识，寻找融合东、西文化契机的愿望是矛盾的。不仅如此，他还把自己的哲学与天皇制结合"，"显然西田哲学与政治结合了"，与孔子的哲学在中国历史上起到维护封建思想、束缚思想进步的作用一样，西田哲学虽然"本来是一个包含很多'真理片段'的哲学体系，就因为与政治没有结合好，使其光辉黯然失色"。① 在西田哲学文化观的具体逻辑构成中发现西田哲学文化观的结论偏差，这种细致的研究手法无疑是西田哲学研究走向深入的有效途径。

《世界哲学》2010年第1期开辟《反思日本学界在第二次世界大战时期的现代性讨论》专栏。专栏共收录三篇文章，分别展示了日本哲学家西田几多郎、历史学家铃木高成、文学评论家竹内好在第二次世界大战时期对现代性问题的态度。之所以选择这三位思想家，刘岳兵在《主持人手记》中指出："这三人对现代性问题的思考显示出很大的一致性，即他们在强调日本独特性、超越欧洲中心主义以及承担世界责任的同时，都多少弱化乃至丧失了对日本极端民族主义乃至军国主义的理性批判能力。"② 关于西田哲学的现代性问题，刘岳兵在《西田哲学中矛盾的现代性：与时局的对抗和屈服》中作了细致解读。刘岳兵主要关注的是后期西田哲学对日本法西斯主义战争的协助，以及"在西田哲学思想中，对'天皇制意识形态的对抗的侧面'与其'屈服于天皇制意识形态的侧面'两者是如何表现的"这一问题。他通过辨析西田1943年5月应国策研究会的要求撰写《世界新秩序原理》的来龙去脉和文章的主要内容，探讨西田与当时日本政府的关系，认为后期西田对时局的基本态度是"容忍中的抵抗"，西田心中郁结的始终是"无可奈何的矛盾心情"。"西田在与国家主义者妥协的同时，试图以自己独特的辩证法扭转偏狭的日本精神论者的思想"，西田在国家观与文化观上的根本理念是强调从文化上找出国体的世界性意义。作者指出，西田提倡的"大东亚共荣圈"思想实际上不可避免地成为美化太平洋战争的"圣战意识形态"的一种表现。因此，作

---

① 刘文柱：《关于西田哲学现代意义的思考》，载卞崇道、藤田正胜、高坂史明主编《东亚近代哲学的意义》，沈阳出版社2002年版，第213页。

② 刘岳兵：《主持人手记》，《世界哲学》2010年第1期。

者最终把西田哲学的现代性定位为"矛盾的现代性"①。从对西田作品真伪的辨析入手,通过辨析解读西田与天皇制意识形态的关系问题,定位西田哲学的现代性问题,是日本学界西田哲学研究的通用视角,作者从上述可以与日本学者相互交流的研究视角入手,提出西田几多郎在与国家主义者妥协的同时,进行了对"偏狭的日本精神论者"的抵抗的观点是对日本学界西田哲学研究的恰当补充。也凸显出关于西田与当时日本政治的关系问题,中日学者的不同评判:日本学者大多主张抵抗为主,妥协为辅;中国学者主张妥协为主,抵抗为辅。可以说,刘岳兵的研究表明,中国学者在西田哲学国家观、世界观的研究上迈上一个新的高度。

在时间上与西田哲学国家观有关联的最新研究成果,是 2015 年发表的徐英瑾《西田几多郎的"场所逻辑"及其政治意蕴——一种基于认知语言学的解读》。该文从独特的日语认知的语境性特征入手,引入"虫子的视角"与"上帝的视角",从认知语言学角度解读西田哲学"场所逻辑"。作者的上述视角表明,中国学者已经吸纳日本相关研究者的最新视角观察西田哲学,这无疑推动了国内学界关于西田哲学的研究。关于西田几多郎与战时日本政治之间的关系,该文做出如下判断:"西田哲学的内在政治取向,实际上还是偏向于军国主义的对立面即民主体制的";"西田和当代日本官方立场的表面上的接近,则很可能更多的是策略性考量的产物,而非其哲学思想的直接后果。倘若西田生活在一个与战时日本完全不同的政治环境中,其哲学所内藏的和平主义意蕴,或许也就会有机会得到一种更为清楚的展示吧。"② 可见,受日本学界主流观点影响,中国学者的观点正在走向多样性。

综上所述,中国学者已经针对西田哲学国家观中的一些具体问题提出质疑,刘文柱鲜明地指出了西田哲学文化观基本立场中的矛盾性:"日本本位思想"与寻求世界文化的矛盾性,并批判地指出了西田哲学与天皇制相结合的事实。然而遗憾的是,作者仅仅是提出质疑,并未深入地从西田哲学的文化观、国家观具体理念入手挖掘上述矛盾性的形成根源,因而未能对西田哲学文化观的结论作深刻批判。刘岳兵的研究则从细致梳理西

---

① 刘岳兵:《主持人手记》,《世界哲学》2010 年第 1 期。
② 徐英瑾:《西田几多郎的"场所逻辑"及其政治意蕴——一种基于认知语言学的解读》,《学术月刊》2015 年第 8 期。

田与日本政府的关系入手,揭示西田与战时日本政府主导下的国家主义思想之间的妥协与对抗。批判西田哲学国家观中的"美化战争"倾向,指出西田哲学对日本极端民族主义和军国主义理念的欠缺批判性。作者的上述批评是建立在对西田哲学国家观理论进行具体分析的基础上的,因此,既表达了中国学者的鲜明立场,又站在了与日本学者进行交流的高度。然而,由于该论文的主旨在于辨析西田与战时日本政府的关系,因此,对西田哲学国家观、世界观的批判也被放置在与日本政府主流思想相比较的角度。基于中日学者的上述研究状况,站在中国学者立场,从西田哲学的基本命题入手,对西田哲学的文化观、国家观、世界观进行深刻的批判性研究是十分必要的。

第一章　西田哲学基本命题

西田进行哲学思考的基调源于青年时代经历的诸多烦恼。1870年，西田几多郎出生于石川县河北郡宇气村。1883年，西田家迁居金泽，14岁的西田进入金泽师范学校学习，两年后转入石川县专门学校。当时的石川县专门学校是以幕藩体制下加贺藩的藩校为前身的。西田对专门学校时期的生活格外怀念，他在回忆这段经历时说："这是一所拥有七个年级的学校，最高年级与最低年级的学生尽管年龄相差很大，却能够以诚相亲，拥有全体就像一个大家庭一样的温情。且风气刚健质朴，即使有扰乱风纪者，也不施行武断的制裁。这个学校就是今天的第四高等学校的前身。我们是这里最后的学生，这里却是令我无论何时都盈满思恋的回忆的学校。"[①] 1887年，石川县专门学校改称第四高等学校，文部省为了加强对学校的管理，更换校长，增派舍监，使"师生间亲密温情的学校突然变成了规则严整的武断的学校"[②]。为了表示对学校专断的不满，在1889年明治宪法颁布的当天，西田和几名同学一起打出了"顶天立地自由人"的口号，并合影留念。翌年，西田从第四高等学校退学，进入东京大学哲学科，成为一名选科生。在当时的东京大学，与同年级的本科生相比，对选科生的限制颇多，如禁止选科生在图书馆的阅览室读书，禁止选科生进入书库等。充满感伤与忧虑的选科生生涯使西田怀有强烈的落伍感。1894年，西田从东京大学毕业后，回到金泽。此时正值家业没落，西田与父亲矛盾日深，在父亲的压力下被迫与趣味相投的妻子离婚。1896年，在受聘担任第四高等学校讲师之后，西田的生活才安定下来。

自1890年起，年轻的西田就经历了人生的诸多烦恼，求学的不如意与生活的艰辛使他不断思考人生问题。从1896年开始，西田到金泽郊外

---

① 西田幾多郎：『西田幾多郎全集』第十二卷，岩波書店1970年版，第245頁。
② 同上书，第247頁。

洗心庵的雪门禅师那里参禅。坐禅使此前还立志成为"顶天立地自由人"、主张特立独行的西田转而关注生命的价值问题，开始追求精神的平安幸福。这种转变并非消极逃避，而是西田在严峻的现实面前，发现了不知疲惫地追求理想的精神价值。对此时的西田来说，理想的内容已经不是问题所在，他关注的是顽强地追求理想、永不放弃的精神。坐禅对于西田来说，只是实现真正自我的精神统一的手段，他在1903年的《日记》中写道："余并非为了学禅，余必为了心、为了生命。至见性之前，余不思宗教哲学之事。"① 这里的所谓"见性"，是指发现内心深处的"真的自己"，即"绝对者"。西田认为，自己与"绝对者"合为一体才是人生最高的价值，只有达到了这个最高价值，才获得了思考宗教和哲学问题的法门。从此，坐禅成了贯穿西田一生的思考习惯。这种对人生的思考方式和对生命的深刻感悟，都被西田倾注在《善的研究》中。

西田进行哲学思考的动机是探寻"人生问题"，这也是19世纪90年代以后的日本青年知识分子共同关心的问题。明治宪法体制建立后，随着自由民权运动的退却，在日本的社会思潮中，蓬勃激荡的启蒙主义思潮渐渐消退，关注德意志观念论的理想主义、浪漫主义思潮兴起。在哲学领域，曾经占据一席之地的功利主义、实证主义和进化论开始让位于德意志唯心主义。西田在东京大学哲学科学习期间，担任教授的是刚刚从德国留学归来的井上哲次郎和主要研究格林伦理学的中岛力造等人。然而，西田对教授们的讲义并不感兴趣，他在学习期间主要的研究对象是休谟和康德，他特别关注格林（Thomas Hill Green）的伦理学。

1895年，《教育时论》的《理科哲学》栏目连载了西田的处女作《格林伦理学大意》。在论及写作动机时，西田提到，该论文是"乘此闲暇，欲为世间尽些许绵力，将格林学说介绍于本邦人"②。此时，构成西田哲学基本出发点的"纯粹经验"理论远未完成，该论文只不过是一个25岁的哲学青年对西方哲学家的认识与介绍罢了。格林是19世纪60年代英国新黑格尔主义哲学流派的创始人之一，新黑格尔主义学派代表了刚刚兴起的垄断资产阶级的要求，它猛烈批判米勒的功利主义和斯宾塞的进

---

① 西田幾多郎：『西田幾多郎全集』第十七卷，岩波書店1971年版，第117頁。
② 西田幾多郎：『西田幾多郎全集』第十三卷，岩波書店1988年版，第502頁。

化论，从康德的先验性观念论出发，把康德主张的先验性意识的根本统一性与黑格尔主张的世界的绝对精神原理相结合，主张只有个人的内在精神性统一，即真正的"自我实现"才是真正意义上的"善"。与西方此前主流哲学所标榜的国家不干涉社会生活的个人主义相对，新黑格尔主义主张"国家至上""民族至上"。西田称格林伦理学"大体合乎鄙人之意"，正体现出19世纪末日本由启蒙主义时期过渡到理想主义时期的时代特征。1895年日本天皇绝对主义政治体制建立完成，甲午战争的胜利使日本国内的民族主义情绪空前高涨，民众对明治国家的感情空前饱满。这个时期，在理论上急需一种既强调国家干预的必要，又主张个人独立与自由的理论，于是，西田最终选择了以格林伦理学为基础构筑《善的研究》中的伦理观念。

由于西田是在其哲学体系基本框架大致完成之后才详细论述国家理论的，同时，西田在对历史、社会、文化、国家、民族、世界等问题进行具体表述时，始终运用其特有的哲学原理，如"绝对矛盾自己同一""整体的多与个体的一""绝对无""场所"等。因此，作为展开西田哲学国家观的前提，有必要对西田哲学中作为构建国家观基础的基本原理作具体表述与分析。本章在简要叙述西田哲学形成脉络的基础上，剖析与其国家观相关的西田哲学基本命题，主要有：强调主客合一、物我两忘的"纯粹经验"，以宾词逻辑为中心构筑起来的"绝对无"的"场所逻辑"，"绝对矛盾自己同一"的辩证法，宣扬神人合一的宗教观，以及西田在其处女作《善的研究》中初步表述的国家观。

第一节 "纯粹经验"
—— 西田哲学国家观的逻辑前提

一 "纯粹经验"的内涵——以直觉超越逻辑

西田在《善的研究》第一编中论及的"纯粹经验"，既是西田哲学思想的出发点，又是贯通其哲学体系始终的基本命题。西田把"纯粹经验"定义为："指丝毫未加思虑辨别的、真正经验的本来状态而言……纯粹经验与直接经验是同一的，当人们直接地经验到自己的意识状态时，还没有主客之分，知识和它的对象是完全合一的。这是最纯的经验。"① 在西田最初为"纯粹经验"下的定义中，突出强调的是思维作用于经验之前的经验的原初形态。在"纯粹经验"的状态下，感知者的主观和被感知者的客观尚未分离、浑然一体。西田认为，这种主客合一状态下的"纯粹经验"是一切精神现象的原因，感觉、知觉、记忆、想象、情感甚至意志等精神现象既是"纯粹经验"的发展，又构成"纯粹经验"的一部分。

西田提出的"纯粹经验"具有单纯性、持续性和统一性特征。"不论纯粹经验如何复杂，在那个瞬息之间，却始终是一个单纯的事实。"② "纯粹经验"并非一闪即逝，它具有某些时间上的持续性，它与注意的范围趋于一致。西田认为，"纯粹经验"不仅包括单一的瞬间知觉，更包括复杂的、长时间的注意倾向于对象的主客合一的状态，即一种注意持续的状态。就像爬山者攀登悬崖和音乐家演奏熟练的乐曲时，其注意力完全倾注于悬崖和乐曲之中，这种直接的和主客合一的状态就是"纯粹经验"。西田还将"纯粹经验"与西方心理学中的"单一感觉"相区分，认为西方心理学中的"单一感觉"是"作为学术分析的结果而假想出来的东西"③，从而将"纯粹经验"与西方心理学中通过严密的逻辑分析而概括出来的概念相区分。"纯粹经验"之所以是单纯的、持续的，是由于它是具体意识的严密的统一。无论是知觉的经验，还是表象的经验，只要它的统一是严密的、必然的和自行结合的，那么它就是"纯粹经验"。

在《善的研究》中，西田论述"纯粹经验"的思路是统一、分散、再统一。他把西方心理学中的许多概念范畴都统一到"纯粹经验"之中，诠释出一个既单纯又复杂、既包罗万象又卓尔不群、既瞬间即逝又持续永恒的"纯粹经验"。虽然西田在阐述"纯粹经验"时大量借用德国古典哲学家费希特（Johann G. Fichte，1762—1814）的"纯粹活动"，法国生命哲学家柏格森（Henri Bergson，1859—1941）的"纯粹持续"，特别是美国实用主义哲学家詹姆斯（William James，1842—1910）的"纯粹经验"等概念，但是，西田在诠释"纯粹经验"概念时，一直在有意排斥西方哲学推崇的以逻辑严密性著称的思维方式，而推崇"你中有我、我中有

---

① ［日］西田几多郎：《善的研究》，何倩译，商务印书馆1997年版，第7页。
② 同上书，第8页。
③ 同上书，第9页。

你"的东方式思维。美国学者费伯格认为,西田与詹姆斯的思想虽然在起点上有相似之处,但二者的思想有根本区别,詹姆斯的"纯粹经验"只是一个解释性范畴,而西田的"纯粹经验"有时还表示与经验有着特殊关系的佛教的"无心"(no-mind)思想。费伯格因此把西田的"纯粹经验"判断成"有可能倒退到一种特殊的心理主张,一种世俗的智慧"。① 上山春平认为,西田提出"纯粹经验"首先立足于宗教的安心。② 研究西田的学者几乎都注意到他在发表《善的研究》之前曾经有10年的坐禅经历,并分别指出西田的"纯粹经验"与佛教的禅宗、儒家的阳明学和宋学之间有明显的一脉相承的关系。③ 西田在诠释"纯粹经验"的内涵时,两次提到登山者登山和艺术家创作的例子,他着重强调这种在经历刻苦训练后才能达到的"物我两忘"境界是"纯粹经验"的最佳体现,意在说明"纯粹经验"是意志的实现过程,是意识的高度统一。西田的这种主张是主体的"我"完全融于客体的"物"中去的"纯粹经验",正如佛家"无物无我、物我两忘"的境界那样,是典型的东方式思维。因此,与西方哲学致力于对主体与对象作纵向、深入的逻辑辨析不同,西田哲学注重的是寻求主与客、内与外的综合与统一。

在《善的研究》中,西田将"纯粹经验"进一步表述为"知的直观"。所谓"知的直观","是指所谓理想的,即通常所说的经验以上的那种直觉,也就是对可以辩证地加以认识的东西的直觉"。④ 它使"纯粹经验"得到进一步加深和扩展,达到了意识的最统一的状态,一种超越了主客的状态。在论述"知的直观"时,西田仍然举出艺术家创作冲动的例子,这表明西田崇尚的直觉是带有超理性特征的、率真的、艺术创作式

---

① [美] A. 费伯格:《西田哲学中的现代性问题》,刘丰译,《世界哲学》2004年第2期。
② 上山春平:『日本の思想』,サイマル出版会1971年版,第118頁。
③ 上田闲照认为,佛教的禅在西田那里变成了哲学原理,西田通过禅,给哲学赋予了不同于西方哲学的东方源泉。(上田闲照:『上田闲照集』第一卷『西田幾多郎』,岩波书店2001年版,第134頁。)吴光辉认为,在主客合一的认识论层次,西田和王阳明都主张"物心一如"的立场。(吴光辉:《传统与超越——日本知识分子的精神轨迹》,中央编译出版社2003年版,第137页。)井上克人认为,西田的"纯粹经验"与宋学宣扬的"居敬"和宋代风靡一时的"看话禅",以及华严教的"理事无碍、事事无碍"的思考方式相通。(井上克人:『東洋的思惟の特質と京都学派の哲学』,『関西大学哲学』第25期,2005年10月,第254—259頁。)
④ [日] 西田几多郎:《善的研究》,何倩译,商务印书馆1997年版,第31页。

的意识与行为,这里凸显出不重视逻辑而重视情意,即不崇理而崇美的日本式思维特征。西田认为,由于直觉是思想的根基,是不能说明的,因此是神秘的,"在一切宗教的根基里都必须有这个根本的直觉。在学问道德的根基里必须有宗教。学问道德就是由于这个根本的直觉而成立的"。"(知的直观)是深刻的生命的把握。因此任何逻辑的利刃都不能指向它,任何欲望都不能动摇它,从而成为一切真理和满足的根本。"① 这样,关于人类的认知体系,西田构建出如下图示:知的直观→宗教→学问道德。在这个图示中,前者为后者的根基。与西方哲学中将理性与宗教截然分开不同,在西田的哲学构图中,直觉、宗教这种非理性的意识活动成为学问道德的根基,这表明西田哲学是基于东方思维对西方哲学范式进行解构与重建。这种试图以东方的直觉超越西方逻辑的倾向,使得西田在面对国家理念问题时,更注重国家的宗教、文化因素,而忽视对西方政治理论中的主权、国家、法等概念的区分与界定,从而模糊了理念中的国家与现实国家的界限。这直接决定了西田哲学国家观的认知倾向性,亦为其后来成为日本军国主义对外侵略的理论支撑埋下伏笔。

　　正因为西田主张"纯粹经验"是超越于逻辑之上的"知的直观",因此,在其发表《善的研究》之后,就面临高桥里美的批评:"(西田的纯粹经验)最终不能说明意义的起源,进而也不能说明作为对应意义的事实的纯粹经验的本义",认为这是西田哲学"纯粹经验"的根本矛盾②。高桥里美是最早对西田哲学的"纯粹经验"提出批判的学者,与西方哲学相比,西田哲学"纯粹经验"带有的非合理主义、浪漫主义特征从此成为学者们评判的核心内容。一直以来,大多数西田哲学研究者都据此主张西田哲学是拥有融合东西方文化哲学功能的"独创性哲学体系",是能够与西方哲学分庭抗礼的独特的"东方哲学"。然而,河西善治在2004年出版《京都学派的诞生与斯坦纳——从"纯粹经验"到大东亚战争》,在对比奥地利社会哲学家、灵智学创始人鲁道夫·斯坦纳(Rudolf Steiner, 1861—1925)的理论之后,对西田哲学"纯粹经验"的"独创性"提出质疑。河西善治认为,"《善的研究》受到斯坦纳《自由哲学》

---

① [日]西田几多郎:《善的研究》,何倩译,商务印书馆1997年版,第34页。
② 转引自河西善治『京都学派の誕生とシュタイナー「純粹経験」から大東亜戦争へ』,論創社2004年版,第99页。

的全面影响"①。歌德是西田较早接触到的西方思想家，在《善的研究》中，西田也较多地引用了歌德的诗篇。河西善治据此认为："西田在《善的研究》中展现出的对歌德的理解，是从斯坦纳《歌德世界观的认识论要纲》中习得的，纯粹经验的定义也与斯坦纳的定义完全相同。"② 河西善治与以往的西田哲学研究者不同，从西田发表《善的研究》的时代背景出发，结合《善的研究》发表后学界的反应、青年读者的态度，以及明治、大正、昭和时代日本思想界的变化等历史脉络，剖析西田哲学的时代性与价值。正由于河西善治采取了始终将西田哲学看作代表一个时代的哲学倾向的视角，将其作为明治末期、大正初期的日本思想认知来把握，才得出上述与日本主流学术界不同的结论。

二 "理"——实在的统一力

西田从"纯粹经验"出发论述实在的概念："所谓实在，只是我们的意识现象，也就是直接经验的事实。"③ 在直接经验下，实在是物我两忘的主客双方。关于精神和物质哪个才是根本的实在的问题，西田认为："我们往往认为似乎有意识现象和物体现象这两种经验事实，但实际上只有一种，即只有意识现象。""唯物主义者认为物的存在似乎是无可置疑的直接自明的事实，想用它来说明精神现象。但如略加思考，就会知道这是本末颠倒之说。"④ 为了与唯心主义相区分，西田又补充道，"提起意识现象，也许就会被理解为与物体分离，只有精神存在。我的真意是：所谓真正的实在是不能称之为意识现象的"，而是"独立自在的活动"。⑤ 以上论述表明，西田试图用包含物质与精神双方的"存在就是活动"的活动主义来超越唯物主义与唯心主义，创建出一种既强调意识又强调存在的活动主义的哲学认识论体系。

在论述实在时，西田哲学体现出了排斥科学、崇尚情意的倾向。西田认为："所有的自然科学都建立在某种假定的基础上，依据某种假定来说

---

① 河西善治：『京都学派の誕生とシュタイナー「純粋経験」から大東亜戦争へ』，論創社2004年版，第73頁。
② 同上书，第5页。
③ ［日］西田几多郎：《善的研究》，何倩译，商务印书馆1997年版，第39页。
④ 同上书，第40页。
⑤ 同上书，第41页。

明直接经验的事实，它绝对不是直接经验的完全体现。"① 西田在《善的研究》中列举了听音乐、赏花和仰望星辰等例子来说明"真正的实在"。他认为，当心灵被美妙的音乐吸引时，当自我与美丽的花融合为一体时，当诗人仰望苍穹，从繁星那里引出无限遐想时，才是"所谓真正的实在出现"之时。与之相反，从声波的震动关系来诠释音乐的物理学，通过对花的解剖来说明花的结构的生物学和研究星座位置的天文学等科学，"都是由于我们离开了这个实在的真景，进行反省和思维所产生的，因而这时我们就已经离开真正的实在了"。② 在西田看来，艺术家的直觉比科学家的逻辑更接近于实在的真相，因为"我们主观的统一力与自然的统一力本来是相同的"，"我们用自己的理想或情意来推断自然的意义"是"十分恰当的"。③ 于是，西田基于"纯粹经验"，把充满感情的对存在的联想甚至改塑当作发现存在"真意"的"最恰当"的途径，这种情意化的，带有浓厚东方佛教思维色彩的"融入自然""融入他者"的认知方式，在《善的研究》中被西田应用到个人与国家的关系中，于是，个人被融入国家的"伟大人格"之中，构成了西田哲学国家观的一个重要认知要素，这导致西田哲学在第二次世界大战时期很自然地为政治意识形态和帝国意识服务。

由于在"纯粹经验"那里，主观与客观是统一的，因此，西田认为，情意并非完全是主观的产物，也并非完全是属于个人的，"我们的情意是能够相通相感的，即包含着超个人的因素"。"并不是人有情意，而是情意创造个人，情意是直接经验的事实"。④ 西田在阐释"纯粹经验"时也提出："不是有了个人才有经验，而是有了经验才有个人。"⑤ 由于实在建立在这种"纯粹经验"的基础上，所以，在一切实在的背后必然有某种统一的东西活动着，这种统一的东西就是能够将种种矛盾调和统一的力，这种统一力被西田最终归结为宗教上的神。

《善的研究》之后，西田在建构其体系哲学的过程中，仍然不断地充

---

① 西田幾多郎：『自然科学と歴史学』，『西田幾多郎全集』第一卷，岩波書店1987年版，第270頁。
② ［日］西田几多郎：《善的研究》，何倩译，商务印书馆1997年版，第45页。
③ 同上书，第66页。
④ 同上书，第47页。
⑤ 同上书，第21页。

实对实在的认识。1923年，在发表于《哲学研究》第83号的论文《法与道德》中，西田用"纯粹经验"理论诠释了世界的构成。他认为："我们通常都相信自然界是唯一客观的世界，但是，由认识主观构成的自然界并非唯一客观界，在认识主观的深处有意志主观、行为主观。""在知识对象界的深处，有意志的对象界。"① 这里的"意志的对象界"，是指通过意志和行为来表现的世界，是超越认识主观并包含认识主观的"自我的对象界"。在这里，西田将"自我的对象界"置于超越自然界之上并包含自然界的深层位置上，使其排斥科学、崇尚情意的哲学立场在认识世界的层面上进一步深化。再后来，西田又创造出"绝对矛盾自己同一"的辩证法来阐释实在的统一力。

西田提出："由于实在是确立在相互关系上的，所以宇宙是唯一实在的唯一活动。"② 西田认为，宇宙间有个一定不变之理，"理既是万物的统一力，又是意识内部的统一力"。"理本身是创造性的，我们能完全没入其中，并且按照它来进行活动，但不能把它看成是意识现象。"③ 在西田哲学中，"理"构成了包摄宇宙人心的唯一实在，因此，"理"是超越意识、道德的至高无上的创造力。个人可以通过认识自我心中的"理"来体会宇宙之"理"。西田在以后论述历史观与国家观时，运用上述的"理"论证"历史的世界"的形成原理，将"历史的世界"的形成等同于"宇宙统一力"的实现，进而将"历史上形成"的皇室诠释成超越意识、道德的"至高权威"。上述逻辑构图表明，西田哲学中关于实在的认识成为构筑其国家形成理论，乃至于世界形成理论的一个重要认知前提。正因为西田哲学在论述实在问题时，将其引向绝对崇拜日本皇室这一现实结论，因此，第二次世界大战爆发后，西田哲学主动成为对内号召日本民众绝对服从皇室，对外宣扬日本皇室"世界性意义"的"学术"。

作为西田哲学认识论的基础，"纯粹经验"不仅充当了其哲学方法论的前提，而且构成了西田哲学国家观主要逻辑的共同前提。"纯粹经验"中的轻视学术道德、重视宗教直觉的认知倾向在某种程度上决定了西田哲

---

① 西田幾多郎：『法と道徳』，『西田幾多郎全集』第三卷，岩波書店1988年版，第489頁。
② [日] 西田几多郎：《善的研究》，何倩译，商务印书馆1997年版，第54页。
③ 同上书，第56页。

学国家观对皇室权威的定位——皇室是超越道德的"矛盾的自己同一"。在西田论证国家形成和日本文化形成的问题时，实在的统一力——"理"的超越性特征也被充分运用，以证实国家的"超道德"性质和日本文化的"创造性"特征。于是，"纯粹经验"中体现出的以直觉超越逻辑、将个体融入整体、以意志超越道德的认识特征构成后来形成的西田哲学国家观的基调。西田的这种认知基调与明治以来日本民众对现实国家的情感倾向相契合，到昭和时代，更是受到极端国家主义思潮的鼓动，最终沦为日本军国主义对外侵略的思想基础。

第二节 "绝对无"的"场所逻辑"
——西田哲学国家观的逻辑依据

在《善的研究》发表之前，西田有10年的坐禅体验，而《善的研究》中"纯粹经验是唯一实在"的命题也是他从对禅宗的体悟出发形成的。西田在1945年回顾其思想的形成过程时说："（我的）根本精神可以说在《善的研究》中就已经显现萌芽。然而，若把《善的研究》中的思索逻辑化，即把我在历经10年的努力完成的《善的研究》中初次提出的思想凝结成真正的学问，依靠以往的逻辑是不适当的。因此，就必须有一个新的逻辑。我于是为了建立那样的逻辑而努力。"[①] 在《善的研究》发表之后，西田便开始致力于构筑支撑其哲学精神的新逻辑。

1926年，西田在重要论文《场所》后编中提出"场所逻辑"。1927年发表《从动者到见者》，丰富并深化了其独创的玄妙的哲学逻辑——"场所逻辑"，标志着将"东方色彩"和"西方逻辑思维特色"相融合的西田哲学最终形成。1930年发表的《一般者的自觉的体系》和1932年发表的《无的自觉的限定》使"绝对无"的"场所逻辑"臻于完整。

西田所说的场所，简言之就是包含物和作用的场所。西田哲学认为，物与物相互运动，意识与物相互作用，其运动与作用必须在一个场所中完成。所有的存在和作用都包含在这个场所中。因此，场所是包含一切的终极存在。那么，这个包含一切的场所是什么形态的东西呢？西田认为：包含一切有形之物的场所无论如何都不能是有形之物，即场所本身必须是无

[①] 西田幾多郎：『西田幾多郎全集』第十四卷，岩波書店1988年版，第265頁。

形之物。因为如果场所是有形之物的话，那么必然存在包含这个有形之物的更大的有形之物，并陷入毫无意义的有形之物的无限循环之中。而无形之物因其无形，反而能够包含任何有形之物。因此，西田指出，真正的场所不是"有"，而必须是"无"。

西田认为，场所是从低层向高层不断扩展、深化的。西田提出"场所逻辑"的三个层次："有的场所"，"对立无的场所"，"绝对无的场所"。"有的场所"是物所在的场所，是物质世界；"对立无的场所"是与有相对立的无的场所，是意识的世界；"绝对无的场所"是超越有无对立的真正的终极场所。因此，西田称他的"场所逻辑"既不是物质世界的逻辑，也不是意识世界的逻辑，而是"超越的自己的世界的逻辑"，"是超越亚里士多德创立的形式逻辑立场，和新康德学派、现象学派的先验逻辑立场的更高立场的逻辑"。① 西田把形式逻辑学称为"判断的一般者的逻辑学"，相当于"有的场所"；把先验逻辑学称为"自觉的一般者的逻辑学"，相当于"对立无的场所"；把他的"场所逻辑"称为"睿智的一般者的逻辑学"，相当于"绝对无的场所"。

西田认为，西方哲学的逻辑学都是从主客对立出发的对象逻辑，是客观世界的逻辑，"绝对无"的"场所逻辑"才是更深刻的主观世界的逻辑，因为"绝对无"是包容"有"与"对立无"的根源性的终极场所，是一切有的根据，因其无形，才可以化为万物之形。这样，现实中的一切都可以看作"绝对无"的自觉限定的诸相。西田对"场所逻辑"的上述思考来源于佛教思想，佛教中的"无我"就是以"无"为万物之本。西田在写给务台理作的信中说："我的最大愿望是，以我的场所逻辑为媒介，将佛教思想和科学的近代精神相结合。"② 西田正是体会到东方"无"的思想缺乏逻辑论证，因而提出了"场所逻辑"这一概念。"场所逻辑"不仅使玄妙的东方"无"的思想逻辑化，而且将东方的"绝对无"超越于西方逻辑之上。从这个角度说，西田的"场所逻辑"试图以西方逻辑的构图将东方的"非逻辑"逻辑化，是融合东西方逻辑为一体的"独创逻辑"。然而，与中国道家的虚无思想相对照，西田"绝对无"的"场所逻辑"很显然在认识方向与逻辑构成上，都与老子的"无中生有"思想

---

① 上山春平：『日本の思想』，サイマル出版会 1971 年版，第 131 页。
② 西田幾多郎：『西田幾多郎全集』第一卷，岩波書店 1988 年版，第 249 页。

是一致的。从这个角度上说，西田的"场所逻辑"并非独创。尽管在西田全集中并未体现出对中国道家思想的关注，但是，西田一直崇尚的"东方逻辑"无疑受到中国古代哲学思想的重要提示。

为了进一步诠释"绝对无"的场所，西田还从判断逻辑，即主词与宾词的关系出发提出宾词逻辑。西田的宾词逻辑构成"场所逻辑"的重要内容。西田哲学认为，在判断逻辑中，判断是指特殊（主词）被包含在一般（宾词）之中，即在一般中有特殊，表现为包摄关系就是一般者包含特殊者的关系，也就是一般使自己特殊化，即"一般者的自己限定"。在判断逻辑中存在两个方向：一个是主词方向，其极限是无限深入的特殊者，即特殊；另一个是宾词方向，其极限是无限宏大的一般者，即一般。西田认为意识的范畴在于宾词性，"不是主词的统一体，而应该是宾词的统一体；不是一个点，而应该是一个圆；不是物，而应该是场所"。[①] 西田把判断逻辑的重心放置在宾词方面，而宾词又被更大的宾词所包摄、限定，逐渐成为更大的宾词，最后的宾词是要达到不能再成为主词，只能成为主观、不能成为客观之时才能结束。这时的宾词是突破超越的宾词方面的意识最根底，是"绝对无"或"绝对无的场所"。在"绝对无"的"场所逻辑"中，知和被知、主观和客观、宾词和主词、场所和存在物重合为一了。

西田的宾词逻辑是对构成以往西方哲学共同前提的主词逻辑的颠覆，是立足于东方思维的近代日本哲学对世界哲学作出的独特解读。然而，西田哲学认为，"绝对无"的场所并非无限丰富广阔的客观世界，而是"主客合一"的"生命的世界"，是"包含真正自由意志的世界"，这里体现出强烈排斥近代科学的唯心主义倾向。因此，西田哲学是立足东方宗教唯心主义思想的哲学，"场所逻辑"是以诠释"内部生命"为目的的认识论，而不是严格意义上的逻辑。特别是他在阐述文化观、国家观时，将皇室和日本精神描绘成"绝对无"的场所，使"绝对无"的逻辑反而成为诠释"皇道精华"的逻辑依据。这导致西田哲学不仅未能跳出宣扬日本皇室至上主义的窠臼，甚至起到美化皇室信仰，为日本民族"优越论"提供哲学基础的现实作用。

西田通过"场所逻辑"将"纯粹经验"逻辑化，此后，西田又用

[①] 西田幾多郎：『西田幾多郎全集』第四卷，岩波書店1988年版，第278—279頁。

"辩证法的一般者""行为的直观"等概念范畴继续深化"场所逻辑"。后期的西田哲学在论述"场所逻辑"时加入了"绝对矛盾自己同一"的辩证法，即将"场所逻辑"发展到"辩证法的世界"。西田把无的场所比喻成自身无形、在自我之中映照出自我身影的镜子，所有的东西都是在这个镜子（即无的场所）中映照出的影像。进而强调真正的"绝对无"应当完全淘空自我而映照他者，只有如此，才能从他者中洞悉真我。这样的"绝对无"才是既包摄万象又具有神意的真实在。这显然吸纳了佛教禅宗的"无我""空我"观念。于是，西田将主客合一、自他合一的"纯粹经验"具体化为具有东方宗教特征的"空我而容他"。在后期的西田哲学那里，"场所逻辑"被应用于阐明日本文化的特征。并通过把日本文化在历史上对先进文化的吸收定位为"空己而容他"，以此彰显日本文化的"优越性"。

综上所述，西田哲学的"场所逻辑"是对"纯粹经验"认识论的逻辑归纳。在"场所逻辑"中，不仅实现了将东方思维"逻辑化"，而且体现出以东方"无"的逻辑超越西方"有"的逻辑的倾向，这种倾向被充分运用在西田哲学国家观中。在论证皇室的性质时，西田运用"场所逻辑"，将皇室描述成"绝对无"的存在；在对比日本文化、中国文化、印度文化和西方文化的特征时，西田把"看无形之形，听无声之声"的日本文化称为"真正的绝对无的文化"；在预测世界历史的未来发展方向时，西田更是运用"场所逻辑"，宣扬以皇室为核心的日本国体的"世界性意义"，并主张"以皇室之光照耀世界"。由于超越了主客观世界的"无的场所"具有最广大的包容性，因此，作为"无的场所"的日本皇室也同样具有这种"包容性"。这样，西田用"绝对无"的"场所"架构起西田哲学国家观的基本逻辑框架。这也预示西田哲学国家观必然竭力宣扬日本民族和皇室的"优越性"，从而为日本对外侵略战争寻求情感与理论支撑。

第三节 "绝对矛盾自己同一"的辩证法
—— "场所逻辑"的宗教性发挥

1939年出版的《哲学论文集第三》中收录论文《绝对矛盾的自己同一》，西田在文中首次系统阐释了"绝对矛盾自己同一"的辩证法。在这个时期，西田开始广泛关注文化、历史、民族、国家等问题。"绝对矛盾自己同一"的辩证法是西田为了阐释其政治伦理观而对"场所逻辑"的再次加工。

一 "绝对矛盾自己同一"的辩证法的内涵

"绝对矛盾自己同一"是西田为其哲学辩证法创造的独特名词，是他为了阐明在历史上形成的现实世界的构造和存在方式而创造的概念。他认为，"绝对矛盾自己同一"是辩证法世界的逻辑构造。所谓"绝对矛盾自己同一"，概括地说，就是指绝对矛盾的或者说绝对对立的双方，在保持相互矛盾和对立的同时，还作为一个整体，保持着"自己同一"，即通过否定自己而与对方同一。西田认为，这种"绝对矛盾自己同一"虽然在逻辑上较难理解，但它却是历史的现实世界的根本姿态。"我认为，作为一与多的绝对矛盾的自己同一，在世界限定世界自身那里，作为过去未来与现在同时存在的绝对现在的自己限定，在现在限定现在自身那里，有历史的现实。"[①] 这里的"限定"，就是通过否定自己而与对方同一，即"绝对矛盾的自己同一"。

西田在论述"绝对矛盾自己同一"时，经常用一个"即"字连接矛盾对立的双方，如内即外、一即多、环境的限定即主体的限定、时间的限定即空间的限定、个体的限定即一般的限定等。此处的"即"，并非表示前后两者单纯的统一，而是"绝对矛盾自己同一"。这里的"即"，还包含绝对否定自己的"即"，也就是"即非"。例如，"内即外"，"外即内"，并不是内等同于外、外等同于内的意思，而是内通过绝对否定自己，而"矛盾自己同一"地成为了外，外也通过绝对否定自己，而"矛盾自己同一"地成为了内。可见，西田在处理一与多、内与外、环境与主体等对立面的同一的问题上，并未在矛盾对立的双方之间建立一个逻辑桥梁，而是通过佛教中"圆融无碍"的"即非"关系，将所有矛盾对立的双方以无媒介的形式统一起来。西田创造出在西方哲学逻辑中无法解读的"绝对矛盾自己同一"，再次表明西田哲学试图以东方的无逻辑来对抗西方逻辑的意图。

[①] 西田幾多郎：『国家理由の問題』，『西田幾多郎全集』第九卷，岩波書店2004年版，第331頁。

西田提出的"绝对矛盾自己同一"的辩证法与"纯粹经验"是一致的。例如,西田认为,当画家看到自然的美景时,产生绘画冲动,在画家被美景陶醉而忘我地作画时,可以认为画家的全部身心都投入到美景之中,美景也完全融入了画家心中,在这种情况下,主观与客观、环境与主体、内与外"绝对矛盾自己同一"地融为一体,画家通过绝对否定自我而成为美景,美景也通过绝对否定自身而成为画家的精神。这就是"绝对矛盾自己同一"的主观即客观、环境即主体、内即外。也就是西田在其著作中屡次提及的"成为物来观察,成为物来行动","进入物中观察物"。

"绝对矛盾自己同一"的辩证法既是对"纯粹经验"的补充,又是对"绝对无"的"场所逻辑"的发挥。"绝对矛盾自己同一"的辩证法着力解读的是矛盾对立双方之间的关系,即一方通过绝对否定自己而变成另一方,这种转变不需要任何外在的媒介,只能通过在自身的根柢处发现他者。这种自己与他者的同一关系便是"绝对矛盾自己同一",这种同一关系与"纯粹经验"中的"主客合一",与"场所逻辑"中的"绝对无"是一致的。因此,"绝对矛盾自己同一"的辩证法是西田对其哲学基本命题的总结,他试图用"绝对矛盾自己同一"的辩证法来替代西方哲学的辩证法,用西田式的东方哲学超越西方哲学。

二 西田对黑格尔和马克思哲学辩证法的批判

1932年9月,西田在信浓教育会馆作了题为《作为实在根柢的人格概念》的演讲。在演讲的最后,他从"绝对矛盾自己同一"的辩证法出发,详细论证了黑格尔、马克思哲学辩证法的"缺点"。西田从自己与他者的关系入手解读自他之间"矛盾自己同一"的关系。西田认为,"绝对矛盾自己同一"的辩证法强调在自己之中见他者的同时,在他者之中见自己。而黑格尔的辩证法只考虑到在自己之中见他者,没能做到在他者之中见自己,因此陷入唯心论;马克思的辩证法与之正好相反,即只考虑到在他者之中见自己,没能做到在自己之中见他者,因此陷入唯物论,"从我的角度来说,二者都不是真正的辩证法"。[①] 西田认为,马克思的客观辩证法和黑格尔的主观辩证法仍然是主词的、对象的

---

① 西田幾多郎:『西田幾多郎全集』第十二卷,岩波書店2004年版,第252—253頁。

辩证法,"不是真正的行动的世界的辩证法,不是真正的具体的辩证法"。① 西田认为,"真正的辩证法"必须是以绝对否定为基础的"绝对矛盾自己同一"的辩证法,是绝对的死即生的辩证法。"不是由于他者中有某种媒介而使自己成为他者、他者成为自己,而是自己通过回到自己自身的根柢处成为他者,可以认为,在自己自身的存在的根柢处有他者,在他者存在的根柢处有自己,我与汝互为绝对的他者。"② 西田在叙述我与汝的关系中再次强调了绝对否定,他不承认黑格尔辩证法中认为的矛盾双方的转化有媒介,而认为"即"就是媒介。西田试图以这种无媒介的"即"的辩证法超越黑格尔、马克思的辩证法。然而,西田运用的批判武器是所谓矛盾双方"绝对否定"的"即"或"即非",也就是说,西田不可能运用哲学的辩证思维来批判黑格尔和马克思的辩证法,而只能拿出佛教的"即非"这一神秘主义思维对抗西方近代哲学。因此,西田的这种"批判"与"超越"很难在哲学领域被承认。就连西田的后继者田边元也批判西田的辩证法为观想的、非辩证法,是"直观主义,充满神秘色彩"。③

在论及辩证法的目标时,西田提出,由于在我们自己的根柢处有"深深的非合理的东西",因此,通过自己限定使这种非合理的东西合理化,就是对"绝对矛盾自己同一"的辩证法的要求。正因为"绝对矛盾自己同一"的辩证法的目标在于洞悉生命根基中"非合理的东西",所以西田才试图在辩证法的内涵上进行逻辑"飞跃"。而"绝对矛盾自己同一"的辩证法中强调的无媒介的绝对否定,不仅没能透彻地指出生命中"非合理的东西"的本质,反而使这种"非合理的东西"变得更加神秘和不可知。这样,西田的这种逻辑"飞跃"不但没有创造出超越西方逻辑的"超逻辑",反而使其辩证法失去了辩证法的性质。西田运用这种充满神秘色彩的辩证法论证民族形成、国家性质等问题时,也必然使其国家观沾染上浓重的宗教神秘色彩。

---

① 西田幾多郎:『西田幾多郎全集』第六卷,岩波書店 2003 年版,第 190 頁。
② 西田幾多郎:『西田幾多郎全集』第五卷,岩波書店 1970 年版,第 380—381 頁。
③ 井上克人:『東洋的思惟の特質と京都学派の哲学』,『関西大学哲学 25』2005 年,第 263 頁。

三 "绝对矛盾自己同一"的辩证法的宗教性

西田把"绝对矛盾自己同一"的辩证法视为贯穿实在界所有领域的根本原理，但事实上，"绝对矛盾自己同一"的辩证法是以近代哲学逻辑语言对大乘佛教中"般若即非"逻辑的重新诠释。西田在晚年曾经在写给好友、日本近代佛教研究专家铃木大拙的信中说："我所说的是绝对矛盾自己同一的绝对辩证法。连黑格尔的辩证法也未能脱离对象逻辑的立场……唯有佛教般若的思想，反而能达致真正的绝对辩证法。"① 关于西田的辩证法中包含典型的宗教逻辑，连西田自己都说："我的绝对矛盾自己同一，也可以说成是相当于宗教家所谓的神。"②

西田哲学研究专家中村雄二郎认为，西田的辩证法是"元辩证法"，是试图以场所的辩证法包摄黑格尔辩证法的"逻辑的高层次"，但由于西田哲学辩证法基于宗教逻辑，"失去了论辩语言的逻辑意义"，因此，"西田的场所辩证法是元辩证法，因而不是辩证法本身"，"西田自觉的辩证法实际只是辩证法的自觉"。"绝对矛盾自己同一"的定义也由于语言上的无能为力导致表述上的似是而非。③ 中村的评价揭示了西田场所辩证法的本质特征。实际上，在西田刚刚提出"无的逻辑"不久，户坂润就在1933 年发表的《"无的逻辑"是逻辑吗？——关于西田哲学的方法》中尖锐指出西田逻辑的缺点："无的逻辑不是辩证法地思索事物的逻辑"，西田提出的辩证法不是关于存在的辩证法，而是辩证法的自觉。④

1945 年，西田完成了最后的论文《场所逻辑与宗教的世界观》，也许是对户坂润上述批判的回应。他在论文中再次关注"绝对矛盾自己同一"的辩证法，并将其与宗教相联系。西田在这篇论文中提出"逆对应"概念，所谓"逆对应"，是诸如无限与有限、一与多等对立的、方向相逆的双方，在相互对立的同时，还处于一种否定自己自身的相对应的逆转关系之中。这里的"对应"，指的是场所（整体的一）和个体（个体的多）

---

① 西田幾多郎：『西田幾多郎全集』第十九卷，岩波書店 1989 年版，第 398 頁。
② 西田幾多郎：『西田幾多郎全集』第九卷，岩波書店 1979 年版，第 120 頁。
③ [日] 中村雄二郎：《西田几多郎》，卞崇道、刘文柱译，三联书店 1983 年版，第 152—153 页。
④ 转引自中村雄二郎『西田幾多郎の宗教論と歴史論』，『思想』1987 年第 5 期。

之间相互内在的包摄关系，具体来说，"逆对应"就是场所包含个体的同时，场所亦被包含在个体之内。也就是说，场所通过否定自己来包含个体，个体通过否定自己来包含场所。即场所与个体之间"绝对矛盾自己同一"的关系。"逆对应"的提出被认为是西田对"即非"逻辑的补充，但实际上，西田在这篇文章中更多地从佛与众生、神与人类的宗教关系角度诠释"逆对应"概念，意在通过"逆对应"概念解释人类与神通过绝对否定而最终结合为一的关系，他提出："否定即肯定之绝对矛盾自己同一的世界，任何时候都不能不是逆限定或逆对应的世界。神与人的对立在任何时候都是逆对应的。因此，所谓我们的宗教心，并不是由我们自己发生的，而是神或佛的呼声。"① 可见，晚年的西田再次解读"绝对矛盾自己同一"的逻辑时，为其"绝对矛盾自己同一"的辩证法涂抹上浓厚的宗教色彩，而这种来自"神或佛的呼声"的"宗教心"，也构成西田哲学在阐释文化观、国家观时一直指向的思维归宿。

四 现实世界中的"绝对矛盾自己同一"

西田运用"绝对矛盾自己同一"的辩证法解读现实世界的基本构造，提出现实世界是一与多、时间与空间、环境与主体的"矛盾的自己同一"。由于"绝对矛盾自己同一"建立在绝对否定自己自身的前提下，因此，在现实世界中，一与多、环境与主体以否定自身为媒介相互转换，即整体的一通过否定自身变成个体的多，个体的多通过否定自身变成整体的一；环境通过否定自身变成主体，主体通过否定自身变成环境。在个体与个体的关系中，则是两者通过共同的否定自身而相互转化，进而成为整体。也就是说，在现实世界中，个体与个体、个体与世界的关系不是以一方压制或排除另一方，而是通过各自否定自身来达致双方"同一"。在个体与世界的关系中，个体的行为必然在某种意义上改变世界，即个体的行动必将成为历史性的事件。然而，又由于个体的行动必须伴随相应的历史条件，故个体的行动不可能是随意的。因此，所谓我们改变世界，到任何时候都必须是世界形成自己自身。历史的现实世界"必须作为绝对矛盾自己同一，是个体限定自己自身即世界限定自己自身，世界限定自己自身

---

① 西田幾多郎：『西田幾多郎全集』第十一卷，岩波書店 1970 年版，第 409 頁。

即个体限定自己自身的世界"。① 据此，西田以"绝对矛盾自己同一"的辩证法成功地消弭了个体与世界之间的矛盾，把个体对历史的创造性行为与历史自身的形成过程统一起来，为后来论证历史上形成的世界具有"超道德性"奠定了理论基础。

西田提出，在这种个体与世界的关系中，个体要通过意志的、创造性的活动来形成世界，这种个体创造性地形成世界的过程同时又是世界形成自己自身的过程，由于这个过程是"绝对矛盾自己同一"地限定自己自身的过程，因此，它必然超越于一切合理主义道德之上，是"神意"的表达。西田在论述日本国体时，就将皇室作为整体的一与个体的多"矛盾的自己同一"。这样，运用"绝对矛盾自己同一"的辩证法，西田成功地使皇室在逻辑上成为超越一切合理主义道德的存在。

关于时间上的过去、现在与未来"绝对矛盾自己同一"的关系，西田认为，尽管一般认为时间是直线的，是一个个瞬间的连续，但是瞬间与瞬间之间并非孤立的、非连续的关系。在现在中，过去已经逝去却并未逝去，未来尚未到来却已露端倪，在现在中，包含着已逝去的过去和尚未到来的未来。时间就是由这种包含过去、未来的现在（瞬间），以"矛盾的自己同一"的方式形成的。因此，生命的世界是时间的，在历史的世界中，绝对的现在是包含过去未来的"绝对矛盾自己同一"的现在。关于历史的世界的形成过程问题，应当从过去、现在与未来"绝对矛盾自己同一"的关系中去理解，而不是以合理主义道德来评判。这样，运用"绝对矛盾自己同一"的辩证法，西田把国家形成的雏形——"历史的世界"描绘成一个超道德的存在，进而推断出国家的"超道德性"。在西田哲学那里，皇室和日本国家的"超道德性"是构成其国家观的基调之一。也由于日本皇室与国家具有这种"超道德性"，所以在西田哲学国家观那里，任何道德批判的矛头均不能指向皇室与日本国家，这表明其国家观念已经到达崇尚"极端国家主义"的最高层次，并且可以成为近代日本法西斯对外侵略理论的道德基础。

综上所述，西田提出的"绝对矛盾自己同一"的辩证法，既是对"纯粹经验"的发展与深化，又是对佛教"般若即非"逻辑的发挥，他试

---

① 西田幾多郎：『西田幾多郎全集』第九卷，岩波书店 2004 年版，第 314 页。

图用"绝对矛盾自己同一"的辩证法包摄黑格尔的主观辩证法和马克思的客观辩证法，但基于宗教逻辑的"绝对矛盾自己同一"反而使西田的逻辑带有了非逻辑的特征，从而失去了辩证法的性质。在西田哲学后期论述个人、社会、民族、国家、世界等概念范畴及其相互关系时，西田就运用了这种带有浓厚宗教色彩的、似是而非的辩证法，这构成西田哲学的国家观、世界观的一个重要特征。

第四节　人神合一的宗教观
——西田哲学与国家观的归宿

早在 1901—1903 年，西田分别在《无尽灯》第六卷，以及第四高等学校校友会出版的《北辰会杂志》上发表了《关于现今的宗教》和《人心的疑惑》。在这两篇短文里，西田面对明治末期因西方科技的传入而带来的宗教危机，提出当时迷惑日本人心的问题——人生和生命的问题，从生命的角度品评科学真理和宗教情意的地位，并呼吁在日本创生新的宗教。这是西田较早表露其宗教观的作品。在《善的研究》序言中，西田也提到：《善的研究》的"第四编（宗教）就我一向当作哲学的终结来看的宗教问题叙述了我的看法"，"在本书里，尽管哲学上的研究占据了前半篇幅，但人生的问题毕竟还是本书的中心和终结"。① 西田构思《善的研究》中哲学基本命题的时代，正是日本社会思想由封建时代过渡到近代的转型时期，在混乱与焦躁的明治末年世道中，与众多多愁善感的"明治青年"一样，西田首先关注的就是何谓"自我"、什么才是自己"内部的生命"等问题。正是因为在《善的研究》中，西田从哲学和宗教的角度解答上述问题，使《善的研究》广受当时日本人的欢迎。"纯粹经验"、"绝对无"的"场所逻辑"和"绝对矛盾自己同一"的辩证法都是西田试图运用西方哲学用语诠释"内部的生命"问题。从《善的研究》到《场所逻辑与宗教的世界观》，西田一直把"宗教的意识"当作生命的根本事实和学问道德的根基。因此，宗教的立场及对宗教的归属意识在西田哲学中是贯穿始终的。在西田的著作中，无论是哲学认识论，还是伦理观、辩证法，在结论的归结处都要出现宗教上的神，西田试图以宗教上的

---

① ［日］西田几多郎：《善的研究》，何倩译，商务印书馆 1997 年版，第 5 页。

神作为其哲学的认知归宿,这表现出他试图将哲学与宗教"同一"的决心。同样,西田在论证日本文化的特征和日本的"国体精髓"时,也把三者都归结到作为"现人神"的皇室那里,以此论证日本国体的"超越性"和"宗教性"。而西田对上述理论体系的建构,是从对神的独特解读开始的。

一 神——实在的统一力

在《善的研究》中,西田用较大篇幅论述宗教的要求,宗教的根本思想,人、神与世界的关系等问题。在对宗教进行具体分析时,不能不提到神。西田反对认为神是超越于宇宙之外,从外部支配世界的有神论观点。他从"纯粹经验"出发给"神"下了定义:"神就是实在的根本","在实在的根基里有精神的原理,这个原理就是神","没有主观和客观的区别,精神与自然合一的东西就是神"。① "我们的所谓神,必须是天地由之而定位,万物由之而化育的这种宇宙的内在统一力。此外就再也没有可以称之为神的了。"② 在西田看来,在自然的根基里有一个统一力在支配着,在人心的根基里也有一个统一力在支配着,而自然和精神又统一于一个更大的、唯一的统一力之下,这个更大的统一力就是神。神不仅是包摄宇宙万物的统一力,而且是我们意识的最大和最终的统一者。宇宙是神的人格的体现,万物是通过神的统一而确立的。神是超越有无、超越时空的,是永远不灭、无所不在、无所不知、无所不能的。因此,神的爱是平等的、普遍的。神不是超越于宇宙之外的,因为单纯超越的神与我们之间不能在内心上取得亲密的一致。因此,我们不能从外界来寻找神,而应在我们内心的直觉上来寻找神。这样,西田将神定义为实在的终极统一,由于实在是"绝对矛盾自己同一"的,因此神就是无限发展的活动,也就是"场所逻辑"中的终极宾词,是"绝对无"。

在西田哲学中,宗教上的神与哲学上的认识论、方法论、辩证法糅合在了一起,神与"纯粹经验""绝对无""绝对矛盾自己同一"相融通。由此,西田哲学中的神便远离了宗教神秘性,成为包纳宇宙和人心的哲学上的超越性存在。在论证国家观的相关问题时,西田进一步将宗教上的神

---

① [日]西田几多郎:《善的研究》,何倩译,商务印书馆1997年版,第72—73页。
② 同上书,第132—134页。

与日本皇室等同起来,使皇室具有了与超越的神一样的特征。西田以此定位日本的国体:"在我国的国体中,皇室是世界之始终。皇室包含过去未来,作为绝对现在的自我限定,所有都是以皇室为中心生生不息地发展的,这是我国国体的精华。"① 因此,在皇室的"诏书中能听到作为现人神的神的语言,在那里,法与道德被赋予了理性基础"。② 西田哲学通过把神描绘成内在并超越于物质世界和精神世界之上的"绝对无"的场所,与西方基督教中的支配世界的神对峙,并以此阐释皇室的"超越性意义"。西田进一步认为,在即将构建的新的世界秩序中,各国要在以皇室为核心的前提下"立体地结合",共同"沐浴皇室的光辉"。这种"超越性"的宗教观在西田哲学中扮演着重要角色,在西田哲学那里,宗教意识不仅是关乎人生和生命的根本性命题,而且是关乎国家和世界未来走向的终极理念。西田哲学成功地把宗教上的神、哲学上的"纯粹经验"与现实中的皇室糅合在一起,使西田哲学的文化观、国家观和世界观带有了独特的"超越性"特征,这种建立在宗教性思维基础上的"超越性"特征很难冲破神秘主义的迷雾。不仅如此,西田哲学主张日本皇室"统御世界"的宗教性思维,无疑有助于培植日本军国主义妄图实现"统领世界"这一侵略野心的精神基调。

二 对神的"敬爱"——体会神的真意

关于如何认识神,西田提到了"他爱"。西田认为,神是覆盖整个宇宙人生的终极统一,既是冷峻的哲学上的存在,又是我们温暖的情意活动。因此,与寻求个人的自我统一的"自爱"相比,寻求自己与别人统一的"他爱"更加重要。"我们会在'他爱'中感到比'自爱'更大的平安和喜悦。"③ 西田认为,只有通过"他爱"来认识神,才能与神同一,并达到生命的终极目的。这种寻求自己与他者统一的"他爱"是超越于具有不同利益的个体之间的矛盾冲突的。西田在晚年论及"世界新秩序"时,竭力主张以这种与"神意"吻合的"他爱"来建立"新世界"。在世界各国从本国利益出发展开激烈纷争与冲突的时代,西田强调的"他

---

① 西田幾多郎:『西田幾多郎全集』第十一卷,岩波書店 2005 年版,第 201 頁。
② 同上书,第 202 頁。
③ [日] 西田几多郎:《善的研究》,何倩译,商务印书馆 1997 年版,第 76 页。

爱"要么是不可能实现的空中楼阁,要么是对外实现侵略扩张的甜蜜借口。实际上,西田主张的是以自我的统一来包摄他者的独断的"他爱",这也与近代日本对待外族的情感初衷一致。在诸如"亚洲盟主论""大东亚共荣圈"等近代日本为对外侵略寻求借口的诸多理论中,我们都可以发现"他爱"的影子。

西田通过对神与人之间关系的定位,进一步诠释了其宗教观的本质——人神合一。西田认为:在精神上,人与神具有同一根基。"在一切宗教的根本上必须有神人性质相同的关系,即必须有父子的关系","神是宇宙的根本,同时又必须是我们人类的根本,我们皈依神就是皈依于我们的根本"。① 既然神与人犹如父与子那样具有相同根基,那么我们能够通过在意识的根柢里体验到宇宙精神的方式,即通过自我和宇宙之间"矛盾自己同一"的方式来体会神的真意。只有如此,才能对神产生出真正的"敬爱"之情。"爱"是两个人格合而为一,"敬"是部分人格对完整人格发生的感情。西田认为,我们不能通过分析和推论来认识神,只有通过"爱"或"信"的自觉才能认识神。西田的人神合一的宗教观是完全立足于宗教感情的,就像"场所逻辑"中的一与多之间的"绝对矛盾自己同一"关系一样,西田通过似是而非的非逻辑,为人神合一赋予哲学意义。在后期论述国体问题时,西田从上述被赋予哲学逻辑的浓厚的宗教感情出发,去诠释皇室的性质,及个人对作为"矛盾自己同一"的皇室的敬爱之情,从而起到鼓舞日本民众投入到对外侵略战争中去的作用。

三 真正的宗教心

西田主张的宗教的要求是完全彻底地放弃主观的自我而投身到神的怀抱,是"把一切肉体生命都钉在十字架上,只希望依靠神来活下去的那种感情",西田将其称为"自我的转变和生命的革新"。"一个人只要还有一点点相信自己的念头时,就不能说他抱有真正的宗教心"。② 这种宗教心实际上是西田在"纯粹经验"中就推崇的"忘我"与"无我"的境界。这样,西田通过将"无我"的境界与宗教心连接在一起的方式,将宗教推至其哲学的顶峰,将宗教与"纯粹经验"、绝对实在等西田哲学终

---

① [日]西田几多郎:《善的研究》,何倩译,商务印书馆1997年版,第130页。
② 同上书,第12页。

极命题等同对待。从这个角度可以说，西田哲学是宗教哲学。同时，正是由于西田在哲学中过多地融入了宗教感情，使得西田哲学带有朦胧、感性和含蓄等特质。

西田反对佛教和基督教深奥的教理和烦冗的逻辑，主张拥有一颗"纯洁的真心"。他主张对佛教和基督教进行改良，使之放弃对教理的说教与论争，转而以一颗虔诚的真心去贴近释迦与基督的本心。西田主张的远离深奥的宗教理论，仅强调拥有纯洁真挚的宗教心的态度，是日本民族对待外来成熟宗教的一贯态度。我们从佛教、基督教、儒教在日本被本土化的过程中都能够看到日本民族对外来宗教的这种加工。即最终摒弃烦琐的宗教理论，被以神道为内核的日本传统的自然宗教信仰同化、吸收、重塑。

与佛教和基督教提倡悲观遁世、消极忍耐的人生态度不同，西田在宗教观中强调的是积极入世、顽强地实践意志的人生观。在他提倡的宗教心中体现出一种意志的坚强力量，他提出："宗教的要求是我们欲罢不能的巨大的生命的要求，是严肃的意志的要求。"① 于是，西田的宗教心脱去了佛教、基督教脱离苦难和寻求解脱的社会功能，变成了西田哲学的核心概念之一。从此，西田用神、宗教等词语表述的宗教观，已经超越了单纯的宗教信仰层面，而成为对"内部生命"的终极追求。"宗教不是离开自己的生命而存在的，它的要求就是生命本身的要求。"② 在西田看来，宗教已不再是情感的寄托与心灵的归宿，更不仅仅出于对人心的关怀，宗教就是生命本身，是所有统一深处的最大最深刻的统一。最终，宗教被西田绝对化了。这种绝对化了的宗教观和主张积极进取的人生观与大正、昭和时代的日本民众心理契合，不仅使西田哲学广受社会关注，而且在昭和时代论证日本文化问题之后，从哲学出发诠释皇室的宗教性与"超越性意义"的西田哲学逐步得到日本政府与军部的认可。

四 自然科学的真理与宗教信仰

在《人心的疑惑》中，西田提出，以推理见长的科学最终是建立在某种假定的基础上的，因此，科学的智慧不能给人心带来满足与安慰。要

---

① ［日］西田几多郎：《善的研究》，何倩译，商务印书馆1997年版，第128页。
② 同上书，第130页。

解决人心的疑惑，就只能求助于释迦、基督那样的"心灵的伟人"。① 此后，西田从人神合一的宗教观出发，分别对自然科学的真理和宗教信仰的情意进行哲学定位，从而体现出西田哲学的唯心性质。1919 年 12 月，西田在佛教大学的学术演讲会上作的《宗教的立场》的演讲中，对真理与信仰的关系问题做了详尽说明。西田认为，在学术上没有永远不变的真理，自然科学的真理不能离开我们的主观而存在。因为"在其根基处必须有逻辑，必须还有时间空间的形式，不仅如此，还必须加入种种主观的假定"。② 所以，自然科学的知识不是唯一的真理，在此之外还有任何人都必须认可的其他知识，那就是建立在我们的情意基础上的信仰。知识是在信仰的基础上被确立的。信仰的世界与知识的世界相比，是更加深层的世界。在信仰的世界里存在"宗教的真理"，即在人类情意的立场上体现出的真理，它是在人类伟大的生命之上构筑起来的。

尽管在《善的研究》中，西田将神诠释成包含自然与精神的最大的统一力，试图以神的无限包容性来消弭唯物主义与唯心主义的根本对立，即试图通过"绝对无"的场所逻辑使西田哲学包摄唯物主义哲学与唯心主义哲学，但是，从以上西田对自然科学的真理和"宗教的真理"的区分和评价中，我们能够很容易地判断出西田哲学的唯心主义倾向。可以看出，在西田哲学具体定位物质世界与精神世界的关系时，仍然会不自觉地滑入唯心主义。

五 神与道德

在后来论述道德、民族、国家等问题时，西田将神作为绝对实在的化身，并与道德观相联系。1934 年，西田在《哲学研究》上以连载的形式发表长篇论文《作为辩证法的一般者的世界》。在这篇论文的最后，西田提出：我们生存的意义在于遵从绝对的肯定者——神。"服从神即生，违背神即死"，"唯有把这个世界作为绝对辩证法的世界的自己限定，通过把它看作是绝对者的自己表现，我们才能获得真正的生。我们将其称为信仰"。"信仰既不是妄想和梦幻，也不是单纯的情操，而必须是无限的活动"。西田认为：只有通过无限的活动才能使我们与无限的绝对者——神

---

① 西田幾多郎：『西田幾多郎全集』第十一卷，岩波書店 2005 年版，第 70—74 頁。
② 西田幾多郎：『西田幾多郎全集』第十三卷，岩波書店 2005 年版，第 90—91 頁。

相通。而道德不仅仅是理性的自律，它还有绝对者的命令的意义，在那里才有真正的良心的权威。① 西田将道德绝对化为神的命令，上升到宗教层面，并进一步发挥其在《善的研究》中提及的活动主义伦理学，通过"信仰是无限的活动"将伦理学与宗教观连接起来，更为其以后诠释"皇室的世界意义"作了理论铺垫。

西田在最后的论文《场所逻辑与宗教的世界观》中，试图将宗教与"现实的历史的世界"结合起来。西田认为，"现实的历史的世界"的根本结构是由超越的神支撑的。"神因爱创造世界，所谓神的绝对爱，必须是作为神的绝对的自己否定而成为神的本质的东西。"② 绝对的"自己否定"就是西田所说的"逆对应"。这种基于佛教理论的"逆对应"成为西田晚年创造的最重要的概念，它表现出西田从宗教立场总结其哲学的决心。从《关于现今的宗教》到《场所逻辑与宗教的世界观》，西田在构筑其哲学体系的整个过程中，自始至终都在关注宗教问题，并为其哲学原理寻找宗教归宿，这再次印证了西田哲学的宗教本质。尽管西田在《关于现今的宗教》中提出的改良佛教、基督教的主张未能由他来实现，但是，西田最终将宗教感情归结为对皇室的"敬爱"，并把以皇室为核心创造"世界性的世界"上升为西田哲学的终极理想。可以说，与近代日本民族的宗教倾向一样，西田最终找到了皇室作为其宗教观的归宿。

六　西田哲学的基本特征及其在国家观中的应用

"纯粹经验"的认识论、"绝对无"的"场所逻辑"、"绝对矛盾自己同一"的辩证法以及人神合一的宗教观构成了西田哲学的根本命题和重要组成部分。综观以上西田哲学中与政治伦理观相关的原理，我们可以总结出其哲学的基本特征。

第一，由于西田哲学的出发点在于解读生命，因此，他的哲学是生命哲学。他在崇尚人的生命活动的同时怀疑科学真理。他认为科学不能触及生命本身的要求，而哲学应当是以生命的要求为基础的，因此，哲学应当超越科学。西田终其一生，在构筑其哲学体系的过程中一直对科学抱有极深的怀疑态度，他试图在"内部的生命的要求"中发掘出宗教作为支撑

---

① 西田幾多郎：『西田幾多郎全集』第六卷，岩波書店 2003 年版，第 331—333 頁。
② 西田幾多郎：『西田幾多郎全集』第十卷，岩波書店 2004 年版，第 317 頁。

其哲学的终极立场。对科学真理的怀疑在论及国家观时体现出反对西方合理主义道德和反抗国际联盟体系的倾向；对宗教的重视则反映在西田后来撰写的论证日本皇室"神圣性"和"超越性"的论文中。

第二，西田站在怀疑科学的立场反对唯物论，主张以佛教"无"的立场为中心的唯心论。在"场所逻辑"中，西田把科学的世界定位为"有的场所"，属于西田哲学认识论的初期阶段。西田用"场所逻辑"中的"绝对无"的场所包摄"有"的场所和"无"的场所，试图以"绝对无"的立场超越唯物论和唯心论，创立"包容的""超越的"哲学。在论及皇室和日本精神时，西田一直试图以"绝对无"超越西方的国家存在理论，以充满宗教神秘色彩的"绝对无"统摄西方业已成熟的国家观念体系，最终必然导向"以日本皇室统御世界"这一结论。

第三，西田哲学自始至终充满宗教神秘色彩。不论在前期构筑体系哲学的过程中，还是在后期论及民族、国家等政治伦理观的过程中，西田哲学都充斥着宗教的立场和对"神"的归属意识。同时，西田哲学的宗教立场有别于基督教中超越的神的立场，而是提倡"内在即超越"的"神人合一"的关系。因此，西田哲学是"东方型"的宗教哲学。在西田哲学的国家观和世界观中，这种宗教性被充分发挥，把皇室打造成包摄一切的存在，既是实在的统一力，又是包含过去、现在、未来的时间的统一力，是"绝对无"。从总体上看，"人神合一"的宗教观成为西田哲学国家观的感情基础。

最后，西田一直强调其哲学具有"包容性"特征，即不偏向于矛盾对立的任何一方，从而使其哲学带有"超越性"。这种超越于矛盾之上的哲学立场本身不可避免地带有虚无色彩，基于这种哲学的政治伦理观也必然变得虚弱无力。由于在论证个人与国家的关系问题时，西田主张以国家的"大人格"包摄个人的人格，即国家拥有"超越性"的人格。因此，上山春平也批判西田的个人主义失去了对国家主义的对抗性。[①]强调"包容性"与"超越性"是西田哲学的一贯主张，应用到国家观中，就突出体现为对皇室具有的"包容性"和"超越性"的诠释。在论述国家观时，西田曾经专门用皇室的"包容性"和"超越性"批判当时日本社会流行的"狭隘的"、"家族性的"、保守的家族国家观，宣

---

① 上山春平：『日本の思想』，サイマル出版会1971年版，第169頁。

第一章　西田哲学基本命题

扬以皇室为中心的家族国家观的"超越的世界性意义"。在论证世界的未来发展方向时，西田哲学更是充分发挥了皇室的"包容性"与"超越性"特征，使其哲学世界观虽然声称具有面向世界的所谓"开放性"特征，却因其宣扬以皇室为中心的日本文化包容各国文化，最终回归"使万邦共沐皇恩"的皇室中心主义之中。

第五节　《善的研究》中的国家观及其时代性特征

1911年，西田发表处女作《善的研究》，初步构建日本哲学的基调。在《善的研究》中，西田从伦理学中"个人的善"和"社会的善"的关系角度阐释个人、家庭和国家之间的关系问题。在《善的研究》的序言中，西田指出了其哲学思考的出发点——讨论人生的问题："尽管哲学上的研究占据了前半篇幅，但人生的问题毕竟还是本书的中心和终结。"[①]《善的研究》的第三编"善"表达了西田哲学的伦理观、国家观，其中一些基本主张构成西田后来论证国家观的理论基础。

一　调和的、相对的个人主义

西田首先提出"个性"概念："在我们的意识的根基里有着不可分析的个性"，"它是实在的无限统一力的表现"，"个性"的实现"是最直接的善"，"个人的善是最重要的，是其它一切善的基础"。[②]西田首先把"个性"定位为不可分析的、"最直接的善"，它与无限的统一力即神相通，是神的表现。这种对个性的认识与西田哲学怀疑西方的理性分析方法、强调宗教性意识的倾向是完全一致的。在他看来，"个性"与"绝对无"一样，都是神秘性的，任何逻辑的利剑都不能指向它，而每个人的"个性"都是"个人的善"。关于如何区别"个人的善"与"集体的善"，即实现"个性"，西田认为，个人主义，即"个性"的实现并不是每个人逞纵自己物质欲望的利己主义，必须与集体主义一致，是构成巨大的集体意识的一个细胞。西田否认个人主义与集体主义相对立的观点，认为二者是一致的，西田在后来将这种关系阐释为"绝对矛盾自己同一"的关系。

[①] [日] 西田几多郎：《善的研究》，何倩译，商务印书馆1997年版，第5页。

[②] 同上书，第117—118页。

"真正的个人主义绝对不应该受到责难,也不是与社会相冲突的",① 因为个人意识是在社会意识中发生和养成的,个人的特性只不过是社会意识的形形色色的变化而已。可见,西田强调的个人主义是与集体主义相融合的、相对的个人主义,是建立在"纯粹经验"式体验基础上的与社会合而为一的调和的个人主义。这种留有余地的个人主义在真实的社会中一般不会独立存在,它极易被集体主义、民族主义甚至国家主义或法西斯主义吞并。事实正是如此,在后来论述国家存在的理念问题时,西田最初提出的个人主义与国家主义"矛盾自己同一"地融合在一起,主张个人主义要通过国家主义才能展现出生命力。

西田提出的"个性"概念与近代日本武士道精神中提倡的"个性"精神颇为相似。新渡户稻造在《武士道》一书中提出:"在印度,以及在中国,人们之间的差别主要在能力上和知识上,反之,在日本,除了这些之外,还有性格独创性上的差别。今天,个性是优秀的民族和发达的文明的象征。"② 这种流露出强烈的本民族认同倾向的日本人"性格独创性",不仅意味着个人的性格独创性,更多的是整个日本民族的性格独创性,即集体的"个性"。西田的"个性"与新渡户稻造的"性格独创性"都是倾向于集体主义方向的。

西田认为,因为真正的个人主义绝不会与社会相冲突,因此,个人与社会、国家之间也绝对不是矛盾的存在,而是你中有我的关系。就像"母亲的自我在孩子中,忠臣的自我在君主中"一样。于是,西田通过绝对否定自我而与他者同一的方式达致的个人主义中的自我几乎接近于"无我",这种主张完全消弭自我的所谓"个性",实际上是纵容日本民众不假思索而忘我地投入到军部宣传的对外侵略战争中去的伦理观。

二 国家——"社会的善"的核心

在明确了"个性"即"个人的善"拥有的"无我"特性后,西田把家庭、国家和世界概括为"社会的善"的三个阶段。西田依据柏拉图和奥托·魏宁格尔(Otto Weininger)对男女本系一体的描述,提出家庭是"社会的善"的最初阶段。他提出:在社会意识的各阶段中,家庭是"最

---

① [日]西田几多郎:《善的研究》,何倩译,商务印书馆1997年版,第119页。
② [日]新渡户稻造:《武士道》,张俊彦译,商务印书馆2005年版,第22页。

小而直接的","家庭可以说是我们的人格向社会发展的最初阶段"。组成家庭具有深远的精神目的——发展完整的人格。① 尽管西田从西方哲学家那里搜罗到了足够的素材,但是,把家庭当作完整人格的最初发展阶段的观点仍然来自于日本传统的家庭观念。近代武士道伦理认为:"夸奖自己的妻子就是夸奖自己本身的某一部分"②,这种以男尊女卑为基础的家庭观念在近代日本社会占据绝对优势。西田的家庭观虽然避开了男尊女卑,却竭力突出家庭在个人人格发展中的作用,这是以传统的日本家庭观念为出发点的。

西田认为,除了家庭这个人格向社会发展的最初阶段之外,个人的人格可以在各种社会团体里获得发展。而在众多的社会团体中,能够"统一我们的全部意识活动,并且可以当作一个人格表现来看的便是国家"。③ 在论述"社会的善"的第二阶段,即核心阶段——国家时,西田首先驳斥了以下两种国家目的学说:其一,认为国家的目的"只是为了对外防御敌人和对内保护国民的生命财产";其二,认为国家的目的"只是为了调整个人的人格的发展"。西田认为第一种学说把国家目的解读为物质的或消极的;第二种学说将个人的人格当作国家的基础,是本末倒置。西田进而提出:"国家的本体乃是作为我们精神的根基的共同意识的表现",因此,国家的本体是精神的而非物质的,是积极的而非消极的。同时,"我们可以在国家里面获得人格的巨大发展。国家是一个统一的人格,而国家的制度、法律就是这种共同意识的意志的表现"。④ 在西田看来,国家是一个统一的人格,人格具有不可侵犯的尊严,因此,国家是不可侵犯的。"我们所以为国家效力就是为了争取伟大人格的发展与完成。至于国家惩罚个人,不是为了报复,也不是为了社会安宁,而是因为人格具有不可侵犯的尊严。"⑤ 至此,在国家这个"伟大人格"的包摄下,个人的人格完全变成了毫无生气的附属物。

西田的上述观点显然承袭了黑格尔对国家的理解。黑格尔认为,国家

---

① [日]西田几多郎:《善的研究》,何倩译,商务印书馆1997年版,第121页。
② 转引自[日]新渡户稻造《武士道》,张俊彦译,商务印书馆2005年版,第86页。
③ [日]西田几多郎:《善的研究》,何倩译,商务印书馆1997年版,第121页。
④ 同上书,第122页。
⑤ 同上。

是人格的体现,是"伦理的整体""自由的实现",国家的宪法是共同的理性意志。然而,黑格尔提出的上述国家只是一个理想中的"完善的国家"。也就是说,黑格尔提出的具有独特人格、代表共同意志、能够实现自由的国家仅仅是为了与现实中"尚未成长"的国家相对照而提出的一个理想而已。① 但是,西田在《善的研究》中提及的国家却表现出一种现实国家形态,西田称:"今天,国家是统一的共同意识的最伟大的表现"。② 在后来对国家观的细致论述中,西田更加明确地将这种现实国家诠释为天皇制国家。

黑格尔在提出理想中的国家时,作为对比,将现实中的市民社会看作是个人私利的角斗场,从而揭示资本主义社会残酷竞争的本质。西田则试图通过对现实国家人格的确认,诠释出一个在国家的"伟大人格"下彰显个人意志的积极的、温馨的社会。在明治末年,日本刚刚摆脱封建体制的束缚。思想上的封建因素,特别是天皇信仰仍然在精神上牢固地控制日本国民。在这样的时代强调国家人格对个人人格的包摄必然导致个体人格的完全缺失。事实上,西田在《善的研究》之后,特别是日本发动大规模对外侵略战争时期,将个人的个性与人格以"绝对矛盾自己同一"的方式纳入民族的个性与国家的人格之中,使西田哲学伦理观中宣扬的"至善""美""真"等精神在现实面前迅速沦为唆使个人放弃对个性的发挥与追求,完全投入天皇制家族国家中,并为日本国家服务的说教。

西田哲学认为,"社会的善"的最后阶段是"把全人类结成一体的人类社会的团结",这是人格表现的更大的要求。在西田看来,这是一种不容易实现的理想,是真正的世界主义。在这个理想的世界中,国家并不消亡,而是各个国家越来越强盛,发挥其各自特征,"以贡献于世界的历史"。可见,西田的世界主义仍然是建立在国家这个统一人格的高度发展的基础上的。也就是说,西田理想中的世界不是国家走向消亡的世界,而是国家无限强盛的世界。因此,在家族、国家与世界的"社会的善"的三个阶段中,西田把国家当作整个人类历史的终极存在、核心存在。至于在理想的世界里如何处理无限强盛的国家与国家之间的关系问题,西田在

---

① 转引自[德]亨利希·库诺《马克思的历史、社会和国家学说》,袁志英译,上海世纪出版集团2006年版,第233—239页。

② [日]西田几多郎:《善的研究》,何倩译,商务印书馆1997年版,第122页。

《善的研究》中并未论及。后来，西田在论及"世界新秩序原理"时，从日本国家的"世界史的使命"出发提出了各国"立体地结合"在皇室这个核心之下的世界格局。

《善的研究》中提出的国家观的基本原则，在西田哲学那里是贯穿始终的。综观近代日本社会的国家意识，不难看出，西田主张的国家至上主义是近代包括启蒙思想在内的日本思想界的共识。西田在《善的研究》中对国家至上主义的哲学加工，不仅没能脱出明治末年社会思想界的共同语境，反而为国家至上主义披上了哲学外衣。

竹内良知在第二次世界大战后对《善的研究》的时代意义做出如下评判："《善的研究》中的'纯粹经验'哲学是在明治20年代日本文化与社会开始经历的深刻危机中产生的。然而，它并非是试图创造出能够克服危机，并能够解决国家发展与社会进步中的矛盾这种国民性课题的文化为目标而形成的思想。反而主张在这个危机当中忍耐危机，在忍耐中捍卫人格独立与人类价值，它是在追求支撑上述努力的精神性支柱中形成的。""从大正时期到第二次世界大战后，《善的研究》塑造了众多知识青年的知识、道德，即成为所谓日本市民性教养的古典，也是出于上述原因。"①

在研究《善的研究》中的观点倾向的同时，也有必要像竹内良知那样，结合明治末年、大正初年日本社会的时代特征，关注西田哲学思想的形成过程以及当时日本社会的思想状况。正如竹内指出，西田哲学未将批判矛头指向近代日本文化与社会，更未能解决日本文化的现实危机，反而在精神上无限皈依到日本文化的所谓"精华"中去，以自文化崇拜的方式寻求精神慰藉。在《善的研究》这种精神教化的影响下，众多明治青年一代远离文化批判方向，被引领到自我文化认同的道路中，亦导致缺乏批判精神的日本民众最终沦为对外侵略的帮凶。

三 《善的研究》的学术谱系、时代背景与反响

《善的研究》中首倡的"纯粹经验""知的直观""个性""个人的善"与"社会的善"等观念倾向，既来源于德意志观念论传入日本后众多哲学家在伦理学领域的建树，又与明治大正时代日本社会流行的思想认知相结合。日本的西田研究者重点关注的是西田哲学的基本理念、特征和

---

① 竹内良知：『西田幾多郎』，東京大学出版会1966年版，第263—264頁。

现代性意义,而分析西田哲学产生的历史背景,以及《善的研究》刊行后日本学界和大众的反应等问题则被部分地忽略了。只有将西田哲学嵌入明治、大正时代中,才能结合当时日本学界与社会对个人与国家的普遍认知倾向,梳理出西田哲学国家观的理念来源与情感因素。

1. 明治时代日本经院哲学与《善的研究》

明治维新之后,在文明开化大潮中,启蒙主义、社会达尔文主义等西欧哲学思想在日本思想界广为流传,在日本哲学界占有一席之地的主要有:米勒的功利主义、康德的实证主义、达尔文与斯宾塞的进化论,以及传统儒教的东洋思想等,而在后来成为思想界主导理论的德意志观念论,此时在研究者那里只进行了零星的介绍而已。因为在当时的社会状况下,实证主义和进化论更能够与日本政府大力推行的殖产兴业、富国强兵路线相适应,思想界还没有条件对"纯正哲学"和德意志观念论进行系统思考。

19世纪80年代(明治20年代)以后,日本政府为了抵御自由民权思想,呼吁学界关注德意志观念论。1881年,后来参与制定明治宪法和《教育敕语》的参议院议员井上毅主张奖励"德意志学",井上毅的主张代表了当时日本政府首脑的意见。在政府首脑的提示下,日本的经院派哲学家们便疏远英法等国启蒙思想,德意志经典哲学受到普遍重视,"可以说,明治时期的经院哲学是在从英法学向德意志学转化的同时形成的"。① 到了19世纪90年代(明治30年代),德意志观念论成为日本哲学界的主流理论。康德哲学被很多日本学者诠释为"纯粹观念论",黑格尔哲学的辩证法和神秘主义的形而上学也受到日本哲学家的普遍关注。

1883年,井上哲次郎发表《伦理新说》,率先介绍康德、费希特、谢林、黑格尔的哲学原理,井上哲次郎将康德的"物自体"、谢林的"绝对者"、黑格尔的"理念"、庄周的"无"、列子的"疑独"、释迦的"如来藏"并列在同样的序列中,把德意志观念论中带有神秘性色彩的概念与东方传统哲学相结合。② 1886年,井上圆了发表《哲学一夕话》,翌年发

---

① 井上克人:『明治期アカデミー哲学の系譜——「現象即実在論をめぐって——』,『関西大学文学論集』第55卷第4号,2005年3月。

② 井上哲次郎:『明治文化全集』第23卷『思想篇』,日本評論社1967年版,第422頁。

表《佛教活论序论》，也把黑格尔的"绝对者"与佛教的"真如"对等看待。① 最早介绍德意志观念论的日本哲学家从宗教神秘主义入手解读西方哲学，这深深地影响着尚在孕育中的日本哲学观念论。由于井上哲次郎和井上圆了既在神秘的宗教外衣包裹下把握哲学观念论，又能够在西方科学理论中寻找到支撑这一理论的依据，因此，他们最后得出的哲学基本命题都是：承认在现象的背后有"实在"，这里的"实在"是被称为"真如"的固定不动的绝对者。这一认识原则被西田哲学的实在论原封不动地继承下来。所不同的是，西田在《善的研究》中，将绝对者表述为"实在""神"，"真如"也被表述为"知的直观"，而所有的这些都是建立在"纯粹经验"的基础上的。西田这种较严密的逻辑建构和语言表述，使得他的哲学体系看起来更加完备，语言也更加专业化。

明治中期以后，"现象即实在论"成为日本哲学界共同提倡的立场。1894年井上哲次郎发表《现象即实在论》，认为"虽然理论上分别思考现象与实在，但实际上两者是同体不离的"。井上认为，实在没有主客观之分，是"主客合一"的"一如的实在"，也是"终极的实在""世界的本体"。实在是不可认识的，只能依靠"直观"获得。②井上的上述立场来源于其老师——佛教哲学家原坦山（1819—1892）。1879年，原坦山受东京大学文科大学总理加藤弘之的委托，在东京大学文学部开设选修课程《佛书讲义》③，把佛教的"真如实相"与德意志观念论的形而上学相结合，推进佛教学说的哲学化。井上哲次郎和井上圆了都听过原坦山的《佛书讲义》，井上圆了后来发表了多篇论证"现象即实在"的论文，在用哲学语言重构佛教认知原理的同时，还积极主张佛教具有优于西方哲学与基督教的"优越性"。他认为："物心"并非从一开始就能够加以区别，而是从"原体"中分出的两个要素，能够说明这种"物心"的分化状态并阐明"原体"与"物心"之间关系的只有佛教。④ 在佛教中，"真如"是体，"物心"是象，这相当于西方哲学中本体与现象的关系，"真如"

---

① 井上円了：『井上円了選集』第3卷，東洋大学発行1987年版，第369—370頁。
② 陶银骠、武斌、王举忠：《中外哲学家辞典》，陕西人民出版社1989年版，第44页。
③ 井上哲次郎：『教育家としての加藤弘之男』，島薗進監修『井上哲次郎集』第8卷，クレス出版2003年版，第32頁。
④ 井上円了：『明治文学全集』第80卷『明治哲学思想集』，筑摩書房1983年版，第43頁。

与"物心"的关系为"同即是异，异即是同"，这种关系就是佛教"圆融相即"的逻辑。西田哲学的"绝对矛盾自己同一"的辩证法就是吸收了佛教上述逻辑才得以确立的。这样，在东京大学执教的原坦山早在明治中期就利用佛教原理系统地阐释了西方哲学中本体与现象的关系，并推崇以佛教为代表的东方认知理念。这表明早在西田哲学尚未开始酝酿的时期，在日本哲学经院学派的讲坛上就已经出现以东方思维诠释西方哲学认识论的尝试，并且这种尝试在井上哲次郎和井上圆了的继承与发扬下，已经产生较大影响，并占据哲学思想界的主流地位。

　　西田在东京大学哲学科学习期间，担任教授的是刚刚从德国留学归来的井上哲次郎，西田从东京大学哲学科毕业的1894年，正值井上哲次郎的新书《现象即实在论》发表，可见，西田就学期间，正是井上构思现象与实在关系的时期。井上的"现象即实在论"认为，西方哲学的进化论不能解决现象与实在这个哲学上的根本性问题，只有佛教的"真如实相"才能够解决哲学"最后的原理"即"第一原理"。① "真如即实在，应通过内心的直观加以领悟，依靠对特殊现象的认识的辨别作用加以说明，大乘起信论旨在叙述此意。"② 西田在《善的研究》中对"纯粹经验"的论证也与佛教的真如观相同，这应当是西田在大学时代受到井上哲次郎影响的结果。

　　井上哲次郎将实在与现象的关系等同于佛教中"真如"与"生灭"的关系，认为二者在本质上是同一的。在西方哲学中，黑格尔的"现实的东西就是理性的，理性的东西就是现实的"观念与此相似；基督教的"三位一体论"（圣父圣子圣灵是绝对的统一体）也与矛盾相即的理念相通；"真如"的显现与隐藏的两面性也与宋学的形而上学理论有共同之处。由此可见，明治20年代日本哲学界流行的"现象即实在论"是一个来源相当庞杂的理论体系，它以佛教的"真如"观为核心，将基督教的"三位一体"理论、德意志观念论的"现实即理性"主张、道教"虚无"思想、宋学的"理气一元论"等理论融合在一起，是明显带有调和东西方思想的哲学认识论，西田哲学是在"现象即实在论"

---

① 井上哲次郎：『哲学上より見たる進化論』，『井上哲次郎集』第五卷，クレス出版2003年版，第87—88頁。

② 井上哲次郎編：『哲学叢書』第1巻第2集，集文閣1901年版，第362頁。

的酝酿与准备已经大致完成之后产生的，其"纯粹经验"是用更加专业化的西方哲学语言，对以佛教认知为核心的"现象即实在"理论的重新诠释。西田晚年格外关注宗教问题，提出"逆对应"的逻辑，其思索进一步靠近佛教的"真如"观。

2. 明治末、大正初期日本社会思想状况

1894年，24岁的西田从东京大学毕业，回到金泽。两年后，受聘担任第四高等学校讲师，开始跟随雪门禅师参禅，从此开始思考哲学问题。西田在《善的研究》的序里也说："这本书是我在金泽第四高等学校教书的许多年里写的。"[①] 1895年，西田开始连载论文《格林伦理学大意》，从事哲学研究。《善的研究》从明治30年代开始构思，直至明治末年完成并发表。在西田构思《善的研究》的时代，日本社会有两个因素不可忽视：其一为明治国家主义思潮；其二为立足传统"身心一如"观念的明治人面对以理性与逻辑见长的西方哲学时，必须做出自身的判断与选择。明治国家主义思潮原本就是明治时代日本社会广泛认同的价值取向，特别是甲午战争的胜利使日本民族主义空前高涨，在个人主义和集体主义面前，"明治人"无疑会选择集体主义与国家主义。这种明治国家主义的典型思维塑造出《善的研究》中主张国家拥有"统一的人格"这个核心价值标准。关于明治国家主义思潮对明治青年的思想包摄力，以及明治青年心中的国家主义认同倾向问题，已经在中日学界进行过充分论证，因此，在这里，我们主要关注第二个因素，即立足传统的明治青年对纷繁复杂的西方哲学思想如何进行判断与选择问题。

最早将西方哲学的概念介绍到日本的是西周在1873年发表的《百一新论》，从此，日本学者开始面对西方哲学的诸多原理与表述。在被介绍到日本的西方思想家中，深受明治末期日本青年知识分子追捧的有歌德、尼采、格林、赫克尔等。1898年，德国动物学家、进化论者赫克尔（Ernst Haeckel, 1834—1919）出版《宇宙之谜》（*Die Welträthsel*），随后被译成25国语言，成为世界级畅销书。《宇宙之谜》中的哲学思想是"一元论"，主张"世界与上帝是同一的"。这个"一元论"思想迅速在文明开化时期的日本哲学思想界产生共鸣，特别是对哲学青年产生深刻影响。1903年，黑岩周六出版《天人论》，广受欢迎；高桥五郎出版《最新

[①] ［日］西田几多郎：《善的研究》，何倩译，商务印书馆1997年版，第5页。

一元哲学》。1906年，加藤弘之出版《自然界的矛盾与进化》，翌年出版《吾国国体与基督教》。加藤应当是在研读了赫克尔的《自然创生史》后才放弃了一直信奉的天赋人权说，向进化论者转向，从此，加藤把进化论当成批判基督教的武器，主张护持日本国体。①

1903年，一高学生藤村操跳华严瀑布自杀，震惊了当时的日本社会，报纸纷纷以"哲学青年之死"为题大加报道。年仅15岁的务台理作在报纸上全文刊载了藤村的《华严有感》，藤村"已立华严之上，胸中却无一丝不安，始知大悲观与大乐观乃一致也"的哲学式感悟震撼着年轻人的心。而影响藤村的哲学书就是主张"物心一如""灭小我才能与宇宙之大我合一"的《天人论》。黑岩周六在《天人论》中总结心灵与物质之间的关系时说："心灵与物质实际上是同一的，不过是环的内外之别而已。从外部观之，为研究现象之科学；从内部观之，为研究实体之哲学之本原。科学与哲学是同一的，恰如物质与心灵实际上也是同一的，故而称为'一元论'。"黑岩主张心灵与物质同一的观点并非从赫克尔的逻辑出发，而是从"身心一如"的东方认识和泛神论出发作出的判断。河西善治认为这是当时日本哲学家对西方哲学的"误判"，并且这种"误判"成为一直持续到今天的日本哲学思想的"魔咒"。② 实际上，在明治青年开始接触形形色色的西方哲学思想时，面对的是一元论、二元论、基督教哲学等诸多哲学原理，在熟悉、学习、评判、选择上述哲学主张的过程中，众多的哲学青年选择信奉一元论哲学，这恰恰说明从东方传统思想出发的明治青年对西方哲学认识论的取舍倾向。与明治时代的哲学青年一样，此时正在一边禅修、一边苦苦酝酿基本哲学主张的西田几多郎也一定具有同样的认识取向。从这个角度来说，当前日本主流研究界主张西田哲学具有"独创性"并不准确，西田哲学应当仅仅在认识论上借用了赫克尔和斯坦纳的一元论哲学，不过，纵观西田一生进行的哲学体系建构，他以独特的语言体系，结合佛教禅宗的思维，对一元论哲学进行体系化诠释，使其带有了浓厚日本式的东方意蕴。从这个角度可以说，西田哲学是"融创的"而非"独创的"哲学。

在《宇宙之谜》于1906年译成日文之后，形形色色的"性相学"在日

---

① 河西善治：『京都学派の誕生とシュタイナー「純粋経験」から大東亜戦争へ』，論創社2004年版，第50頁。

② 同上书，第52—53頁。

本风靡一时。1908年，石龙子开办性相学会，发行月刊《性相》。石龙子据说是石田三成的后代，家族世代承袭观相学。按照石龙子的解释，"性相学"是西方的心理哲学，为了与西方的心理学区别，才取佛教唯识思想中的"性相"一词，定名为"性相学"。《性相》杂志主要刊载诸如孝星学、斯坦纳的神智学、人相学、手相学、占星术、催眠术等神秘思想。石龙子从1910年7月开始在全日本开展巡回讲演，各地报纸均以较大篇幅报道其演讲内容。在石龙子的推动下，各种神秘主义学说在明治末期大行其道，甚至"降神术"、"妖怪学"、"精神传感术"、仙术、幻术、"天眼通"等名目繁多的神秘技术受到普通日本人的关注。石龙子的性相学主张：心理、观相、性相、天体诸学的极致都归结在一点上，主张通过静默、打坐来实现这种"归一"，即实现直指人心般的"直观"。明治末期流行的神秘主义一方面来源于西方神秘学；另一方面，其之所以在日本迅速风靡，是由于日本传统文化中的泛神信仰和佛教的物心一如观念拥有与西方神秘学的契合点。与理论复杂、语言艰涩的二元论哲学和基督教三一哲学教理相比，能够弥合科学与哲学壁垒，与日本传统神秘主义相通的一元论哲学更能够与明治青年人产生思想上的共鸣。作为明治青年的西田几多郎在参禅打坐的同时展开的哲学思考就是以一元论的"纯粹经验"为核心的。

3. 《善的研究》的发表与反响

1911年1月，西田出版《善的研究》。书店在宣传广告中说："人无不期望善行，然善之本体乃千古之疑问，未能轻易解决，善之研究实乃人世最大之要务也。本书之立论，乃基于纯粹经验，探究实在之性质。若能达至至善之评论，实乃善之根本性研究；若从评论咀嚼纷繁诸学说之方面观之，乃当前思潮之调和者也；若从归结于宗教论之方面观之，则为实践信仰之指导者也。而其言说谆谆切切，以最平易明快之语言叙述高尚之思想，学者之广泛赞誉自不必说，乃一般人士步入至善之途之唯一福音也。"① 可见，出版商对该书的销量寄予厚望。然而，在《善的研究》出版后的最初十年里，除了高桥里美在《哲学杂志》上发表批判性文章《意识现象的事实及其意义（读西田氏〈善的研究〉）》之外，学术界并未作出其他反应，在日本大众那里也几乎没有受到关注。

---

① 河西善治：『京都学派の誕生とシュタイナー「純粋経験」から大東亜戦争へ』，論創社2004年版，第73—74頁。

与《善的研究》同时期发表的还有刚刚从东京帝国大学毕业的年轻哲学家和辻哲郎在1913年发表的处女作《尼采研究》。和辻哲郎试图扭转明治时代日本思想界对尼采的认识，将尼采哲学诠释成人格哲学。由于尼采哲学更注重直接表达个人的内在经验，反对概念化的逻辑推演，这种与理念化的哲学相比，更偏向于情意化哲学的倾向，与大正时代日本年轻人的追寻自我存在价值、寻找生命意义的生存理想相符。对于不再沉浸于严肃的论说式逻辑说教，更喜欢活泼的、充满感情的个性宣泄的大正青年来说，和辻哲郎诠释的尼采哲学更加富有魅力。

1921年3月，岩波书店出版仓田百山的《爱与认识的出发》，大受青年人的欢迎，在三年的时间里印刷45次，迅速成为畅销书。仓田将1912—1920年间为东大校友会杂志撰写的文章统一收录在书中，以抒情的语调展现出大正民主主义时代的青年们在自由的背后潜伏着的"精神上的饥饿感"，① 并因此在大正时代的青年群体中产生共鸣。仓田百山在书中记述自己读《善的研究》之后的丰富感想，他把西田定位为"一个浪漫的形而上学者"，"他的伦理思想是自然主义"。仓田百山对西田的推崇，激起了大正青年对《善的研究》的热情。

另外一本受到《善的研究》的影响并成为此时期畅销书的是东洋大学教授出隆在1922年出版的《哲学以前》（大村书店），这部书在三个月内印刷7次，颇受欢迎。出隆在书中把西田提出的"在自觉中的直观与反省"与笛卡尔和康德哲学并列，认为它在学问上给予青年们希望。在这两部畅销书的推动下，1921年4月，《善的研究》由岩波书店再版，从此受到青年们的广泛关注，并且直到战后，一直拥有广泛的读者群，成为明治以后的哲学书籍中阅读量最大的畅销书。②

《善的研究》被日本社会冷落的10年，是大正民主主义运动蓬勃发展的时期，与明治国家主义时代相比，是自由主义、个人主义盛行的时期，但也是政治和社会发生激烈变动的时期。在国外，随着第一次世界大战爆发，日本政府展开积极的对外侵略行动：对中国政府提出妄图独占中国的"二十一条"，出兵西伯利亚，中国和朝鲜民众掀起五四运动和"三

---

① 河西善治：『京都学派の誕生とシュタイナー「純粋経験」から大東亜戦争へ』，論創社2004年版，第89頁。

② 西田幾多郎：『西田幾多郎全』第一卷，岩波書店1987年版，第466頁。

一运动",被侵略国家民族主义高涨。在日本国内,"拥护宪政运动"和"普选运动"声势浩大,政党政治与藩阀势力"恶战苦斗",吉野作造的"民本主义"、阿部次郎的教养主义,以及马克思主义、人道主义等理论纷纷提出并被青年们接受,明治时代由国家支配一切的思想观念正在逐步被取代。然而,在这种诸多思潮与理论各自为政的多样化时代,大正初期的人们对如何看待"物"与"我"、个人与集体、个人与国家之间的关系等问题并未进行冷静思考。于是,积攒了10年的苦恼导致人们产生无以名状的"精神上的饥饿感"。

从《善的研究》自发表10年后才成为畅销书的现象可以看出,《善的研究》与《尼采哲学》都是发表在明治时代刚刚结束、明治国家主义和政治集权主义思维余音尚存的时代。1912年乃木希典夫妇殉死事件,以及由此引发的社会伦理大讨论就意味着明治时代的社会伦理观与新时代社会伦理观的激烈碰撞。在这个由国家主义占主导的明治时代,向部分的个人主义占主导的大正时代过渡的时期,以西田与和辻为代表的哲学家率先做出反应,以来源于东方的"物心一如"的情意化哲学诠释人生问题。大正时代的最初10年,是大正民主主义蓬勃发展的时期,在自由主义和个人主义思潮激荡下的大正青年更需要一种直观的理论来诠释其心底潜藏的对人生、宇宙认识的种种疑问。仓田百山的《爱与认识的出发》由于直接揭示了这种"饥饿感",从而在青年中产生共鸣。也由于仓田百山提示出西田的《善的研究》已经对这些疑问做出了部分解答,所以才激起青年们对《善的研究》的推崇,成为最受欢迎的解答"人生问题"的哲学读物。而《善的研究》中主张的个人与国家的关系——国家人格包摄个人人格,则表现出从明治时代过渡到大正时代的特征,即以"物心一如"的精神把握国家与个人。这样,仿佛国家不再像明治时代那样成为所有臣民为之效忠的本体,而是像有机体一样,成为一个拥有人格的存在。这种诠释既巧妙地弥合了个人主义与国家主义之间的壁垒,又符合日本传统文化中"主客合一"的浪漫的自然主义认识,从而更易于被大正青年接受。

由于在从明治国家主义向大正民主主义转化过程中,日本思想界对国家主义并未做深刻解读和彻底清算,而仅仅是跟随"美"与"善"、自由主义、民主主义的召唤便步入大正时代,这种日本知识界的思维深度体现在《善的研究》中的国家观念里面。《善的研究》的国家观是并未建立在与国家对决的前提基础上,主张个人与国家"合一"的国家观念,它预示了大正"民主主义"具有明显缺陷。严格意义上讲,带有西田式理想主义色彩①的大正民主主义并不能称之为真正的"民主主义",这种先天不足也预示了大正民主主义时代的短命,在一定程度上也成为战前日本社会必然经历时代转换的动因。

---

① 吉田杰俊认为:"《善的研究》主张的对'善'的追求是基于内部要求的无限的主客合一的追求,其人格发现的目标仅仅停留在与国家的合一上,这展现出一种达到人类规模水平上的理想主义特征。"(吉田傑俊:『京都学派の哲学——西田・三木・戸坂を中心に』,大月書店2011年版,第70—71頁。)

第二章　西田哲学国家观

作为西田哲学的开山之作,《善的研究》在论述西田哲学基本命题的同时,更多地论述了伦理学的基本问题,即"善"的问题。在大正时期,西田在构筑其哲学体系的同时,从"纯粹经验"的哲学认识论出发,对"善""人格""个性"等伦理学范畴展开论证。进入昭和时期,特别是20世纪30年代中期以后,随着国家主体意识在日本社会被逐渐强化,西田哲学走向成熟,其哲学的基本原理,如"绝对无"的"场所逻辑"、"绝对矛盾自己同一"的辩证法、"行为的直观"等理论基本完成,西田开始综合运用上述哲学原理解读国家理性问题,找寻日本文化的"精髓"。本章主要探寻西田哲学政治伦理观、文化观、国家观和世界观的基本理念。

第一节　西田哲学的政治伦理观

西田哲学的政治伦理观是在批判诸如直觉论、唯理论、他律伦理学、功利主义伦理学等西方一度流行的伦理学流派的基础上,借用西方伦理学的"活动主义"概念提出的。本节主要分析西田论及的"至善",个人、家庭与社会的关系,个人的人格与社会的人格,法律与道德等伦理学理论,找寻西田哲学政治伦理观的来源、内涵及特征。

一　"至善"的内涵

在《善的研究》中,西田分别批判了直觉论、唯理论、他律伦理学、功利主义伦理学等西方伦理学流派,并提出"什么是善"这个重要的伦理学命题:"善就是意志的发展完成","而意志的发展完成立刻成为自我的发展完成,因此可以说,所谓善就是自我的发展完成"。他用大量词汇来诠释善的"真谛":"善就是美","善的概念和实在的概念是一致的",

"善在于人格,即统一力的维持发展","至诚本身就是善"①,等等。

西田借用西方伦理学的"活动主义",提出"善就是意志的发展完成",是"自我的发展完成",是亚里士多德所说的"圆满实现",是柏拉图所说的"实在"。在论述"善"的内涵时,西田经常与西方古典哲学和东方佛教哲学相比照,其意图在于找到"善"与东西方代表性哲学思维的契合点,试图使自己的伦理学具有面向世界的性质。然而,在他对"善"的具体论证,及对个体与社会的伦理关系的阐述中,日本传统思维的诸种特征俯拾即是。

(一)"善"就是"美"

西田提出"善"就是"美","有如花在显示其本性时是最美丽的一样,人在显示其本性时便达到美的顶点"。② 在《善的研究》中,西田对"美"这个等同于"善"的道德理想并未作细致说明。我们从西田1900年3月发表在《北辰会杂志》上的杂文《美的说明》中,可以解读出西田早期对"美"的含义的理解。在批判了将"美感"等同于快乐的快乐主义之后,西田借用康德的认为美感是忘却自身利害得失时的快乐的观点,提出"吾人欲得真正的美感,必须以高洁的无我境界体味万物"。"构成美的真理并非依靠思维力量得来的真理,而是直觉的真理","是能够直接触碰我们心底那根琴弦的东西","这种美与宗教同属一种,美的无我是一时的无我,宗教的无我是永久的无我"。③ 在这里,西田在排斥西方哲学缜密逻辑分析的基础上,提出了一种纯东方式的不可言说之美——"无我之美"。这种美在以神道的自然崇拜为内核的日本式细腻而敏感的文化氛围中随处可见。西田最终把这种日本式的"美"引申到暧昧而神秘的宗教之中,这里的宗教既是"诸行无常、诸法无我"的禅宗,又是"浴乎沂,风乎舞雩,咏而归"的儒家最高境界。尽管西田请出柏拉图和希腊哲学为这一观点助威,但早期西田伦理学中的"美"仍然不失为东方思维的代表。

在《善的研究》之前,西田主要从"物我两忘"的"纯粹经验"的角度品评"美"的境界。在《善的研究》之后,西田把"美"与道德的

---

① [日]西田几多郎:《善的研究》,何倩译,商务印书馆1997年版,第106—115页。
② 同上书,第109页。
③ 西田幾多郎:『西田幾多郎全集』第十三卷,岩波書店1988年版,第79頁。

行为和艺术的直观联系起来，从伦理学角度拓展"美"的内涵。1922 年 9 月，西田在《哲学研究》第 78 号上发表的论文《美与善》中认为：作为"纯真的生命的内容，没有善就没有美，没有美就没有善"。① 然而，"美"与"善"并非完全同一。在西田看来，"美"与艺术的直观相联，"善"与道德行为相通。"美是把自己自身对象化了的东西，是纯粹意志的自觉"，而"真正道德的善行是具体人格的发展"。② 与倾向于艺术的自觉的"美"相比，真正的"善"的核心在于行动主义和"创造作用"。西田认为，在艺术中描绘的人生是片面的，在纯粹意志的世界里，必须从艺术的直观走向道德的当为。即必须由"美"走向"善"。西田在这里提出了一个唯一的、不可动摇的、严肃的、我们必须服从的"道德的当为"，它是这个世界上唯一的道德命令、绝对命令，违背了"道德的当为"就是恶，就是罪。

在西田看来，"美"和"善"是纯粹意志的两个方向：艺术的直观和道德的行为。它们关系到世界形成的两个重要领域：文化和历史。后来，西田从上述"美"与"善"的价值定位出发，即从艺术的直观出发竭力诠释日本文化的"世界性"特征，试图从"道德的当为"出发论证日本"国体"的所谓"世界性意义"，并以此宣扬日本民族"优越论"。

(二)"善"就是人格的实现

西田认为，"善"就是人格的实现，这里的人格是指人的意志的统一力。在《善的研究》的第十一章和第十二章，西田从善行为的动机（善的形式）和善行为的目的（善的内容）两方面论述了"善即人格"这个命题。首先，西田认为"真正的人格反而出现于消灭希望和忘却自我的地方"。"绝对的善行必须以人格的实现本身为目的，即必须是为了意识统一本身而活动的行为"。③ 西田认同康德主张的人格具有绝对价值的主观唯心主义，并把这一学说与"纯粹经验"相结合，提出"我们整个人格的要求只有在我们尚未进行思考分析，处于直接经验的状态下才能自觉到。所谓人格就是在这种情况下从内心深处出现，逐渐包含整个心灵的一

---

① 西田幾多郎：『西田幾多郎全集』第三卷，岩波書店 1988 年版，第 465—466 頁。
② 同上书，第 473 頁。
③ [日]西田几多郎：《善的研究》，何倩译，商务印书馆 1997 年版，第 113—114 页。

种内在要求的声音"。① 西田还纠正了对人格容易产生的误解，提出人格不是放纵情欲，反而是一种艰难困苦的事业，需要经过多年的苦心钻研，在达到技艺纯熟之后才能上升为真正的人格活动。西田对人格的这种分析方式同其对"纯粹经验"的解读方式大致相同。这种方式带有浓厚的东方艺术气息。如同中江兆民在称赞当时日本最著名的演员津太夫的净琉璃表演时说："（表演）是经过了雕琢，而又恢复了天然美质的玉石。"② 与西田一样，中江兆民也把返璞归真视为艺术的最高境界，西田则进一步将其上升到哲学高度，以如痴如醉沉浸其中的艺术感受来解释其伦理学基本概念，使他的哲学理论富有感染力。西田强调的是建立在知情合一、主客一致基础上的人格活动。作为体系化的近代哲学，西田哲学并不完全排斥知识和理性，并大量吸收西方启蒙主义时代的思想，使他的哲学与中世纪的东方哲学相比带有近代性，然而，西田将理性的知识仅仅作为其人格实现的过程和手段，最终仍将其哲学归入感性范畴。

1935 年 7 月，西田在《信浓教育》第 585 号上发表《论我的〈人格世界〉》，从整体的"一"与个体的"多"之间"矛盾自己同一"的辩证法出发，从历史的发展与个体的作用的角度再次补充了他的人格论。西田认为："我所说的人格，是指在主观的、客观的真正历史世界的发展中形成的个体。""以往的所谓人格并非以历史为媒介，要么是唯个体的，要么是自由意志的，特别是在欧洲近代文化中更是如此，然而真正的人格必须以历史为媒介。"③ 西田把个人的人格嵌入到以时间为媒介的世界历史的发展过程中。这样，经过补充的人格论由道德修为的"善"，发展到为历史的世界做"贡献"的高度，并为民族文化赋予人格意义，提出东西方文化的本质区别。他认为，与西方的有形文化相比，日本文化"是真正具有创造力的生命"。于是，日本被赋予了人类历史上更高的使命，即"今日之日本已不是岛国日本。站在东方文化的立场上消化西方文化，为世界文化作出贡献必须是只有我们民族才有的使命"。④ 至此，西田所

---

① ［日］西田几多郎：《善的研究》，何倩译，商务印书馆 1997 年版，第 115 页。

② ［日］中江兆民：《一年有半、续一年有半》，吴藻溪译，商务印书馆 1991 年版，第 21 页。

③ 西田幾多郎：『西田幾多郎全集』第十三卷，岩波書店 1988 年版，第 135—136 頁。

④ 同上书，第 135 頁。

谓的"人格"在世界历史中的发挥，成为日本民族在世界文化中实现"伟大使命"的"道义前提"，这一"使命观"在近代的日本思想界一直备受推崇，亦构成日本文化"优越论"的重要内容。

（三）"至诚"就是"善"

西田认为"至诚"是"善"不可缺少的重要条件，"至诚"本身就是"善"。西田提出："所谓至诚的善，并不是因为通过它产生出的结果才能成为善，它本身就是善。""至诚"是人格的内在必然，是"真正的人格的要求"，① 是在"纯粹经验"下，对内心深处出现的心灵的内在要求的服从行为。它不是违反知识和情意的盲目冲动，而是对自己的知识和情意的充分发挥。另外，由于"至诚"是人类"精神全体真正的最深切的要求"，因此，个人的"至诚"与"人类普遍的最高的善"之间不仅不相矛盾，而且是完全相通的。最终，西田把"至诚"推崇为最高的道德价值。

"至诚"的概念来源于儒家思想，并在德川时代的儒教中得到具体阐释。山鹿素行将德川时代的儒教由以"敬"为中心发展到以"诚"为中心。他把"诚"置于伦理学的根本位置上，他认为的"诚"是自然而然从内在发生的感情，其基本特征是不欺骗自己。随着主情主义的阳明学在日本的兴盛，儒教的"诚"与阳明学的"致良知"不断接近。到德川时代末期，"诚"的思想被吉田松阴与幕末志士最终发展为"至诚"。明治末年，日本社会虽经历了西方启蒙主义思想的洗礼，但启蒙思想在伦理道德方面涤荡的重点仅放在了"服从""克己"等具有极强的封建主从关系的意识形态上，传统日本文化中的"至诚""忠义"等观念不仅未受冲击，而且仍然潜藏在明治时期日本社会伦理意识的深层。西田在以西方模式阐述日本哲学时，也不自觉地回归到这种日本传统的伦理意识中来。

西田继承并发展了幕末儒学中"诚"的思想，将"至诚"推崇为人类普遍的最高的善。然而，由于在日本儒学中，"诚"的思想不能明确、理性地区分自我与他者的关系，因此，只能以"不欺骗自己"为借口将主观性的心情绝对化。西田在伦理学中诠释的"至诚"也必然具有过分关注自我内心，而不顾及他者的狭隘性。这种西田伦理学的弱点同样体现在近代、现代日本人的思考方式中，正如中村雄二郎所说："如果是为了

---

① ［日］西田几多郎：《善的研究》，何倩译，商务印书馆1997年版，第115页。

诚、说谎和杀人都是被允许的，这种道理或意识潜藏在我们日本人的社会生活中。"① 中村对西田哲学"至诚"原理的由来及缺陷进行了深入分析，并得出了上述深刻结论。但是，中村仍然疏漏了"至诚"思维的存在根由——日本人自古以来的集团式生存方式，以及由集团式社会结构产生的集团内外有别的伦理观。

二 超越道德的"人格"概念

人格是西田哲学政治伦理观的核心概念。在《善的研究》发表之后，西田在论述社会、历史、民族、国家、世界等问题时，都以人格的完善就是道德的体现为前提。因此，有必要从西田哲学体系中梳理出人格概念的形成、统一及其在个人与社会关系中所处的位置等问题，通过对人格问题的解读，借以更加清晰地体味西田哲学道德观的本质特征。

（一）人格的概念

如上所述，在《善的研究》中，西田提出人格是人的意志的统一力，并从人格的角度论述了什么是善、国家人格与个体人格等问题。20世纪30年代之后，随着"绝对矛盾自己同一"的辩证法构建完成，西田开始在诸多文章或演讲中对人格概念进行道德、历史等角度的阐释。

1932年，西田分别在玉川学园、丁酉伦理会和信浓教育会馆作了《时间与人格》《关于人格》和《作为实在的根柢的人格概念》的演讲。他从时间上的过去、现在、将来之间"绝对矛盾自己同一"的关系角度论述了人格的内涵。他认为，时间是一个一个绝对自由的瞬间的连续，只有上一个瞬间绝对消逝，下一个瞬间才会出现，即"时间的死而复生"，"从绝对无中生出绝对有"。由于时间是无限连续的，因此，一瞬一瞬的"绝对无"同时又必须是"绝对有"。当"有"与"无"在一个点上同时出现时，绝对的现在出现了。在时间中，绝对的现在否定过去未来的同时，还受到过去未来的制约。② 瞬间与瞬间之间并非绝对独立的，而是必须存在着内在的联系和统一，即在前一个绝对自由的瞬间中包含绝对的他者——后一个绝对自由的瞬间。在时间的这种"非连续的连续"的统一状态下，我们的人格确立了。与时间一样，我们的人格也是"非连续的

---

① 中村雄二郎：『日本文化における悪と罪』，岩波書店2000年版，第117—118頁。
② 西田幾多郎：『西田幾多郎全集』第十二卷，岩波書店2004年版，第220—221頁。

连续"的统一，即"昨天的我是绝对独立的，今天的我也是绝对独立的。正因为互相独立，所以互相连接。在这里，在我们一个个的瞬间中包含绝对的他者，所以，包含绝对否定"。西田认为，我们的人格"无论到哪里都必须在自己之中包含绝对否定，在自己之中看见绝对的他者"。①

西田从时间的"绝对矛盾自己同一"的性质出发论述了"人格的自己"具有"非连续的连续"的性质，同样，根据"绝对矛盾自己同一"的逻辑，在自我与他者的关系中也能构成人格的统一。西田认为，由于自我通过绝对否定自身而成为他者，他者通过绝对否定自身而成为自我，即自我与他者之间是"绝对矛盾自己同一"的关系，因此，所谓人格，就是"通过承认他人的人格而承认自我的人格，我通过承认汝的人格而成为我"。"也就是在汝中见我，在我中见汝，这是真正的爱"，"是我们的人格的构成"。② 比自我与他者的关系更进一步的是自我与绝对的他者的关系，西田认为，自我与绝对的他者的关系仍然是自我通过绝对否定自身而与绝对的他者相通，自我与绝对的他者之间不是对立的，自我是从与绝对的他者的联系中产生的，并通过这种联系，产生出一个人格。因此，人格拥有社会意义。"各人拥有各自的时间，他们之间的联系称作人格的统一或社会的统一。"世界就是因为这种联系构成的。③ 西田最终得出世界在其根柢处是一个"大人格"的结论，这是绝对的他者拥有的人格和无数个自我的人格通过"绝对矛盾自己同一"的作用结合成的一个"大人格"。

由于人格是在联系中产生的，因此，西田把人格得以确立的根本条件称为"爱"，"在我中见汝，汝中见我，这是真正的爱"，是对绝对他者的爱，从这个角度说，我们的社会是由"爱"构成的。④ 西田在论述人格问题时，最后都将人格与"爱"联系起来，将充满宗教感情的无法言说之"爱"当作人格的根基，这不仅表明西田在阐述人格概念时始终抱有强烈的宗教情怀，而且体现出西田试图将人格概念超越于现实的社会道德之上的意图。

---

① 西田幾多郎：『西田幾多郎全集』第十三卷，岩波書店 2005 年版，第 147—149 頁。
② 西田幾多郎：『西田幾多郎全集』第十二卷，岩波書店 2004 年版，第 242—244 頁。
③ 同上书，第 247 頁。
④ 同上书，第 243—245 頁。

（二）"人格的世界是历史的世界"

西田从历史角度将人格的概念与历史的概念相契合，这是西田对人格概念的进一步发挥，也是他从哲学角度诠释历史与国家问题迈出的重要一步。西田认为，由于人格是在绝对的现在中产生的，绝对的现在又是包含过去未来的"矛盾的自己同一"，因此，从纵向的时间角度分析，人格必须以历史为媒介，真正的人格的世界是历史的世界。"我所说的人格，是指在主观的、客观的真正历史世界的发展中形成的个体。"① 由于人格的世界是历史形成的，因此，西田在以后论述国家人格问题时，都是从历史角度赋予国家人格意义的。

西田认为，物不是脱离于人格之外的客观存在，而必须从属于人格。西田驳斥了唯物论主张的历史是从自然中产生的观点，认为真正的历史要从人格出发来思考，只有这样思考出来的历史才是真正的实在。西田认为，这里的历史既不是单纯非合理的东西，也不是单纯客观的东西，而必须是"客观的历史"，"只有真正客观的历史才能体现真理"。② 西田所说的"客观的历史"实际上是人格的历史，是"绝对矛盾自己同一"地包含个体又绝对否定个体的绝对的他者的人格发展，是包含过去现在将来的"绝对现在"的人格体现。这样的"人格的世界"在横向的空间范畴里表现为自己与绝对的他者"矛盾的自己同一"，在纵向的时间范畴里表现为过去将来与现在"矛盾的自己同一"，即"历史的世界"的表现形态。于是，"人格的世界"既适用于"历史的世界"，又适用于"现实的世界"。

与"现实的世界"中的人格分为个体的人格、他者的人格、国家的人格、世界的人格等诸多维度不同，"历史的世界"的人格体现出一个以时间为媒介的纵向的统一形态。因此，在西田哲学看来，在"历史的世界"里必然产生绝对的道德要求。

三 个人、家庭与社会

在集中精力论述人格问题的时期，西田也从人格的角度出发论及家庭的构成、社会的形成，以及个人、家庭和社会之间的关系问题，以作为此后论述国家问题的前提。

---

① 西田幾多郎：『西田幾多郎全集』第十三卷，岩波書店 1988 年版，第 135 頁。
② 同上书，第 136 页。

(一) 家庭的道德意义

在《善的研究》中,西田把家庭当作完整人格的最初发展,即社会的善的最初阶段。把家庭作为"道德的实在",在个人与家庭的伦理定位中,反对彻底的个人独立,主张家庭对个人的完全包摄。在论及家庭与个人的关系时,西田在运用一与多、个体与整体间"绝对矛盾自己同一"的关系原理的同时,还十分重视感情因素,即"纯真的爱"。西田认为:"所谓家庭,不是单纯依据冰冷的义务结合起来的人与人之间的团体,它必须是拥有积极内容的爱的结合。"① 只有如此,家庭才是道德的实在。这里的"爱"与西田一直论及的对神的"无限的爱"是一致的,是以完全抛却自我的方式使自己的人格融入神的人格之中的宗教感情。当神被西田归结为皇室的时候,这种对家庭的"爱"就转而成为对皇室的"爱"。西田认为:"作为纯真的道德实在的家庭和国家,是通过纯真的爱创造出来的超越意志的积极内容。国家与家庭的道德不仅仅是单纯的因袭的道德,其中必须有纯真的感情内容。"② 这种带有明显宗教感情的家庭道德观与国家道德观的结合,构筑了后来西田论述的"家族国家观"的基本框架。

(二) 社会的形成

关于社会的形成问题,西田否认社会是由个人构成的观点。他认为,我们是作为世界的个体,在社会中产生的。为了证实不是由个人组成社会,而是社会产生个人的观点,西田再次运用了人格的概念。他把社会看作一个大人格,个人是在社会的大人格下产生的。个人在社会中扮演着从"被创造者"到"创造者"的角色,这里的"被创造者"和"创造者"的对象无疑都是社会。

既然个人是在社会中产生的,那么社会又是如何产生的?西田认为,社会不是单靠精神,也不是单靠物质产生的,"而是作为绝对矛盾自己同一的世界的自己限定,从主体形成环境、环境形成主体中开始形成的"。"它到任何地方都必须是形成自己自身的伟大的历史的生命的发展。"③ 西田从原始社会的形成入手论述社会的形成,认为社会是由最初的无限的历

---

① 西田幾多郎:『西田幾多郎全集』第三卷,岩波書店 1988 年版,第 497 頁。
② 同上书,第 498 頁。
③ 西田幾多郎:『西田幾多郎全集』第九卷,岩波書店 2004 年版,第 321 頁。

史的生命在同作为其对立面的物质环境之间的相互限定中形成的，是"在人类与自然界的斗争中确立的"。① 也就是说，西田认为，社会产生于主体与环境（即精神与物质）"矛盾自己同一"的关系中，并给社会赋予了"历史的生命"。由于从"历史的生命"角度思考的社会拥有世界形成自己自身的意义，因此，社会与国家相通。据此，社会成为个人与国家之间的动态过渡，一旦社会拥有了"历史的生命"，即拥有了世界形成自己自身的意义，那么社会就能够成为国家；相反，如果社会仅仅作为主体与环境之间的相互限定，那么社会就不能发展为国家。关键在于能否具有"历史的生命"。对于社会发展为国家的条件问题，西田没有给出明确答案，并且其前期和后期的论述也有明显不同，这个问题将在以后论述西田关于国家形成的问题时详细讨论。

（三）个人与道德社会的关系

在《善的研究》中，西田将"个人的善"与"社会的善"相区分，把"社会的善"分为家庭、国家与世界三个阶段。当时西田对社会在家庭、国家之间的定位，以及社会与家庭、国家之间的关系问题的论述还很模糊。1922 年，西田在《哲学研究》第 73 号上发表论文《社会与个人》，对道德社会与个人的关系问题进行了集中梳理。在这篇文章中，西田突出了个人的独立人格的作用，把道德社会作为个人人格作用的自动延伸，并在此基础上论述了个人与社会的统一关系。西田认为："真正有道德价值的行为不是与身体相结合的自我，而必须是一瞬一瞬的自觉的行为，必须是在时间一瞬一瞬毫无痕迹地消逝的同时出现的超越时间的永远现在的自我。从以上的自我来看，所谓个人与社会的区别，只不过是同一平面上的圆的大小的区别而已。"② 西田认为，在道德义务的世界中，个人意识与社会意识是统一的。个人就是一个社会，社会就是一个个人。

西田将实在界分为从低到高三个层次：认识的对象界、思维的对象界和创造的自由我的世界。认识的对象界是物质的世界，即"有"的世界；思维的对象界是精神的世界，即"对立无"的世界；创造的自由我的世界是道德义务的世界，即"绝对无"的世界。只有在创造的自由我的世界里才拥有真正的道德行为，才能将社会称为"道德社会"，在物质世界

---

① 西田幾多郎：『西田幾多郎全集』第九卷，岩波書店 2004 年版，第 322 頁。
② 西田幾多郎：『西田幾多郎全集』第三卷，岩波書店 1988 年版，第 392—393 頁。

和精神世界中存在的个人和社会不具有任何道德价值。"从纯粹的道德立场上说，与敬爱他人一样，也必须敬爱自己。从宗教的立场上也是如此，毫无意义地为他者牺牲自己不能称之为道德。单纯为他人和为社会都不是道德。他人和社会作为单纯的存在，没有任何价值。社会实在拥有在我们之上的道德权威，必须作为客观价值的表现。""单纯的多数在道德上没有任何权威，某个个人在承担大的人格价值时，也允许牺牲多数。"① 也就是说，西田认为，只有在"绝对无"的创造的自由我的世界里才拥有道德价值和道德权威，才有应当被多数人认同的人格价值。这使得西田哲学的伦理观带有一种区别性前提，是在将"有"的世界、"对立无"的世界与"绝对无"的世界相区别，以及承担大的人格价值的个人与单纯的多数人相区别的前提下确立的。在这里，西田认同尼采的贵族道德，西田排斥的是以议会制为代表的多数决定论，认为只要能够成为大的人格价值的体现，就拥有绝对的道德权威，此时的个人就超越于社会之上，指引社会的发展，成为社会的焦点，"而能够成为社会的中心和焦点的是伟人，社会通过这个中心运动"。② 西田这里提及的"伟人"等同于尼采的"超人"，这表明西田的道德观带有虚无主义的色彩。他在后来论述日本国家的性质时，将构成社会的中心和焦点的"伟人"归结为皇室，从而赋予日本皇室绝对的道德权威。

进入20世纪40年代，西田将"道德社会"与国家、宗教联系在一起，竭力突出社会的理性意义和道德权威。在《日本文化的问题》中，西田把社会当作历史的世界的自己形成，即"历史的种"。"所谓社会，是矛盾自己同一的历史的世界作为全体的一，形成自己自身的自己形成形态。""我们历史地产生，就是我们社会地产生。"③ 到了这个时期，西田已经把社会的概念同民族国家大致等同起来，成为理性的道德主体，并认为社会发展到极致就是国家。④ 在《国家理由的问题》中，西田从历史发展的角度赋予社会宗教意义。他认为，既然历史的社会起源于原始宗教，那么"社会在任何时候都必须是宗教的"，这种宗教是"理性化的"宗

---

① 西田幾多郎：『西田幾多郎全集』第三卷，岩波書店1988年版，第409頁。
② 西田幾多郎：『西田幾多郎全集』第十二卷，岩波書店2004年版，第251頁。
③ 西田幾多郎：『日本文化の問題』，岩波書店1982年版，第58頁。
④ 同上书，第64页。

教，而不是"神秘的、传说的"宗教，是"在现实世界的根柢处倾听神的声音，我们必然在我们实践的顶端触碰到神意"。① 西田认为，只要我们沿着历史的形成方向，通过带有宗教性的道德社会的实践，就能够与实在的精神根基——"神意"相通。于是，在代表着历史的社会发展方向，并与"理性化的"宗教相融通的道德社会面前，个人的道德选择只能是把个体的人格完全融入到社会的大人格之中，在"绝对无"的场所中实现"矛盾的自己同一"。

从西田哲学政治伦理观中的个人、家庭、社会与国家的关系中，我们可以联想到"修身、齐家、治国、平天下"的儒家伦理道德体系。然而，从西田对个人与道德社会之间关系的具体解读中，我们发现，与儒家人伦道德体系对个人修为提出了细致、固定的道德准则不同，西田哲学的政治伦理观排斥儒家和西方哲学中固定的合理主义道德准则，而追求自他合一、现实与历史同一，以及融入绝对精神的道德行为。西田的上述社会伦理观也明显有别于佛家的出世主义和道家的无为自然，体现出典型的日本式集团性道德理念的特征，这种从哲学角度对集团性道德理念的诠释，成为西田哲学后来宣扬日本文化"优越性"的基础。

四 个体意志与共同意志

在《善的研究》第三编前三章中，西田论述了其伦理学的基本概念——意志。西田认为，意志是观念的统一作用，是构成行为的主要部分，是实在的根本。西田的意志论具有很强烈的主观唯心主义倾向。他认为："所谓自然乃是意志的表现，因此我们可以通过自我的意志掌握玄奥的自然的真正意义。"② 关于意志究竟是自由的还是必然的问题，他在评判自由意志论和意志必然论这两种截然相反的观点时认为，自由意志论者所说的完全没有原因和理由的意志是不存在的，因此，他明确反对极端的自由意志论。同时，他也认为，属于精神范畴的意志是超然于机械的必然规律之外的东西，从而驳斥了意志必然论。

西田主张"意志的自由"，他说："我们说意志的自由，并不是由于它冲破了自然规律偶然地进行活动，所以说它是自由的，相反，是因为它

---

① 西田幾多郎:『西田幾多郎全集』第九卷，岩波書店 2004 年版，第 332 頁。
② ［日］西田几多郎:《善的研究》，何倩译，商务印书馆 1997 年版，第 83 页。

顺从自己的自然才说它是自由的。并不是没有理由地进行活动就是自由，倒是因为熟知理由才是自由。""人们虽然受到外物的抑制或压迫，但是因为能够认识它，所以就是处于压抑之外的。如果能够进一步好好体会到它的不得已的原因，就可以使压抑反而成为自己的自由。"① 与西方的自由意志论相比，西田的"意志的自由"是有条件的，即"顺从自己的自然"和"熟知理由"。在《善的研究》中，西田对这两个条件并未作详细说明。在完成了"绝对矛盾自己同一"的辩证法之后，西田把"意志的自由"的条件表述为个体意志与绝对意志之间的"矛盾的自己同一"，即个体意志通过绝对否定自身来包容绝对意志。这就是"在自己中表现世界"，这时候"顺从自己的自然"就是顺从绝对意志。反之，世界通过绝对否定自身而成为个体意志，这就是"在世界中表现自我"，此时的个体意志与绝对意志统一在一起，"熟知理由"就是"在世界中表现自我"。从以上"意志的自由"的两个条件中，我们可以找到西田"意志自由"论的核心，从表面上看，西田试图超越西方的自由意志论和意志必然论，试图通过个体意志和绝对意志之间"绝对矛盾自己同一"的辩证法，使个体意志和绝对意志完全同一，从而在自由意志论和意志必然论中间找到一个折中的"意志的自由"的理论，以消弭二者的根本矛盾。但是，西田提出的有条件的"意志的自由"理论在本质上是一种模糊的、似是而非的理论。这一方面是因为用"绝对矛盾自己同一"的辩证法不可能构筑起泾渭分明的伦理体系；另一方面，西田最后把个体意志和绝对意志都提高到创造世界的高度，并将其归结为神意，为"意志的自由"理论又蒙上了一层充满宗教感情的神圣面纱。

　　由于西田在对个体意志和共同意志的关系展开的论述中，既强调个体意志的"创造性意义"，又强调共同意志和绝对意志是"神意的代表"。因此，从这个角度，我们似乎很难对西田究竟重视个人主义还是全体主义的问题作最终定位。上山春平就认为西田的个人主义是"超个人的"，"带有同时肯定全体主义的可能性"，是"超个人主义的自由主义"。② 上山春平的结论虽然提示出西田哲学带有个人主义中的某些倾向，但是，"同时肯定全体主义的可能性"这一表述语言颇显暧昧的结论并未深刻揭

---

① ［日］西田几多郎：《善的研究》，何倩译，商务印书馆1997年版，第87页。
② 上山春平：『日本の思想』，サイマル出版会1971年版，第137—138頁。

示出西田哲学中"共同意志"的本质内涵。在 1923 年发表的文章《法律与道德》中，西田提出："在这个世界上，我们满足自己的欲望，必须获得共同意志的认同，我们是在共同意志的认同下生存的。在这里，产生出为了法律而服从法律的当为之念。完全的道德行为也不仅仅在于服从良心，它必须包含服从上述客观的法则。"① 这里的"共同意志"，既是"客观的法则"，也是"法律的当为"，"个体是在共同意志的认同下生存的"，个体要进行的任何行为都必须获得共同意志的认同，只有在这个前提下，个体意志的行为才是"完全的道德行为"。可见，西田认同的是由代表"客观法则"的共同意志完全笼罩下的个人的道德行为，他仍然倾向于主张个人意志服从共同意志的绝对权威。

在 1944 年发表的《哲学论文集第四补遗》中，西田从历史的创造立场再次解读了整体与个体之间的同一关系，以及由此带来的"世界意义"问题。西田提出："在抽象逻辑的立场上，到任何时候整体与个体都是相反的，在那里只有斗争，不然的话，就只有互相利用。然而，在历史的创造的立场上，两个方向必须是同一的。可以说，相反的两个方向越趋向于一，就反而越拥有大的创造。在这个立场上，连所谓的阶级斗争都必将消解。""在纵向的所谓阶级斗争被消解的同时，横向的所谓民族斗争也必须被消解。"② 在西田看来，如果在民族国家中，做到了整体与个体的"同一"，那么不仅不会有马克思主义主张的阶级斗争，而且将促使民族国家拥有更大的创造力。同样，在整个世界中，如果做到了整体（世界）与个体（民族国家）的"同一"，那么不仅不会有民族斗争，而且将使世界获得"创造性"的空前发展，并最终走向终极繁荣。至此，西田将个体与整体之间的"同一"关系提高到了创造理想世界的高度。由于在西田哲学的辩证法中主张矛盾双方无媒介的"同一"，因此，为了使这种"同一"变得清晰、明朗，西田最后强调以皇室为核心的整体与个体之间"矛盾的自己同一"，使皇室成为西田哲学政治伦理观中的最高价值。

五　道德与法律

西田较早论及法律与道德的文章是在 1923 年发表于《哲学研究》第

---

① 西田幾多郎：『西田幾多郎全集』第三卷，岩波书店 1988 年版，第 493—494 頁。
② 西田幾多郎：『西田幾多郎全集』第十一卷，岩波书店 2005 年版，第 193 頁。

83号上的论文《法律与道德》。在这篇文章中，西田对法律与道德的产生、含义以及二者关系进行了详细阐述。在1941年发表的《国家理由的问题》中，西田结合卢梭和黑格尔的国家政治理论，从民族、国家的形成角度进一步表述了法律与道德的本质特征——具有命令与强制性，并与英国的法律相比较，突出日本法律的"特殊性"。进而在1944年发表的《哲学论文集第四补遗》中，西田为天皇"圣诏"赋予"理性的法律与道德"基础，并以此赞颂日本独特的"国家即道德的国体观"。

（一）什么是道德

西田认为，在"认识的对象界""思维的对象界"和"创造的自由我的世界"这三个实在的不同层次里，只有"创造的自由我的世界"，即"意志的对象界"才是"道德的世界"，只有在"创造的自由我的世界"里才拥有真正的道德行为，在物质世界和精神世界中存在的个人和社会不具有任何道德价值，道德价值是实在界的最高层次里才有的东西。也就是说，只有在"绝对无"的场所里才能谈论道德价值。西田认为，道德的世界是由超越的意志构成的世界，因此具有绝对价值。"真正的道德世界是各人深深地潜入自我之中，在突破所谓共同世界的极限处显现出来的"，"从这个立场上看待这个世界时，这个世界的所有事物都作为人格内容的表现，相互以人格的方式结合在一起"。[①] 西田认为，道德是人格内容的充分表现，"真正的道德意志的世界必须是人格对人格的世界，而不是人格对自然的世界"，因为人格对自然的世界只是功利的世界而已。[②] 在人格对人格的道德的世界中，我们的生命才能获得真正的自立。

由此，西田在"创造的自由我的世界"里诠释了道德的绝对价值和人格意义。在《作为辩证法的一般者的世界》中，西田将道德行为具体表述为服从理性——行为的直观的世界的自己限定的方向。服从之就是善，背离之就是恶。这就是道德的要求。[③] 在处理宗教与道德的关系问题上，西田明显地突出宗教的优势地位。西田认为，在道德意志的根基处总是存在着某种不可知的东西，即一种"直观"，因此，道德意志应当说是宗教的内容。并且，在绝对的现实界有"绝对的肯定者"——神，我们

[①] 西田幾多郎：『西田幾多郎全集』第三卷，岩波书店1988年版，第410—411页。
[②] 同上书，第507页。
[③] 西田幾多郎：『西田幾多郎全集』第六卷，岩波书店2003年版，第330页。

因服从他而生,因背离他而死。在神那里,信仰超越了道德。"我们的道德社会是永远处在完成过程中的神的艺术创作。"①

正因为西田将道德比喻为"神意"的表达,因此,西田无法详细论及道德的具体内容,而只能从道德意志的形成过程中阐明道德的特征。西田认为,道德是历史形成的。由于"客观精神的内容是在历史中发展的","所以,我们总是要在历史中去发现道德行为的内容"。② 而不同的历史的世界具有不同的道德价值,道德意志的世界就是由这些价值取向不同的道德社会构成的。这些拥有各自固定道德理想的社会就像生物界的特定种属一样,是精神生命的固定类型。在这些道德社会的内部,历史形成的道德拥有绝对价值,具有命令性与强制性;在这些道德社会的外部,特定的道德社会必须要面对其他价值观相异甚至相反的道德社会,这时,就像生物界不同种属的关系一样,适者生存的原理同样适用于道德社会。从西田以上对道德社会内外特征的表述中,我们发现,西田在强调道德社会内部价值观高度一致的同时,在外部使不同社会的道德价值相对化,并借用社会达尔文主义的"适者生存"原理来阐明道德社会之间对抗的合理性。

将道德社会的这种对内高度统一、对外集团对抗的逻辑继续推演,必然一方面使道德与国家相融合;另一方面,寻求在与其他道德社会之间的对抗中,获得最终胜利的途径。在西田的后期论文中,对日本国家道德的"世界性"问题进行了清晰表述。西田先在《国家理由的问题》中论证了以皇室为中心的"东洋道德":"东洋道德以诚为出发点","诚必须是穷尽自我","道德的根本立场不在于自己内面的当为,而是把自己完全视为无,从世界的中心来发现自己的场所自觉的立场"。道德的当为必须是国家的国民的当为。③ 在这里,道德被等同于国家道德。随后,在《哲学论文集第四补遗》中,西田得出如下结论:"并不存在国家道德与道德两个东西",在日本的历史中能够自觉到"国家即道德的国体",与西方崇尚"抽象道德"的国家理念不同,"国家即道德的国体观只在我们日本得

---

① 西田幾多郎:『西田幾多郎全集』第三卷,岩波书店1988年版,第487—488页。
② 同上书,第502页。
③ 西田幾多郎:『西田幾多郎全集』第九卷,岩波书店2004年版,第351页。

以发展",今天,"我们要在实践上、理论上将之泽被世界"。① 西田将日本的天皇制国家推崇为"世界最优"的"道德国家",并宣扬以日本皇室为中心的"国家即道德的国体"来统驭世界。至此,西田哲学的道德观最终完成。在上述"逻辑推理"中,明显地表露出日本民族"优越论"的倾向,表明西田哲学的道德观不仅未能突破近代日本国家至上主义的语境,而且借助所谓"使日本国家道德泽被世界"的理论,在逻辑上支持了近代日本的对外侵略意识。

(二) 什么是法律

西田认为,与道德的世界一样,只有在"创造的自由我的世界"里才有法律的世界。"在实在界的背后承认人格的意义时,法律的世界和道德的世界确立起来了","在我们从自然的生活进入自觉的意志的生活时,法律的社会成立了"。在法律世界里,个人的欲望必须在共同意志中获得认同,"我们是因为获得了共同意志的认同而生存下来的"。② 因此,是否获得共同意志的认同,成为个体能否在道德的世界里生存的前提。也就是说,只有获得了代表"神意"的共同意志的认可,个人意志的"创造性意义"才能获得认同和发挥。这种由共同的意志,即"超越的意志"构成的世界就是道德的世界,而法律的世界是道德的世界的初级阶段。

西田认为,对法律的"敬"且"服从"是人类的义务,而法律本身作为目的者,对人类拥有权威,要求人类对之绝对服从。不论法律的内容是否具有价值,为了法律而服从法律就已经具有了人格意义和文化价值。西田提出:"服从拥有不可知内容的权威本身,一方面具有宗教意义;另一方面,还具有独立于单纯的主观道德之上的意义。"③ 可见,西田突出强调对法律的绝对服从和敬畏,强调对法律的无限敬畏就是对深深植根于人格统一之中的超越意志的敬畏,这种超越意志具有不可知的、神秘的"伟大人格的力量"。为了区别拥有绝对权威的法律与现实政治中的法律,西田将法律的形式与内容作了严格区分:"只有在道德和法律相异的场合下,法律才在内容上包含非合理性因素。其内容对于形式来说是偶然

---

① 西田幾多郎:『西田幾多郎全集』第十一卷,岩波书店2005年版,第200—203页。
② 西田幾多郎:『西田幾多郎全集』第三卷,岩波书店1988年版,第493—494页。
③ 同上书,第490页。

的。"① 通过对法律的形式和内容的区分，西田有意避开了追究法律的内容是否有价值的问题，而着重强调法律在形式上的必然性，强调对法律的敬畏就是对"神意"的敬畏。"我们在敬畏法律、服从法律的时候，也因此开始获得了道德的生命。"②

在论述民族、国家等问题时，西田从历史的世界的形成角度，论证了法律的绝对性意义。在《国家理由的问题》中，西田把卢梭基于社会契约论的国家意志学说斥为"只不过立足于启蒙时代的抽象合理主义而已"，③ 是以一般意志代替个人意志，"从那里产生不出法律的绝对性，法律在任何时候都难免主观"。④ 对于康德伦理学强调的对法律的绝对服从就等于实践我们人格尊严的理论，西田也提出批评，他认为，康德的理性"是主观的形式的理性"，从基于主观形式的理性的道德法律中仍然产生不出法律的绝对客观性。⑤ 西田试图站在比卢梭、康德等西方哲学家更深层次的立场去发现法律的"绝对客观性"，并以此论证对法律绝对服从的"道义必然性"。为了实现这个目标，西田运用"绝对矛盾自己同一"的辩证法，从历史形成和宗教起源的角度论述了法律的形成与特质。

关于法律的形成，西田认为，"法律必须是历史地发展过来的，而不是合理地制定出来的"，⑥ 最初的法律是从家族宗教中发展出来的。都市国家在制定法律时，也是先承认这种已经成为习惯的家族宗教法律，并在其基础上逐渐变更的。因此，法律从其源头上说，是具有宗教性的。然而，西田并不满足于法律的宗教起源，他更关注的是法律在民族国家，乃至于在实在界拥有的权威地位。他提出，"法律尽管是从家族的宗教中发展起来的，但是它并不仅仅是家族的，它在社会发展的开端那里就已经拥有了民族意志的自己形成的意义，我们要把法律的根基置于民族意志的自己形成之中"。由于我们从民族中产生，并作为民族的一员而生存，因此，基于"民族意志的自己形成"的法律就不再为某个氏族或某个阶级服务，而是对民族的任何一个成员都拥有权威，"我们在我们自己本身中

---

① 西田幾多郎:『西田幾多郎全集』第三卷，岩波書店 1988 年版，第 494 頁。
② 同上书，第 508 頁。
③ 西田幾多郎:『西田幾多郎全集』第九卷，岩波書店 2004 年版，第 324 頁。
④ 同上书，第 327 頁。
⑤ 同上书，第 328 頁。
⑥ 同上书，第 324 頁。

也必须承认法律的权威"。① 这里体现出法律应当具有的自律性。由于在"绝对无"的场所中，个人与民族是"矛盾自己同一"的关系，因此，在一个民族内部，从本民族意志中产生的法律必须既内化为每个个体生命中的绝对自律性原则，又是整个民族"个性"的突出体现，也必将体现出这个民族国家的"国体"特征。实际上，西田在论述当时世界各国的"国体"特征时，就是运用了上述法律形成原理。

西田认为，法律具有的最重要的特性是"绝对的客观性"。这里的"客观性"，是与康德的"主观的形式逻辑"相对立的，是"世界的绝对的自己表现"。西田提出："作为绝对矛盾自己同一的世界的自己限定，在我们自己在任何时候都表现世界的同时，自己也成为了世界的自己表现。我所说的法律，必须基于以上历史世界的表现的自己形成的形式。我们自己作为上述世界的创造性要素而拥有权利"，"我们自己的个体性越强，就越能够面对这个世界上绝对无限的客观的表现，作为绝对矛盾自己同一的世界的自己表现，或者说作为绝对意志的绝对命令，我们与渗入到自己之中的东西（世界的客观表现）相接"。② 西田仍然运用个体与世界之间"绝对矛盾自己同一"的辩证法来论证法律的绝对性。在这里，西田突出强调个体对世界的有个性的"创造性"作用，实际上是"真正地成为物来观察，成为物来实践"，是使自己成为"无"。西田把这种"创造性"的作用称作个体与世界的理性关系，强调只有在"世界的绝对的自己表现"的基础上才能产生法律的绝对权威。上述基于"绝对矛盾自己同一"逻辑的"世界绝对的自己表现"原理带有明显的虚无主义特征，因此，西田提出的拥有绝对权威的法律也必然带有神秘性。他在最后给法律下的定义中说："所谓法律，是我们自己作为历史的世界的个体，在实践地形成世界的时候表现出来的，是世界自身对我们自己的命令，或者说，是从世界自身的根基处听到的神的声音。"③ 最终，法律的绝对权威仍然被归结为"世界的命令""神的声音"。

在西田哲学的政治伦理观中，法律已经不仅是维护国家统治的依据和拥有强制力量的社会准则，而是接近于实在界的一般规则。这在西田此前

---

① 西田幾多郎：『西田幾多郎全集』第九卷，岩波書店 2004 年版，第 327 頁。
② 同上书，第 328 頁。
③ 同上书，第 329 頁。

提出的"法则"的范畴和特征中可以证实。在《国家理由的问题》之前，西田在构筑其哲学体系的过程中就提出过"法则"的概念。1912年，西田在《哲学杂志》上发表《法则》一文，将法则按照不同的性质分为"存在的法则"和"规范的法则"，指出二者都是基于直接经验的内在当为。① 1922年，西田在岩波书店出版的《岩波哲学辞典》中，对"法则"作了如下解释："是事物与事物之间不变的关系。法则通常分为自然的法则和规范的法则。所谓自然的法则，就像下雨地湿一样，是某一条件必然伴随某一结果的现象间不变的因果关系。概括地说，在我们经验的事实的持续过程中，体现为任何时候都因果相伴，并能够多次反复出现的形态，这都被认为是法则。所谓规范的法则，并不是因某条件就必将引起某事件的必然产生的法则，而是必须如斯的当为的法则。该法则建立在无论谁都必须认同的理想的基础上。无论什么种类的法则，真正被理解为法则的，必须要获得所有人的认同，必须有（普遍）妥当性。毋庸置疑，实际上，上述法则也许并不存在，但是唯有立足于以上要求的基础上，才能开始称之为法则。"② 这里的"规范的法则"被西田诠释成"必须如斯的当为的法则"，它"必须得到所有人的认同，具有普遍的妥当性"。可见，此时的西田诠释的是理想中的带有绝对必然性的实在界的"不变法则"，西田也意识到，这种具有普遍妥当性特征的法则也许并不存在。我们可以把此后西田为了构筑其哲学体系而创造的理论，看作是西田对这个理想中的法则的诠释。

在西田运用其独创的哲学命题诠释国家问题的时期，将上述理想中的"规范的法则"与现实国家中的法律混同，并使原来设想的"不变的法则"发展为"创造性的行为"。这种混淆实在界的"法则"与政治伦理中的法律，并将二者归于"神意"的做法表明，西田虽然试图以糅合哲学认识论与政治伦理学的方式，使其哲学体系归于"统一"，但是，这种统一于"神意"的哲学伦理体系由于缺乏合理、严密的逻辑思辨，和对现实政治的细致、深刻的分析，导致其哲学伦理体系最终必将陷入带有强烈宗教神秘主义色彩的主观唯心主义当中去。

---

① 西田幾多郎：『西田幾多郎全集』第一卷，岩波書店1987年版，第245頁。
② 西田幾多郎：『西田幾多郎全集』第十一卷，岩波書店2005年版，第149—150頁。

（三）道德与法律的关系

西田认为，在承认实在界的背后拥有人格意义时，便产生出了法律的世界和道德的世界。法律和道德是把整个实在人格化的"神的作用"过程。在这个"神的作用"过程中，法律的世界是道德的世界的初级阶段。因为没有道德内容的法律没有任何价值，法律本身只是作为我们服从的对象拥有人格内容和文化价值的证明。当我们怀着"纯真的敬爱之情"服从法律的时候，法律不再是完全外在的权威，而是转化为我们的内在感情。根据"绝对矛盾自己同一"的原理，当我们对法律的敬意完全消失时，即法律的世界"绝对的死"时，我们在自我中看到了超自然的无限深刻的内在权威，由此产生出道德动机，即道德的世界"绝对的生"。然而，通过"绝对的死"产生出的道德动机不能是无内容的、形式上的动机，还必须是内外合一的，必须承认无限深刻的外在权威。拥有"无限的创造性的"道德的世界必须是通过无限深刻的外在权威和内在权威的"矛盾的自己同一"的形式，历史地形成的。这样，西田运用"绝对的死"到"绝对的生"的逻辑，解读了法律的世界与道德的世界之间的衔接方式和"自己同一"的关系。值得注意的是，西田提示出了从法律的世界进入道德的世界的方向，以及在这个方向上的法律与道德之间的无差别关系。这导致西田在后来论述国家道德和国家法律时，将二者趋同，并在诠释世界的发展方向时，进一步将国家道德置于"绝对道义"的高度。

要将法律与道德完全合一，就必须面对如何解读法律与道德相异的问题。西田认为，"只有在法律与道德的相异之处，法律作为其内容才包含非合理的要素，其内容对于形式来说是偶然的。因此，法律是单纯形式性的。法律与欲求的内容之间就像物理法则和知觉内容之间的关系一样"。①在这里，西田通过将法律的内容与形式分开，来区分"单纯形式性的"法律和"绝对客观性的"法律，是否与道德一致成为区分二者的最终标准。只有与道德一致的法律才是"神的声音"。因此，法律的制定绝对不是立法者的恣意行为，必须拥有"道德的命令"。西田将"绝对客观的法律"拥有的"道德的命令"解释为"神意"，并最终归结为日本的"皇道"。这表明，作为近代哲学家，西田与其他日本近代思想者一样，无法突破带有典型封建性和强烈宗教感情的天皇信仰。

---

① 西田幾多郎：『西田幾多郎全集』第三卷，岩波書店 1988 年版，第 494 頁。

在《国家理由的问题》中，西田驳斥了法律学者以有无强制力作为区别道德与法律的标准的主张，认为道德本来就有命令和强制的性质。西田认为，不仅原始社会的法律与道德是未分化的、合一的。在国家的立场下，"法律与道德也合为一体"，"道德的当为作为绝对者的自己表现，在其根基处具有命令的性质"。他称西方伦理学中的道德为"道德的个人主义"，进而指出道德的根本立场在于完全把自己视为"无"，从世界的中心来反观自我。也就是说，西田眼中的"道德的世界"中的个人，不再是西方伦理学中被道德与法律约束的对象，而是作为"绝对者的自己表现"的国家的国民，是在任何时候都能够以敬爱之情服从法律的"道德的世界"的国民。在这样的"道德的世界"里，有一个不变的道德当为，即"在任何场合下成为天下的物来运动，是每一步都服从天命"。[①] 这里的道德当为已经不再局限于国家的范围内，它还带有强烈的使国家道德走向世界的决心，当然，在西田眼中，这里的"国家道德"仅仅指日本拥有的"国家道德"。从这个角度上说，西田哲学对道德与法律关系的诠释无非是试图充当宣扬日本"国体""世界最优"的手段罢了。

在1944年发表的《哲学论文集第四补遗》中，西田总结了道德与法律的关系，并一再强调道德与法律必须具有"历史的形成"的性质。他提出："道德的根源中必须有历史的形成的要求。在那里包含着绝对命令的东西，法律的东西。"即法律被包含在道德之内，以否定自身的方式与道德同一。"认为道德的目的在于实现亲和与共同一体的生活的观点，和认为法律是道德的手段的观点，都是依据抽象主观道德的观点。"[②] 西田再次强调法律与道德"矛盾的自己同一"的关系，其目的是强调道德的"历史性"和法律的"绝对客观性"，因为这样才能有效地将道德、法律与历史形成的"万世一系"的天皇联系起来。西田最终把法律与道德的基础归结到天皇的"诏书"中。"在诏书中能够听到作为现人神的神的语言。在那里，法律与道德被理性地赋予了基础。"[③] "因此，在我国，诏书被认为是绝对的。"[④] 至此，西田哲学终于在政治伦理观念中，将日本皇

[①] 西田幾多郎：『西田幾多郎全集』第九卷，岩波書店2004年版，第350—351頁。

[②] 西田幾多郎：『西田幾多郎全集』第十一卷，岩波書店2005年版，第209頁。

[③] 同上书，第202頁。

[④] 同上书，第209頁。

室诠释为"法律与道德的源泉",从而达至宣扬日本民族、国家文化"优越性"的最终目的。

六　实践道德的依据

1940年3月,西田出版《日本文化的问题》,在书的最后,西田提出人类道德实践的目的——"创造历史的社会"。西田认为:"具体的理性是历史的形成力",这种"力"既是世界历史自己形成的力,又是"从被创造者到创造者"的人类自己形成的力。依靠这种"力",可以鉴别西方伦理学中的合理主义道德,即符合"力"的方向的合理主义道德就是真正道德的,不符合"力"的方向的合理主义道德就是教条的、无意义的。"所谓道德的实践,必须是我们作为被创造的创造者,去形成历史的世界。所谓道德的法则,必须是上述世界的自己形成的法则。我们的世界在上述意义上必须是道德实践的世界,在这个世界中的我们自己,到任何时候都必须是历史的操作的自己,是创造性的自己。"① 西田以其独特的世界形成理论勾勒出一个道德实践的世界。上述世界形成原理实际上是不加细致分析地对历史发展结果绝对认同,以此为基础提出的崇尚"创造力"的道德实践理论成为西田对抗西方合理主义道德观的武器。然而,从西田的道德实践理论中,我们仍然能够发现在当时的帝国主义世界最流行的社会达尔文主义的影子。西田在实践道德理论中突出强调"历史的形成力""历史的创造力"具有真正的理性价值和道德依据,表明西田把"创造历史"当作人类最高的道德准则,按照西田的逻辑,不仅弱者服从强者,甚至弱者在强者的"创造力"的压榨下走向死亡,也是最合乎"道德"的。我们自己的"创造性"行为也不再受任何合理主义道德规范的约束,可以为了"创造历史"而任意作为。

西田提出:"作为历史的世界的自己形成,在历史的社会的创造之外,是没有所谓道德实践的。"② 也就是说,道德的实践只存在于历史的创造之中,以历史的创造为基础。这样,在道德的实践那里,历史的创造具有绝对价值,无论这种"历史的创造力"是进步的还是停滞的,甚至是破坏性的,它归根结底都是道德的。在《日本文化的问题》的最后,

---

① 西田幾多郎:『日本文化の問題』,岩波書店1982年版,第131—132頁。
② 同上书,第134頁。

西田借用歌德的比喻，总结性地提出"超自然的"历史的世界就是绝对道德的世界，在历史的世界中进行的创造性行为就是道德的。而由于这个历史的世界充满偶然性、非理性因素，因此也是让人捉摸不透的，所以，任何合理主义的、先验的道德观都不能成为衡量行为善恶的标准。当然，西田并不主张虚妄无为的道德观，它最终得出的结论是：历史的世界表现在民族中，国家是道德的实体，从而使其道德观依附于国家观。在《日本文化的问题》的结束语中，西田说道："唯有今天，在历史的世界中，真正主体性的东西浮出了表面。"① 这里的所谓"主体性的东西"就是"超自然的"历史的世界的表现者，即"神的摄理"。

在《日本文化的问题》中，西田仅仅提示了在现实世界中，"真正主体性的东西"应当在国家（即历史的世界）形成中显现的问题。而对于什么才是"真正主体性的东西"，即道德实践的绝对体现的问题，西田并未给出明确的答案，只是将其称为"神的摄理"。在1944年发表的《哲学论文集第四补遗》中，西田再次把道德归附于国家，认为"不存在所谓国家道德和所谓道德两个东西"，不承认在国家道德之外还存在"抽象的"合理主义道德。他进而将具体道德行为的规范形态归结为国体，并从日本国体的"唯一性"和"优越性"角度诠释日本国家道德的"绝对性"。

在《哲学论文集第四补遗》中，西田宣称：在主体与环境相互限定的历史的世界里，"我们自己是创造性的世界的创造性要素"，"我们自己作为创造性要素，在表现绝对现在的自我表现时，我们在这里与绝对者的无限的自我表现相接，也就是说，与神的语言相接"。当人与神以"矛盾自己同一"的方式获得了同一的时候，即我们自己通过回归本原的方式与绝对者相接的时候，我们的自己不再是单纯抽象的个人，而是真正"理性"的个人，我们自己也成为了绝对者，完全投入"整体的一"之中，"在这里，存在着我们道德当为的根基"。而这种道德的当为，并不是完全自由的"回归本原"，因为"我们的生命在任何地点都必须是职分的"。② 在这里，西田虽然未对"职分"作进一步的解释，但是，日语中

---

① 西田幾多郎：『日本文化の問題』，岩波書店1982年版，第137頁。
② 西田幾多郎：『西田幾多郎全集』第十一卷，岩波書店2005年版，第201頁。

的"职分"一词是指职务上的本分。① 在近代日本社会,所谓"职分",无疑是指为了自身的职责而必须尽的本分。按照西田的上述理论,在"以皇室为世界之始终"的日本这个"历史的世界"里,每个生命以"回归本原",即"归附神意"的方式各司其职、各安其分,统一到以皇室为核心的日本国体之下,唯有如此,个体的生命才能成为"创造性世界的创造性要素",个体的实践才真正体现出"道德的当为"。西田在这里还表露出将"职分的"道德原则推广到世界的倾向,"各民族是立体地结合起来的,是万邦各得其所"。② 从"职分"含义推演出了各民族"立体的"结合方式,体现出西田排斥主张各民族独立平等的国际关系原则的倾向。而在日本这个历史的世界的范围内,个人道德实践的依据就是统一于皇室之下,尽职务之本分。这个道德观表明,西田在晚年关注国家道德和世界走向时,不仅没能架构起超越于现实政治之上的、独特的、拥有世界价值的道德原理,甚至没能突破当时日本国家为了支撑对外侵略战争而进行的"道义"宣传,在理论上扮演了支持这种"道义"宣传的角色。

西田最后将个体的道德行为与国体紧密相联,他提出:"我们道德行为的规范形态,被认为是国体。""具体的道德规范形态必须是国体。"③西田着重强调日本国体的"优越性":"在国家的根基处拥有确立国家的神话,作为超越即内在,内在即超越的绝对现在的自己限定,在历史地生成的我国的历史中,开始自觉到了所谓国家即道德的国体。"④ 西田在分析了西方基督教国家的道德原理之后认为,西方国家在历史上经历了因为罗马统一而招致的民族原有宗教的破坏,因而产生不出真正的"国家神圣观",而日本的肇国神话因为皇室的"万世一系"而延续至今,因此,"国家即道德的国体观只在我们日本才获得发展","严密地说,所谓国体,在我国之外是没有的"。⑤ 这样,西田通过"国家即道德"理论诠释了日本国家道德的"唯一性"和"优越性",为其解读日本国家的"世界史使命"提供了"理论前提",上述对日本国体"唯一性"的论述,完全

---

① 新村出:『広辞苑』第二版,岩波书店 1976 年版,第 218 页。
② 西田几多郎:『西田几多郎全集』第十一卷,岩波书店 2005 年版,第 201 页。
③ 同上书,第 200 页。
④ 同上书,第 201 页。
⑤ 同上书,第 202 页。

暴露出晚年的西田站在日本国家"优越性"立场，竭力宣扬"将皇室的光辉照耀世界"，从而起到为对外侵略战争呐喊助威的现实作用。

从西田对"至善"，个人、家庭与社会，个体与整体，法律与道德等政治伦理观诸多概念的论述中不难看出，西田在表述其理论时虽然运用了西方哲学的语言和方式，但是，构成其政治伦理观核心的仍然是基于集团主义思维的日本式伦理观。他既有意排斥西方的缜密逻辑分析和固定的合理主义道德准则，又放弃了佛家的出世主义和道家的无为自然的政治伦理观，更与儒家在人伦道德体系中对个人修为提出细致、固定的要求不同，西田哲学的政治伦理观追求的是"自他合一"，是个体通过融入绝对精神而进行的道德行为。这种伦理观是在以神道的自然崇拜为内核的日本式细腻而敏感的文化氛围中形成的，是在日本人自古以来形成的集团式社会结构中产生的集团内外有别的伦理观。这种来源于日本传统文化，且有意排斥外来先进、开放理念的政治伦理观因其不可避免地具有狭隘性甚至排他性，导致其必然走向封闭的自我制度认同与美化。

在论述各个道德社会之间的关系问题时，西田借用社会达尔文主义的"适者生存"原理，阐明道德社会之间对抗的合理性，并最终将论述的核心放在阐释日本国体的"唯一性"和"优越性"上，使其政治伦理观陷入日本民族"优越论"的窠臼。西田哲学的伦理体系由于缺乏合理、严谨的逻辑思辨，和对现实政治的细致、深刻的分析，导致其伦理体系依据的必然是带有强烈宗教色彩的主观唯心主义。

第二节　西田哲学文化观

西田对文化问题的倾心关注是在 20 世纪 30 年代，即日本发动大规模对外侵略战争后，也是其体系化哲学框架基本形成之后。在 1934 年发表的《从形而上学的立场看待东西方古代文化形态》中，西田从其独特的"矛盾自己同一"的"绝对无"的哲学出发，对东方的印度佛教文化，中国的儒家和道家文化，西方的希腊文化、罗马文化、基督教文化进行了细致分析。1940 年，西田将两年以来在京都帝国大学发表的演讲整理成《日本文化的问题》一书，由岩波书店出版。在这部细致解读东西方文化的不同特征和"日本精神"实质的著述里，西田集中表述了东西方文化的定位和日本文化的"世界性"问题。

西田哲学文化观是强调日本文化具有"世界性"和"包容性"特征的多元文化观，体现出强烈的日本文化"优越"意识，这也是近代日本出现的形形色色文化观具有的普遍特征。西田哲学在解读东西方文化问题时，提出"世界主义"文化观，虽然他主张"尊重各民族文化"，实现"共同繁荣"，但是，西田哲学文化观最终宣扬的是"要在一个更深的根源处找寻东西方文化的根基"，即以日本"矛盾的自己同一的特殊文化为世界文化做出贡献"。本节从西田几多郎对文化的概念性解读、对东西方文化的定位入手，评析西田提倡的"日本精神"和日本文化的"世界意义"，并剖析在其烦琐的哲学名词修饰下的日本文化观的实质。

一 日本学者对《日本文化的问题》的评价

1938年4月至5月，西田在京都大学作了三次题为"日本文化的问题"演讲，其讲稿随后以小册子的形式印刷刊行，到1940年3月，一部更加完整的著作《日本文化的问题》正式出版。关于《日本文化的问题》的核心理念及其与战时日本流行的思想潮流之间的关系问题，一直是西田哲学研究者关心的话题，其中，上田闲照的观点具有代表性。

上田闲照通过对比同样名为《日本文化的问题》的著作与演讲稿，认为西田发表这两部作品的两年时间，正值日本政府竭力展开全面侵华战争时期，"由于在时代的急剧变化中，'皇道'主义者们对思想潮流逐渐拥有了强大的力量，西田不得不围绕'皇道'进行'意义的争夺战'"，[①] 认为"如果在思想的连续性的基础上，综合性阅读在两部《日本文化的问题》发表期间西田撰写的诸多哲学论文，就不能把西田判断为'日本精神'主义者、'天皇'绝对论者、国家主义者、军国主义者、战争助力者、'大东亚战争'的思想宣传者"，[②] 认为西田将日本精神主义视为"最浅薄的思考方式"，表现出对"日本精神主义"的强烈反感。

关于西田文化论的实质，上田认为，西田将人类存在的原初构造定义为"原文化"，通过设定这个更加深层次的"原文化"，一方面使自身的文化相对化；另一方面，在将自身文化在世界中实现相对化的时候，就建

[①] 上田閑照：『西田幾多郎——「あの戦争」と「日本文化の問題」』，『思想』第857号，1995年11月，第117—118頁。

[②] 同上书，第121頁。

立起与世界上其他相对性文化之间的关联，这就是西田所说的"我们深深地进入西方文化的根基处"。在通过这种方法达成的异文化间的关联中，新的世界文化得以形成。上田认为，西田的这种文化观"在强烈意识到文化多元性的当前（西田逝世半个世纪以后的现在），也是能够给我们提供极大提示的见解。它既不是自文化帝国主义，也不是'文明的冲突'观念"。① "西田尊重以东方文化传统为背景的日本文化的独特性，但与此同时，他还强烈体现出对以下问题的关心：日本文化以怎样的形态，如何开启新的世界文化的形成。" "不能把西田视为与国家主义相勾结的日本文化至上论者。正相反，西田的思想是在东西方对话中产生出来的，按照西田的思想，东西方拥有进行进一步对话的可能性。西田的思想从日本文化传统出发（并未离开传统）走向世界，走上与世界接触之路；同时，反过来看，也是从西方、欧美，乃至于更加广阔的非日本的文化传统出发（也并未离开这些传统），获得与日本文化相接触的道路。可以说，西田的思想至少提供了一条自东而西、自西而东、往来交错、相互接触、相互交会的通路。"②

上田闲照结合当时日本的政治和社会形势，集中论证西田文化观具有的"时代批判性"和"世界性"。上田的上述观点成为日本学界评价西田哲学的主流观点。为了证明西田哲学文化观在当前亦具有"世界意义"，上田必须将西田哲学文化观与主张日本文化"优越论"这一狭隘的文化认识相剥离。实际上，上田仅仅关注西田论证体系中的一个阶段，却并未关注或有意避开西田文化观在结论部分的表述。在西田哲学那里，多元文化观仅仅作为其论证日本文化"优越论"的一个前提，西田论证"原文化"的目的在于：指出日本文化具有"无形之形""无声之声"的特征，借此论证日本文化具备进入西方文化根基中去的能力，而以这样的方式形成的"世界文化"似乎不能算作真正的多元文化，其实质仍然是以日本文化为"最优内核"的文化，即无声无形的"原文化"的"世界文化"。

关于西田对待"日本精神"和"日本主义"的态度，上田认为，西田主张的日本精神并非日本精神主义者宣扬的狭隘的"日本主义"，而是

---

① 上田閑照：『西田幾多郎——「あの戦争」と「日本文化の問題」』，『思想』第 857 号，1995 年 11 月，第 130 頁。

② 同上书，第 131—132 頁。

日本民族在历史发展中形成的"深刻""博大"的精神，这种精神不应是孤立的，而应与世界共享。然而，上田并未对西田的论证结论做出细致分析。实际上，西田的论证目的在于探寻日本文化的真正"独特价值"和面向世界的"开放性特征"。这种"独特价值"和"开放性特征"却是以否认日本文化曾经接受大陆文化滋养为前提、以日本文化"优越论"为理论归结的。得出上述结论的日本文化论就自然带有唯我独尊和主张以日本文化吞融他文化的文化侵略倾向。

关于西田在《日本文化的问题》中对皇室的定位问题，泷泽克己从哲学认识论入手展开分析认为："'绝对矛盾自己同一'一词所阐释的完全是日常性事实。世界从太初直至终末，所到达之处皆为现在，用西田的话说就是永远的现在，是不断更新的存在的基础。"① 与西田一样，泷泽将"绝对矛盾自己同一"诠释为"永远的现在"，认为"绝对矛盾自己同一"与人之间的关系就是神与人之间的关系，推及日本战时的国体中，就是皇室与国民个体之间的关系。中尾训生在《西田几多郎的日本文化论》中也认为：西田在《日本文化的问题》中阐释的皇室，既不是日本主义者宣扬的皇室，也不是《教育敕语》尊崇的皇室，而是"有形的表现形式"，是"物的真实""人类的内心"，其中充满对抗资本主义文化的心情。② 嘉户一将认为：在西田绝对矛盾自己同一的逻辑中，"皇室成为了媒介者"，"是制度的保证人"，"'皇室'不是主体的存在者，只不过是机能的名称而已，所以是'无的有'，是'矛盾的自己同一'。是各个主体存在的'场所'，其本身就是'无'"。"这个逻辑是西田批判现实国家的工具。在西田那里，把日本作为一个'主体'使其他国家客体化的做法意味着侵略，西田将之批判为'皇道'的'霸道化'即'帝国主义化'。"③

上田、中尾、泷泽、嘉户的上述评价代表了20世纪90年代初日本学者的观点，正如美国研究者乔恩·C.玛拉尔德（John C. Maraldo）在总结

---

① 竜沢克己：『日本人の精神構造——イダヤ・ベンダサンの批評にこたえて』，三一書房1982年版，第136頁。

② 中尾訓生：『西田幾太郎の日本文化論』，『山口経済学雑誌』48（6），2000年11月30日，第24—25頁。

③ 嘉戸一将：『西田幾多郎と国家への問い』，以文社2007年版，第187—188頁。

日本学者对西田哲学的定位时所说:"日本国内外最近的研究业绩显示出的倾向是:西田的思想与欧洲的思想家们不同,不应当看作再度政治化,而应看作脱离政治化。换言之,若干的西田研究者现在并不主张将西田的诸多政治性论文评价为国家主义以及日本的扩张主义,反而是作为文化哲学加以解读的。"① 关于西田哲学文化观的现代性意义问题,玛拉尔德指出:"世界文化的观念在西田的思想中依然是暧昧模糊的",如果把西田的诸多洞察应用到今天冷战后的世界,那么"必须放弃西田主张中的主要部分,即在其文化哲学中赫然存在的日本中心主义"。② 因为西田文化观主张日本在多文化的世界中充当的是"媒介者、指导者和庇护者"的角色。玛拉尔德从外国学者的视角审视西田哲学文化观,与当时流行的日本学者的观点形成鲜明对照。

进入 21 世纪,日本学者对西田文化观的解读渐趋多样化,南原一博认为,作为标志近代日本一个思想高度的西田哲学充当了论证近代日本天皇制国家的角色,尽管西田本人并不是"天皇制法西斯的使徒",然而,"西田的后继者们(即"世界史的哲学"派)却扮演了这个角色"。③

吉田杰俊认为,《日本的文化问题》是作为一种"日本文化"的当为论提出的,其"前半部分是围绕西田哲学中'历史的世界'问题简单进行的原理性展开,后半部分是在此基础上以天皇制为轴心,阐述日本文化论,提出在当时世界史形成过程中日本文化的作用与方向,这是西田哲学面向历史的世界实现'外化'的最初尝试"。④ 吉田认为,西田哲学文化观具有三个特性:试图建立一个以皇室为中心的非政治的共同体论;主张日本文化和日本精神的独特性在于"作为世界包纳其他主体",这应当在日本文化"非主体"的世界传统中捕捉;主张应当在世界化潮流中把日本文化与精神作为东西文化的结合点,并赋予其积极意义。上述的三个特征决定了西田哲学在实际上仅仅作为抽象的理念性构想,"在实践上,作为'大东亚共荣圈'这个现实政治构想的一个要

---

① ジョン・C.マラルド,山本誠作(訳):『世界文化の問題——西田の国家と文化の哲学の体得へ——』,『思想』第 857 号,1995 年 11 月,第 169 頁。

② 同上书,第 175 頁。

③ 南原一博:『近代日本精神史』,大学教育出版 2006 年版,第 132 頁。

④ 吉田傑俊:『京都学派の哲学——西田・三木・戸坂を中心に』,大月書店 2011 年版,第 208—209 頁。

素，被包摄、被吸收"。①

综上所述，在日本学者和部分西方学者那里，对西田在《日本文化的问题》中诠释的文化观，特别是日本文化的特征、时代性、"世界性"问题，皇室在日本文化乃至世界文化中的地位问题都有不同程度的解读，并得出截然不同的评价。

二 西田对文化概念的解读

1920年，西田在《哲学研究》第48、49号上发表论文《美的本质》，文中提及文化的概念和文化现象的世界性特征，这是西田较早提及文化问题的论文。西田从绝对意志的世界的三个层次出发，提出了"文化现象的世界"。他认为，绝对意志的世界包含三个层面："客观的对象界"，即自然现象的世界；"主观的对象界"，即意识现象的世界；"主客合一的世界"，即文化现象的世界。其中，"文化现象的世界是价值实现的世界"。"我们的自我越接近先验的自我的立场，就越能将所谓客观的世界包纳于自我的统一之下，文化现象的世界就在此处产生"。② 在西田看来，"文化现象的世界"是自然和意识"合一"的世界，是包纳客观的世界和主观的世界的"有价值"的世界，只有在"文化现象的世界"里才能实现价值。此时西田还提出了文化的概念："所谓文化，不是把自然作为自己的手段，而是在自己之中看见自然，不，是在自然的根柢处发现自己。"③ 这种自己与自然的关系就是西田哲学提倡的"我中见汝，汝中见我"的境界。可见，在大正时代后期，西田论述基本伦理学概念时就把文化放在实在界的最高层次上，与价值的实现联系在一起。在以后对文化问题的详细阐述中，西田仍然以此作为理论前提。

20世纪30年代以后，西田在论述民族、国家与历史的问题时很重视文化的作用。西田在很多文章中都提到了文化的概念。"所谓文化，作为绝对矛盾自己同一的世界的种，是形成自身的种的形成，即人类的形

---

① 吉田傑俊：『京都学派の哲学——西田・三木・戸坂を中心に』，大月書店2011年版，第210—215頁。

② 西田幾多郎：『西田幾多郎全集』第三卷，岩波書店1988年版，第251—252頁。

③ 同上书，第252頁。

成。"① 这里的"种",是指在相对固定的地域范围内,经历了一定的历史时期发展起来的相对独立的社会、民族。西田认为,在人类的形成过程中,必须有文化的作用,只有"文化地"形成了自己自身,人类才能形成。而文化的发展,又将产生新的人类社会。在西田看来,文化是"种"的形成标志,而"种"又是在历史上的某个时代、某个场所中形成的,不同的"种"必须具有特殊的文化形态,即拥有"个性"。按照西田哲学"绝对矛盾自己同一"的逻辑推断,在时间、空间的"矛盾自己同一"的世界里形成的无数的"种"最终将走向"同一",但这种"同一"并不是自然地结合为一体,"种"与"种"之间在任何时候都只有斗争。"历史的世界作为矛盾的自己同一,在任何地方都是种与种之间相互对立斗争的世界。"② 相互对立的"种"与"种"之间只有通过文化作用才能走向"同一"。而新形成的"同一"的世界是在斗争中获得优势的"种"通过把世界纳入自己之中的方式确立的,这个"同一"的世界还将作为更高层次上的历史的"种",面临其他"历史地"形成的"种"的挑战。这样,"种"之间的斗争与"同一"循环交替,构成了生生不息的世界。

西田后来把代表社会或民族的"种"替换为国家。在《哲学论文集第四补遗》中,西田提出,历史的世界包含两个不同的方向:一方面是动态的、国家的方向,其社会形态是国体;另一方面是静态的、文化的方向,其表现内容是艺术与学问。历史的世界是在这两个方向"动静一如"的统一发展中形成的。"从这个立场上说,国家形态本身也被看作是文化现象。"③ 最终,西田将文化与国家统一在历史的世界之中。"永远的文化作为绝对现在的自己限定,是在真正拥有个性的历史的空间,即国家的空间里形成的。""没有国家的形成,就没有文化的形成","国家并不从属于文化,文化也不从属于国家,两者必须矛盾自己同一地成为一体","各个国家在拥有自身的独立性和个性的同时,总是处在万国历史的一个时代之中,而文化就是这个时代的内容"。于是,文化在时间和空间上被定位在国家形成的范畴内,成为国家人格的重要组成部分。然而,与国家相比,文化又拥有超强的生命力。"某个国家衰亡的时候,其文化虽然已

---

① 西田幾多郎:『日本文化の問題』,岩波书店1982年版,第68—69页。
② 同上书,第72页。
③ 西田幾多郎:『西田幾多郎全集』第十一卷,岩波书店2005年版,第203页。

经失去了再生的力量，却不会因此衰亡，它将作为限定自身形态的绝对现在的内容，再次成为其他国家的生命。"因此，文化是无限的，"只有包容无限文化而形成的国家才是永远生存的世界史的国家"。① 在西田看来，文化具有超越于国家之上的历史生命力，国家要避免衰亡，就必须包容无限的文化。用西田哲学特有的表述方式，即国家必须具有"绝对无"的无限包容特性，只有在"绝对无"的境界下，才能容纳世界的诸文化，并作为诸文化的中心创造出一个新的综合性文化。②

西田把文化定义为人类社会形成的根本作用，是任何时空场所下的社会或民族区分于其他社会或民族的标志。在论述文化问题时，西田多次运用了"历史""时间"等措辞，这表明西田是以历史发展的角度来阐释文化问题的，他最终关注的是文化对"种"的发展的作用。西田认为，不同社会或民族之间必然存在斗争，而文化作用是使斗争的社会或民族走向"同一"的唯一方式。这样，在历史发展中，文化扮演着至关重要的角色，文化的优劣直接关系到该民族是否能够在充满斗争的世界历史进程中获胜。

由于各种文化之间要进行必不可免的斗争，因此，西田断言："历史的进步是悲剧式的。"③ "新的人类"将在"悲剧"中产生。只有通过这种"悲剧式"的斗争，才能形成一个新的时代，历史的世界才能获得最终的安定。在历史上，不同时代里存在着不同的人类形态："在古代有古代的人类，在中世纪开始的时候形成了中世纪的人类，文艺复兴时代出现了文艺复兴式的人类，在东方有东方的人类形态。从今天的世界斗争中必将产生新的人类形态。"④ 可见，在西田"悲剧式"的文化观中包含着强烈的文化斗争因素，在"悲剧式"的文化斗争之后将迎来新时代的观点被他的弟子——京都学派的哲学家们作了进一步发挥，⑤ 成为鼓舞日本国

---

① 西田幾多郎：『西田幾多郎全集』第十一卷，岩波書店 2005 年版，第 453—454 頁。
② 西田幾多郎：『西田幾多郎全集』第十二卷，岩波書店 2004 年版，第 415—417 頁。
③ 西田幾多郎：『日本文化の問題』，岩波書店 1982 年版，第 72 頁。
④ 同上书，第 73 頁。
⑤ 京都学派的哲学家在 1941 年 11 月由《中央公论》杂志社举办的"世界史的立场与日本"座谈会总结发言中提出："世界历史是人类灵魂的炼狱（中略）战争使人类的灵魂得到净化，因此，世界历史的重要转折点由战争决定。"（後藤道夫、山科三郎：『ナショナリズムと戦争』，大月書店 2004 年版，第 157 頁。）

民支持对外侵略战争的旗帜。

为了进一步突出文化的重要性，西田特别关注文化和文明的区分。在西田看来，文明是"倾心于科学方向的文化社会，而如果仅仅单纯地行进在科学的方向上，那么不久必然会导致社会的衰亡"。文化则不同，"文化并不是通过排斥技术而确立的，文化不能单纯地超越和脱离生物的生命。对于人类来说，生物的生命本身就是文化的，而生命的方向被称作文明"。① 与作为人类形成的前提的、永恒存在的、绝对的文化相比，代表科学方向的文明是相对的、断裂的。西田将文明视为文化的方向，并断言：过分倾注于文明将导致社会衰亡。将崇尚科学技术的西方文明视为相对价值的观点是西田哲学的一贯主张。西田哲学试图以文化多元论抵抗西欧文明中心论，这种态度与战时日本社会强烈抵制西欧文明和近代意识的思想倾向相通。

三 西田对东西方文化的定位

20世纪30年代，西田开始关注东西方文化问题，他从西田哲学的认识论和辩证法出发，解读东西方文化的特征，进而提出"文化多元论"来对抗欧洲文化至上主义，最后推导出"世界文化"的方向。对东西方文化的定位问题，西田运用比较文化论的方法进行了详细论证。西田把当时的世界文化大致分为来源于希腊的西方文化和来源于印度、中国的东方文化。

1932年，西田在玉川学园主办的劳动教育研究会上作的《时间与人格》讲演中，从时间的角度论证东西方文化的特征。西田认为，西方的历史被区分为希腊、中世纪和近世，在这三个时期里，由于对时间的认识不同而拥有不同特征的文化。在希腊时代，人们从艺术的直观出发，认为随着时间的推移而发生变化的东西不是实在，永远不变的东西才是实在。在希腊人那里，时间被忽略了。在西方的中世纪时期，虽然人们开始重视时间，把实在看作是人格的、历史的，但是此时的时间不是从过去流淌到现在的时间，而是从永远的未来指向现在的逆向的时间，即从基督教的末日审判出发计算的时间。到了近世时期，人们从自然科学的角度认识实在，按照自然界的因果法则理解时间，此时的时间虽然是从过去指向现

---

① 西田幾多郎：『日本文化の問題』，岩波書店1982年版，第70頁。

在、未来的，但是近世西方的时间仍然被当作客观存在，而不是现实即永远的"真正的"时间。① 在以上的论述中，西田首先把西方的历史区分为希腊、中世纪和近世三个时代，并通过对三个时代完全不同的时间认识出发，在强调西方历史具有非连贯性特征的同时，分别指出了三个时代时间认识的特征，意在揭示西方文化在时间认识上的弱点。

西田认为，与西方文化的上述特征相对，东方文化的特征是过去未来被"绝对矛盾自己同一"地包含在"永远的现在"中。与希腊人否定时间、远离时间不同，在信奉大乘佛教的东方文化中，"一日就是一切，现实就是永远"。② 在这篇演讲中，西田仅仅在与西方文化的对照中，从时间认识的角度提示出东方文化的上述特征，对东西方文化深入细致的比较分析是在他发表《从形而上学的立场看待东西方古代文化形态》之后。

1934年，西田在《文学》杂志上发表论文《从形而上学的立场看待东西方古代文化形态》。在这篇文章中，西田通过对希腊文化、基督教文化、印度佛教文化和中国文化特征的细致分析，提出了东西方文化形态的主要区别。西田认为，由于希腊哲学认为有形的东西是实在，认为绝对无限的、绝对超越现实的东西不是真实在，"因此可以说，希腊文化的本质是艺术的直观，希腊文化是雕塑的、现实的"。③ 基督教文化与希腊文化完全不同，由于在中世纪的哲学中，实在是人格的，神是最大的人格，"无限大的神的人格绝对超越于我们的认知之上"，因此，基督教文化强调神的绝对超越性，是"有"的文化。④ 西田认为，基督教对西方文化的最大贡献是意识到了实在具有人格性，然而，基督教中的实在的人格却是完全超越于个体之上的"超越性的人格"，这体现出了基督教文化的弱点——超越的而非内在的，因此，基督教文化不是"绝对无"的文化，而是"有"的文化。欧洲近世文化是在希腊文化和基督教文化这两大源流综合作用下形成的，其特色是科学精神、合理主义和实证主义。欧洲近世文化中发达的自然科学追求客观而否定主观。因此，西田认为，西方自然科学是站在彻底否定主观立场上的，从这个立场出发的西方文化也只能

---

① 西田幾多郎：『西田幾多郎全集』第十三卷，岩波書店2005年版，第142頁。
② 同上書，第143頁。
③ 西田幾多郎：『西田幾多郎全集』第六卷，岩波書店2003年版，第336頁。
④ 同上書，第337頁。

是"有"的文化。

西田认为,与希腊的有形文化、基督教"有"的文化相对,以最深刻的无的思想为根基的印度佛教是否定一切的"无"的宗教。与西方哲学相比,印度佛教是绝对的否定即肯定的、深刻的宗教。然而,由于印度佛教是连人格也否定的否定万有的宗教,因此印度文化是虚无的文化。与之相对,中国文化独具特色,它既不同于"哲学的"希腊文化,又不同于"宗教的"印度文化,而是礼俗发达的文化。西田认为,儒家以具有道德性的"天"为教义根源,道家以幽玄的"无"为思考前提。在中国文化的根基处存在着关于天、道、自然的思考,中国文化中的自然"既不是基督教中所谓恶的东西,又不是在近世科学中思考的物质性的东西。那是日月星辰运行之所,天地万物之根源,即人道的本原。天道与人道是合一的"。① 西田发现了中国文化"天人合一"的特征,但他断言中国文化中"无"的思想是"行为性的",因此,他认为在中国文化中欠缺关于人格的思考。

在《日本文化的问题》中,西田从历史形成的角度再次概括了东西方文化的特点。他仍然运用历史分期的方法解读西方文化,把西方文化重新划分成三个时代:希腊时代、罗马时代和近代欧洲时期。他首先承认:"希腊文化是在主体化的过程中环境地形成的,是在环境化的过程中主体地形成的,即作为主体与环境的矛盾的自己同一,在任何时候都是自己同一的文化","能够称得上是真正具体的、知性的",以人类为中心的文化。② 到了中世纪时期,罗马帝国的扩张使欧洲成为一个"历史的世界",以"原罪"论为基本教义的基督教成为世界宗教,于是,以人类为中心的希腊文化被以超越的神为中心的基督教文化置换。进入近代以后,欧洲各民族的勃兴和国家的建立使各个文化主体找回了自身的独特性,"现代欧洲成为了一个世界,但很显然,这不是以教皇为中心的世界,也不是世界即主体的世界,不如说是环境即世界的世界"。③ 近代欧洲发达的科学体系使西方文化具有从环境到主体的特征,而近代欧洲的环境不再是自然风土意义上的环境,而是被人类文化侵扰的环境,近代欧洲的自然也不再

---

① 西田幾多郎:『西田幾多郎全集』第六卷,岩波书店2003年版,第340—341页。
② 西田幾多郎:『日本文化の問題』,岩波书店1982年版,第98页。
③ 同上书,第100页。

第二章　西田哲学国家观

是天然意义上的自然，而是工业意义上的自然。因此，在西田看来，从中世纪开始，西方文化就成为了从环境到主体的文化。西方的科学是立足于环境来思考人类问题的，是完全不顾及人类自我世界的客观认识体系，西田将之批判为"所谓的对象认识学"。他认为，富有科学精神和实证主义精神的欧洲近代文化是否定主体的文化。因此，西方文化中崇尚的科学世界不是"真正具体的历史实在的世界"。①

与从环境到主体的西方文化不同，东方文化是从主体到环境的文化。西田着重分析了中国文化和印度文化。他认为："中国文化是主体的"，是"以支那民族的社会组织，即所谓礼教为中心发展形成的文化，具有政治性和道德性特征"。② 由于在中国文化的周边不存在与之对立摩擦的强大文化，因此，中国文化中没有自我否定因素，缺乏积极进取的科学精神，不具备"从被创造到创造"的创造性文化的特征，是"僵化的、固定化的文化"。而印度文化是在主体的根基处否定主体的文化，以"最深刻的无"的思想为根基。通过绝对否定主体来认识世界的佛教哲学根本没有顾及环境，因此，印度文化是否定万有、否定人类的"回光返照的文化"，③ 是宗教性的文化。与否定主体的欧洲近代文化相反，印度文化缺乏主体对环境的进取心，"缺乏积极的意志与行动"，④ 这种包含"最深刻的无"的文化实际上是"虚无"的文化，是没有历史创造性的文化。

通过以上对东西方文化的具体分析，西田总结出东西方文化的各自特征与不足。西方文化是空间的、知性的、有形的文化，即"有"的文化；东方文化是时间的、情意的、无形的文化，即"无"的文化。西田通过比较东西方文化的不同，得出东方文化绝不低于西方文化的结论，从而使东西方文化处于平等的层次上。从东西方文化平等的前提入手，西田详细对照了东西方文化的不同之处。认为西方的逻辑是以物为对象的，东方的逻辑是以心为对象的，"科学者把现实看作物，佛学者把现实看作心"。⑤ 西方文化的重心在于"从环境到主体"，东方文化的重心在于"从主体到

---

① 西田幾多郎：『日本文化の問題』，岩波書店 1982 年版，第 78 頁。
② 同上书，第 102 頁。
③ 同上书，第 103 頁。
④ 同上书，第 117 頁。
⑤ 西田幾多郎：『西田幾多郎全集』第六卷，岩波書店 2003 年版，第 342 頁。

环境"。用西田创造的名词来解释，所谓"从环境到主体"，就是环境通过否定自己自身而"矛盾自己同一"地成为主体，成为心；所谓"从主体到环境"，就是主体通过否定自己自身而"矛盾自己同一"地成为环境，成为物。东西方文化体现出历史的世界发展的两个相反方向。由于东西方文化都没能做到使主体与环境之间实现真正双向的"矛盾自己同一"，因此，当前的东西方文化不可避免地带有各自的缺陷。以中国文化和印度文化为代表的东方文化缺乏"面向物的真实"的科学精神，是静止的而非创造性的；西方文化虽然是"从环境到主体"的富有创造性的文化，但是，由于其没能在真正意义上包含主体，而是主体始终超越于环境之上，所以，也不是真正的创造性的文化。在分别指出东西方文化的上述弱点之后，西田指出了世界文化的发展方向，以及日本文化"面向世界的可能性"。他提出：在各具优缺点的东西方文化中间，唯有既具备东方"无我"特征，又能够与西方的科学精神相融的日本文化才是真正意义上"绝对无"的"创造性"文化。

四 西田眼中的日本文化的特征

在谈论日本文化时，西田始终把日本文化定位在东方文化阵营，在其比较混乱且烦琐的论述语言中，甚至有很多时候将东方文化与日本文化混同起来。在《从形而上学的立场看待东西方古代文化形态》中，西田提出："我不知道我们的祖先从哪里来，我们的民族如何确立，然而，位于东洋一端，实现了几千年独自发展的日本民族的文化不用说是东洋式的。毋庸讳言，我们从中国文化那里受到很大影响，从印度文化那里受到很大影响。但是，在此之前，日本民族就作为日本民族形成了，可以说，被认为是作为日本民族而拥有特殊民族性的我们民族，形成了同化中国、印度文化的特殊的、独自的文化。"[①] 很显然，西田在这里强调的是受到中印文化影响之前的日本文化随着日本民族的形成而形成的"独特性"与"原初性"，并且这种"原初性"的日本文化具有"同化"中国文化、印度文化的功能。在此后对日本文化的论述中，西田具体地展开了上述关于日本文化起源的观点。

总结西田提出的日本文化的特征，可以有以下几点：日本文化是内在

---

① 西田幾多郎：『西田幾多郎全集』第六卷，岩波书店 2003 年版，第 344 頁。

即超越、超越即内在的文化，是主体与环境"矛盾自己同一"的文化；日本文化是"时间的""纯情的"、以情意为特色的文化；日本文化是历史地形成的，有生命力的文化；日本文化是处于东西方文化结合点上的文化，与东西方文化相比，拥有"独特的优越性"；日本文化是以世界为媒介发展自己自身，并能够形成真正的世界文化的文化。在具体解读上述日本文化的特征时，西田从"纯粹经验"的哲学认识论出发，充分运用了"绝对无"的"场所逻辑"和"绝对矛盾自己同一"的辩证法。

（一）日本文化是主体与环境"矛盾自己同一"的文化

西田认为，以科学精神和实证主义精神为基础的近代欧洲文化是环境超越主体的、有形的文化，以佛教和儒学为基础的印度文化和中国文化是主体超越环境的、僵化的、虚无的文化。只有日本文化是环境与主体之间"矛盾自己同一"的、"绝对无"的文化，是超越即内在、内在即超越地形成的文化。"我认为，所谓日本文化的特色在于，在从主体到环境的方向上，到任何地方都否定自己自身而成为物，成为物来观察、成为物来行动。使自己成为无自己来观察物，把自己融入物中，所谓无心和效法自然才是我们日本人强烈憧憬的境界。"① 西田认为，来自于中国文化的"和为贵"中的"和"并不能表达日本精神的真髓。因为提起"和"，就不能脱离对立的东西之间互相和解的意思，而在简单明了、易于把握的日本精神当中，不存在根本对立的双方，即只有在日本精神中，才能以主客合一、物我相忘的"无心的境界"达致"天地与我的矛盾自己同一"。日本文化中的这种消弭矛盾对立的特征，被西田称为"身心脱落落身心的柔软心"文化，② 并主张要将这种文化发扬到世界中去。

（二）日本文化是"时间的""纯情的"、以情意为特征的文化

西田对希腊文化、基督教文化、近代欧洲文化、印度佛教文化和中国文化都做了专门分析。他从文化形态入手，将上述文化分成以内在的世界，即现实的世界为基础的文化形态，和以超越的世界，即非现实的世界为基础的文化形态。希腊文化、罗马文化、近代欧洲文化和中国文化属于以内在的世界为基础的文化形态，基督教文化和印度佛教文化属于以超越的世界为基础的文化形态。"而我国的文化属于希腊和中国文化那样的内

---

① 西田幾多郎：『日本文化の問題』，岩波書店1982年版，第88頁。
② 同上书，第92頁。

在的世界观的文化形态，其中，更与希腊文化形态类似。所以，应当把我国文化看作是艺术的。"① 然而，与超越时间的、知性的、静止的希腊文化不同，西田认为日本文化是在时间中活动的、"情意"的、律动的文化。这里的"情意"既不是从外部约束人们的诸如圣王礼教的道德准则，也不是宗教性的神的律法。"我国最高的道德——忠，也在于抒发纯情之所。""我认为，日本人尊侠义之情，喜人与人之间无距离之感，就是基于上述性情。约束我等的既不是律法，也不是法律，更不是礼教。""实际上，在情中没有内外之别，在那里才能够感受到所谓物之哀。"②

西田认为，与空间性的希腊文化、中国文化、罗马文化相比，"情意"的日本文化是时间性的。"情是时间地流动着的"，"日本人在万叶时代就具有了抒情诗的特征"，俳句就是从刹那的一点出发来看世界。在古代，神话成为社会立体组织的基础，与希腊神话仅仅充当戏剧家的创作题材，进而通过神话故事来思考人生问题不同，在日本，"神话作为国体的渊源，成为我们情意的根源。情的文化是无形之形、无声之声。与时间一样，它是无形的统一。"③ 在西田哲学中，时间具有流动性和无限连续性，时间是包含过去未来的绝对现在的"矛盾自己同一"。在绝对现在的"矛盾自己同一"中，真正的瞬间与永远相接。西田强调"情意"的日本文化是时间性的，旨在突出日本文化的"无限连续性"，以便于将日本文化推向未来世界。

西田把日本文化的本质概括为"无形之形、无声之声"。对此，他进行了更加深入的解读。西田仍然从文化的时间性出发，认为可以在时间的直线性延续中思考"无形之形、无声之声"。"所谓无形之形、无声之声，并不是说什么东西都没有。它拥有对现在的东西不能作知性限定的意义，它意味着无限的情的表达。成为情的对象的，不是知性能够限定的东西，也不是空间性的被固定的东西。它是无限的活动。不，是有形同时的无形。在那里能够思考所谓情的文化。我国文化的本质必须在这里捕捉。"与希腊的雕塑的、直观的艺术不同，日本艺术的幽玄性也基于这种"纯

---

① 西田幾多郎:『西田幾多郎全集』第六卷，岩波書店 2003 年版，第 345 頁。
② 同上书，第 346 頁。
③ 同上书，第 347 頁。

情文化"。并且,"大乘佛教中柳绿花红的真意必须在日本文化中才能发现"。① 西田提出的"无形之形、无声之声"无疑采纳了佛教与道教中"空""无"的宗教认识论,然而,他强调"无限的活动",又使其文化观脱离了宗教消极遁世的非现实原则,体现出鲜明、进取的时代特性。西田声称:"我不认为日本民族是厌世的","我认为,(我们的祖先)在孤岛中立国,于内没有大规模的种族间倾轧,于外亦没有与他民族间的对立,在美丽的自然中孕育,自己养成了这种纯情的性格。而这种纯情的性格促使拥有上述文化意义的我国文化的发展"。在西田看来,日本文化对佛教和儒教的吸收,实质上是使佛教和儒教"纯情化",即日本化。"净土真宗和日莲宗虽然拥有相反的性格,但都是情意的。""宋学的东西与我国的武士道相结合。在'天地正大气、粹然钟神州、秀为不二狱、巍巍耸千秋、注为大瀛水、洋洋环八州、发为万朵樱、众芳难与俦、凝为百炼铁、锐利可断鍪'② 的根柢处,也包含纯情的东西。"③ 至此,西田通过分析日本文化对佛教和儒教文化的加工式的吸收过程,将日本"无形之形、无声之声"的文化特征概括为"纯情的文化"。西田上述对日本文化形成的分析挖掘出在以中国文化、印度文化为代表的东方文化的滋养下,日本文化的特征,即艺术上的"物之哀"的感情和道德价值上的武士道精神。然而,西田在认同文化多元主义的基础上,竭力论证"纯情的"日本文化与东方文化相比具有的"优越性",从而使其文化观步入文化民族主义。

对照近代日本社会的价值体系和审美特征,我们可以清晰地发现西田哲学文化观的时代性。在昭和时代的日本社会,起主导作用的社会价值体系是以效忠天皇为最高准则的武士道精神。以"物之哀"的感情为代表的审美意识被当时的日本文化界普遍认同。由于西田竭力强调"纯情的"日本文化的"独特性",并把以皇室为中心的"国体精华"认同为日本文化的"精髓",因此,西田推崇的"无形之形、无声之声"的日本文化与日本社会"物之哀"的审美意识相通,西田提倡的日本文化的发展方向与当时日本社会的主导价值体系一致。这表明,西田哲学的文化观不仅未

---

① 西田幾多郎:『西田幾多郎全集』第六卷,岩波书店2003年版,第351页。
② 西田此处借用的是藤田东湖《和文天祥正气歌》中的诗句。
③ 西田幾多郎:『西田幾多郎全集』第六卷,岩波书店2003年版,第352—353页。

能突破天皇信仰，反而成为其理论支撑，体现出强烈的日本民族"优越论"倾向。

(三) 日本文化是"历史地形成的"、矛盾自己同一的"创造性"文化

西田承认日本文化受到中国文化的影响，却反对把日本文化也定性为儒教文化。"毋庸置疑，在东洋立国，在生生不息发展沿袭的我国国民的日本文化的根基处，有东洋的东西。""(日本文化)受到了来自中国文化的诸多影响，也是不可否认的事实。然而，从中国文化具有的儒教性思考方式入手，就把我国文化也考虑成是教学性的，并且认为必然是如此的思考方式，我是不能同意的。"西田认为，在日本文化中存在与中国文化截然不同的性质，这就是在历史上形成的日本文化的特殊性。"在我国文化的根基处，有与中国文化在根本上相异的东西。所谓儒教的道德国家等(思想)并未深深地植根于我国文化的真髓之中。在我国国民思想的根基处有肇国的事实，且只有历史的事实。我们是以此为轴心形成的一个历史的世界。"① 所谓"肇国的事实"，是指来源于肇国神话的"日本历史"的起源，西田把这种"肇国的事实""历史的事实"当作了"历史地形成的"日本文化的根源性因素，为了更加明确地表述，西田进一步把日本文化的核心定位为皇室，把日本历史和文化的形成原理定位为皇道。

西田从皇室在日本历史上的存在原理入手推导日本文化的"特殊性"。在《日本文化的问题》中，西田论证了以皇室为中心的日本历史的发展过程，并详细阐述了日本文化具有的"历史性"和"生命力"。西田认为："回顾经历数千年的以皇室为中心生生不息发展形成的我国文化，它作为整体的一与个体的多之间矛盾的自己同一，是从被创造者到创造者，在任何时候都是创造性的。"② "创造性"的日本文化的最大特征和"优越性"就是以皇室为中心。

西田认为："在我国的历史中，万世不易的皇室作为时间的、空间的场所，主体性的东西被包含在皇室之内。"③ 西田把皇室定位为日本历史发展中"矛盾自己同一"的"无的场所"。按照西田哲学的"场所逻

---

① 西田幾多郎:『日本文化の問題』，岩波書店1982年版，第80頁。
② 同上书，第74頁。
③ 同上书，第77頁。

辑"，皇室这个包含过去现在未来的"场所"就是历史世界中的"终极宾词"，它包含历史世界中的所有事实。于是，在20世纪30年代末期，西田将其哲学实在论的基本命题——"场所"理论与皇室联系起来。在此后关于国家、民族、世界问题的解读中，西田频频论及皇室具有"矛盾自己同一的场所"的本质，并一直以这种皇室理论为出发点论述日本的"国家道德"和"国体本意"。

在叙述日本文化"历史的形成"问题时，西田竭力突出日本民族文化的"特殊性"，其中包括日本文化具有能够克服将自身"主体化"的特性。西田认为，与中国历史上的易姓革命传统不同，日本历史上虽然出现了诸如苏我氏、藤原氏和幕府将军等"权力主体"，但是，"万世不易"的皇室始终存在于这些"权力主体"的背后，并"超越于这些主体性的东西之上，作为主体的一与个体的多之间的矛盾自己同一，位于这个限定自己自身的世界之中"，日本历史上的权力转换都是以皇权复兴的方式完结的。"在我国，所谓复古总是被称作维新，并不是单纯地回归到过去，而是作为永远的现在的自己限定，一步步地向前迈进。"[①] 西田认为，皇室在日本历史上的存在与中国的皇帝、西欧中世纪时期强大的教皇势力的最大区别是，中国的皇权和西欧的教权都是权力的主体。只有在日本的历史中，"万世不易"的皇室作为时间的、空间的场所，既超越于苏我氏、藤原氏等政权主体之上，又包含这些权力主体。也就是说，与中国、西欧历史上的掌权者相比，只有日本的皇室是超越于权力主体之上的"矛盾自己同一的世界"，日本历史上皇室的这种独特的"超越性"，成为日本文化有别于中国文化和西欧文化的突出特征。

从超越"主体性"的皇室就是"无的场所"这一结论出发，西田很容易推导出对皇室的"翼赞"就是国民基本道德的结论。"皇室作为矛盾自己同一的世界，作为包含过去未来的永远的现在，所谓我们到任何地方都是来源于皇室并以皇室为归宿，必须是万民辅翼的思想。因此，所谓我国国民的道德，必须是建设历史的世界。国民道德的精华在于：我们到任何地方都要舍弃自己自身，去奉献于建设我们自己来源于斯并归宿于斯的历史的世界；到任何地方都要作为从被创造者到创造者，成为历史的世界

[①] 西田幾多郎：『日本文化の問題』，岩波書店1982年版，第75頁。

的建设者。"① 西田把皇室与日本历史的形成等同起来看待，把建设历史的世界这个"国民道德的精华"与"翼赞"皇室等同起来。西田提出，在日本的"万民辅翼"这一国民道德精华中，"不是把所谓实践理性作为道德的根基，也不是把诸如仁义的人情作为道德的根基"，而是以历史上形成的与皇室"矛盾自己同一"为根基，因此，"成为我们日本民族思想根基的，是历史的世界的自己形成原理。在位于东方的一个孤岛之上，几千年来作为几乎封闭的社会而独自发展形成的日本民族那里，所谓日本就是世界，日本是纵向的世界。日本精神就在于日本历史的建设中"。②

西田运用哲学上的存在论和辩证法将皇室诠释为"矛盾自己同一的无的场所"，是超越于权力主体之上的"矛盾自己同一的世界"，并从哲学历史观的角度把皇室等同于日本历史的形成，进而从道德论的角度把对皇室的"翼赞"等同于"国民道德的精华"。对皇室的上述解读意味着晚年的西田不仅未能突破在战时日本普遍流行的天皇信仰，反而试图从哲学角度"理性地""逻辑地"诠释带有浓厚宗教色彩的"万民翼赞"思想体系。从这个角度来说，西田哲学与战时日本流行的其他思想体系一样，发挥了支撑天皇制国体的作用。

(四) 西田眼中的"日本精神"

西田在把日本文化的"优越性"归结为皇室之前，便已经从艺术、宗教和世界的角度对"日本精神"作了详细论证。早在1917年10月，西田在《思潮》杂志第一卷上发表论文《关于所谓日本的》，在这篇论文中，西田批判了当时日本思想界流行的"日本的"思潮。所谓"日本的"思潮，实质上是宣扬将日本文化从世界文化中彻底独立出来的日本文化特殊论。该思潮认为，世界各国拥有各国特有的文化，日本人也拥有日本人特有的文化，日本人不能理解西方文化，同时，在日本国民的道德和艺术中也有其他国家的国民不能理解的东西。针对这种思潮，西田认为，因为精神现象具有个性和创造性，所以，文化价值没有一般性的标准，艺术和道德的价值也是各国特有的。但是，在所有人心灵的根柢里都存在一个统一的意识，"特殊的文化并不是特异性的，而是必须拥有一般性价值"，③

---

① 西田幾多郎：『日本文化の問題』，岩波書店1982年版，第80—81頁。
② 同上书，第81頁。
③ 西田幾多郎：『西田幾多郎全集』第十一卷，岩波書店2005年版，第113頁。

某一个日本人的趣味，或者整个日本的趣味都不是孤立的私有物，"它必须成为通古今而不谬，施中外而不悖的公道的一部分"。① 从以上主张可见，与狭隘的、排他的日本文化特殊论不同，西田主张的是开放的、"面向世界的""日本精神"论。西田在很多场合都提及"日本的"含义问题，他认为"日本精神"是日本人在历史发展中涌现出的"深刻""博大"的精神，它不仅不是孤立的，反而必须与世界共享，以使日本文化成为世界文化的一个要素。这表明西田在看待文化问题时，一开始就抱有面向世界、走向世界的决心。

在大正时代，与排他的、狭隘的"日本文化独一论"相比，西田主张的"文化多元论"和开放的日本文化论具有一定深度。然而，西田论证开放的日本文化论的目的在于寻找日本文化的"真正独特价值"和面向世界的"开放性特征"，而这种日本文化的"独特价值"和"开放性特征"却以蔑视中国文化、印度文化，忽略日本文化曾经接受中国文化广泛的滋养为前提，以强烈的日本文化"优越论"为思索方向，以将日本文化"精髓"发挥到世界为最终目标。西田提出："我们要抛弃所有的因袭独断，赤裸裸地批判之、研究之（日本文化），从我们心底涌出的艺术的良心拥有如下自信：对于我国文化来说，唐人和高丽人都不具备大和心。"② "即使是儒教，在我国也不是礼教性质的，而是作为使我们直接付诸行动的心情的东西存在发展的。在从主体处超越主体，在主体的根基处发现物的真实的日本精神那里，无论到任何地方，都在发扬东方文化的精神的同时，也与环境的西方文化的精神相结合。从这个意义上说，能够在日本文化中寻求东西方文化的结合点。"③西田将"日本精神"放置在东西方文化结合点的位置上，是对"日本精神"面向世界的"开放性特征"的最终定位，这与日本近代社会思想界对"日本精神"的总体走向的认识相一致。

在《日本文化的问题》中，西田用繁杂的词语来解释"日本精神"：是在历史上形成的日本民族的思想根基，是"历史的世界自己形成的原理"，是"国民道德的精华"，是"神的声音"，是无心，是柔软心，是穷

---

① 西田幾多郎：『西田幾多郎全集』第十一卷，岩波書店2005年版，第112頁。
② 同上书，第113頁。
③ 西田幾多郎：『日本文化の問題』，岩波書店1982年版，第107頁。

尽了一切逻辑的"无我""忘我",是以天皇为中心的"万民翼赞",是"八纮一宇"等。他宣称"日本精神"不仅是合理的,而且是"彻底的、科学的"。①"日本精神"与神意相通,不是西方基督教文化中的带有超越性的神的语言,也不是中国文化中固定的圣人的说教,而是把自己投入现实社会中,从物的角度思考,从物的角度行动的生生不息的历史活动。值得注意的是,尽管西田在提及"神"的时候一再强调,这里的"神"并非基督教中体现先知与主宰的神,而是历史社会的终极目的与归宿,"是宇宙的根本"。②但是,从西田在诸多文章中对"神"的诠释可以看出,西田虽然没有把神当作宗教信仰中的先知与主宰,却把神当作人类历史发展的目的与归宿。在近代日本,对"神"的诠释会很自然地归结到"现人神"天皇那里。西田提出"神"的范畴中仍然包含个体忘我地投入"神意"之中的虔诚的宗教感情,正是以"神"作为"日本精神"与皇室的结合点来发挥其独特的文化观的。

五 日本文化的"世界性"

在《从形而上学的立场看待东西方古代文化形态》一文的最后,西田提到了文化走向世界的方向:"种种文化在守护各自立场的同时,通过以世界为媒介发展自己自身而形成真正的世界性的文化。为此,首先要深深地省察各自文化的立足点,必须明确各自占据什么立场,与其他文化之间处于什么关系。"③在《日本文化的问题》中,西田解答了日本文化的立足点和与其他文化的关系问题,并在此基础上论证了日本文化的"世界性"。

西田认为,在纷繁多样的世界文化的根基处存在着一个"原文化"形态,不同时代、不同地域的文化只不过是这个"原文化"在不同的时间和空间里表现出的不同倾向而已。从这个意义上说,从主体到环境的东方文化和使环境主体化的西方文化不仅不是相互对立的,而且拥有一个相同的根基——"原文化"。因此,"原文化"必须是"环境即主体,主体

---

① 西田幾多郎:『日本文化の問題』,岩波書店1982年版,第84頁。
② 西田幾多郎:『西田幾多郎全集』第一卷,岩波書店1987年版,第173頁。
③ 西田幾多郎:『西田幾多郎全集』第六卷,岩波書店2003年版,第353頁。

即环境的矛盾自己同一的创造性文化"①，是人类文化的深层根基，是人类存在的原初构造。在提出"原文化"的范畴之后，西田并没有从古代文化形态入手详细探寻"原文化"的实态，而是试图在当时的世界文化中寻找拥有"原文化"特征，能够有效沟通东西方文化的"创造性"文化。并倡导以这种"创造性"文化为媒介，在异文化并存的时代形成新的"世界性文化"。西田提出未来世界文化的发展方向：各种文化回归到"原文化"之中，在"原文化"的基础上以"整体与个体矛盾自己同一"的方式结合为一体，从而结束各种异质文化之间相互对立与斗争的状态，形成真正的"世界性文化"。

在解读"原文化"与"世界性文化"的特征和发展方向后，西田提出了日本文化具有的"世界意义"。东方和西方两种文化形态"必将在创造性的人类形态中合而为一，可以认为，作为纵向的世界的自己形成，被认为在东方具有创造性的我国文化将成为二者的媒介"。② 也就是说，当前世界的两大文化体系将在"兼具东西方文化优点"的日本文化的引领下走向同一，这既是"世界性文化"的形成过程，又是日本文化走向世界的过程。

西田认为，科学的发达、机械工业的勃兴，以及资本主义经济的发展等原因使"今天的世界已经在环境上成为了一个世界"。③ 由此也带来了世界的烦恼，即"世界越在环境上趋向于一体，越容易从横向的世界迈向纵向的世界，主体与主体之间的斗争就越难以避免"。④ 一个主体要想成为世界，就必将萌生帝国主义倾向和发动奴役他族的战争，结果将招致人类文化的灭亡。"然而，历史并不是单纯的无意义的人类斗争的重复，从斗争中将产生新的人类，出现新的文化。我认为斗争越深入宏大，就越是如此。结果必然是物质上的所谓势力均衡成为世界稳定的基础。但是，世界并不能仅仅因此保持和平，我认为必须产生新的历史的生命。"⑤ 西田认为，只有经历了最彻底、最宏大的人类斗争，才能使世界文化经历"彻底的死"，获得"真正的生"，从而产生新的"世界性"文化，主体

---

① 西田幾多郎：『日本文化の問題』，岩波書店1982年版，第129頁。
② 同上书，第127頁。
③ 同上书，第101頁。
④ 同上书，第125頁。
⑤ 同上书，第124—125頁。

之间的大规模斗争才能结束，世界的新秩序才能确立。而这种新的"世界性"文化必须是包容的、创造性的"绝对无"的文化，日本文化就具备了这样的特质。他提出，在多种文化形态并存的现在，"日本不再是东方孤岛上的日本，不再是封闭的社会，而是世界性的日本，是面向世界立足的日本，日本的形成原理必须是世界的形成原理"。①

既然文化间的斗争不可避免，而斗争的结果将是在优势文化的主导下创造新的"世界性的文化"，催生出"新的人类"，那么日本文化理应肩负起创造新的"历史的世界"的"使命"：将世界纳入以皇室为核心的"日本精神"——"绝对矛盾自己同一"的日本文化的精髓——之中去，将日本的皇道播布世界。至此，西田精心构筑的日本文化的"世界史的意义"最终完成。西田主张要以日本文化的"精髓"——皇道作为"世界性的世界"形成的终极理念，并且只有在这个终极理念光芒的照耀下，世界上的各民族才能在充分发扬自己民族的文化的同时，"矛盾自己同一地"构成一个世界。这样，皇室就不再仅仅是日本这一个国家的中心，而是"形成世界的原理"。②

关于西田提出的日本文化的"世界性"问题，今天的日本学者将其理解为"与当时跋扈的'日本主义'和'日本精神'处于对立位置"的"面向世界的文化观"，③"既没有陷入本国中心主义，又没有陷入近代重视知性的西欧至上主义，（中略）是在确认各个民族国家文化主体性的基础上，依据作为'更加深刻宏大的根基'的场所逻辑，把东西方诸国家的文明认同为历史的生命"。④"是国家主义与世界主义共存的逻辑"，在现在多样化的国际社会中拥有"现代性"。⑤ 的确，"绝对无"的逻辑是对日本文化特征的出色总结，它使日本式的"包容的"思维理论化、逻

---

① 西田幾多郎：『日本文化の問題』，岩波書店1982年版，第82頁。
② 西田幾多郎：『西田幾多郎全集』第十一卷，岩波書店2005年版，第446頁。
③ 小坂国継：『西田哲学と現代：歴史・宗教・自然を読み解く』，ミネルヴァ書房2001年版，第40頁。
④ 荒井正雄：『西田哲学読解：ヘーゲル解釈と国家論』，晃洋書房2001年版，第72頁。
⑤ 上山春平和荒井正雄将西田哲学文化观与当前欧洲一体化即区域世界形成的格局模式进行类比，认为当前的欧洲各国就是在"尊重各自价值的同时，以'欧洲'的价值理念为中核形成新的非主权国家"。而该模式与西田曾经论及的各个国家以世界史的使命结合成一个世界性的世界逻辑是一致的，从中可以发现西田哲学具备的"现代性"。（荒井正雄：『西田哲学読解：ヘーゲル解釈と国家論』，晃洋書房2001年版，第78—82頁。）

辑化，也使日本文化得以开放性地面向世界。但是，如果忽略了对日本文化的形成进行具体、冷静的分析，只是一味地赞颂日本文化的"世界性"，那么将很容易陷入本民族文化"优越论"的泥潭。实际上，日本在历史上之所以能够广泛地吸收来自先进文明的优秀文化因子，更多的原因在于日本原初文明先天不足，以及地理环境导致的日本民族特有的岛国危机意识。如果抛开这些历史原因，只关注日本文化表现出的对外来文化的包容性，必然导致结论的浅薄和缺失。没有原创哲学的日本文化在博采各种外来文化之后，也必然带来一些消极后果，如为了能够包容一切，而将所有的外来原理相对化，过多地吸纳外来文化导致本土文化以超乎寻常的热情去寻求一个凝聚目标，并在这个确定的凝聚目标之下将自己与他者截然对立，反而极易失去"包容性"而陷入极端的自我意识之中。

　　颂扬西田哲学文化观具有"世界性"和"反帝国主义"性质的日本学者的主要依据是西田在《日本文化的问题》中提出的"非主体化"的主张，即"我认为最应当引以为戒的是将日本主体化，那不过是皇道的霸道化，无外是将皇道帝国主义化"。① "作为主体与其他的主体相对立，否定其他主体，或试图使其他主体成为自己的做法是帝国主义，那不是日本精神。"② 西田所说的"主体"与"主体化"，来源于西田哲学中与环境相对立的主体，这里特指民族文化。西田认为，日本文化的精华——"万世不易"的皇室，作为"时间的、空间的场所，是包含主体的"。③ 不可否认，西田哲学的文化观包含了批判本国中心主义和西欧至上主义的成分，提倡认同东西方文化特殊性的多元文化观。然而，西田强调的多元文化观并非其文化观的最终结论，而仅仅是通向结论的一个阶梯。西田哲学文化观最终宣扬的是：日本文化是优于东西方文化的"绝对无"的文化，是使东西方文化合而为一的媒介，因此，日本文化拥有"包容世界"的"优越性"。西田主张把其他主体性文化包容到日本"柔软心的文化"中去的理论，最终并没有突破日本主义的思想窠臼，④ 表现出了明显的日

---

　　① 西田幾多郎：『日本文化の問題』，岩波書店1982年版，第82頁。
　　② 同上书，第92頁。
　　③ 同上书，第77頁。
　　④ 上山春平在《日本的思想》中认为：西田哲学的日本文化观不是排他的、国粹的日本主义，而是"开放的"日本主义。（上山春平：『日本の思想』，サイマル出版会1971年版，第94頁。）

本民族"优越论"倾向。

西田在论证日本文化的"世界性"时，自始至终都在赞扬使自己成为"无"来包容"万有"的日本文化的"包容性"特征和"世界史意义"，对日本文化的缺点却只字未提。这种过分夸大和赞颂日本文化"优越性"的做法带有强烈的情绪性因素。作为日本近代哲学界的领袖，西田几多郎表现出的这种受到时代思潮左右的情绪似乎偏离了伟大思想家应有的批判现实立场。实际上，这也暴露出近代日本的精英文化界普遍存在一种对现实政治性思潮的妥协倾向。晚年的西田在其哲学体系中加入了过多的本民族"优越论"因素，使西田哲学的文化观中饱含着战时日本社会过度膨胀的民族意识。

六 西田哲学文化观的实质

从西田对文化观的构筑中，我们发现一个逐级递进的理论构造。首先，西田以文化多元论对抗西欧文化中心论，并从对东西方文化的细致分析中总结出各自的突出特征。其次，强调日本文化的特征和"优越性"，以及日本文化具有的充当使东西方文化融合的媒介的作用。再次，指出世界文化将在"整体与个体间矛盾自己同一"的作用下走向"同一"，真正的世界性文化应当具备通过否定自身来包容其他文化的素质。最后，将日本文化的"创造性"特征归结到万世一系的皇室，提出就像日本以皇室为中心一样，皇室也必将成为世界文化的中心。从东西方文化的特征，到日本文化的特殊性，再到世界文化的发展方向，最后归结到在世界文化中发扬皇道。西田哲学文化观的理论视野的核心是从东西方文化到日本文化，再从日本文化到世界文化。在这种层层递进的文化观中，包含着当时日本社会普遍存在强烈的日本文化"优越论"情绪。西田哲学文化观实质上仍然是宣扬日本民族"优越论"的文化观，它与战时日本官方宣扬的帝国主义的文化侵略在方向上完全一致。

（1）西田以文化多元论对抗西欧文化中心主义，反对西方文化中的逻辑至上原则，重视不同文化的特殊性。这种将当时在世界上占据绝对优势的西方文化相对化的方式，是西田哲学文化观的突出特征，与当时日本社会普遍流行的排斥西欧价值的思潮一致，带有鲜明的时代性。

（2）西田从历史分析的角度强调文化间斗争的不可避免性，指出在充满斗争的世界，只有文化作用才能使世界走向"同一"。他憧憬在文化冲突中产生"新的文化""新的人类""新的世界"。在"新的世界"中，优势文化以"矛盾自己同一"的方式包容、沟通其他文化，各文化之间形成"纵向"格局。这种文化的"纵向"格局表明，尽管主张文化多元论，在西田哲学文化观中，却明显地排斥各民族文化平等观念。

（3）西田哲学文化观表现出了强烈的日本文化"优越论"倾向。他始终强调日本文化具有弥合东西方文化缺陷的"特质"，即日本文化不仅是"绝对无"的文化，而且必将成为融合东西方文化的媒介。值得注意的是，西田在阐述日本文化时，一味地论证、赞颂日本文化的"价值"与"特色"，从未作出任何冷静审视日本文化弱点的姿态，这种对本民族文化的态度偏离了杰出的哲学家应有的立场。因此，西田哲学文化观中掺杂了涌动在战时日本社会中的民族情绪。

（4）西田将日本文化的精髓最终归结到皇室，使西田哲学文化观沦为颂扬"皇室尊严"和诠释"皇道精神"的工具。与西田哲学伦理观一样，西田哲学文化观最终仍然未能摆脱近代日本天皇信仰的精神羁绊；相反，西田试图用近代哲学的语言，从"理论"上进一步加固天皇信仰的根基。

综上所述，主张"非主体化"的西田哲学文化观面向世界的构图方式是"八纮一宇"的"皇道的发挥"，是世界文化在优势文化主导下的"纵向"格局。这种格局是以日本文化"优越论"为前提的，因此，西田哲学文化观的实质仍然是试图以日本文化中心主义代替西欧文化中心主义。

第三节　西田哲学国家观

20世纪30年代以后，西田以其独特的"绝对矛盾自己同一"的辩证法解读国家理性问题。在《国家理由的问题》一书中，西田创造出"历史的世界"理论，并对法律与国家的关系，国家主权问题，个人、国家与世界的关系等问题作系统阐释，赋予国家"人格尊严""个性特征""道德价值"。西田论述的国家实际上是理念上的"世界史的国家"，而不是历史现实中的国家。然而，在充分论述国家拥有"绝对性价值"时，他终将理念上的"世界史的国家"具体化为以皇室为中心的日本，并以此诠释日本国体的"特殊性"。这既是西田晚年对其国家理论的发挥，也是在近代日本的土壤中生存的西田受现实社会思想的影响，对日本国家的"世界史的使命"的诠释，暴露出西田哲学国家观的矛盾性。

西田将"国体精华"归结为"万世一系"的皇室，并把日本的"国体精华"提升为"世界形成的原理"。太平洋战争爆发后，日本社会处于极端国家主义、法西斯主义思潮的掌控之下。1944年，西田在《哲学论文集第四补遗》中着重论述了日本的"国体本意"、皇室、民族、国家等问题。西田反对承认民族平等和国家独立的现代国际关系原则，表现出与战时日本社会思潮相通的强烈抵制国际通用理念和近代意识的倾向，甚至在军部的授意下，主动为近代日本对外侵略战争寻找理论依据。本节从西田对民族、国家、"历史的世界"等概念的诠释入手，剖析西田提出的"国家理性"、日本的"国体本意"等问题范畴，探讨西田哲学的家族国家观的实质。

一 关于理性、民族、社会的概念

关于理性、民族、社会的概念，西田不是从政治学方法论的角度，而是从哲学方法论的角度展开论述的。正如许多西田研究者指出的，西田对概念的阐述是含混模糊的，在不同场合的发言或不同主旨的文章里，他往往从不同的角度出发，对一个概念进行解读，这使我们很难清晰地把握西田哲学国家观的真实内涵。西田在阐述国家的性质、个性和价值时，更多地运用了理性、民族、社会等概念。例如，西田从法律的角度出发，认为国家是"社会的理性化"，是"理性的社会"；[1] 从民族文化的角度出发，认为国家是"在自己自身中实现世界的民族"，是"价值的创造者"。[2] 因此，从西田哲学的理性、民族、社会等概念入手研讨西田哲学国家观，应当是一个比较有效的途径。

（一）何谓理性

1933年，西田在《改造》杂志上发表论文《关于知识的客观性》，论文指出："所谓理性，必须是历史的形成作用。那样，才能像黑格尔所说：理性的就是现实的，现实的就是理性的。"[3] 在《日本文化的问题》

---

[1] 西田幾多郎：『西田幾多郎全集』第九卷，岩波書店2004年版，第329頁。
[2] 西田幾多郎：『西田幾多郎全集』第十一卷，岩波書店2005年版，第193—194頁。
[3] 西田幾多郎：『西田幾多郎全集』第十卷，岩波書店1988年版，第367頁。

中，西田提出："在从被创造者到创造者的过程中，世界是意识的，作为矛盾的自己同一的自己形成，世界是理性的。""所谓理性，不是存在于个人的头脑之中，它在任何地方都必须是客观的。理性必须是世界的构成力，理性在任何地方都必须是历史的理性。我们的生命不仅仅是从被创造者到创造者，而是作为从被创造者到创造者，到任何地方都是绝对矛盾自己同一的世界的个体，因此，我们是理性的。"[1] 在《哲学论文集第四补遗》中，西田说："所谓理性，不是人类的主观作用，而是历史的世界的自己形成作用。"[2]

在西田对理性的阐述中，最核心的观点是："理性是客观的历史形成作用。"在他看来，理性不是人类主观性的东西，是客观性的，因此，不能从主观性的抽象思维中去把握理性，必须从世界的历史现实中去认识理性。西田更加注重从历史形成的角度诠释理性。他提出的"历史形成作用"，是"历史的世界"中的主体与环境、个体与一般"绝对矛盾自己同一"的形成过程，即"历史的世界的自己形成作用"。从这个意义上说，作为"绝对矛盾自己同一"的世界的个体，我们的生命是理性的，在相对固定的历史的地域中发展形成的民族和社会也是理性的。西田提出的理性是超越历史发展中的矛盾对立（即"绝对矛盾自己同一"）的，体现绝对价值的概念范畴。

西田在黑格尔的"理性的就是现实的，现实的就是理性的"命题中加入了一个重要前提：理性必须是历史的形成作用。这是西田对黑格尔的理性原理的批判。按照黑格尔的辩证法，在理性自身中始终存在矛盾，理性就是在矛盾双方不断的相互斗争与转化中发展形成的，理性在任何时候都是一个永恒的矛盾统一体，因此，"理性的就是现实的，现实的就是理性的"。西田则从"绝对矛盾自己同一"的辩证法出发，强调理性拥有"绝对矛盾自己同一"性，是历史的创造性作用。在理性这个"历史形成作用"中，一切矛盾最终都走向了"同一"，因此，西田哲学中的理性是超越了矛盾双方对立斗争的"同一"的理性。如果从"场所逻辑"出发解释，西田哲学的理性是"无的场所"。从上述立场出发，"历史地形成"的理性的民族、国家便拥有了"超越性"的绝对价值。

---

[1] 西田幾多郎：『日本文化の問題』，岩波書店1982年版，第60頁。
[2] 西田幾多郎：『西田幾多郎全集』第十一卷，岩波書店2005年版，第192頁。

（二）何谓民族

西田在很多场合都对民族进行过具体阐释，从中我们可以看到西田对民族概念的多层次把握。西田对民族概念最明确的表述是在《国家理由的问题》中，他说："在历史的世界中的所谓民族，不是像单纯的生物的种属那样的东西，而是如上所述，已经作为多与一的矛盾的自己同一，是从被创造者到创造者迈进的，历史的世界的自己形成的动力。"① 在后来的很多文章中，西田不断充实上述观点："所谓民族，本来就不是单纯的生物性的东西，而必须是历史的世界形成的动力，必须是历史的世界的种，它担负着各自历史的世界形成的使命。不然的话就不是民族。"② "所谓民族，是超自然的历史形成的动力。"③ 可见，与理性概念一样，西田仍然注重从历史形成的角度诠释民族的概念，与理性是"历史的世界的自己形成的作用"相对应，民族是"历史的世界的自己形成的动力"。它们都是主体与环境、整体与个体的"矛盾的自己同一"，都是创造性的，拥有个性的。

在西田对民族概念的论述中，很少看到对具体民族的血缘、语言、心理等因素的具体分析。与恩格斯基于宏观历史分析角度的民族概念相比，西田突出强调的是创造历史的，有个性的、动态的民族概念。在《日本文化的问题》中，西田指出："人类的历史是从某个民族居住在某片土地上开始的。所谓民族，可以说未必拥有同一的血缘。所谓某个民族居住在某片土地上，在那里必须有所谓的技术。如果在某种意义上没有所谓技术的东西，那么人类就不能居住在某片土地上。"④ 西田把技术又解释为社会公有的工具。与拥有共同的血缘相比，西田更突出的是人类的"创造"。

在论述民族问题时，西田不太关心民族的起源与一般性质，而把关注的重点放在民族在"历史的世界"的形成中的"创造性"作用上，这也是他把民族定义为"历史的世界的自己形成的动力"的原因。他多次强调民族是历史形成的动力。"没有所谓民族，就没有任何历史的形成，也

---

① 西田幾多郎：『西田幾多郎全集』第九卷，岩波書店 2004 年版，第 327 頁。
② 西田幾多郎：『西田幾多郎全集』第十一卷，岩波書店 2005 年版，第 200—192 頁。
③ 同上书，第 452 頁。
④ 西田幾多郎：『日本文化の問題』，岩波書店 1982 年版，第 64 頁。

没有所谓创造。所谓民族，不是单纯产生出来的东西，而是从被创造到创造迈进的东西。"① 民族"拥有一个创造性的世界的性质。作为特殊即全体，是永远的价值创造者"。② "所谓民族，作为历史地形成的东西，就已经是包含国家性的东西了。"③ 西田突出民族在历史形成中的作用的目的在于更加深入地阐述国家的本质。

（三）关于社会

在《善的研究》中，西田就在论述"个人的善"和"社会的善"时提到了社会，但《善的研究》中的包含家庭与国家的"社会"，是与"个人"相对的伦理学范畴，从历史观角度阐述社会的概念是在《日本文化的问题》中。西田提出："作为历史的种，所谓我们的社会，应当是各种矛盾自己同一的世界的自己形成的方式。它在任何地方都必须作为矛盾的自己同一的世界，形成自己自身。与动物本能的群居生活不同，在人类的社会中，从最初时期起就有所谓个人，也就是说，人类社会是制度性的。"④ 西田认为，从历史角度出发，社会是"各种矛盾自己同一的世界的自己形成的方式"，它是制度性的，拥有抑制某些反社会冲动的作用。西田承认社会与个人之间存在相互对立、矛盾的关系。但他马上又说："在作为'个体的多'与'全体的一'之间矛盾的自己同一，从'被创造者'到'创造者'发展时，社会作为'世界的自己形成'，是理念性的。而这种社会只要拥有理念，它就作为道德的主体值得配以国家之名。"⑤ 他着重强调社会拥有"矛盾的自己同一"的性质。也就是说，对于社会与个人的关系来说，他虽承认二者的对立，但更多的是强调二者的"同一"关系。

西田从民族与环境的关系角度阐释了社会的形成。由于民族必须拥有技术——工具，因此，民族和环境就以工具为媒介被"矛盾自己同一"地结合在一起。当"民族与环境技术地结合，从被创造者到创造者地形成了一个自己自身的社会确立的时候，作为历史的种的一个历史的主体就确立了"。西田把社会称为"历史的种""历史的主体"。这里的"历史

---

① 西田幾多郎：『日本文化の問題』，岩波書店1982年版，第130页。
② 西田幾多郎：『西田幾多郎全集』第十一卷，岩波書店2005年版，第192页。
③ 同上书，第203页。
④ 西田幾多郎：『日本文化の問題』，岩波書店1982年版，第63—64页。
⑤ 同上书，第64页。

的主体",不是与环境相对立的主体,而是主体与环境的"矛盾自己同一"。这样,"作为自己生产作用,社会维持自己自身"。① 西田把社会的"自己生产作用"称为文化作用。"社会作为在历史的世界的某个时代、某个场所中成立的东西,必须是文化形态的,必须有某种特殊的文化形态。"不同时代、不同地域的社会具有特殊性,即个性。同时,"我们人类社会作为历史的种,在否定自己自身,使自己自身成为一个世界的场合下,又必须拥有自己自身的本质。在社会确立的根基处必须包含着所谓世界限定世界自身",因此,"社会必须是理性的",② 即超越性的。

与理性("历史的世界的自己形成的作用")和民族("历史的世界的自己形成的动力")一样,西田结合"绝对矛盾自己同一"辩证法和"绝对无"的"场所逻辑",把社会("历史的世界的自己形成的方式")诠释成既是个体的,又是超越性的;既是理性的,又是特殊的;是环境即主体、特殊即全体的"矛盾的自己同一"。实际上,西田对理性、民族、社会的定位都是建立在对"历史的世界"进行分析的基础上的,这与西方哲学国家理论对二者的定位方式截然不同。西田的这种诠释概念的方式脱离了对具体民族历史进行微观分析的立场,立足于对"历史的世界"进行宏观把握的立场,其目的在于使理性、民族、社会乃至于国家的概念带有"世界性"和"超越性"。而对理性、民族和社会的阐述,是为了深刻地解释国家的形成原理和道德价值。

二 国家的概念

(一) 民族、社会、文化与国家的形成

西田认为,民族和社会是形成国家的必要条件,但不是充分条件。西田论述的国家实际上是理念中的"世界史的国家",而不是历史现实中的国家。在论及民族、社会与国家形成的关系时,西田突出了"道德性"和"个性"。

他提出:"作为历史的形成力,在历史的空间里,到任何地方民族与民族之间都是相对立的,不然的话就没有所谓历史的形成。然而,单纯的对立是斗争,是相互灭亡。在创造性地成为一的场所当中存在着人类。因

---

① 西田幾多郎:『日本文化の問題』,岩波書店1982年版,第65頁。
② 同上书,第71頁。

此，民族作为国家，是道德的主体。国家不是单纯的道德的当为，而必须是如兰克所说的道德的源泉，它既不是单纯的权力，也不是单纯的精神。"① 西田在这里强调的是：只有当一个民族成为道德的主体，即"创造性"的"场所"时，才能形成国家；相反，成为国家的民族必须是拥有道德的。"某个民族在自己自身之中开始包含世界性的世界形成原理时，它成为真正的国家，也成为道德的根源。"② 西田把这种成为道德的源泉的民族称为"国家的民族"，并把它与"单纯的民族社会"相区别。西田强调：只有产生了拥有这种道德源泉力量的国家，才能以"矛盾自己同一"的方式化解民族间的斗争，使世界走向同一。

　　论及国家的形成时，西田用"民族的社会"一词把民族和社会结合在一起。他提出："我把所谓的国家思考为社会的理性化，即理性的社会。"③ 这里所谓"社会的理性化"，就是作为空间上的主体与环境之间矛盾自己同一的社会，在时间上以过去、现在、未来"绝对矛盾自己同一"的方式创造性地发展自己自身，从而形成一个世界。也就是时间上的民族和空间上的社会的结合。"所谓国家的确立，某一个民族的社会首先在这个世界中，历史地、自然地成为一个自觉的实在，这是它的第一条件。然而，仅仅如此，还不能称之为作为绝对矛盾自己同一的世界的自己形成的真正的国家。所谓真正地成为国家，必须是某一个民族的社会作为包含过去未来的绝对现在的自己限定，成为历史的世界的有个性的自己形成的主体。它既不是物质的力，也不是生物的存在，而必须是永远的价值创造力，成为历史的世界的创造性的主体，那必须是某一个民族的社会成为形成世界的一个中心。必须是某一个民族的社会在自己自身之内蕴含着绝对矛盾自己同一的中心，我把这个（中心）称为所谓的国家主权。拥有这个主权的社会，就是国家。"④ 西田认为，"民族的社会"是国家形成的首要条件，除此之外，"民族的社会"还必须拥有创造性和个性，并成为世界形成的中心，即拥有"主权"，才能成为真正的国家。也就是说，尽管民族作为历史的世界的形成过程，已经包含了国家性，但是，不是历史地

---

① 西田幾多郎：『日本文化の問題』，岩波書店 1982 年版，第 131 页。
② 西田幾多郎：『西田幾多郎全集』第十一卷，岩波書店 2005 年版，第 449 页。
③ 西田幾多郎：『西田幾多郎全集』第九卷，岩波書店 2004 年版，第 329 页。
④ 同上书，第 331 页。

形成的所有民族、社会都能成为国家，而是必须拥有"主权"的民族与社会才能形成国家。这是国家与民族、社会的最大区别。关于西田哲学国家观中的"主权"的内涵，将在以后详细研讨。

关于文化与国家的关系问题，西田认为，文化是在国家中发生、发展的。"永远的文化作为绝对现在的自己限定，是在真正有个性的历史的空间，即国家的空间里形成的。单纯在物力上强大的国家不是真正的国家，真正的国家必须是个性的，这样的国家才是真正强大的。失去个性的精神，仅仅在物力上强大时，反而是国家走向灭亡之时。"可见，西田认为文化是在国家的空间里产生的个性精神，"没有国家的形成，文化就不能形成"，然而，"既不是国家从属于文化，也不是文化从属于国家，二者必须是矛盾的自己同一的关系"。① 这种"矛盾的自己同一"的关系具体是指，文化是历史上各个国家经历的各个历史时代的内容，它不会因为某个国家的消亡而消失，而是继续充当别的国家的生命，就像希腊和印度文化一样，作为历史上的国家，希腊和印度早在千年前就灭亡了，然而它们的文化延续至今。因此，只有"包容无限文化而形成的国家才是永远生机勃勃的世界史的国家"。②

西田明确地把已经灭亡的，或者仅仅在物力上强大的历史现实中的国家，与永远生存的"世界史的国家"相区分。他从民族、社会、文化角度论述的拥有个性、主权，具有道德权威的国家实际上是理想中的"世界史的国家"。日本学者小坂国继也认为，西田论述的国家是避开现实的理念上的国家，并认为西田哲学国家论有两个相反的方向："在场所的自觉的立场下，国家是世界的个性化，自己是世界的创造性的力点；而在日常的、通俗的立场下并非如此，国家与世界相背离，自己与世界相冲突。"因此，小坂国继断定西田的立场是文化的、宗教的立场，而非现实政治的立场。③ 的确如小坂国继所说，与现实世界中的真实国家相对，西田论述的是理想中的国家。这种对国家的定位与黑格尔论证的"完善的国家"极为相似。黑格尔认为，国家是"伦理的整体、自由的实现"，国

---

① 西田幾多郎：『西田幾多郎全集』第十一卷，岩波書店 2005 年版，第 453 頁。
② 同上书，第 455 页。
③ 小坂国継：『西田哲学と現代：歴史・宗教・自然を読み解く』，ミネルヴァ書房 2001 年版，第 61—62 頁。

家的根据就是作为意志而实现自己的理性力量，在谈论国家的理念时，不应关注特殊国家和特殊制度，而应考察理念这个现实的神本身。黑格尔把迄今为止的国家都称为"尚未成长"的国家，认为这些国家尚未显示出它们面向未来的本质。① 与黑格尔一样，西田在论述国家问题时，也运用"绝对矛盾自己同一"的辩证法，将国家诠释为"神意的表达"。

与黑格尔把所有的现实国家都当作"尚未成长"的国家不同，晚年的西田明确地把理想中的"道德国家"与现实中的近代日本天皇制国家联系起来，特别是太平洋战争爆发后，西田更把以皇室为中心的日本国家诠释为"面向世界的国家"，完全弥合了"国家"的现实与理想之间的裂隙，把日本国家修饰为永远强大的"最优国家""世界史的国家"。这种将现实国家与理想国家强硬地糅合在一起的做法暴露出西田哲学国家观努力为现实日本国家服务的本质。

（二）关于国家的定义

在论述国家的定义时，西田更多地运用了"人格""个性""价值"等伦理学概念。在很多文章中，西田给国家下过不同的定义。早在《善的研究》中，西田就将国家人格化了。国家为了维护统治阶级的利益，运用国家机器实行的惩治、镇压被统治阶级的措施被西田认为是为了维护"国家人格"尊严而采取的"道义"行为。他认为，作为"一个统一的人格"，国家的尊严神圣不可侵犯。于是，在国家这个大"人格"的包摄下，个人的人格变成了"国家人格"的附属物。

在《国家理由的问题》中，西田从人类历史发展的角度阐释了国家的性质及其发展方向。西田认为，国家是整个人类历史的终极存在、核心存在，具有至高无上的神性，在未来的世界里，国家不仅不会消亡，而且将走向终极繁盛，并以此贡献于世界历史。"所谓国家，必须是作为绝对矛盾自己同一的历史世界的有个性的自我形成，必须是一个有个性的世界。"② 国家的"个性"必须是在相对固定的空间环境里，在历史上形成的"历史的生命"，是"民族精神"。由于在国家这个有个性的"历史的生命"中包含着特殊的、有个性的文化。因此，国家的个性即国家的体

---

① ［德］亨利希·库诺：《马克思的历史、社会和国家学说》，上海世纪出版集团2006年版，第214页。
② 西田幾多郎：『西田幾多郎全集』第九卷，岩波书店2004年版，第336页。

制是不能互相模仿的。

在《哲学论文集第四补遗》中，西田将国家诠释为"历史形成的主体"，并提升到道德价值层面："真正的国家作为历史形成的主体，必须是价值的创造者"，"所谓国家的价值就是创造性的价值，因此，它是真正道德的价值，在其背后有宗教的东西"。① 他提出："国家不是道德的当为，而是道德的源泉"，不是从道德中产生国家，而是从国家中产生道德。国家的权力和精神来源于国家道德，国家是拥有道德力量的终极存在。至此，西田关于国家概念的诠释基本结束。西田在论述国家的"人格"特征时，竭力论证国家具有不可侵犯的尊严。在将国家诠释为"个性的世界"时，通过突出国家与文化、历史形成和民族精神之间的联系，强调国家具有绝对"道德性"。最后，他又在国家中加入了宗教成分。西田将国家最终阐释为：是作为历史的世界的形成原理，在主体与环境、时间与空间、个体与整体之间"矛盾自己同一"的作用下历史地形成的。只有这样形成的国家才具有道德价值，才与神意相通。

在西田看来，国家存在的理由在于历史发展赋予国家的"人格尊严""个性特征"和"道德价值"。在国家内部，法律和主权构成了国家的两个核心要素。"所谓法，必须是从世界自身的根基处发出的神的声音"，"所谓法的绝对权威，必须以世界自身的绝对的自我表现为基础"。② 西田认为，法律虽然由立法者制定，但法律的性质决定立法者不能恣意制定之，而必须服从历史的必然，必须服从"天命"。西田眼中的法律依据，即"天命"是指一个民族在历史上形成的民族意志，只有顺从"天命"的法律才具有自律性和绝对权威。很显然，西田试图通过把法律诠释为在历史上形成的民族共同意志，来证明法律的"绝对客观性"和神圣不可侵犯性。但是，这种借助历史作用推导出的具有绝对权威的法律概念却带有神秘性和不确定性。在西田看来，作为法律最高形态的国家主权也并非国际法意义上的被条文明确规定了的主权，而是一种充满对国家未来的期待和肯定国家现实的感性概念，是西田伦理学中"至善"的延伸。这样，国家概念中的两个核心因素——法律和主权都被西田成功地人格化了。这种否定西方政治学中基于法理的主权原则的逻辑带有明显的排斥理性、崇

---

① 西田幾多郎：『西田幾多郎全集』第十一卷，岩波書店 2005 年版，第 193—194 頁。
② 西田幾多郎：『西田幾多郎全集』第九卷，岩波書店 2004 年版，第 329 頁。

尚情意的日本式思维特征。

在处理个人与国家间的关系问题时，西田充分运用了"绝对矛盾自己同一"的辩证法。西田认为，因为真正的"个人主义"绝对不会与国家相冲突，因此个人与国家之间也绝对不是矛盾性的存在；相反，二者是你中有我的关系，就像"母亲的自我在孩子中，忠臣的自我在君主中一样"。① 同样，在论及个人、国家与世界的关系时，西田认为："个人不是因为离开国家而成为世界的，反而因为是国家的，所以才成为世界的。因为国家是世界的个性化过程。"② 由此，个人、国家与世界便处在"矛盾自己同一"的关系之下了，而国家无疑成为三者中的核心存在，它既是包容个人的有鲜明个性的整体，又是世界历史得以形成的依据。因此，在世界历史的发展进程中，具有"人格"尊严的国家必然扮演着重要角色。西田在对国家概念的诠释中，更多地运用了历史发展的原理和道德伦理的表述，其目的在于为国家的存在寻找伦理和逻辑依据。最终，西田将国家阐释为超越于道德伦理之上的世界历史的终极存在，即"世界史的国家"。

三 "历史的世界"理论

与对"国家"概念的表述含混并充满矛盾一样，西田对"世界"的表述也是多样化的。他往往从历史、逻辑、文化、空间等不同的角度论述世界的含义和构成，从而给"世界"加上不同的定语，如"绝对矛盾自己同一的世界""文化的世界""种的形成的世界""历史的世界""世界性的世界"等。在上述对"世界"的不同角度的诠释中，与国家的形成和本质紧密相联的是"历史的世界"理论。我们可以通过对"历史的世界"理论的分析，研讨西田哲学的历史观和国家观的内涵。

（一）什么是"历史的世界"

西田在很多文章中论述了"历史的世界"理论，在西田尚未展开论述国家观时，便已经提出了"历史的世界"理论，实际上，他是通过"历史的世界"理论阐述国家观的。1934 年 6 月至 8 月，西田在《哲学研究》杂志上连载长篇论文《作为辩证法的一般者的世界》，在论文的最

---

① 西田幾多郎：『西田幾多郎全集』第一卷，岩波書店 1987 年版，第 161 頁。
② 西田幾多郎：『西田幾多郎全集』第九卷，岩波書店 2004 年版，第 348 頁。

后，西田从个体与一般的关系角度详细阐述了"历史的世界"的概念和性质。他认为:"科学者一般认为世界是从物质的世界中开始的,但是,我们所说的历史的世界不是从单纯的物质的世界中开始的。历史的世界是从主客观的相互限定中开始的,是作为个体的限定即一般的限定、一般的限定即个体的限定的现在,在限定现在自身的情况下开始的。"① 也就是说,"历史的世界"是在主观与客观、个体与一般之间的"矛盾自己同一"的关系中开始的。在"历史的世界"中,主观限定客观的同时,客观也限定主观;个体限定一般的同时,一般也限定个体。因此,"历史的世界是创造性的"。② 此时的西田仍然运用"纯粹经验"和"绝对矛盾自己同一"的辩证法来论述"历史的世界"。这里的"历史的世界",是指人类形成世界的开端时期的世界构成,这是西田"历史的世界"理论的初级阶段。

20世纪30年代之后,西田开始把"历史的世界"与理性、民族、社会、文化等范畴联系起来,不断丰富"历史的世界"的内涵,明确了"历史的世界"的概念。他提出:理性是"历史的世界的自己形成的作用",民族是"历史的世界的自己形成的动力",社会是"历史的世界的自己形成的方式",同时,在"历史的世界"中必须包含文化,"只有文化,才是人类的世界,即历史的世界"。③ 于是,"历史的世界"与"民族的国家"相联,成为西田"历史的世界"理论的核心内容。

在《日本文化的问题》中,西田提出:"历史的世界是从被创造者到创造者形成自己自身的过程",④ "是时间与空间的矛盾的自己同一",⑤ 是包含"物质的世界"和"生命的世界"的"创造性"的世界,是行动主义的。在"历史的世界"理论中,西田把行动主义伦理学运用到对人类历史的认识上。与细致分析具体民族历史发展历程和探索整个人类历史发展规律相比,西田哲学的历史观更加重视来源于宗教、神话的民族"个性"。

---

① 西田幾多郎:『西田幾多郎全集』第六卷,岩波书店2003年版,第322頁。
② 同上书,第322頁。
③ 西田幾多郎:『日本文化の問題』,岩波书店1982年版,第91頁。
④ 同上书,第54頁。
⑤ 同上书,第19頁。

西田认为："历史的世界是以宗教的形态开始的"，"我在这里说的所谓宗教的，是指历史的生命的形成作用"，是"神话的"。"在原始社会中，所谓神话，不是像今天我们考虑的那样，是原始人的梦。它可以说是社会的生产形式，是现实的生活样态。随着历史的社会的发展，它成为了理性的、个性化的东西。"① 西田不是从人类起源的角度，而是从人类社会形成的角度论述历史的形成。西田承认历史是具体的、客观的事实，同时认为历史不仅仅是事实的结合，在事实的背后还体现出"个性化"和"理性"。与历史学突出物种的进化、历史的发展不同，西田突出的是带有强烈的原始宗教信仰的"个性""理性"。在他看来，"历史产生于各个共同体社会，各个共同体社会拥有各自的世界观、人生观，它们各自构成一个特殊性的世界"。这虽然是像梦一样的世界，是行为的世界，却是真正的"行为的直观的世界"。② 西田认为，历史是时间性的，是一个个瞬间的"非连续的连续"，一个民族在历史中表现出的最大特征就是来源于原始神话的"历史的世界"的"个性"。

在《哲学论文集第四补遗》中，西田提出，"历史的世界"包含三个重要的契机——"道德世界""文化世界"和"宗教世界"。至此，西田的"历史的世界"理论最终完成。西田认为，"道德世界"是纵向的、直线形成的；"文化世界"是横向的、圆环的、直观的；"宗教世界"是绝对现在自身的自己限定。在道德的世界里，"历史的世界到任何时候都是动态的、国家形成的"。在文化世界里，历史的世界是"永远的生命的显现"，是静态的。"历史的世界"在包含动态的"道德世界"和静态的"文化世界"的同时，还是"动静一如""物心一如"的，因此，"历史的世界包含着宗教的契机"。③ 在西田看来，"宗教世界"位于将"道德世界"和"文化世界""矛盾自己同一"的深层位置上，是"历史的世界"的核心元素、终极元素。在"历史的世界"理论中突出宗教作用是西田历史哲学的一大特征，西田试图借此论证"历史地形成的""世界宗教"必将使世界走向"同一"的"历史趋势"。他提出："今天是历史的世界的自觉的时代。一切都必须从历史哲学的立场出发重新思考。所谓历

---

① 西田幾多郎：『西田幾多郎全集』第十一卷，岩波書店 2005 年版，第 195—196 頁。
② 西田幾多郎：『西田幾多郎全集』第六卷，岩波書店 2003 年版，第 323 頁。
③ 西田幾多郎：『西田幾多郎全集』第十一卷，岩波書店 2005 年版，第 203—205 頁。

史科学的立场，只不过是粗笨的自然科学的立场而已。"①

（二）个人与"历史的世界"

西田认为：与个体和整体之间"矛盾的自己同一"的关系一样，个人与"历史的世界"之间也是"矛盾的自己同一"的关系。西田在《国家理由的问题》中详细论证了个人与"历史的世界"的关系。西田认为："我们的自己产生于矛盾自己同一的世界。作为绝对矛盾自己同一的世界的个体的自己限定，所谓我们自己确立起来了。不是从所谓的自己出发来思考世界，而是从世界出发思考自己。"在"历史的世界"中，个人通过有意识的行动改变世界。然而，个人进行的这种历史的操作必须在历史的地域中完成，必须在历史的条件下进行。因此，"所谓我们创作事物、改变世界，在任何地方都必须是世界形成自己自身"。② 在这个意义上，个人的一切都被包容在世界之中。西田把这种个人与世界的关系称为"表现的关系"，即"自己成为世界的映象，不，自己必须成为世界自己表现的符号"，③ 也就是使自己成为"无"来表现世界的同时，成为"无"的自己也成为世界的自我表现，此时的自己既是一个表现世界的个体，又是一个自我表现的世界。

然而，在西田哲学中，"表现的关系"只是个人与世界关系的低级阶段。由于在西田伦理学中，个人的善的最高体现是意志的完成，因此，西田提出，个人最终要通过能动地表现世界，即意志作用，成为"历史的世界自己创造的力点"。"必须是自己成为立法者，必须是从自己自身处开始世界秩序"，"是使自己自身成为神"。④ 西田认为，"创造性的关系"是个人与"历史的世界"的关系的高级阶段。

西田的上述论述论证了个人与"历史的世界"之间动态的关系：个人在"历史的世界"中出生，在创造性的世界中形成自己自身，此时的个人是"被创造者"。在"历史的世界"中，个人还通过创造性的活动改变自身、改变世界，此时的个人是"创造者"。因此，个人在"历史的世界"中担当了"从被创造者到创造者"的角色。上述论证是西田哲学在

---

① 西田幾多郎：『西田幾多郎全集』第十一卷，岩波書店 2005 年版，第 205 頁。
② 西田幾多郎：『西田幾多郎全集』第九卷，岩波書店 2004 年版，第 313—314 頁。
③ 同上书，第 314 頁。
④ 同上书，第 319 頁。

历史观中的充分发挥，他运用"绝对矛盾自己同一"的辩证法充分论证了个人在世界中的作用，及其与世界发展的关系。值得注意的是，在上述关系中，西田着重强调的是"历史的世界"的"创造性"特征和个人对"历史的世界"的"创造性"作用。由于西田未能细致分析每个"历史的世界"发展的具体过程、规律和特征，再加上西田最终将个人在"历史的世界"中的作用比拟为"神"，因此，"历史的世界"的"创造性"特征就变得空洞而虚妄，使西田的"历史的世界"成为一个脱离现实的、理想中的世界，日本学者花冈永子称之为"自由自在的、游戏的境界"。①

（三）"历史的世界"与国家

西田认为，"历史的世界"的发展顶端是国家。"所谓历史的世界，在其根基处是矛盾的自己同一，从整体的一和个体的多的相互限定出发，到达其发展顶端，作为真正的矛盾的自己同一，浮现出了所谓国家。即历史的世界是作为国家自觉的。"② 反过来说，"历史的世界"是国家形成的前提。"不以所谓历史的世界为前提，就没有所谓国家。""在历史的世界中包含形成自己自身的自觉的世界，这就是所谓国家。"③ 在西田看来，"历史的世界"是国家形成的必要条件，即只有"历史的世界"发展到自觉阶段时，才能形成国家。并不是所有的"历史的世界"都能形成"真正的国家"。因此，国家必须具备"历史的世界"的所有特征，如"神话的""个性化的""创造性的"等。同时，作为"历史的世界"的顶端的国家，还须具备诸如"国体""主权"等"特殊性"。

为了突出国家的"超道德意义"，西田更多地强调"历史的世界"与国家之间的"同一"关系。他提出："所谓国家的形成，就是历史的世界的自己形成的过程。"④ "历史的世界作为绝对现在的自己限定，在其成立的根基处就是国家形态的"，因此，"历史的世界是创造性的、是文化

---

① 花冈永子在《"历史的现实"与"历史的实在"问题——从田边哲学与西田哲学入手——》中认为：西田哲学在现实的世界中开辟出了游戏的境界、自由自在的境界。（花岡永子：『「歷史的現實」と「歷史的実在」の問題——田邊哲学と西田哲学から——』，『大阪府立大學紀要（人文社會科学）』第50期，2002年3月，第24頁。）

② 西田幾多郎：『西田幾多郎全集』第十卷，岩波書店1998年版，第461—462頁。

③ 西田幾多郎：『西田幾多郎全集』第十一卷，岩波書店2005年版，第194頁。

④ 西田幾多郎：『西田幾多郎全集』第九卷，岩波書店2004年版，第333頁。

的"。① 既然在"历史的世界"形成的根基处就存在国家形态，那么，所有"历史的世界"都必将发展为国家，西田对此并不否认。他提出："从各种历史的地盘中形成各种国体，民主主义的国体也好，整体主义的国体也好，都必须服从各自的历史的地盘，是历史地形成的。"② 但是，他虽然承认不同的"历史的世界"都能成为拥有"个性"的国家，却不承认不同的国家之间处于平等的、横向的关系，他提出："所谓历史的世界的自觉，有深度和浅度的差别，这是毋庸置疑的。"③ 很显然，西田认为，不同的国家之间处于差别化的、纵向的关系中，在这种纵向关系中，拥有特殊"国体本意"的日本国家将发挥"特殊作用"。

西田对"历史的世界"与国家的关系问题的把握是矛盾的。他一方面强调：国家是人类社会的终极存在。当"历史的世界"实现了"自觉"，即发展到国家时，必然具备超越合理主义理性和道德之上的"创造性"意义。另一方面却主张：在终极繁荣的国家中，还存在尚未高度自觉的"历史的世界"，他实际上不承认这些国家具有"创造性"意义和"鲜明的个性"。这种矛盾的国家观是西田在突出日本国体"优越性"时无法避开的理论障碍。也证明西田为了凸显日本国体"优越性"，不惜将其独特的历史理论引向歧途。

四　国家理性的问题

1941 年发表的《国家理由的问题》是西田论述国家存在理由的重要论文。学者们也曾经围绕西田论及的"国家理由"和"国家理性"的问题展开讨论。④ 关于"国家理由"的含义，西田在 1941 年 6 月 1 日写给和辻哲郎的信中曾经提起。他说："我想把几日前您来我处时，我说的那些话写下来，……题目是《国家存在理由的问题》，即'Staatsräson'的

---

① 西田幾多郎：『西田幾多郎全集』第十一卷，岩波書店 2005 年版，第 195 頁。
② 西田幾多郎：『西田幾多郎全集』第九卷，岩波書店 2004 年版，第 353 頁。
③ 西田幾多郎：『西田幾多郎全集』第十一卷，岩波書店 2005 年版，第 195 頁。
④ 嘉戸一将在《西田几多郎及其对国家的质问》中，从政治学的角度提示了西田哲学国家观的特征和现实意义。（嘉戸一将：《西田幾多郎と国家への問い》，以文社 2007 年版。）荒井正雄在《西田哲学读解：黑格尔解释和国家论》中比较了黑格尔在《法哲学》中论及的国家理性问题与西田提出的"国家理由"的异同。（荒井正雄：『西田哲学読解：ヘーゲル解釈と国家論』，晃洋書房 2001 年版。）

问题，就是试图从我的立场出发，思考所谓国家是什么的问题。"① 然而到了6月24日，他在写给和辻哲郎的信中，就将题目改为《国家理由的问题》："题目改成了《国家理由的问题》，由于翻译Staatsräson实在太难，有人好像译为国是，但这似乎变成了国家的方针，不是也不妥吗？译为国家存在理由也不贴切。"② Staatsräson一词，现在很多情况下被译成"国家理性"，是指国家实施统治的合理性，和在制定方针时依据的准则，以及为了履行国家方针而实施的合理的统治技术。西田对Staatsräson一词的推敲，体现出他试图将自己论述的"国家理由"与西方政治学中的"国家理性"相区别的意图。实际上，西田在《国家理由的问题》中论及的国家理由，就是围绕"国家是什么""国家存在的理由在哪里"等问题展开的。与国家为了维护统治而实施的具体统治技术相比，西田更加关注的是找寻国家存在的合理性，特别是日本国家的"特殊性"。

1941年的日本社会，在"国家总动员""国民精神总动员"等口号下，天皇制国家已经开始以强制力在思想、言论、经济等所有领域进行统制和弹压。在这种形势下，西田从其独特的政治伦理学出发论述国家存在的理由问题，具有鲜明的时代特色。《国家理由的问题》的一个更加鲜明特色在于，西田不是站在近代合理主义的政治伦理观范畴之内质问国家存在的理由，而是跳出了合理主义道德观的范畴，质问国家形成的根本原因，这显然是非常独特的角度。但是，西田尽管超越了西方政治学的视角，却未能超越对日本天皇制国家的顶礼膜拜。《国家理由的问题》通过解读国家"超道德"的伦理意义，赋予近代日本的天皇制国家"神圣的""世界史的使命"。

西田在评判马基雅维里的政治术和卢梭的"国家契约说"时，更认同马基雅维里的学说，认为"国家拥有国家自身的实在性，是一个共同的人格，这种国家意志的命令所在，就是国家理由。马基雅维里及其流派就认识到了这一点"③。在《国家理由的问题》中，西田更加具体地论证了国家人格对个人人格的包摄作用。他还特地以法国革命为例，论证了个人意志超越国家意志之上将带来的灾难性后果。他认为法国革命是"个

---

① 西田幾多郎：『西田幾多郎全集』第十九卷，岩波書店1989年版，第164頁。
② 同上书，第165页。
③ 西田幾多郎：『西田幾多郎全集』第九卷，岩波書店2004年版，第304頁。

人的理性为了个人而对国家的重塑。然而结果是猛烈的国家理由的复仇","表明民众的强权比贵族的强权更加可怕"。①

西田把黑格尔的"辩证法的理性"称赞为"划时代的业绩",并从辩证法的角度认同黑格尔认为的伦理是高于道德的"永恒的正义",而国家是"伦理理念的现实"②的观点。与黑格尔的国家理论一样,西田也把国家看作完全脱离物质基础的纯粹精神的产物。"国家作为伦理的实体,是具体的存在,其行动必须依据其自身伦理,不应以一般的道德法律约束之","国家是个人意志和一般意志的统一,在这里存在国家的伦理性"。③然而,在真实的生活中,没有一种真实的、历史的国家接近黑格尔和西田所设想的那样具有"绝对的理性"和普遍性。国家并不是像黑格尔和西田所说的那样是普遍利益的代表。

西田在认同黑格尔国家理论的同时,也提出黑格尔理性辩证法的缺陷——没有揭示国家理性的本质。他认为,黑格尔的理性辩证法总是面向整体,主张一切个体从属于整体,因此"不得已把所谓国家的强力理解为最高目的"。④ 西田批判黑格尔强调世界精神而贬低民族精神的倾向。关于"历史的世界"的形成过程,西田批判黑格尔的辩证法运用的逻辑推演方式,主张"从被创造者到创造者"的"矛盾自己同一"的方式。于是,西田在以"绝对矛盾自己同一"的辩证法继承批判黑格尔理性辩证法的同时,将其运用到国家理性问题中去。试图用个人与国家、"民族精神"与"世界精神"之间"矛盾自己同一"的关系来解读国家的理性。

关于国家的起源,西田认为"所谓国家形成,就是社会从世界的种的形成出发,达致世界自身的有个性的自己形成",即"社会的理性化"。⑤"在国家的形成中,某一个民族的社会首先历史地、自然地成为这个世界中的自觉的实在,这是第一条件。"⑥ 在西田看来,国家起源于社会的自觉与理性化。这是他运用"绝对矛盾自己同一"的辩证法,对黑格尔的国家和社会二元化理论的批判式加工,试图将黑格尔的国家和社会

---

① 西田幾多郎:『西田幾多郎全集』第九卷,岩波书店2004年版,第305页。
② [德]黑格尔:《法哲学原理》,范扬等译,商务印书馆1961年版,第253页。
③ 西田幾多郎:『西田幾多郎全集』第九卷,岩波书店2004年版,第307—308页。
④ 同上书,第308页。
⑤ 同上书,第330页。
⑥ 同上书,第331页。

二元化理论"矛盾自己同一地"融合在一起,提出"国家的社会"。然而,正如马克思所说:"黑格尔把市民社会和政治社会的分离看作一种矛盾,这是他较深刻的地方,但错误的是:他满足于只从表面上解决这种矛盾,并把这种表面当作事物的本质。"① 西田在论述国家与社会的关系时,也仅仅停留在从表面上使国家与社会趋于"同一"的层面,未能深入剖析国家的本质。他认为:社会的理性和自觉是国家形成的必要条件,然而,"仅仅如此,还不能称之为作为绝对矛盾自己同一的世界的自己形成的真正的国家。所谓真正地形成国家,必须是某一个民族的社会,作为包含过去未来的绝对现在的自己限定,成为历史的世界的有个性的自己形成的主体。这既不是成为物质的力量,也不是成为生物的存在,而必须是成为永远的价值创造的力量,成为历史的世界的创造性主体。那必须是某一个民族的社会成为世界形成的一个中心"。② 西田上述对社会和国家之间关系的逻辑推演,充分运用了"绝对矛盾自己同一"的辩证法,达到了在一定条件下将社会与国家"同一"的目的。然而,与黑格尔一样,西田把社会与国家的这种"同一"关系完全认同为国家的本质特征。在未能对具体国家的形成进行细致分析的基础上,就提出国家是"历史的世界的有个性的自己形成的主体","必须是价值创造的力量",显然无法科学地揭示国家的本质。

与"历史的世界"与国家间的关系一样,西田认为,"民族的社会"也是国家形成的最初条件、必要条件。从表面上看,这与马克思国家理论中"市民社会决定国家"的观点大体一致。然而,与建立在对西方的法国、东方的印度等不同的国家形态进行具体细致分析基础上形成的马克思主义国家理论不同,西田倾力关注"民族的社会"的宗教性,"可以说,所谓国家的社会,也是从诸如家族性的、宗教性的制度中兴起的"。③ 他强调,"从现实的世界的根柢处倾听神的声音","我们必须在我们的实践的顶端触碰到神意"。④ 在包含浓厚宗教色彩的西田哲学中,"神"是"绝对矛盾自己同一"的实在的终极统一,是无限发展的活动,是"绝对

---

① 《马克思恩格斯全集》第一卷,人民出版社 1956 年版,第 338 页。
② 西田幾多郎:『西田幾多郎全集』第九卷,岩波書店 2004 年版,第 331 頁。
③ 同上书,第 334 頁。
④ 同上书,第 333 頁。

无"。西田把国家存在的合理性与"神"联系起来，目的是证明国家存在的"绝对价值"和"永久性"。

按照马克思主义国家理论，国家未来的发展形态是消除阶级和阶级对立的联合体，到那时，"社会把国家政权重新收回，把它从政治社会、压制社会的力量变成社会本身的生命力"。① 马克思主义认为，国家的消亡是人类解放的方向。西田则强调国家的终极繁荣，强调在国家的大人格包摄下的个人的人格。这体现出西田哲学国家理论带有明显的专制主义倾向。

关于社会形成为国家的必要条件，西田提到了主权。"某一个民族的社会必须在自己自身中包含绝对矛盾自己同一的中心。我认为那就是所谓国家的主权 Souveränität，拥有这个主权的社会是国家。"② 西田认同 16 世纪法国政治理论家博丹（Jean Bodin）的主权论，认为主权是面向市民及臣下的、最高的且不受法律束缚的权力。西田从个体与世界的"矛盾的自己同一"的关系角度，发展了博丹的主权论，他认为："在那里（主权），必须在任何地方都包含着我们的自己作为个体来映照世界，反过来自己还作为世界的自己表现成为自觉。作为整体的一的主体，在任何地方都通过理性化，使自己成为主权。不然的话，主权就不过是单纯的暴君的恣意，或一个党派的私利。"③ 西田在主权论中强调"理性化"，这里的"理性化"就是"行为的直观"，是通过使自己作为个体来映照世界的方式实现自觉，这完全是基于"纯粹经验"的认识论。西田认为，正是由于主权具有"理性化"的性质，所以，主权就和法律一样拥有了绝对价值，拥有主权的国家就变得神圣不可侵犯，主权者如果真正地行使了主权，便体现了绝对价值。西田正是从这个意义上否定在国家之上存在超国家的道义标准的。正如丸山真男所说："国家活动之所以不服从超国家的道义基准，并不是因为主权者是'无中生有'的决断者，而是因为主权者本身已体现了绝对的价值。"④

---

① 《马克思恩格斯全集》第一卷，人民出版社 1995 年版，第 413 页。
② 西田幾多郎：『西田幾多郎全集』第九卷，岩波书店 2004 年版，第 331 页。
③ 同上书，第 332 页。
④ ［日］丸山真男：《现代政治的思想与行动——兼论日本军国主义》，林明德译，联经事业出版公司 1984 年版，第 7 页。

西田在解读主权时,运用了解读法律时的手法,即将现实国家中的法律与实在界的"不变的法则"混淆在一起。西田提出的"理性化"的主权,实质上是等同于"神意"的人类最高法则。然而,与对待法律、国家一样,西田又将理念中的主权与现实国家中的主权混同在一起,并以此来衡量现实国家中不同形态的主权特征。最终,西田只在日本天皇制国家的国体中寻找到"真正的"主权的宗教性和理性特征。这是西田哲学国家理性的最终归宿,更是西田论述国家理性问题的终极目标,完全暴露出西田哲学为现实日本天皇制国家服务的本质。

五 日本的"国体本意"

在昭和前期的日本,"国体"一词流行于思想界和政治界,宣扬和赞颂日本"至善至美的国体本意"成为当时日本社会的主流价值取向。作为在战时活跃的著名思想家,西田自然十分关注"国体"问题。1944年3月25日,西田在写给和辻哲郎的信中说:"形形色色的人请我写关于国体的文字……法律学者简单地将我国的国体称为家族性的。然而,所谓Recht究竟从何处产生?学问、宗教既然都是以国体为基础、从国体中产生的,那么也就没有必要对国体做概念性的阐释了,基于这样的认识,国体还能成为学问上真理的基础吗?"[①] 出于这种对当时日本社会流行的"家族性"国体观的反感,西田在1944年底撰写了论文《国体》,并在西谷启治的劝告下,最终将论文题目改为《国家与国体》。[②]《国家与国体》是西田正面论证"国体"的论文,然而,在《日本文化的问题》《国家理由的问题》和《哲学论文集第四补遗》中,西田也都在结尾处诠释了日本的"国体本意"。我们从上述论文中可以发现西田论证"国体"的清晰脉络。

(一)"国体"的定义

西田在阐述"国体"概念时,同样强调"民族""个性"和"历史形成"。他明确地把"国体"概念从近代政治学理论中普遍应用的由谁掌握统治权的"国体"定义中分离出来,从历史形成的角度阐述"国体"。西田认为:"历史的世界从各种拥有传统的各民族的自己形成中开始,即

---

① 西田幾多郎:『西田幾多郎全集』第十九卷,岩波書店1989年版,第296页。
② 西田幾多郎:『西田幾多郎全集』第十一卷,岩波書店2005年版,第548页。

开始于历史的种的形成。然而，从那种主体与环境的相互形成中，特别是从很多主体在一个环境下的相互限定中，通过主体即世界的自觉形成了种种国家。各个民族形成了一个有个性的世界。所谓国体，就意味着那种有个性的世界。"①"民族的主体作为历史的世界形成力，采取绝对现在的自己限定的形态就是国体。它（国体）到任何地方都是形成自己自身的历史的世界的自己形成的形态。"② 西田认为的"国体"产生于"历史的种"的形成。当"历史的种"拥有个性时，便产生了国家。"国体"与国家同时产生，并一直伴随国家存在。"国体"的存在方式是国家的形态——"绝对现在的自己限定的形态"。

从总体上来说，西田认为"国体"与有个性的"历史的世界"——国家大致趋同，二者同时产生，相伴存在。然而，在西田看来，"国体"与国家绝不是两个完全等同的概念范畴，西田明确地指出了二者的区别："国体是国家的个性，国家拥有国体，拥有国体的才是国家。"③ "所谓国家，是形成自己自身的一个世界，所谓国体，是这个历史的生命限定自己自身的形态，无论何种国家，只要是实在的国家，在这个意义上就没有不拥有国体的。"④ "国体是国家形成自己自身的形态"，⑤ 西田认为，"国体"是形成国家的充分必要条件。他强调"国体"是在历史上形成的国家的"个性"。没有"个性"的"单纯的"民族生命不能称之为国家，自然就没有"国体"。

由于"国体"和国家一样，都是在各自的地域中，在历史上形成的，那么"国体"就与国家一样拥有人格尊严、个性特征和道德价值。"所谓国体，是我们人格自我的行为的直观形态，之所以这么说，是因为无论到何处它都作为历史的个体，作为唯一的、创造性的东西，是真正具有人格性的。""具体的道德的规范形态必须称作国体。"⑥ 西田从个体与整体、主体与世界的关系出发，认为"国体"作为主体与世界的矛盾的自己同一，即作为历史的个体，是拥有创造性的人格，必须是具体的道德规范形

---

① 西田幾多郎：『西田幾多郎全集』第九卷，岩波書店 2004 年版，第 353 頁。
② 西田幾多郎：『西田幾多郎全集』第十一卷，岩波書店 2005 年版，第 196—197 頁。
③ 同上书，第 197 頁。
④ 同上书，第 458 頁。
⑤ 同上书，第 451 頁。
⑥ 同上书，第 200 頁。

态。于是，西田的"国体"概念与国家概念一样拥有了道德当为的性质。

西田最后提出："国体"拥有的道德价值的根源来自于"国体"的宗教性。"所谓国体，作为超越即内在、内在即超越的世界性的世界形成，必须是宗教的。不然的话，它就不能成为道德的根源。"① 与论述国家存在的根源时重视宗教的作用一样，在论述"国体"的道德价值时，西田也重视宗教，他强调"国体"必须带有宗教性，没有宗教性的"国体"不具备道德价值。

与国家一样，西田在阐释"国体"的概念时，也混淆了理想中的"国体"和现实政治中的"国体"。② 在西田的著作中，经常使用"是"（…である）和"必须是"（…でなければならない）的文体，在"必须是"（…でなければならない）中包含"应当是"（…べきである）的意思。在西田的"国体"观中，"国体"带有的人格尊严、个性特征、道德价值和宗教根源无疑是理念中的"国体"性质。把上述理念中的"国体"放到具体的现实国家中衡量，那么，民主制的"国体"和君主制的"国体"尽管都作为"国家形成自己自身的形态"。但是，"严密地说，所谓国体，在我国之外的国家是没有的"。③ 至此，西田"国体"观的矛盾性暴露无遗。西田的上述矛盾性的国家观和"国体"观是其阐释日本天皇制国家的"国体本意"的逻辑前提。运用这种矛盾性的逻辑，西田把日本的"国体本意"赞颂为"世界最优"的"国体"，最终将自己的国家理论完全服务于近代日本天皇制国家。

每当阐述完"国体"概念时，西田都要将理念上的"规范性的国体概念"与日本的"皇室"生硬地联系在一起，试图将对"国体"进行的哲学演绎与当时的天皇制国家的历史形成结合起来，最终得出"国家即

---

① 西田幾多郎：『西田幾多郎全集』第十一卷，岩波書店2005年版，第205頁。
② 小坂国继在《西田哲学与现代：历史、宗教、自然读解》中认为，西田在"国体是什么"的论述中还包含"国体应当是什么"的主张，认为在西田哲学中包含"事实就是当为，当为就是事实"的性质。并把西田哲学拥有这个性质的原因归结为："那是由于西田从日常的现实的立场出发，把历史的世界作为利己的主体的自己形成，来反省地看待。"（小坂国继：『西田哲学と現代：歷史・宗教・自然を読み解く』，ミネルヴァ書房2001年版，第80—81頁。）小坂国继上述分析深刻地揭示了西田哲学国家观的本质。然而，他未能指出西田持上述主张的根源，以及西田把"国体"与皇室联系起来时，西田哲学的上述特征表现出的作用。
③ 西田幾多郎：『西田幾多郎全集』第十一卷，岩波書店2005年版，第202頁。

道德"的"国体本意"只有在日本才能够实现的结论。这种理念与现实的生硬结合恰好印证了西田论证"国体"具有明确的目的性——为现实的天皇制国家服务。西田这种对理念与现实的关系的处理，无疑表现出近代日本知识分子在战时日本社会严苛的思想钳制氛围下的无奈与退让，只不过由于这种无奈与退让表现为在理念建构上的主动解读，而不是对天皇制国体观念的回避，更不是斗争。因此，这种无奈与退让很自然地蜕变成为了解读日本"国体本意"而在学术理念上的生拉硬扯。

（二）日本的"国体本意"

由于"国体"的道德价值来源于宗教，因此，在追溯"国体"形成的根源时，西田突出强调原始社会的宗教——神话。西田认为，原始社会的神话不是原始人的梦，而是原始社会的生产方式，是原始人现实生活样态的反映，随着历史的发展，神话逐渐趋于理性、拥有"个性"，并因此具备"国家性"。此时，来源于原始宗教的"历史的世界"就具备了道德价值。西田认为，虽然日本的"国体"与其他的民族国家一样，是在主体与环境相互限定的过程中，在历史上形成的。但是，来源于"肇国神话"的日本"国体"拥有其他的民族国家不可比拟的"优越性"。这种"优越性"一方面是由日本"肇国神话"的"特殊性"决定的，另一方面是由日本历史的"特殊"发展进程决定的。

西田借助日本的"肇国神话"来论述日本"国体"的"特殊性"。他认为："我国的国体与民族国家相异，我国体始于肇国神话，虽历经诸多社会变迁，然以之为根基发展至今，宗教自始至终贯穿于我国体之中。"[①] "在国家的根基处拥有建国神话，在作为绝对现在自我限定，超越即内在、内在即超越地、历史地生成的我国历史中，开始就自觉到了国家即道德的国体。"[②] 在"肇国神话"那里，日本的国土是通过"神"生成的，天皇家族的系谱与"神"的系谱相连，并借此证明天皇是"神"在人间的代表。西田强调来源于"肇国神话"的"万世一系"的日本皇室的存在，就是日本"国体"不同于其他民族国家"国体"的"特殊性"。西田详细列举了西方国家的民族宗教发展进程，认为中世纪时期罗马帝国的扩张使欧洲各国的原始宗教被基督教代替，各国的原始宗教因此消亡。

---

① 西田幾多郎：『西田幾多郎全集』第九卷，岩波書店2004年版，第354頁。
② 西田幾多郎：『西田幾多郎全集』第十一卷，岩波書店2005年版，第201頁。

近代以后，尽管欧洲的各民族纷纷建立了民族国家，并表现出各自在文化上的独特性，"现代欧洲成为了一个世界。但很显然，这不是以教皇为中心的世界，也不是世界即主体的世界，不如说是环境即世界的世界"。① 在西田看来，这种并非来源于原始宗教的"世界"不是真正体现道德的、创造性的世界。

西田在强调原始宗教的连续性的同时，还强调历史的发展的连续性。他断定：世界上除了日本之外的所有国家的历史都经历过"断裂"，唯有日本的历史是始终一贯的。西田概括了在当时世界居于领袖地位的西欧国家的历史，"今天西方诸国的所谓国家，是因罗马的统一导致所有民族的宗教被破坏之后，环境地形成的。而其宗教因素是从基督教中汲取的（任何国家都必须有宗教的因素）。在中世纪的某个时期里，反而出现了基督教是一个帝国的观念。在那里，超越和内在、一与多之间是对立的"。② 西田认为，在经历了民族宗教被基督教破坏的西方国家那里，国家的"个性"不再纯粹，国家与道德相割裂。这导致西方国家无法根本解决超越与内在、整体与个体之间的矛盾，只能以抽象的、合理的道德作为国家存在的依据。在西田看来，这种抽象的、合理的道德是"相对道德"。

最终，西田下结论说：与西方国家不同，"国家即道德的国体观只有在我们日本才能发展。严密地说，所谓国体，在我国之外的国家是没有的。""一言以蔽之，我国国体的独特性在于，到何处都是内在即超越、超越即内在（因此是绝对矛盾自己同一）。作为以国家理由本身为原理的世界的自我形成，我国国体的独特性就在于其至纯的国家性之中。"③ 西田把日本"国体"的"独特性"归结为"内在即超越""绝对矛盾自己同一"，与西方的"抽象""断裂""矛盾"的"国体"内涵相对，只有日本的"国体"才是"至纯的""神圣的""绝对矛盾自己同一"的。从以上认识出发，西田认为"作为我国国体的精华，其唯一性就在于作为历史的世界形成的宗教性、神圣性之中。而在今天世界自觉的时代里，它

---

① 西田幾多郎：『日本文化の問題』，岩波書店1982年版，第100頁。
② 西田幾多郎：『西田幾多郎全集』第十一卷，岩波書店2005年版，第202頁。
③ 同上书，第202—203頁。

显示出了国家的范式,这种国家概念将成为国家学的崭新出发点"。① 也就是说,基于法理学逻辑的西方"国家学"是"抽象的"逻辑推演,根本无法解决超越与内在、整体与个体之间的矛盾,因此,它必须让位于基于原始宗教的日本的"绝对矛盾自己同一"的"国家学范式"。西田提出的关于国家理性问题的思考角度明确地显示出对当时普遍流行的西方合理主义国家观的对抗情绪,并且试图提出一种明显具有日本"优越论"倾向的全新的理论出发点,以诠释日本的"国体本意"。

西田"国体"观的最终归宿并非仅在于突出日本"国体"的"优越性",他还从"肇国神话"出发,将日本的"国体精华"归结到"万世一系""天壤无穷"的皇室那里。西田认为:"我国的国体以皇室作为诸氏的宗家,称为家族性的。我认为在此基础上,还要把重点放置在我国的肇国时期,在我国国民的信念当中,是以天地开辟的神话为背景,从神敕中发源的。在这里,我国的国体才在其确立的根基处是历史的世界形成的,才能认为包含着世界史。从这个意义出发,作为绝对现在的自己限定,一切出于皇室,一切归于皇室的我国国体的精华体现出来。"② 西田把日本"国体精华"的根源上溯到"肇国神话"的"神敕"中,把皇室诠释成一切来源于斯、一切归宿于斯的"绝对现在的自己限定",使以皇室为中心的日本"国体本意"不仅与"历史的世界的自己形成"等同起来,而且因为皇室在日本历史上始终是"创造性的存在"。因此,日本的"国体本意"中必然包含"世界形成的原理"。

西田多次论证了作为"国体精华",皇室在日本历史上的作用:"在我国的国体中,皇室是世界之始终。皇室包含过去未来,作为绝对现在的自我限定,所有都是以皇室为中心生生不息地发展的,这是我国国体的精华。"③ 由于在日本的神话中,皇室是与天地开辟同时肇始的,因此,在"诏书中能听到作为现人神的神的语言,在那里,法与道德被赋予了理性基础"。④ 这再次表明,西田所谓的"理性"并非来源于道义和逻辑,而是来源于神和宗教。于是,皇室超越于法律和道德之上,成为绝对的、

---

① 西田幾多郎:『西田幾多郎全集』第十一卷,岩波书店 2005 年版,第 206 頁。
② 同上书,第 208 頁。
③ 同上书,第 201 頁。
④ 同上书,第 202 頁。

"理性"的存在。日本的"国体"来源于"矛盾自己同一"的皇室,天皇的诏书拥有"绝对性"。由此可见,西田哲学的"国体本意"是立足于"神国"信念的"皇室神圣"观。他宣扬的"以皇室为中心"的"国体观"与20世纪40年代日本社会普遍流行的本民族认同主义,和对皇室绝对服从与盲目崇拜的思想倾向完全一致。

西田在总结日本"国体"的"特殊性"时说:"作为万世一系的君主国,我国国体的独特性在于,并不是在君主国的概念中简单地加入了万世一系的差别,而是我国国体作为真正的矛盾自己同一,是历史的创造形态。多作为一的多,是万民翼赞,一作为并不否定多的一,是义乃君臣、情兼父子。"① 至此,西田运用一与多的"矛盾自己同一"的辩证法,把皇室与西方国家的君主截然分开,将日本的"国体本意"与传统的天皇信仰和当时流行的翼赞体系结合起来,完成了其对"国体本意"的论证。

六 西田哲学的家族国家观

(一) 西田的"家族国家观"与当时日本社会流行的"家族国家观"

西田称自己的国家观为家族国家观,西田哲学的家族国家观与当时日本社会流行的、宣扬以天皇为全体日本国民"父家长"的家族国家观不同,西田在著作中也多次提及对当时流行的家族国家观的批判。西田哲学的家族国家观是从唯心主义的宗教哲学出发,运用"绝对矛盾自己同一"的辩证法论证的,它试图在超越当时日本社会流行的家族国家观的基础上,对以皇室为核心的日本"国体本意"进行更加"深刻"的发挥,以达到使日本的"国体精华"走向世界的目的。

在《日本文化的问题》中,西田提出,在日本的"国体"中必须包含"法律"(法则),这是西田强调他的家族国家观有别于当时社会流行的家族国家观的第一个突出特征。西田提出:"在矛盾自己同一的我国的国体之中,必须本身就包含法的概念。所谓以皇室作为个体的多与整体的一的矛盾的自己同一,从被创造者到创造者,必须在任何地方都承认个体的独特性。在这里,作为各自独立的自己同一,必须既具备目的王国的一面,又包含实践理性。作为从被创造者到创造者,我们是历史的身体,由于在物中有自己,因此,必须在任何地方都是法律性的。我认为,我们国

---

① 西田幾多郎:『西田幾多郎全集』第十一卷,岩波书店2005年版,第458页。

家是家族性的。在作为主体即世界的我国历史的发展中，原本就有这种看法。所谓义乃君臣、情兼父子是我国的美妙优点。然而，不能把国家考虑成单纯的家族的延长。正如皇室作为纵向的世界，是所谓矛盾自己同一的家族性的一样，还必须是超越性的。天皇必须作为历史的世界的客观的表现，君临在我们之上。在那里，作为名分国家，必须包含所谓法。"① 这里西田所说的"法律性"，仍然是指历史的现实世界的法则。他主张在日本的"国体"中包含这种"法则"，从而使日本"国体"成为包纳康德道德哲学中的"目的王国"和"实践理性"的"超越性"原理。西田在日本的"国体"拥有"法律性"的基础上，提出了包含"法"的家族国家观。他首先承认日本国家是家族性的，但不主张单纯强调皇室谱系的延续，而是强调皇室的"超越性"特征。也就是说，西田哲学的家族国家观不满足于"万世一系"的皇室是日本国家的"父家长"，而是从现实世界的角度出发，把皇室诠释为承认个体独特性的"个体的多与整体的一的矛盾的自己同一"；从历史的世界的角度出发，把皇室诠释为"从被创造者到创造者"的"历史的世界的客观的表现"。试图从这个意义上赋予皇室"真正的超越性"特征。

西田一再强调家族国家中"法"的根基是"道德"。他从日本国家形成的历史中解读日本家族国家的特征，认为在日本国家形成的历史上不存在不同民族间的征服斗争，始终是以天皇家族为中心形成的一个"氏族国家"，西田称之为"家族国家"。西田认为，"关于家，有以下四个性质：其一，在其确立时，是自然发生的，而非人为的；其二，在其构造中有应当归一的中心；其三，在其生活中，以亲和为主旨；其四，在其生命中，将存续到永远的将来"。上述关于"家"的性质，是西田论述日本家族国家观的理论前提。西田强调的"家"的四个性质与西田哲学国家观中的国家、民族的含义大体一致，更与所谓"以皇室为世界之始终的国体本意"一致。西田提出："日本国家只要是家族国家，就必须包含上述属性。国家必须有法律，但家族国家在法律的根基处要求有道德，这个道德以实现亲和与共同一体的生活为目的，法律也必须是家族性的。法律之所以成为法律必须在于道德的实现。"②"作为历史的形成，家族的团体可

---

① 西田幾多郎：『西田幾多郎全集』第九卷，岩波書店 2004 年版，第 94—95 頁。
② 西田幾多郎：『西田幾多郎全集』第十一卷，岩波書店 2005 年版，第 207 頁。

以称之为是道德的。而从那里所谓法律产生出来。"① 西田认为，道德的根源在于历史的形成的要求，它包含着绝对的命令，同时也包含法律（法则）。实际上，西田试图强调的是：这种"以实现亲和与共同一体的生活为目的的道德"只在日本国家中存在，这也是日本的家族国家具备的又一个"优越特质"。

西田哲学的家族国家观不再局限于天皇家族纯正血统的维系上，而是进一步上升到宗教高度，将近代日本的家族国家观发挥到了极致。西田突出强调日本家族国家带有"超越的宗教性"，这是西田哲学的家族国家观与当时社会流行的家族国家观最接近的部分。但是，西田仍然试图从宗教观出发，深化家族国家观的"神圣意义"。他强调日本的"肇国"是以天地开辟的神话为背景，是从"神敕"中发源的。"所谓家族，在其确立的根基处必须是宗教性的。没有祖先崇拜，所谓家族就不能确立"，与家族的宗教来源一样，"所谓我国国体的特色，到任何地方都作为内在性的，是家族的，同时，到任何地方都作为超越性的，是宗教的"。这样，来源于家族的日本"国体"，被西田运用"内在即超越"的逻辑神秘化了。西田还从皇室的"神圣性"角度进一步诠释这个带有宗教神秘色彩的日本家族国家的"神国性"："在我国，天皇是包含过去未来的绝对现在的中心。因此，不是单纯家长式的，而是被称为现人神。所谓我国国体是神国性的，并不是因为所谓的神秘性的意义，而是因为（神国）作为历史性的、世界形成的，在圣意中是合理性的缘故。"② 于是，在西田眼中，天皇不仅仅是国家神道中的"现人神"，还是超越了国民信仰的宗教高度，成为在时间上带有"历史性"、在空间上带有"世界性"的"合理性"存在。

西田在论述家族国家观时，一直试图超越当时社会流行的家族国家观。这在他对皇室的表述上体现出来。西田运用"绝对无"的"场所逻辑"，使皇室跳出仅仅作为"父家长"的家族性局限，把皇室诠释成包含一切物质和精神存在的"绝对无"。西田认为："我国国体不仅仅单纯地以宗家的形态向前推演，而是必须有超越它的东西。""皇室不是氏族的主体，而是主体的主体。我国国民以皇室为中心，无论经历了种种时代变

---

① 西田幾多郎：『西田幾多郎全集』第十一卷，岩波書店 2005 年版，第 209 頁。
② 同上书，第 458 頁。

迁，都作为维新即复古、复古即维新而生生发展至今，之所以拥有天壤无穷的信念，就是以上述国体观念为根基。我国国体的特色既是家族性的、保守性的，又是世界性的、进步性的。"① 西田诠释的皇室，不是"氏族的主体"，即"有"，而是包含所有主体的主体，即"无"。"一切出于皇室，一切归于皇室"，"日本国家的历史是以皇室为始终，面向未来、面向世界的"。在这里，西田明确地指出了其家族国家观与当时社会流行的家族国家观的区别，即当时社会流行的家族国家观是"将皇室主体化"的，家族性的、保守的家族国家观；西田提倡的家族国家观既是家族性的、保守性的，又是"世界性的""进步性的"。在论述使日本的"国体精华"走向世界的问题时，西田就是从这个角度出发，论证以皇室为中心的家族国家观的"世界性意义"。

对于西田哲学的家族国家观，战后的马克思主义历史学家宫川透评价说："（西田）哲学作为在我国半封建的市民社会基础上提出的逻辑，尽管拥有主观性的善意，但是在客观上与法西斯理论并轨，起到了从理论上替日本帝国主义辩护的作用。"② 小坂国继也认为，西田哲学"蕴藏着在不知不觉中把现实中的皇室本身看作绝对无的危险性"。③ 嘉户一将认为，西田在国体观中将皇室诠释为"媒介者"，是"制度的保证人"，因此，在西田哲学国家观中，皇室不是主体性的存在，而是机能的名称，因此是"矛盾的自己同一"，是各个主体存在的"场所"，其本身就是"无"。西田的"这个逻辑是批判现实国家的工具。西田批判把日本作为一个'主体'，将其他国家客体化的理论，认为这意味着侵略，是'皇道'的'霸道化'即'帝国主义化'"。④ 吉田杰俊认为：西田"简单地将'主体'性的诸国家与'主体即世界'的日本相区别，这意味着宣扬以此为基础的日本的皇室与国体。正如他甚至使用'万民辅翼''八纮一宇'这种战时流行语来解读'世界形成'的必要性那样，我们能够看到主权论的前提与国家主义的结论之间存在明显的裂隙。因此，对于国家应该是依据

---

① 西田幾多郎：『西田幾多郎全集』第十一卷，岩波書店 2005 年版，第 208 頁。
② 宮川透：『近代日本思想の構造』，東京大学出版会 1968 年版，第 123 頁。
③ 小坂国継：『西田哲学と現代：歴史・宗教・自然を読み解く』，ミネルヴァ書房 2001 年版，第 92 頁。
④ 嘉戸一将：『西田幾多郎と国家への問い』，以文社 2007 年版，第 187—188 頁。

'主权'还是'民族精神'形成的，还是二者混淆在一起而存在的这个问题，西田并未阐明。因此不得不说，西田的国家观在当时状况下究竟是一定程度上'反国家的'国家论，还是妥协的国家论，这也是不明确的"。①在上述日本学者对西田哲学家族国家观的评价中，除了吉田杰俊认为西田哲学国家观对日本国体的解读凸显出暧昧性之外，其他研究者不是强调"主观性的善意""不知不觉中带有的危险性"，就是强调其"批判现实国家"的作用。

综观西田以"万世一系"的皇室为核心的家族国家观，西田运用其哲学认识论和辩证法，把皇室诠释成超越于现实世界的"法则"和"道德"之上的"神圣性""合理性"的存在。他从"纯粹经验"的认识论角度诠释了个体与皇室之间"矛盾的自己同一"的关系——"在人心之中体味神意，在神意之中体味人心"，这种"神人合一"的宗教观构成了西田哲学家族国家观的感情基础和哲学前提。同时，西田借助皇室的"神性"和皇室系谱的连续性，宣扬日本的家族国家是"万朝无类"的"最优国体"，这里体现出的日本民族"优越论"与当时日本社会流行的家族国家观完全一致。同时，在诠释皇室内涵时，西田始终在有意超越当时日本社会流行的家族国家观，强调皇室的"非主体性的主体"的性质。在西田哲学的逻辑中，"非主体性的主体"就是终极宾词，即包纳"万有"的"绝对无"。因此可以说，西田充分运用了从"纯粹经验"到"绝对无"的"场所逻辑"等西田哲学核心原理来强调日本皇室的"包容性"和"世界性"。这种通过严密的逻辑推演，结合详细的理论辨析而得出的结论，很显然是西田竭力论证的核心观点。因此，对皇室就是"绝对无"的逻辑论证是西田哲学国家观的重要结论之一。在这里，根本看不到"主观性的善意"，其逻辑的危险性也并非在"不知不觉中"体现出来的。

（二）西田哲学的国家观与本居宣长的"复古神道"

西田哲学家族国家观中的很多结论与幕末"国学"开创者本居宣长提倡的"复古神道"十分相似。如对于世界发展中的"道"，本居宣长认为"这个道既不是天地自然之道，也不是圣人所作之道，而是由神灵所

---

① 吉田傑俊：『京都学派の哲学——西田・三木・戸坂を中心に』，大月書店 2011 年版，第 220 頁。

传",且只有日本得其正传,"外国之道皆务末的枝叶之道,非古来真实之道"。① 西田在论述世界的道义时也说:"今天的世界道义,既不是基督教的博爱主义,也不是支那古代的所谓王道,而必须是各国家、民族超越自身,形成一个世界性的世界。""在我国的皇道之中包含着八纮为宇的世界形成的原理。"② 可见,早在本居宣长的复古神道中就存在西田哲学"皇道观"的遗传基因。

关于"皇权神授",本居宣长认为"所有世上的事情,都必须听命于看不见的神",日本乃是"神国",天皇的尊严在于神授,因此善恶的判断不能加在天皇的头上,皇室已经超然于道德之上。③ 西田在《善的研究》中就提出"万物是唯一的神的表现"这一命题,④ 在晚年的作品中,西田更是将"神意"与日本的"国体"和皇室相结合,提出"在《神皇正统记》中提及的大日本乃神国,异朝无与类比的我国国体中,包含着绝对的历史的世界性",⑤ 并强调皇室超越于道德之上。因此,西田哲学的国家观和本居宣长的复古神道尽管理论的建构方式不同,但二者在"皇权神授"的结论上颇为相似。从这个角度来说,西田并不是在"不知不觉中把现实中的皇室本身看作绝对无",而是运用"绝对无"的场所逻辑,竭力将皇室诠释成"超越性的"、体现"绝对道德"的"矛盾的自己同一"。

值得注意的是,本居宣长在"复古神道"中竭力排斥革命理论,认为既然"皇权神授",那么革命之说就是"大逆不道",应绝对禁止。西田则把"消弭革命"看作日本家族国家观的一个"优越性"。他提出:其他国家是"人为地创建出来的,在那里就存在革命的原理植根其中的余地",⑥ 而日本"国体"是历史地、自然地产生的。在"矛盾的自己同一"的日本"国体"之下,"统治阶级与被统治阶级之间的对立,既不是单纯的前者对后者的对立,也不是后者对前者的对立。在我国国体之下,二者在根源上是自己同一的,是共为陛下赤子。所谓我国国体的家族性也

---

① 转引自崔新京《日本法西斯思想探源》,社会科学文献出版社2006年版,第41页。
② 西田幾多郎:『西田幾多郎全集』第十一卷,岩波书店2005年版,第446页。
③ 转引自崔新京《日本法西斯思想探源》,社会科学文献出版社2006年版,第43页。
④ [日]西田几多郎:《善的研究》,何倩译,商务印书馆1997年版,第146页。
⑤ 西田幾多郎:『西田幾多郎全集』第十一卷,岩波书店2005年版,第450页。
⑥ 同上书,第459页。

在于此"。① 与本居宣长竭力否定革命、确保皇室"神圣不可侵犯"的立言说教不同，西田则把"消弭革命"作为日本家族国家观的一个重要特征，以日本"国体"中不存在革命的理论诠释天皇制国家的"优越性"。尽管二者一正一反地构成了不同的内容与结论的关系，但是，西田哲学国家观和本居宣长"复古神道"都借助了排斥革命的理论，来诠释天皇制国家的"绝对价值"。

本居宣长提出："天照大神者，因为治天之神，宇宙间无与伦比，只要天地长存，则四海万国无不蒙其德光所照，无论何国，亦不能一日片时不得大神蔽荫而可自存者。"② 与本居宣长表现出欲"使天照大神的荫蔽布罩于世界"的意愿一样，西田也提出："我们在今天也不仅仅是要夸耀我国国体的特殊性，而是应当着眼于其世界史的博大性，并阐明之，从而在实践中、在理论上使其光辉照耀世界。"③ 二者都宣扬以日本的"神"和"国体"改变世界。

综观西田哲学国家观和本居宣长的"复古神道"，可以认为，西田哲学基于"纯粹经验"的认识论、"绝对无"的"场所逻辑"和人神合一的宗教观，宣扬以"万世一系""天壤无穷"的皇室为中心的家族国家观，乃至主张"八纮一宇"、面向世界的世界观，都能够在本居宣长的"复古神道"中找到遗传基因。从这个角度可以说，西田哲学的家族国家观不仅没有跳出日本民族"优越论"和皇室至上主义的窠臼，而且是对日本传统神道信仰和天皇中心主义的哲学诠释。

第四节　西田哲学世界观
——"世界性的世界形成主义"

20世纪40年代，西田在论证家族国家观的基础上，提出了面向世界的历史课题，即建设"世界性的世界"。西田运用其独特的哲学名词，把以皇室为核心的日本家族国家提升为"世界最优"的国家形态，并以此为出发点，解读当时进行的世界大战所要完成的"世界史的使命"，即世

---

① 西田幾多郎：『西田幾多郎全集』第十一卷，岩波書店2005年版，第460頁。
② 转引自朱谦之《日本哲学史》，人民出版社2002年版，第108页。
③ 西田幾多郎：『西田幾多郎全集』第十一卷，岩波書店2005年版，第202頁。

界各国要在日本的"国体"模式下"自觉使命",这样才能使世界走向"一体",使皇室的"恩泽"惠及世界。本节主要分析西田提出的"世界性的世界"的概念、发展阶段,以及皇室在"世界性的世界"中的作用,探寻"世界性的世界形成主义"的本质特征。

一 "世界性的世界形成主义"的内涵

(一)何谓"世界性的世界形成主义"

在《国家理由的问题》的最后,西田提出了立足于国家主义的世界观理论:"在今天,必须是以某个民族为中心,从世界的一隅出发构建新的世界","我们必须超越单纯的国家对立的理念,站在新的构建世界的理念之上"。① 这种"新的构建世界的理念"就是西田后来提出的"世界性的世界形成主义"。

1943年5月19日,应陆军方面的邀请,西田在国策研究会上,在陆军军务局长佐藤贤了等官员面前作了《世界新秩序原理》的讲话。在这篇讲话中,西田提出了面对当时世界的历史课题——"世界性的世界形成主义"。西田在表述其世界观时,特地用了"世界性的世界"概念。按照西田的观点,这是为了与"帝国主义"和"国际联盟主义"主张的"世界"相区别。西田明确指出"世界性的世界"与"世界"的区别:"所谓否定各个国家民族的抽象的世界不是实在性的世界,所以,它不是所谓的世界。因此,我特地提出所谓世界性的世界。"在"世界性的世界"中,西田突出强调的不是轻视、否定各个国家民族,而是各个国家民族通过"立足自身""超越自身"的方式,自觉到自身的"世界史的使命",并由此结合成一个世界。西田认为,以往理论中的世界是"抽象的、非实在的",而"世界性的世界"是具体的、实在的。②

西田从世界历史的形成、发展角度论述世界在不同时代的特征,以及当时世界的课题。他认为,18世纪是"个人自觉的时代,是所谓的个人主义、自由主义时代",大致处于英国统治海洋,法国统治陆地的阶段,尚未达到"国家与国家在一个历史的世界中的对立"。19世纪是"国家自觉的时代,是所谓的帝国主义时代"。"各国在任何地方都为了征服他

---

① 西田幾多郎:『西田幾多郎全集』第九卷,岩波書店2004年版,第356頁。
② 西田幾多郎:『西田幾多郎全集』第十一卷,岩波書店2005年版,第448頁。

国，把自己自身的强大当作历史使命，在此时，尚未达到所谓国家在世界史的使命上的自觉。"① 西田认为，当今的世界史的课题在于："各国必须通过自觉到各自的世界的使命，来构筑一个世界史的世界，即世界性的世界。"西田对这个"世界性的世界"做了详尽的解读："各个国家民族在张扬各自充满个性的历史生命的同时，以各自世界史的使命为出发点，结合成一个世界性的世界。这是人类历史发展的终极理念，也是今天的世界大战力图解决的世界新秩序原理。我国的八纮为宇的理念就是如此，窃以为宣告使万邦各得其所的圣旨的真意亦在于此。""从第一次世界大战开始，世界就进入了这个阶段，然而战争的终结并未使该课题得到解决。除了古旧、抽象的世界理念之外，没有任何新的世界构成原理，这就是今天再次爆发世界大战的原因。今天的世界大战要求彻底地解决该课题。在一个世界性的空间里，在强国与强国对立之时，世界将不得不陷入激烈的斗争之中。科学、技术、经济发达的结果，使今天的各个国家民族进入到了一个紧密的世界空间之内。而解决之途在于，只有各个国家民族各自自觉到世界史的使命，无论何地，都各自立足自身并超越自身，来构成一个世界性的世界，除此之外别无他途。"②

西田提出的"世界性的世界"理论，仍然依据"绝对矛盾自己同一"的辩证法，其理论核心在于"各国自觉到世界史的使命"，以"立足自身并超越自身"的方式，即"绝对矛盾自己同一"的方式，构成一个理想的"世界性的世界"。西田试图通过这种"新的世界构成原理"来结束强国之间的战争，使世界走向永远的"繁荣"与"和平"。在西田的美好愿望中包含着终结战争、企望和平的目标。然而，由于"绝对矛盾自己同一"的辩证法是无媒介的"即"的辩证法，是充满神秘色彩的直观主义的"非辩证法"，再加上西田未对当时世界大战的根本原因和世界流行理念进行具体细致的批判和分析，因此，构建在这种逻辑上的"世界性的世界"理论必然带有浓厚的直观主义和虚无色彩，要么仅成为祈愿世界和平的美好愿望，要么成为被试图称霸世界的强权势力利用的工具，很多日本学者也承认这是"西田的悲剧"。实际上，从西田对战争的看法、对日本的皇室在"世界性的世界"中的作用等问题的论述中可以清晰地看

---

① 西田幾多郎：『西田幾多郎全集』第十一卷，岩波書店 2005 年版，第 444 頁。
② 同上书，第 445 頁。

到，西田的"世界性的世界"理论不仅仅是"被强权利用"，而是在其理论中原本就存在为对外侵略战争提供依据的原理，导致"西田的悲剧"的原因不仅在于军部法西斯的强权，更在于西田哲学的理论本身。

对于在"世界性的世界"中，各个民族国家如何"立足自身、超越自身，自觉到自己自身的世界史的使命"的问题，西田没有作具体、细致的解答。他把解读的重心放在用"世界新秩序原理"解读并深化当时军部法西斯宣扬的"八纮为宇"理念上。西田把"八纮为宇"理念和使"万邦各得其所"的天皇"圣谕"当作人类历史发展的终极理念，即"世界性的世界"的形成原理。一些日本学者因此判定西田的"世界性的世界形成主义"原理中潜藏着以开放的世界主义"对抗军部法西斯右翼的狭隘的帝国主义"的理论①，认为西田提出"世界性的世界形成主义"，是试图扭转战时在日本社会舆论中起主导作用的"新攘夷思想"的理论方向，使当权者放弃"狭隘的国家利己主义的立场"。②的确，西田在著作中多次强调"世界性"，并明确表述了以"面向世界"的立场对抗"把自身主体化"的立场，即"狭隘的帝国主义、日本主义"的立场。这也是西田哲学国家观在战时受到来自以蓑田胸喜为首的右翼评论家强烈批判的原因。然而，据此判定西田哲学世界观具有"开放性"和"进步性"，无疑忽略了对西田哲学世界观的结论的分析。必须强调的是，在战时的日本社会舆论下，西田强调的"万邦各得其所"，并不是各民族国家保持平等与独立，实际上，西田明确反对主张各民族国家平等、独立的世界理念，而是在日本皇国至上信仰的基础上，在以皇室为世界核心的前提下，各民族"立体地结合"，③使世界各国"矛盾自己同一"地统一在皇室这个"终极理念"之下，"沐浴皇室的光辉"。因此，西田提倡的"面向世界的日本"，仍然是基于《五条誓文》中"布国威于四方"的皇室中心主义理念。

（二）各国在"世界性的世界"中的地位

在论述各国在"世界性的世界"中的地位时，西田并未明确指出各国间的具体关系，他只是主张各国"各具特色"地、"立体地"结合成一

---

① 荒井正雄：『西田哲学読解：ヘーゲル解釈と国家論』，晃洋書房 2001 年版，第 123 頁。
② 上山春平：『日本の思想』，サイマル出版会 1971 年版，第 81 頁。
③ 西田幾多郎：『西田幾多郎全集』第十一卷，岩波書店 2005 年版，第 201 頁。

个世界，而不是按照"抽象理论"独立平等地构成世界。西田称："所谓世界性的世界形成原理，并不是否定各个国家民族的独自性，而是正相反。说起世界，人们现在还认为是 18 世纪的抽象的一般的世界，我所说的世界性的世界形成，是指各个国家民族无论何处都通过在各自的历史的地盘中成就其世界史的使命，即通过实践其历史的生命，使世界具体地成为一，即成为世界性的世界。所谓世界具体地成为一，必须是各个国家民族无论何处都实践着各自历史的生命。恰似有机体一样，成就整体的一就是各自成就各自自身，各自成就各自自身就是成就整体的一。我的所谓的世界，就是拥有个性的统一的世界。所谓世界性的世界形成原理，无非是所谓使万邦各得其所。"① 可见，西田仍然依据一即多、多即一的"绝对矛盾自己同一"的辩证法，认为在各个国家民族充分发挥"个性"，即"实践着各自的历史的生命"时，世界就具体地成为了一个"世界性的世界"。

在《哲学论文集第四补遗》中，西田从"国体"的角度提到了各个民族在国家中的关系："所有民族都是历史地形成的，而在世界史的立场下，民族与民族之间必须是自然的形相与质料的关系。随着历史的世界发展的种种趋势，某个民族成为形相，某个民族成为质料。"② 根据外即内、内即外的"绝对矛盾自己同一"的辩证法，形相与质料之间也是"绝对矛盾自己同一"的关系，"在历史的世界中，质料在任何地方都必须是形相的"。于是，各个民族通过形相与质料之间"矛盾自己同一"的关系，构成了国家。西田将各个民族在国家中扮演的角色称为"职分的"，即"各得其所"，并以此反对单纯的民族平等立场和单纯排他的"侵略主义"。西田把这种"国家形成主义"继续延伸到"世界性的世界形成主义"中，提出："从真正的国家主义中出现的，必须是世界性的世界形成主义，今后世界的趋势是向这个方向迈进吧。"③ 西田的"世界性的世界形成主义"是其"国家形成主义"的延伸，关于各国间的"职分的"关系，西田在论述日本的"国体本意"时提出："严密地说，所谓国体，在

---

① 西田幾多郎：『西田幾多郎全集』第十一卷，岩波書店 2005 年版，第 447 頁。
② 同上书，第 197 頁。
③ 同上书，第 198 頁。

我国之外的国家是没有的。"① 在西田看来，未来世界的趋势将是以"世界上独一无二的"日本的"国家即道德的国体本意"为核心，各个国家民族之间通过一种"职分的"而非"单纯平等"或"排他"的关系，构成一个"新世界"。对于在这种"职分的"而非"平等的"关系之下，各国间的具体关系问题，西田没有明确论及，而是只将论述的重心转移到以皇室为核心的日本国体中包含的"世界形成原理"上。从西田的这种论述结构上，可以窥见其思想重心，即宣扬以日本的皇室为世界中心，以日本的皇道为形成世界的原理。西田在《世界新秩序原理》的最后提出："今天的世界的道义，既不是基督教的博爱主义，也不是支那古代的所谓王道，而必须是各个国家民族超越自己，形成一个世界性的世界。""我国的皇室不仅仅是一个民族国家的中心。在我国的皇道中，包含着八纮为宇的世界形成原理。"②

西田在"世界性的世界形成主义"中论述了"世界性的世界"的形成与结构：它是各个国家民族通过"立足自身、超越自身"，即"自觉到自身的世界史的使命"的方式结合成的。各国之间既不是"抽象的平等独立"关系，也不是把自己"主体化"的排他关系，而是"矛盾自己同一"的关系，是各国"立体地结合"，是"万邦各得其所"。具体到当时的形势，西田要以"世界性的世界形成主义"构建世界大战力图重塑的世界新秩序，即以日本的皇室为中心，从世界的一隅出发构成新的世界。对于"新世界"的构成步骤，西田更是作了详细说明。

二　"世界性的世界"的形成步骤

西田的"世界性的世界形成主义"包含两个必经阶段——"特殊性的世界"和"世界性的世界"。西田提出："任何国家和民族都是在各自的历史的地盘上建立的，拥有各自的世界史的使命，在那里，各个国家民族拥有各自的历史的生命。所谓各个国家民族立足自身并超越自身构成一个世界性的世界，是指其各自超越自我，遵从各自的地域传统，首先构成一个特殊性的世界。这个从历史性的地域出发构成的特殊性的世界再次结

---

① 西田幾多郎：『西田幾多郎全集』第十一卷，岩波書店2005年版，第203頁。
② 同上书，第446頁。

合，整个世界就构成了一个世界性的世界。"① 也就是说，先由拥有共同的"历史性地域"的各个国家民族通过"立足自身并超越自身"的方式，在一个文化和地理上的"特殊地域"，构成一个"特殊性的世界"，再由"特殊性的世界"以同样的方式结合，最终构成"世界性的世界"。西田在论述"世界性的世界形成主义"时，充分运用了西田哲学的整体即个体、个体即整体的"矛盾自己同一"的辩证法。在西田哲学那里，一个超越了自身的个体中包含着整个世界。应用到国家理论中就意味着：在一个超越了自身的国家中包含着整个世界。所谓"世界性的世界"，就是由这个超越了自身的国家民族，通过"矛盾自己同一"的方式先结成"特殊性的世界"，再以同样的方式结合成"世界性的世界"。西田认为："这是人类历史发展的终极理念。"于是，在"特殊性的世界"中，"超越了自身的国家民族"以整体与个体的"矛盾自己同一"的方式，将其他国家民族"融为一体"。在"世界性的世界"中，"超越了自身的""特殊性的世界"以同样方式融合其他"特殊性的世界"。在"世界性的世界"中，国家与国家、"特殊性的世界"与"特殊性的世界"之间构成了"内在即超越"的关系。

"世界性的世界"是西田哲学世界观的终极命题，也是西田晚年对未来世界发展方向的构想。他试图以此"超越"马克思的共产主义世界的构想："所谓共产主义，虽然是整体主义，但其原理在任何地方都建立在通过18世纪的个人自觉而确立的抽象的世界理念这一思想基础上。作为思想，能够从中看到18世纪思想对19世纪思想的反抗，它与帝国主义思想同样属于过去。"② 西田认为，马克思主义学说中的共产主义理想是"抽象的世界理念"，把马克思主义对国家实质的深刻揭露说成"18世纪思想对19世纪思想的反抗"，是过去一个时代的"回光返照"。并下结论说："基于18世纪思想的共产的世界主义也必将抵消在这个（万邦各得其所的世界性的世界）原理之中。"③ 实际上，西田的"世界性的世界形成主义"并未像马克思主义那样，对资本主义国家内在的经济、政治和社会结构，以及资本主义国家间的关系进行深刻分析，而是从其直观性的

---

① 西田幾多郎：『西田幾多郎全集』第十一卷，岩波書店2005年版，第445頁。
② 同上书，第444頁。
③ 同上书，第446頁。

哲学原理出发，解读人类历史发展的理念，这种直观主义的世界认识因为缺乏必要的实证依据，其结论会变得虚弱无力。从西田对"特殊性的世界""世界性的世界"的解读中可见，西田的"世界新秩序原理"仍然是在日本民族"优越论"的情感氛围内，试图诠释皇室的"世界性意义"的理论。

关于"世界性的世界形成主义"的第一个阶段，即"特殊性的世界"，西田既没有将当时的世界划分为几大"特殊性的地域"，也没有从整个世界文明区划的角度进行具体论证，而是只论述了日本国家存在的"特殊性的地域"——东亚。可以说，在西田哲学的世界观里，"特殊性的世界"原理特指"东亚共荣圈"原理。从西田的上述问题视角可以看出，西田哲学的世界观并不是全球性的、完整的世界观，而是以东亚为视角、以日本为中心的"世界观"。在论述"东亚共荣圈"原理时，西田提出："以往，东亚民族被欧洲民族的帝国主义压迫，被其视为殖民地，被剥夺了各自的世界史的使命。如今，东亚诸民族必将自觉到东亚民族的世界史的使命，各自超越自身，构成一个特殊性的世界，以此执行东亚民族世界史的使命。这是构成东亚共荣圈的原理。我们东亚民族必须一起高举东亚文化的理念，实现世界史的奋起。而为了构成一个特殊性的世界，必须要有成为其中心、担当其课题者，今天，在东亚，非日本莫属。"西田试图以"特殊性的世界"理论来诠释"东亚共荣圈"原理。他宣扬东亚民族以"自觉使命"的方式打破欧洲民族的压迫，构成"东亚共荣圈"。他虽提出构成"东亚共荣圈"理念的是"东亚文化"，但早在《日本文化的问题》中，西田便主张以日本文化的"精髓"——"皇道"作为"世界性的世界"形成的终极理念。也就是说，从文化的角度出发，日本将成为"东亚共荣圈"的中心。西田接下来又说："正如历史上，希腊在波斯战争中的胜利决定了欧洲世界的文化发展方向一样，今天的东亚战争也会在今后的世界史中决定一个方向。"[①] 西田用希波战争中希腊的胜利来比照当时的日本在东亚推行的侵略战争，明显地表现出试图通过侵略战争的胜利，实现使日本充当"东亚共荣圈"领袖的意图，从而为侵略战争赋予"文化意义""世界史意义"。这里也明显地暴露出"世界性的世界形成"原理和"东亚共荣圈"原理之间的矛盾性。西田在"世界性的世

---

① 西田幾多郎:『西田幾多郎全集』第十一卷，岩波書店 2005 年版，第 446 頁。

界"中强调，在尊重各个国家民族的地域传统，充分发挥各自的个性与文化的基础上，各个国家通过"一与多"之间"矛盾自己同一"的关系构成世界。在"矛盾自己同一"的辩证法中，西田一直强调矛盾双方无媒介的"同一"。然而，在论述"世界性的世界形成"时，西田把"共荣圈"当作了国家与世界，即多与一之间的媒介，他提出："由于今天的世界形势是，世界在任何地方都应当成为一，因此，各个国家在任何地方都必须是国家主义的。而作为这个多与一之间的媒介，就要求有诸如共荣圈这样的特殊性的世界。"在"东亚共荣圈"这个媒介中，各个国家的地域性传统被东亚的地域性传统置换，各个国家的个性与文化被以皇室为中心的日本文化、"东亚文化理念"湮没。正如西田哲学政治伦理学带有以整体消融个体的倾向一样，西田哲学世界观中的"东亚共荣圈"原理成为不惜以战争的方式实现以日本文化"包容"东亚各国文化的理论。

为了解决"世界性的世界形成"原理和"东亚共荣圈"原理之间的矛盾，西田提出："所谓世界具体地成为一，必须是各个国家民族到任何地方都延续各自历史的生命，恰似有机体那样，整体成为一，就是各自成为各自自身，各自成为各自自身就是整体成为一。"① 西田试图通过有机体内的各个组成部分与整体之间的关系来阐释各个国家与整个世界的关系。然而，正如"绝对矛盾自己同一"的辩证法无力解决整体与个体之间的矛盾一样，"有机体世界观"仍然难以解决以日本为中心的"东亚共荣圈"原理与所谓各国充分发挥个性、共同繁荣的"世界性的世界形成"原理之间的矛盾。

在"世界性的世界形成主义"理论中，与世界的终极归宿——"世界性的世界"相比，西田更重视第一个阶段——"特殊性的世界"，即"东亚共荣圈"原理。他突出强调"领袖民族"在"共荣圈"中的地位。西田认为："在共荣圈中，所谓中心民族不是像国际联盟那样被抽象地选出的，而必须是历史地形成的"，"必须是依据世界性的世界形成原理产生出来的"。② 西田在这里仍然站在排斥西方伦理学原理的立场，强调"历史的形成"，他认为，由于日本民族自诞生以来，一直延续着"万世一系"的皇室的统治，且未经受任何外族侵犯，保持了民族文化的"纯

---

① 西田幾多郎：『西田幾多郎全集』第十一卷，岩波書店 2005 年版，第 447 頁。
② 同上书，第 449 页。

粹性",所以,日本在东亚完全具有充当"共荣圈"领袖的资格,这个资格来自于"历史形成",而不是"抽象选出",他因此宣扬日本在"东亚共荣圈"中的领袖权是"毫无争议"的,是"完全道德"的。照此逻辑,必将推演出如下结论:作为"东亚共荣圈"的领袖,日本民族为了"共荣圈"的"繁荣"所做的一切行为也将是"道德的",其成员必须以"矛盾自己同一"的方式无条件接受。很显然,西田从历史形成的角度诠释的明显具有日本"优越论"倾向的"特殊性的世界"形成原理和领袖原则,与当时日本军部推行的"大东亚共荣圈"的政策理念基本趋同,这表明在战时日本社会大肆宣扬"东亚共存共荣""充当东亚领袖"的语境下,尽管西田哲学的世界观宣扬面向世界的开放性方向,但由于这种开放性建立在笃信日本民族特殊性的基础上,因此导致西田的"世界新秩序原理"是充满矛盾的理念,最终使其不仅未能突破侵略主义、帝国主义的窠臼,而且为军部推行的侵略东亚政策提供了"原理"和"道义"支持。

三 皇室在"世界性的世界"中的作用

在《日本文化的问题》中,西田赞颂了使自己成为"无"来包容"万有"的日本文化的"包容性"特征和"世界史意义",从文化角度论证了"当今日本面向世界"的任务:"日本不再是东方孤岛上的日本,不再是封闭的社会,而是世界的日本,是面向世界立足的日本,日本的形成原理必须是世界的形成原理。"① 他还竭力宣扬皇室中包含的"形成世界的原理","使皇室成为世界文化的中心"。

在《哲学论文集第四补遗》中,西田从"肇国神话"出发,将日本的"国体精华"归结到"万世一系""天壤无穷"的皇室那里,多次论证皇室在日本历史上的作用:"在我国的国体中,皇室是世界之始终。皇室包含过去未来,作为绝对现在的自我限定,所有都是以皇室为中心生生不息地发展的,这是我国国体的精华。"② 在西田看来,皇室就是日本历史上的"绝对无","一切出于皇室,一切归于皇室"。③ 在《世界新秩序

---

① 西田幾多郎:『日本文化の問題』,岩波书店1982年版,第82页。
② 西田幾多郎:『西田幾多郎全集』第十一卷,岩波书店2005年版,第201页。
③ 同上书,第208页。

原理》中，西田详细论述了作为"国体精华"的皇室在"世界性的世界"中的作用："我国国体不是单纯的所谓整体主义。皇室作为包含过去未来的绝对现在，皇室是我们的世界之始终。在以皇室为中心的一个历史的世界形成的地方，有万世一系的我国国体的精华。我国的皇室不仅是所谓一个民族国家的中心。在我国的皇道中包含八纮为宇的世界形成原理。"①

西田在论述皇室在"世界性的世界"中的作用时，多次使用了"八纮为宇"一词。"八纮为宇"源于中国史籍《淮南子·地形训》，本意指四方、四隅，即指天下。1904年，田中智学依据《日本书纪》中"兼六合以开都，掩八纮而为宇"的记载，创造出了"八纮为宇"一词。在太平洋战争期间，"八纮为宇"一词成为宣扬"化世界为一家"的代名词，成为宣传日本对外侵略战争"正当化"的标语。在西田的著作中，"八纮为宇"一词往往是在论述"世界形成原理"的最后，作为总结性的词语使用的。对此，日本学者小坂国继认为，尽管在西田的这种表述中"不得已流露出复古主义的、国粹主义的气息，但是，这些是在当时被日常性使用的词语，并且必须看到，这种词语的使用，有为了方便而不得已的因素。另外，如果细致研讨就会了解到，西田绝对没有把'皇室'实体化，而是把它作为'绝对现在''永远的现在'，把它看作'空'乃至于'绝对无'。并且，'八纮为宇''皇道''国体'等词语常常与'世界性的世界形成原理''世界主义''历史的世界性'等词语连接使用"。② 由于"八纮为宇"是当时日本社会最流行的词汇之一，因此，在西田的著作中出现当时被"日常性使用"的词汇并不能证明西田对该理念的推崇，从这一点出发，小坂国继把"八纮为宇"等表述理解为西田为了理解方便而不得已使用的，认为西田的本意并非颂扬"八纮为宇"，而是诠释皇室的"绝对无"的性质和"世界性的世界形成主义"。然而，西田在论述"八纮为宇"时，明确地将其与"皇道精神""神国信念"联系在了一起，西田说："在以皇室为中心的我国的肇国之中，有历史的世界形成的意义。因此是万世一系，是天壤无穷。这是所谓神国信念出现的原因。在诏书中能够聆听到作为现人神的神的语言。在那里，理性和道德被赋予了

---

① 西田幾多郎：『西田幾多郎全集』第十一卷，岩波書店2005年版，第446頁。
② 小坂国継：『西田哲学と現代：歴史・宗教・自然を読み解く』，ミネルヴァ書房2001年版，第76頁。

基础。八纮为宇一词，也必须从这个角度来阐释。"① 这段话明显地表露出西田试图从"历史的世界"的形成角度诠释"神国信念"和"八纮为宇"精神的意图。由此可见，西田不仅不是"为了理解的方便而不得已"使用"八纮为宇"，而是正相反，他试图通过日本这个"历史的世界的形成"来诠释"八纮为宇"精神中的"理性因素"和"道德基础"。

在《世界新秩序原理》中，西田有意将"世界性的世界形成主义"归结为"八纮为宇"的理念。"所谓各个国家民族立足自身并超越自身构成一个世界性的世界，是指其各自超越自我，遵从各自的地域传统，首先构成一个特殊性的世界。这个从历史性的地域出发构成的特殊性的世界再次结合，整个世界就构成了一个世界性的世界。在那个世界性的世界中，各个国家民族在张扬各自充满个性的历史生命的同时，以各自世界史的使命为出发点，结合成一个世界性的世界。这是人类历史发展的终极理念，也是今天的世界大战力图解决的世界新秩序原理。我国的八纮为宇的理念就是如此，窃以为宣告使万邦各得其所的圣旨的真意亦在于此。"② 在此处，西田将"世界性的世界形成"原理，即"世界新秩序"原理最终归结为"八纮为宇"理念和"使万邦各得其所的圣旨"。不可否认，西田这里突出强调的是"八纮为宇"理念的"面向世界"的意义，包含着驳斥使日本"主体化"的"狭隘的日本主义"的倾向。然而，由于西田哲学的世界观无法解决"世界性的世界形成主义"和"东亚共荣圈主义"之间的矛盾，使得"八纮为宇"理念中的"世界性意义"最终回归到"使万邦共沐皇恩"的皇室中心主义中去。

这样，在西田哲学的文化观和世界观中就出现了前后矛盾的表述。在《日本文化的问题》中，西田提出："我认为最应当引以为戒的是将日本主体化，那不过是皇道的霸道化，无外是将皇道帝国主义化。"③ "作为主体与其他的主体相对立，否定其他主体，或试图使其他主体成为自己的作法是帝国主义，那不是日本精神。"④ 在《世界新秩序原理》的最后，西田提出："所谓世界性的世界形成主义，不是失去我们国家的主体性。唯

---

① 西田幾多郎:『西田幾多郎全集』第十一卷，岩波書店 2005 年版，第 202 頁。
② 同上书，第 445—446 頁。
③ 西田幾多郎:『日本文化の問題』，岩波書店 1982 年版，第 82 頁。
④ 同上书，第 92 頁。

有如此，才是空己容他的我国特有的主体性原理。由此确立的是，到任何地方都将我国国体之精华发挥于世界。可以说，今天世界史的课题的解决，要从我国国体的原理出发。不仅英美理应服从之，轴心国也应效仿之。"① 在文化观中"引以为戒"地将日本主体化的做法，在世界观中成为了"空己容他的日本特有的主体性原理"。所谓"空己容他"的主体性原理，实际是西田"场所的逻辑"中推崇的"非主体的主体"，是通过使自己成为"无"包纳"万有"，西田把皇室诠释为"无"，因此，"空己容他"的主体性原理就是将"皇道精神"发挥于世界。

另外，西田在"空己容他"的主体性原理中加入了"我国特有"这一定语，这里的"特有"，包含着"世界唯一""世界最优"的意味，从而将拥有"非主体的主体"性质的日本国家与其他"主体性"的国家区分开来，这种区别对待本身就具有明显的日本民族"优越论"倾向。西田竭力主张用日本的以皇室为核心的"国体精华"统驭世界，使英美服从、德意效仿。尽管西田试图通过以"非主体的主体"排斥"日本主体化"的方式，批驳狭隘的国粹主义和日本主义，但是，在西田哲学世界观宣扬的"空己容他的主体性"原理中，包含了明显的反对当时世界上所有既有原则，主张在日本民族"优越论"的基础上统一世界的称霸倾向，这与狭隘的国粹主义、日本主义殊途同归。正是如此，导致西田的上述结论在战时日本学术界召开的有关"近代的超克"的座谈会上，被其弟子们作了充分发挥，炮制出宣扬日本民族是世界上唯一的"指导民族"，把侵略战争赞颂为"从英美帝国主义手中解放东亚"的"总力战"的京都学派的"世界史的哲学"。

上山春平认为，为了不给右翼评论家批判的口实，西田使用了当时社会流行的用语，认为"在看似狂热的国家主义者的主张的背后，编织着意在否定整体主义和帝国主义意图的'世界性的世界形成主义'的主张。这一主张包含反对以整体主义排斥自由主义的因素"。② 西田在构筑其哲学体系的过程中，一直试图以"绝对无"的"场所逻辑"和"绝对矛盾自己同一"的辩证法反对单纯的整体主义和个人主义，并试图以"内在即超越"的逻辑使"整体的一和个体的多矛盾地自己同一"。西田在伦理

---

① 西田幾多郎：『西田幾多郎全集』第十一卷，岩波書店2005年版，第450頁。
② 上山春平：『日本の思想』，サイマル出版会1971年版，第98頁。

观中也主张意志自由的"行动主义",因此,在论述"世界性的世界形成原理"时,正如上山春平所说,西田反对站在整体主义的立场排斥自由主义,主张"在避免与整体主义进行正面冲突的同时,试图贯彻自由主义的立场"。① 对于西田提倡的"自由主义立场"的本质,上山并未详细论述,只是提出了西田的个人主义中有同时肯定整体主义的可能。上山的上述评论体现出与小坂国继相同的观点倾向:他们都试图在西田"八纮为宇""万民翼赞"等用语背后,找到西田世界观中的"反帝国主义倾向"。但是,从西田对皇室在"世界性的世界"中的地位的论述中可以看到,由于西田哲学辩证法存在逻辑缺陷,导致西田哲学世界观中的"反帝国主义倾向"仍然站在弘扬日本"皇道精神"的"八纮为宇"理念的立场上,宣扬使"皇室"这个"绝对无"成为世界的中心,因此,西田并不是为了否定单纯的整体主义立场而"不得已"地使用"八纮为宇""皇道精神"等当时社会流行用语,而是试图以整体与个体之间"矛盾自己同一"的辩证法,从超越整体主义的视角,为"八纮为宇""皇道精神"增添新的内涵,使其上升到"绝对无"的高度,其最终目标仍然是主张将"八纮为宇"的"皇道精神"发挥于世界。

综上所述,西田提出的"世界性的世界形成主义"是宣扬将"皇道精神"发挥于世界的世界观。尽管西田试图通过把"皇室"诠释成"绝对无"的方式"超越"马克思的共产主义思想,但是,与黑格尔谈论世界历史的着眼点在于日耳曼社会一样,西田谈论世界新秩序的着眼点在于以皇室为核心的日本,和以日本为中心的东亚。与马克思的面向世界的共产主义世界观不同,西田哲学的世界观是立足于日本民族的世界观,因此,仍然是狭隘的世界观,并且,西田哲学世界观在第二次世界大战时期无疑发挥出为日本对外侵略战争提供理论支撑的作用。

---

① 上山春平:『日本の思想』,サイマル出版会1971年版,第137頁。

第三章　西田几多郎与时局

西田晚年正值日本侵华战争和太平洋战争时期，在西田晚年的日记和书简中多次出现对时局的感慨，这说明晚年的西田对于战争时期的日本政治、文化抱有强烈关心。1935年文部省设立教学刷新评议会以来，西田先后担任教学刷新评议会的委员、日本诸学振兴委员会公开演讲会的讲师，系统阐释其文化观、国家观的著作《学问的方法》《日本文化的问题》便是西田在担任演讲会的讲师期间所作的系列演讲。随后，西田被日本政府授予文化勋章，为天皇讲学，并在军部的邀请下作了《世界新秩序原理》演讲。可以说，1935年以后，西田一改以往专心钻研哲学基本问题的风格，开始频繁出现在政府机构组织的活动中，其文化观、国家观、世界观的相关著作与讲座都是在此期间完成并发表的。战时日本流行的诸如"日本精神""皇道""国体"等政治性宣传口号也频频出现在西田的哲学著作中。西田竭力运用自己的哲学体系解读上述名词，试图赋予这些名词新的含义。

对于西田几多郎与时局的关系，小坂国继、上田闲照、藤田正胜等日本学者已经展开细致的考证与研究，并作出具有相同倾向性的判断。上田闲照认为，《世界新秩序原理》"并不是西田自发创作的，而是被现实状况胁迫的发言，是他与那场战争相关的为数很少的公开发言之一"。① 小坂国继认为，西田"应国策研究会的要求撰写的《世界新秩序原理》是在试图对军部的考量进行道义性匡正的意图下撰写的，因此，其真正的意图当然未能传达，他的政治性发言常常被曲解。翻阅当时的西田的日记和书简就能很明显地感受到他那种失望落魄的心情"。② 藤田正胜认为："西田的论证方式具有一个特征，即把在时代中被确定为前提的问题框架和概

---

① 上田闲照：『上田閑照集』第一卷『西田幾多郎』，岩波书店2001年版，第213页。
② 小坂国继：『西田幾多郎——その思想と現代』，ミネルヴァ书房1995年版，第29页。

念，以虚假的形态予以认同——唯有用此方法才能在当时展开论证，并从自己的立场出发赋予其积极的意义内容，以论证其在真实层面应当是怎样的形态。例如：在论证'日本精神'时，他绝不是单方面地主张其特殊性与优越性，而是关注日本的精神传统的弱点……在论述'皇道'和'国体'时，也是虽然使用了这些词汇，却明确反对民族利己主义、帝国主义与侵略主义。"① 综上可见，日本学者竭力强调西田面对时局的"抵抗性"态度，竭力剥离西田与第二次世界大战时期日本社会普遍意识形态之间的联系，试图将西田打扮成远离战争的"纯学者"。

1995年，正值西田逝世50周年，《思想》杂志刊出"西田几多郎逝世50周年特集"，包含西方学者在内的西田研究者针对西田哲学的文化观、国家观展开广泛讨论。其中不乏深入分析西田几多郎与日本政界、军部之间关系的研究成果，更有学者指出当时学界对西田与政局之间关系研究的主流倾向："最近，日本国内外的研究成果显示，大家普遍认为西田的思想与欧洲的思想家们不同，不应当判断为再政治化，而应当是脱政治化。也就是说，若干的西田研究者们现在与其认为西田的诸多政治性论文承认了国家主义以及日本的扩张主义，不如说是将其作为文化哲学来阅读的。"② 针对这种倾向，玛拉尔德认为，晚年的西田在政治压力下撰写了很多与政治相关的论文，因此，"不管怎么说，西田哲学走向了政治化道路"。关于西田哲学最终走向政治化的原因，玛拉尔德总结为三点：西田哲学思想的进一步展开；20世纪40年代来自政府的外在压力；当时在西田身上发生的与政治相关的事情。③ 玛拉尔德的上述总结提供了一个解读晚年西田与时局关系的思路。然而，上述三个原因是否能够完整地诠释西田与时局之间的关系，以及这三个原因之间的内在关系问题，玛拉尔德并未作出深入分析。

本章对照日本学者的上述研究结论，结合西田著作中的总结性核心观点，并对照战时日本政府的文化政策，通过梳理西田几多郎与政局相关的

---

① 藤田正勝：『西田幾多郎の思索世界——純粋経験から世界認識へ』，岩波書店2011年版，第17—18頁。

② ジョン・C.マラルド，山本誠作（訳）：『世界文化の問題——西田の国家と文化の哲学の体得へ——』，『思想』1995年11月，第169頁。

③ 同上書，第170—174頁。

几个重要事件：参加教学刷新评议会、在文部省的讲坛发表系列演讲、与近卫政权之间的交往、与陆海军的接触，以及《世界新秩序原理》的撰写与发表等，剖析西田几多郎与时局的关系。这对于评判西田哲学国家观的现实影响，探寻西田哲学国家观的本质观点与政治倾向应当是有效的。

第一节　西田与日本政府的接触

从20世纪30年代后半叶开始，西田几多郎建构的哲学体系基本完成，他也因此确立了在日本哲学界不可撼动的地位，此时的西田走出专心从事学术研究的"象牙塔"，对于现实日本国家和政治问题屡屡发声。

一　参加教学刷新评议会

西田最早接触现实政治是1935年参加文部省的教学刷新评议会。1935年12月5日，在日本文部省第一会议室召开了教学刷新评议会第一次总会，该评议会是为了应对文部省关于"刷新、振兴教学现状"的咨询而设立的，是日本政府自20世纪30年代以来推行的思想统制政策的一部分。第一次世界大战以后，自由主义、民主主义、社会主义思想在学生中间和教育界推广开来，并有广泛蔓延到社会整体思想中的倾向。对此，日本政府于1931年7月开始实施思想整顿与教育计划，文部省先后设立"学生思想问题调查委员会""国民精神文化研究所"。在《国民精神文化研究所所报》创刊号上，文部大臣鸠山一郎发表《国民精神文化研究所所报发刊词》，鸠山在发刊词中提出："毋庸置疑，我国当下之急务在于，对于思想问题进行充分的应急性指导监督，务必批判、排击恶思想，进而从更高、更宏大的立场出发，对我国体、国民精神等进行学问性的研究与阐明，将其广泛普及到一般国民之中，明示我国民应向往之理想，以确立国民生活之指导原理。"① 1933年8月，内阁会议通过了思想对策委员会制定的《思想善导方案具体案》，该方案的方针在于：在"究明不稳定思想并改正之"的同时，积极地阐明日本精神，努力培育彻底普及日本精神之国民。在日本政府忙于制定培育日本精神、排除"恶思想"的思想统制政策时期，在法学界长期存在的"天皇机关说"论争被提升为政治

---

① 『国民精神文化研究所所報』第一号，1933年6月，第6頁。

性事件。以此为契机，日本政府在1935年8月和10月两次发表"国体明征"的声明，明确表现出政府对学术思想的关注。此后，对国体和国民精神进行"学问性"的研究与阐释被提上日程，教学刷新评议会就是在这样的背景下成立的。

在阐述评议会的成立趣旨时，文部大臣做了如下说明："我国之教学，乃体奉教育之相关敕语，以体现国体观念、日本精神，此乃其本旨也。然于亘久输入之外来思想浸润之所，此本旨尚未充分彻底，当此时，宜深刻检讨我国教学之现状，匡正本末，醇化摄取之果实，以图其刷新与发展。"①可见，组建教学刷新评议会的目的是在秉承"国体观念"和"日本精神"的基础上，"刷新"教育、学术和思想，以达到控制学术、思想的目的。在文部省上述精神的指导下，教学刷新评议会积极召集大学教授、律师、外交官、实业界等社会名流，在大学里开设阐释"国体本意"和日本文化、日本精神的讲座。不仅西田几多郎、和辻哲郎、田边元等"京都学派"的哲学家成为评议员，而且宣扬"皇国史观"的东京帝国大学的平泉澄等学者也参与其中。

针对评议会的成员构成，西田在12月5日写给堀维孝的信中表示出对评议会的不满："在由那一班人组成的那种目的的会议中，即使出席，我也不认为会有什么意见交流，所以坚持请辞，然而由于务必要出席，不得已，就出席一两次试试，这次打算去四五天就回来，到明年二月份再散漫地出席。"② 西田的上述不满或许来源于他站在"面向世界"的立场对狂热的、封闭的"日本主义"立场的反感。

1936年1月，西田委托小西重直在教学刷新评议会上宣读了一份《意见书》。在《意见书》中，西田提出："欲依据日本精神，实现现今及将来我国思想界之统一，需对我国之历史及事物展开学问上之研究，客观地阐明其本质。同时，从根柢处深刻研究、理解称为科学之精神者，以达至得以自在运用之境遇。有过去而无未来者，非活生生之精神也，优秀之思想若非自身统一他者，则无法立足。愚以为，此不仅可视为我国思想界

---

① 近代日本教育制度史料编纂会编纂：『近代日本教育制度史料』第一四卷、大日本雄弁讲谈社1957年版，第257—258页。

② 西田幾多郎：『西田幾多郎全集』第十九卷，西田书简第979号，岩波书店1989年版，第551页。

之一大统一，更成为世界文化之一中心。然我国之学问与基础性研究尚未脱离幼稚之境地……需使优秀学者从事学问之基础性研究，同时，必须计划培育上述学者。"① 《意见书》明确表明要使"日本精神"走向世界，"成为世界文化的一个中心"的主张。同时，西田还间接性地提示了教学刷新评议会的方向："使优秀学者从事学问之基础性研究"，以及致力于培养这样的学者。在西田看来，评议会应该是一个学术性和教育性的机构，在担负起将日本思想界统一在日本精神中，将这种自身统一他者的日本精神提升到世界文化的中心地位这一文化使命的同时，还要担负起培育从事基础性学问研究的优秀学者的教育使命。然而，西田的上述期望与事实上教学刷新评议会的宗旨相去甚远。尽管西田从未在日记和书信中阐明自己的主张与评议会之间的区别，但是，他对评议会的厌烦之情随处可见。这一方面由于他作为向往纯粹学术自由的学者对政治钳制学术的现状有强烈的愤懑情绪，这种情绪在西田对诸如"天皇机关说事件""津田左右吉事件"的看法上已经明确表露出来。另一方面，也源自于西田面向世界的日本文化观、世界观，特别是其开放的科学观与评议会趣旨之间存在冲突。按照文部大臣对评议会趣旨的解释，日本的"国体观念""日本精神"是由于"外来思想之浸润而未能充分彻底"，只有排除这些外来思想，才能使之"醇化"。这种刷新教学的逻辑中显然包含封闭的、排外的思维，这与西田哲学面向世界的文化观相冲突。因此，西田才在《意见书》中提出了"面向世界"的主张。在后来的演讲中，西田也竭力论证上述文化观，试图以其面向世界的"日本文化至上主义"说服日本政府摒弃排外的日本主义。

1936年10月，教学刷新评议会在第四次全体会议之后，向文部大臣提交《关于刷新教学的答辩报告》，此后便终止活动。在报告中，评议会着重强调的是："大日本帝国乃奉万世一系之天皇天祖之神敕而永远统治之，此乃我万古不易之国体。"同时，报告主张"于教育界、学界，纠正与排除不符合此国体之本义者"。② 可见，作为在文部省主导下创建的评议会，其核心倡导的始终是战时日本政府竭力宣传的"国体本意"，对这

---

① 中岛健藏：『昭和时代』，岩波新書1957年版，第114页。
② 藤田正胜：『西田幾多郎の思索世界——純粋経験から世界認識へ』，岩波書店2011年版，第202页。

样一个完全为政治服务的组织，作为学者的西田并不认可。

二 参加诸学振兴委员会，发表系列演讲

评议会停止活动后，文部省积极召集学者开展宣传"国体本意"的演讲。早在1936年9月8日，文部省就决定在教学刷新评议会的基础上成立日本诸学振兴委员会，并于翌年开办哲学会和公开演讲会，西田就是公开演讲会的讲师之一。在西田日记中记载他出席学术振兴会共有三次：1937年1月21日"出席上野的学术振兴会"①，2月26日"出席学术振兴会（神田如水馆）"，② 9月21日"出席神田如水会的学术振兴会"。③ 1937年11月，西田在日本诸学振兴委员会的公开演讲会上作了《学问的方法》演讲，此后，西田频频出现在公开演讲会的讲坛上。1938年，在昭和研究会的世界政策研究会上作了《从西方哲学入手观察东方哲学的特征——国家哲学存在吗？》演讲；1938年4—5月间，西田在京都大学以《日本文化的问题》为题作系列演讲；1939年5月，在京都大学乐友会馆作了《君民一体纵向世界》演讲；直至1943年5月19日在"国策研究会"上发表讲话，后来整理成《世界新秩序原理》。西田通过公开演讲，系统阐释"日本精神"在于以"皇室为中心的自己同一"的主张，并以皇室中包含"世界性原理"公开批判狭隘的日本主义，不断完善、强化其"面向世界"的立场。

从参与教学刷新评议会，到作为哲学公开演讲会的讲师，尽管受到来自国粹主义者、日本主义者的批判，但是，西田在日本政府主办的讲坛上始终占据一席之地。以《日本文化的问题》为代表的演讲内容饱满充分，论证严谨从容，并与其哲学基本原理及其对日本文化的一贯认识基本一致。因此，从其一贯的哲学主张判定，其演讲的观点应当出于本意。在此时不存在西田"受局势胁迫"作违背本意发言的可能，从其当时的演讲是在政府举办的正式场合下进行的这一点上来看，也不可能存在"被捕的危险"。可见，日本学者为了否认西田与日本政府、军部存在密切联

---

① 西田幾多郎：『西田幾多郎全集』第十七卷，西田日记，岩波书店1989年版，第551頁。
② 同上书，第552頁。
③ 同上书，第563頁。

系，提出其"受到局势胁迫"，甚至存在"被捕危险"的观点缺乏有力证据。

三 与近卫、原田的交往

西田在发表系列演讲之后，逐渐与日本政治中枢接近。1937年6月4日，近卫文麿组阁，成立第一届近卫内阁。在近卫文麿担任首相期间，原田熊雄（1924年成立的加藤高明内阁和后来的第一次若槻内阁的首相秘书官，后来担任西园寺公望的秘书，与各派政界要人过从甚密）充当了西田与近卫联络的中间人。原田熊雄早在1909年7月，西田担任学习院德语教师时就是西田的学生。[①] 一年后，当西田转任京都大学时，原田也转学到京大法学科。近卫在西田担任学习院教授时刚刚进入一高，并没有成为西田的学生，但近卫与原田等友人均对西田哲学颇感兴趣，这样，在西田刚刚转任京都之后，就开始了与原田、近卫等学习院期间学生们的频繁交流。由于他们大多住在白川地区，因此，时常举办"白川沙龙"，近卫在学生时代多次去西田家拜访。[②] 由于私交深厚，在1937年6月1日得知近卫有可能组阁时，报社就到西田家采访，在近卫奉命组阁的第四天，西田就写信给近卫[③]，此后，双方频频书信往来。

早在近卫尚未组阁的1935年10月3日，西田在给已经充当近卫智囊团干事的原田熊雄的信中说："请向近卫、木户诸君问好，尊兄今努力参与国家之枢轴，故务必保重身体。吾乃布衣之一老学究，却祈愿作为世界之日本之大方针确凿无误。国体之明征者，无人疑之，然以此为名欲图谋政权者之鄙劣乃最为可憎。国民对政府之处置有疑惑，对以此为名将政府陷入窘境之意图亦有疑惑，今日之日本不应为此内争之时。"[④] 10天后，西田在写给日高第四郎的信中也说："正如你所知，现今乃法西斯时代，真正离开自己，思索深远之我国将来之事，乃徒然陷入性急与洁癖之中，与其自始至终与之冲突、战斗，不如设法忍耐当今之状态，努力使其渐次

[①] 上田久：『祖父西田幾多郎』，南窗社1978年版，第187頁。

[②] 小林敏明：『西田幾多郎の憂鬱』，岩波書店2003年版，第271—272頁。

[③] 西田幾多郎：『西田幾多郎全集』第十七卷，西田日記，岩波書店1989年版，第558頁。

[④] 西田幾多郎：『西田幾多郎全集』第十八卷，西田書簡第957号，岩波書店1989年版，第542頁。

恢复为中正之途。"① 在日本举国开展"国体明征运动"的1935年，西田已经将日本的时代特征定位为法西斯时代，上述两份书简恰好展现出西田对政界达人和普通青年的期望。西田把制约法西斯和"偏狭的日本主义"的期望寄托在政治上拥有发言权的近卫、原田等人身上，建议"作为世界之日本之大方针确凿无误"，并在"国体明征运动"中主张政府采取稳健政策，站在政府角度揭示"欲图谋政权者"的用心，呼吁日本国民摒弃内争，在思想上保持一致。对于普通民众，西田也主张不要与法西斯主义正面冲突、战斗，而以稳健的"忍耐"方式，努力使日本步入"正途"。西田这里主张的"忍耐"并非消极忍耐，而是在"忍耐"中努力，避开冲突，以稳健的方式抵制日本主义。这种主张也正是此后西田在政治上一直秉承的处理方式，在坚持向政府和军部宣传日本文化的"世界性"，并以此论证对外侵略战争的"合理性"的同时，尽可能地避开与"偏狭的日本主义"正面冲突。

然而，此后日本政治形势的发展远非"忍耐"就可以应付，"二二六事件"爆发的第二天，西田在写给堀维孝的信中，以罕有的激烈言辞说道："实乃人神共愤之残忍暴虐，使人想到法国革命。吾于昨日午后，从推销员处听闻事件之只言片语，未发一词……完全是破坏国家。此乃当事者对彼等心怀恐惧，故一步步纵容之结果。实乃国民奋起之时，为此之际，若无断乎之处置，则国家之前途必将完全陷入黑暗。然而，此断然之力量并无产生之处，国民实在是傻瓜啊！"② 在尚不明确事件详细经过的时候，西田就发出了上述慨叹。可见，作为一个思想家，西田对日本国家命运倾注了充沛的感情。从上述慨叹中也可以看出，西田最担心的是日本因"二二六事件"而陷入完全混乱，他甚至绝望地认为，阻挡使日本陷入"国家完全黑暗"的力量不可能产生。在信的最后，他还不忘补充一句："事件之真相尚未公开，虽然打听也没有什么办法，不过还请在听说彼等之暴虐之时，通告一声。"足见其对事件的关注。

由于"二二六事件"使西田倍感震惊，因此，在此后的西田书简中，

---

① 西田幾多郎：『西田幾多郎全集』第十八卷，西田書簡第963号，岩波書店1989年版，第545頁。

② 西田幾多郎：『西田幾多郎全集』第十八卷，西田書簡第1005号，岩波書店1989年版，第561頁。

关于日本政局走向的话题频频出现,表明西田对日本政治和军政的关心进一步升温。1936年3月2日,西田在写给堀维孝的信中说:"无论怎样,今后的日本要以军部为中心走下去了,园公的首相选择也无外乎要遵循此路径,此前军部的做法是前途暗淡的。文化之事暂且不论,要等待真正懂得外交与财政者出现吧。声称绝对尊皇,在官厅杀害长官却无任何自省,屠戮陛下信任的重臣,在皇城前拉开铁丝网,欲将陛下纳为私有,上述军人们的态度与历史上之足利尊氏无异。重臣或许不好,但动用军队,使日本陷入如此无统制状态又是谁的责任?"[①] 在这封书简中,西田首先表达了对军部掌政的预测,以及对军部执政之后日本政局走向的担心,预测"前途暗淡"的军部执政需要"真正懂得外交与财政者出现"。接下来,西田再次表达了对皇道派发动"二二六事件"的反感,并将青年将校的行为与足利尊相类比。可见此时的西田已经对日本接下来的政局失去了信心,对于军部执掌下的日本政局将走向何方充满迷茫。然而,"二二六事件"之后,尽管在书简中看不到西田关于时政的评论,但是在西田日记中,从"二二六事件"到近卫组阁的一年零三个月的时间里,记载近卫来访一次,原田来访六次。可见,此时的西田并未完全放弃参与政治,而是一直通过与近卫、原田等人的接触参与政治、关注时局。

近卫组阁前后,西田多次与原田通信。在1937年6月3日给原田的信中,西田说:"近卫君最终还是领受了敕命啊,现在也没有别的办法了,只能祈愿君等达成使命。文教方面之事,在当今日本之状态下,一时恐怕也没有办法,只能期盼采取避免向积极的、偏狭的方向迈进之消极态度了。"[②] 西田在企盼近卫能够完成使命的同时,最关心的还是日本政府的文教方针。他认为,"消极态度"是与当时日本社会甚嚣尘上的法西斯主张对抗的最好方法,这表明西田在面对以日本为主体的偏狭的日本主义时感到力不从心,他似乎已经对自己一直宣扬的日本文化的"世界主义"失去了信心。然而,这里的"消极态度"并非远离日本文化论坛的消极躲避,而是对"积极态度"的一种斗争方式,此后的西田仍然利用一切

---

① 西田幾多郎:『西田幾多郎全集』第十八卷,西田書簡第1009号,岩波書店1989年版,第563頁。

② 西田幾多郎:『西田幾多郎全集』第十八卷,西田書簡第1105号,岩波書店1989年版,第601頁。

机会向政界传达自己的"世界主义"主张。

在 6 月 23 日写给原田的信中，西田在细致分析形势的基础上，恳切地表达了对近卫内阁的担心与期望："我七月末去你那里，届时可以充分探讨问题。近卫君之事，当今世人大多对近卫内阁满怀期盼之情，假使不能满足世人之期盼，但如果近卫内阁仅仅声称向那个方向（世人期望的方向）努力的话，我认为世人还是希望内阁保全下来的。今天，只是企盼不要成为陆军的傀儡（好多人已经如此，且谁都可能如此），被一方的势力牵引而显露丑态。不管怎样，如今担心的还是安井这位文部大臣，此人师从平泉，主张以往文部省的做法过于跟随西方，故此次文部省要以固陋的所谓日本主义者为中心，安井的上述做法不可能对走向世界的将来日本文教应当如何开展的问题拥有确定不移的方针。以此次聚集在文教审议会中的学者们为中心制定的此后日本文教方针会怎样呢？尊兄在遇到这个安井时，定要留意。总之，现今一般都对近卫内阁心存好意、充满期盼，只是在文教一点上有些失望。上述内容虽前几日在写给近卫君的信中也有提及，但仍恳请尊兄多多进言。不论此次之成败如何，总对近卫内阁之将来寄予厚望。"①

在这篇书简的开头，西田先与原田约定在 7 月末见面详谈，随后简要分析近卫内阁面临的形势为"当今世人大多对近卫内阁满怀期盼之情"，接下来就指出对近卫内阁文部大臣的不满和担心。由于安井是平泉澄的学生，平泉澄是东京帝国大学宣扬"皇国史观"的旗手，因此，西田自然对这个安井的文化主张持怀疑态度。他主要担心在安井的主持下，近卫内阁无法制定出"面向世界"的日本文教方针。对于这个问题，西田虽然已经给近卫文麿写过信，但仍然恳切地请原田再次提醒，可见西田对近卫内阁最关心的仍然是文部省，是日本文化的"世界性"问题。总之，在近卫内阁成立之初，西田对其充满期盼之情，并多次希望与近卫内阁的核心人物交流，期望自己的文化主张能够成为新一届政府的文教方针。

此后 4 个月，或许因为近卫与原田忙于政事，抑或因为安井主持下的文部省有意忽略西田的存在，在西田的日记和书简中，并未出现与近卫、原田的深入交流。9 月 13 日，西田在给原田的信中说："在前天的报纸中

---

① 西田幾多郎：『西田幾多郎全集』第十八卷，西田書簡第 1115 号，岩波書店 1989 年版，第 605—606 页。

看到尊兄与 K 君见面，那件事沟通得如何？这几日忙于杂事，对于 K 君之演说，想谈谈我的想法，如果感兴趣，可见面详谈，请随时通知我会谈的时间。如果能够见面，真想谈好多事情啊。"① 这里的"K 君"就是近卫文麿（近卫文麿读音"このえふみまろ"的首假名"こ"的罗马字首字母为 K）。书简中提到的演说，应当是近卫文麿在 9 月 5 日第 72 次临时议会上作的施政演说。

10 月 22 日，西田在写给原田的信中说："从今天的报纸上得知，安井辞职，木户进入文部省，我感到无上之喜悦和一种安心。我想近卫君也认为早这样就好了吧。若是木户君，定与安井之流不同，其思想进步，亦受学界欢迎，对于一旦采取行动就容易奔向一个方向的近卫君来说，是个最好的助手……总之，木户君如果有时间的话，我想约他见面，谈谈以往文部省的做法与人事，不知可否？我计划在 29 号之前一直在这里。（如果木户君与原田君一同前来是最好不过的，木户君的宅邸在何处呢？）"② 困扰西田的文部大臣安井终于被木户取代，对于西田来说，这是"无上之喜悦"，这封书信表达出西田想尽快与木户面谈的迫切心情，更表明西田急切地想参与文部省制定日本"面向世界"的文化方针的意图。此后，为了广泛宣传其"面向世界"的文化观，西田积极参与文部省组织的演讲会，《学问的方法》《日本文化的问题》等演讲都是在接下来的时间里完成的。1938 年 4 月，西田又在近卫文麿的智囊组织"昭和研究会"的组织下，接受了关于"从西方哲学角度观察东方哲学的特征——国家哲学能否成立"的咨询。③

文部省主持的一系列咨询与演讲在宣传西田哲学的文化观的同时，也招致了来自右翼文化势力的激烈攻击。1938 年 6 月 25 日，西田在写给弟子高坂正显的信中，特意叮嘱高坂说："对于那些一提到普遍，就马上认为是抽象的普遍，从不考虑前后关系的整体意义，反而拿这个作为攻击材料的一派人物，由于我们是他们的攻击目标，所以千万注意不要让他们发

---

① 西田幾多郎：『西田幾多郎全集』第十八卷，西田書簡第 1136 号，岩波書店 1989 年版，第 615 頁。

② 西田幾多郎：『西田幾多郎全集』第十八卷，西田書簡第 1153 号，岩波書店 1989 年版，第 622—623 頁。

③ 酒井三郎：『昭和研究会』，講談社 1985 年版，第 149 頁。

现词语漏洞。"① 11月3日，西田在写给木场了本的信中说："近年来，在贵族院一派（菊池井田等人）的背后，蓑田胸喜等人对我横加诬陷，在他们一派的杂志报纸（帝国新闻原理日本社）上捕捉我的一言一句，或误解、或曲解，汇集成庞大的攻击材料。"② 可见，西田对来自蓑田胸喜一派的攻击十分重视，并告诫"京都学派"的弟子们谨慎对待。西田面对攻击，主要采取的是消极应对的态度，即专心表述自己的思想主张，尽量避免与攻击方展开直接交锋，这也与西田劝告近卫、原田等人面对法西斯方向采取的"消极态度"一致。

然而，1938年初，近卫内阁发表"不以国民政府为对手"的声明，表明将侵华战争持续下去的决心，并相继颁布《国家总动员法》，发表"建设东亚新秩序"声明，公开与英美对立。1940年7月，近卫第二次组阁时，推行"新体制运动"，解散政党，组建"大政翼赞会"。这些举措表明，近卫内阁主持下的日本政府正在一步步向法西斯化迈进。近卫刚刚组阁时，西田就评论过文部大臣桥田邦彦和内务兼厚生大臣安井英二，由于桥田是在安井的推荐下进入内阁的，因此，西田对他也没有好感，认为"那个人过于追随形势，这一点稍稍有些讨厌"。谈到安井，西田言辞激烈："近卫为何如此信任安井呢？此人也许是正直的、下定决心就不轻言放弃的人，但不过是短视浅见、肚量狭窄的所谓官僚而已，根本不是能够左右大局之人。"③ 由于这封信是西田写给好友山本良吉的，因而可以毫无顾忌地批判近卫内阁的构成人员。在1940年9月26日写给原田的信中，西田的措辞要委婉得多："在近卫君那里，体制业已建立，然而主要还在于用人，我曾在信中提到：如果仅建立一个与政党不同的、唯一的、固定的机构，反而会留下后患。正如最近报纸上所见，井田之流、桥钦之流、中野搭便车之流都进入要害部门，前途堪忧。"④ 信中提到的"井田

---

① 西田幾多郎：『西田幾多郎全集』第十九卷，西田書簡第1240号，岩波書店1989年版，第29頁。

② 西田幾多郎：『西田幾多郎全集』第十九卷，西田書簡第1296号，岩波書店1989年版，第52頁。

③ 西田幾多郎：『西田幾多郎全集』第十九卷，西田書簡第1465号，岩波書店1989年版，第120頁。

④ 西田幾多郎：『西田幾多郎全集』第十九卷，西田書簡第1493号，岩波書店1989年版，第129—130頁。

之流"是指竭力反对"天皇机关说"的右翼政治家井田磐楠,"桥钦之流"是指右翼军人桥本欣五郎,"中野搭便车之流"是指东方会的党首中野正刚。① 上述书信表明,西田尽管对近卫内阁继续保持期望,但是在内阁成员,特别是核心成员的选用上表示了强烈不满。进而在政府的用人上提出诸多建议,特别表现出对西田十分反感的人物担当要职的担心。

1940年9月,近卫内阁缔结"德意日三国同盟"。1941年春天开始,关系渐趋紧张的日美之间开始进行外交交涉。7月,第三次近卫内阁成立。正在对《国家理由的问题》作最后修改的西田曾对堀维孝说:"K这次好像要真正地做些事情了,我也因此十分高兴。不过,他遇事总是缺乏决断的勇气,所以,也颇为危险。这次但愿千方百计地取得成效。"② 也就是说,在近卫内阁深陷扩大战争与对美交涉迷途的时期,西田仍然对他全力支持。直至1941年10月,日美交涉破裂,近卫内阁垮台,西田叹道:"这是多么糟糕的世道啊,近卫最终被抛弃了,应该称作军政府了。"③ 西田所说的军政府就是接替近卫的东条英机内阁。1941年12月,日美开战,面对日本国内对战争的狂热宣传,西田对"军政府"内阁不再抱有期望,而是展开了对战争与"日本精神"、日本文化之间关系问题的思考。

梳理西田在三次近卫内阁期间,与原田之间的书信交流,可以厘清西田从1936年"二二六事件",到1941年末太平洋战争爆发期间与政界高层之间的交流,从而窥探西田在日本历史经历重大转折时期的态度。首先,在个人与政权的关系上,西田并非远离时政,而是积极地向原田提出各种建议,试图广泛参与近卫政权的各项决策,他特别关心文部省的文化方针和用人问题,表明西田迫切希望文部省践行他在《日本文化的问题》中论证的文化观和世界观。从近卫、原田一方来说,对西田的积极建议与参与,似乎并无多大兴趣,从西田在书简中多次流露出要与近卫、原田、木户等人深入交谈的强烈愿望中就可以看出,近卫一方对西田的参与并不

---

① 吉田傑俊:『京都学派の哲学——西田・三木・戸坂を中心に』,大月書店2011年版,第183页。

② 西田幾多郎:『西田幾多郎全集』第十九卷,西田書簡第1606号,岩波書店1989年版,第175页。

③ 西田幾多郎:『西田幾多郎全集』第十九卷,西田書簡第1625号,岩波書店1989年版,第182页。

热心，至少西田关于日本文化的主张并未被近卫内阁采纳。再加上西田在系列演讲之后就受到来自右翼文化人的激烈声讨，导致近卫、原田等政界高层不得不与西田保持距离。在日本发动对外侵略战争的时期，关于日本文化与世界的关系问题，日本社会一直存在两种认知倾向：主张完全排斥欧美近代主义，竭力保持日本文化"纯粹性"的"日本主义"；主张以"包容""超越"的方式发挥日本文化"世界性"的"世界主义"。实际上，二者的目的均在于为日本妄图"征服全世界"的对外侵略战争寻找理论依据，在实质上是一致的。然而，由于前者的主张更能简便直接地唤起普通日本民众的"优越意识"，从而具有较大的煽动性，也导致西田的所谓"世界主义"主张在前者的声讨与打压下，只能"消极应对"。

其次，西田始终对近卫内阁抱有期望，这一方面表明西田一直试图通过说服执政者的方式践行自己主张，另一方面也表明西田确信与自己拥有私交和师生关系的近卫与原田能够深刻领会其思想精髓。因此，在近卫内阁一步步走向法西斯道路的过程中，西田仍然亦步亦趋地跟随、劝导，直至近卫内阁垮台。因此，并非像日本学者推测的那样，西田一直持"远离政治"的"脱政治化"立场，而是正相反，西田不仅对近卫和原田的态度颇为主动，而且试图利用一切机会向政治核心渗透日本文化"面向世界"的理念。

最后，在三次近卫内阁期间，西田活跃于文部省主办的各种讲坛，通过演讲会宣传自己的文化观，解读日本文化的"世界性"，此时期可以说是西田在政治上最活跃的时期。另外，西田对其日本文化观的广泛宣传，也招致平泉澄、蓑田胸喜等"日本主义"者的正面攻击，使西田一度陷入言论的旋涡之中，正是由于面临右派学者的批判，西田在这一阶段的后期开始撰写《国家理由的问题》，全面阐释其国家观。总之，西田在三次近卫内阁期间，一改以往专注于治学的经院学者立场，主动参与到当时日本学界关于日本文化、国体等问题的讨论中，为其运用西田哲学的理论诠释日本国体、诠释"东亚共荣圈"理念等现实问题做出铺垫。从这个角度说，"日本主义者"对西田的种种攻击与批判，在很大程度上带有学术争议的性质，更不能以西田受到"日本主义者"的攻击，便断定西田的政治主张是"反帝国主义""反侵略"的。实际上，西田的世界观与"日本主义"者的世界观在目的上是一致的。正因为如此，日本陆海军亦多次与西田联络，非常关注其"世界性的世界"理念。

第二节　西田与陆海军

从 1938 年末开始，西田与陆军和海军方面的智囊、官员频频往来。1939 年 2 月 18 日建立了海军与西田的弟子——"京都学派"之间的联系。"京都学派"从"以历史哲学解读现代世界历史"的角度出发，实现海军希望的"为战争寻找理念"的愿望。1938 年 6 月，皇道派领袖、陆军大将荒木贞夫主动访问西田，实现了西田与陆军高官的首次会晤。1940 年 3 月，西田出版《日本文化的问题》，同年被日本政府授予文化勋章，1941 年西田授命为天皇讲学。本节通过细致梳理西田与陆海军的接触，探究西田与战时日本政局之间的关系。

一　西田与海军的接触

1939 年 2 月以后，西田日记中开始出现与海军方面接触的记载。1939 年 2 月 18 日，"到大矶的原田那里去，见到了叫高木的海军士官、野村大将、池田成彬。7 点左右归家"。① 据高木惣吉日记记载，当时谈论的话题是"日本精神、帝大肃学、对支那文化工作、军人政治、战争与政治、英美舆论与对德意提携等问题"。② "京都学派"与海军方面的接触从此开始了。9 月 15 日，"到大矶原田那里去，晚上，高木（海军）、长与来会，10 点左右归家"。十多天后的 9 月 28 日，"海军高木惣吉与天川勇来访"。③ 1941 年 9 月 7 日，"上午去拜访原田，高木、长与来会"；11 日"下午，和辻、谷川、高木惣吉、天川来访"。④ 1943 年 11 月 8 日，"访问岩波、原田，还有高木惣吉"⑤。12 月 25 日，"高木惣吉来访"。⑥

在西田的日记里屡次出现的高木惣吉毕业于海军大学，1939 年任海军省调查课长，是海军智囊团的重要成员，负责联络各大学的知名学者，1944 年任海军省教育局长。战后，高木撰写《太平洋战争与陆海军的抗

---

① 西田幾多郎：『西田幾多郎全集』第十七卷，岩波書店 1989 年版，第 591 頁。
② 转引自竹田篤司『物語「京都学派」』，中央公論新社 2001 年版，第 171 頁。
③ 西田幾多郎：『西田幾多郎全集』第十七卷，岩波書店 1989 年版，第 602 頁。
④ 同上书，第 643 頁。
⑤ 同上书，第 674 頁。
⑥ 同上书，第 676 頁。

争》一书，回忆了自己代表海军方面与"京都学派"接触的过程。在提及西田几多郎在其中充当的角色时，高木说："向京都学派寻求帮助的动机，不外乎是源于西田几多郎博士的提示。昭和十三年（1938年），西田先生来到镰仓，我与东上镰仓后的先生初次会面是在十四年（1939年）2月，在大矶的原田熊雄（西园寺公望公爵的秘书）那里见面的。因为与池田成彬（三井财阀头目、近卫内阁大藏大臣）、野村吉三郎（日美交涉全权大使）这些大前辈一起，所以只能在一个小角落里旁听意见不尽一致的三巨头会谈。那一年9月，到西田先生家里拜访的时候，先生提示我，如果想得到京都学派协助的话，高山教授可胜任联络人的角色。同时，先生还提醒我说，由于京都与东京略有不同，现在是以田边博士为核心，因此，有必要按照程序先征得田边博士的首肯。因此，我后来又走访了京都。"① 从高木的上述回忆中可以看出，海军方面的高木主动与西田取得联系，并提出请"京都学派"协助海军的要求，面对高木的请求，西田并未直接出面协调，而是授意弟子高山岩男作为"京都学派"与海军的联络人。可见，西田对海军方面的邀请兴趣索然。

关于海军方面主动联络"京都学派"的动机，高木惣吉在回忆中说：海军"对京都学派的期待在于，对亚洲15亿有色人种负有领袖责任的日本，面对这些复杂的各民族，要诠释、阐明怎样的思想、政治理念？八纮一宇、东亚共荣圈等内涵空洞的标语能获得那些在历史上为我国提供文化、传授宗教的民族从心底里出发的协助吗？希望有一个能够包纳西欧的科学文化和东洋的宗教哲学的理念。更希望实现的是，通过这些智囊的协助，能够增强处于劣势的海军的政治影响力"。② 可见，海军方面试图通过联络"京都学派"，制定出一个综合性的"政治理念"，这个政治理念要能够被以中国为首的亚洲民族接受，更应当是一个能够包纳东西方文化的"世界性"理念。海军方面试图通过提出理念，战胜陆军方面打出的"八纮一宇""东亚共荣圈"等"内涵空洞的标语"，以提高海军方面的政治影响力。在当时日本思想界的诸多思想理念中，海军最终选择了提出"世界史的哲学"的"京都学派"，由于西田是"京都学派"的宗师，因此，海军必然先求得西田的首肯。可见，西田在当时的确成为日本思想界

---

① 高木惣吉：『太平洋戦争と陸海軍の抗争』，経済往来社1982年版，第201頁。
② 同上書，第190—191頁。

的领袖人物。西田与海军方面的接触过程也证明西田主动充当最初为海军和"京都学派"建立联系的联络人角色。

二 西田与荒木贞夫的早期接触

1938年6月6日，西田在日记中记载"荒木贞夫来访"①，这是陆军高官主动与西田接触的最早记录。荒木贞夫毕业于陆军大学，任陆军大将，是陆军皇道派领袖人物，历任陆军大学校长，第六师团长，教育总监，犬养毅内阁陆军大臣，1938年近卫文麿组阁后，任近卫内阁文部大臣。对荒木贞夫的此次来访，西田颇感意外。他在6月16日写给原田的信中专门提及了这次会面："荒木的来访真是意外。我对他说，现今的世界是真实的，我国的方针唯有深切地把握世界之日本的立场，并理应从该立场出发，以一以贯之的思想、行为，尊重学问等等，这些都是极为率真的谈话。原以为那个人会持反对态度（因我根本没有说顺其心意的话），并加以反驳，然而，不知道对方打的什么主意，竟表示出全都同意的态度。"②

从西田与荒木的最初接触来看，对于荒木的主动联络，西田深存戒心。荒木的突然来访无疑是由于其担任近卫内阁的文部大臣，理应拜访当时在日本思想界颇有影响，且与近卫、原田等政界人士过从甚密的西田几多郎。从西田对待荒木的态度来看，一方面，西田认为荒木在日本面向世界的问题上一定会与自己的立场相对，认为双方没有深入交流的条件，所以，才试图以"率真的谈话"结束这场不必要的会晤，西田对荒木的反感暴露无遗。另一方面，在荒木来访之后，西田就将谈话的过程详细告诉原田，这也表明西田试图表达出坚定地站在近卫、原田阵营的态度，从中也可以看出西田对近卫内阁时期与陆军之间的矛盾甚为敏感。

由于身为近卫内阁的文部大臣，所以荒木此后又陆续与西田接触。1938年8月1日的西田日记中记载："给荒木的秘书菅原写信"，8月8日"午后，在文部大臣官邸遇到荒木"③。关于这次接触，西田也在给原田熊

---

① 西田幾多郎：『西田幾多郎全集』第十七卷，岩波書店1989年版，第577頁。
② 西田幾多郎：『西田幾多郎全集』第十九卷，西田書簡第1238号，岩波書店1989年版，第27頁。
③ 西田幾多郎：『西田幾多郎全集』第十七卷，岩波書店1989年版，第580頁。

雄的信中做了详细说明。在8月2日的信中说:"昨天给荒木君去了信(通过近卫君的秘书传达的书信),打听了情况。我知道这其中要费些时日。"① 在8月4日的信中说:"荒木说八日在官邸会面。(我觉得他来访问我完全是近卫君的授意,是这样吗?)我想对荒木说的是,为了世界性的学问发达,应尊重研究自由。所谓日本学,虽然本来就是学问,但那究竟是什么东西呢?那个人究竟会怎样想我们呢?是否会多少有一些效果呢?"② 由于在8月9日的日记中记载"上午原田来",因此,关于8日与荒木的会面,在西田的书信中并未提及,西田与荒木的具体谈话内容,以及事后西田向原田的转述与评论便不得而知了,但是,此后一直到1943年,在西田书信和日记中均没有与陆军高官接触的记述,因此大致可以断定,在第一次近卫内阁中,西田与陆军高层的短暂会晤至此告一段落。

从总体上看,这次西田与陆军高官的早期接触并未取得任何成效,与陆军方面要求西田合作相对,西田则坚持"世界性"的学问,主张研究自由,在西田这种深闭固拒的态度下,双方的协作不可能达成。但是同时也可以看到,这次短暂的接触始于陆军方面主动联系西田,这表明在第一次近卫内阁时期,哲学家西田在政治上的声望显著提升,也表明在海军方面已经联络西田,并试图建构起新的"世界性"理念的背景下,陆军必然不甘落后,试图拉拢西田为自己所用。从西田来看,尽管在写给原田的书信中表示出强烈的拒绝情绪,但他还对"那个人究竟会怎样想我们?"抱有兴趣,也对其主张与劝说在陆军方面是否会产生效果抱有一线希望。西田的这种态度便成为1943年后,在陆军的要求下写作《世界新秩序原理》的一个缘由。可见,面对陆军高层的到访,西田在谨慎应对的同时,亦心存期望,这为后来西田与陆军的深入接触奠定基础,同时也表明,西田对待军部并非"消极""躲避"的"不合作"的态度。

三 "天皇御进讲"

随着在政治上声望的提升,1941年1月23日,西田受命为天皇讲

---

① 西田幾多郎:『西田幾多郎全集』第十九卷,西田書簡第1254号,岩波書店1989年版,第35頁。
② 西田幾多郎:『西田幾多郎全集』第十九卷,西田書簡第1255号,岩波書店1989年版,第35頁。

学，在昭和天皇面前作了30分钟的演讲——《论历史哲学》。西田在1月28日写给山本良吉的信中称这次演讲是"哲学第一次被安排在为天皇讲书的仪式中"。① 从其短短的《御进讲草案》的内容可以看出，西田为了利用这30分钟时间，充分且生动地向天皇宣扬自己的主张，颇下了一番功夫。从结构上看，《御进讲草案》分为三个部分，第一部分简短地分析西方哲学和东方哲学的特征及东方哲学的任务；第二部分以极简单的总结性语言高度概括了西田哲学"历史的世界"理论；第三部分通过论述民族的形成、世界的形成来阐释"面向世界"的国家主义，以及皇室在日本历史和现实中的意义。

在第一部分中，为了让昭和天皇了解哲学，西田向天皇讲解什么是学问、什么是哲学，以及哲学在西方历史上的不同时代所具有的特征，继而引出东方的儒学、佛教都是哲学，"特别是佛教的教理，其中包含了并不比西方哲学逊色的深刻哲理。其思想对我国思想界产生了很大影响。不过，东方哲学并未像西方哲学那样在学问上充分发达，我深知我们在这一点上必须努力"。② 在这里，西田提出了东方哲学的努力方向——"在学问上充分发达"，这是西田终其一生要完成的理想——构建学问上的日本哲学体系。由于这部分只是对东西方哲学的一个高度概括，所以，在汇报了自己及日本哲学的努力方向之后，他并未展开论及自己的哲学体系中已经初步构建起来的逻辑、辩证法和伦理学，而是马上进入"历史的世界"理论。

在第二部分，西田主要论及了"人类的生命"与"历史的世界"的关系。首先，为了便于让天皇理解，西田从昭和天皇最擅长的生物学知识入手，用生物学的名词来解读物种与环境之间的关系："如果问及生物的种如何形成环境，环境如何形成生物的种的话，那么可以说是借助了细胞作用这个媒介。"③ 换成西田哲学的用语，就是物种与环境之间是以细胞作用为媒介的自己同一的关系。随后，西田提出人类的生命的形成不同于物种的形成，因为生命不仅仅是物质的，它还包含精神，过去的精神在现

---

① 西田幾多郎：『西田幾多郎全集』第十九卷，西田書簡第1531号，岩波書店1989年版，第145頁。

② 西田幾多郎：『西田幾多郎全集』第十二卷，岩波書店1966年版，第268頁。

③ 同上书，第269页。

在仍然指导我们的行动，自己创造的东西和他人创造的东西被我们共享，所以，"我们总是拥有共同的传统，以此为中心来发展着我们的生命"。这是我们的生命的"历史性"。最后，西田用现在包含过去、未来的自己同一的逻辑论证了"历史的世界"的特征："以超越时间的永远的东西为内容而发展着，即历史的世界是文化性的。"①

第二部分是《御进讲草案》中最深奥的部分，西田为了论证人类的"历史的世界"的形成及其特征，运用了过去现在未来之间，自我与他者之间的自己同一的逻辑，最终引出了"文化性"这个"历史的世界"的特征。因此，第二部分虽然深奥，却仅起到一个过渡作用，即用深奥的西田哲学基本原理引出人类的生命与"历史的世界"的形成，为下文要论及的民族、国家、世界问题做铺垫。

第三部分是《御进讲草案》的核心部分。西田首先论述了民族、世界的形成过程。随着民族、世界的形成，世界上的各民族被置于同一个环境之下，"在那里必然产生民族与民族之间的冲突与摩擦，所谓战争也就在所难免，同时，又由于战争，使得各民族文化综合统一，将出现伟大的人类文化的发展"。② 这是在此次"御进讲"中首次提及战争，很显然，西田所指的就是当时的世界大战。他对战争的两个观点清楚地表露出来，其一是战争不可避免；其二是战争将促使世界同一，催生"世界性"的文化。这两项对战争的基本认识在他后来撰写的《世界新秩序原理》中都有详细的论证。接下来，西田向天皇论证了面向世界的国家主义观点："今天，由于世界性交通的发达，全世界成为了一个世界。今天的国家主义应当看作是上述立场的国家主义。不是各国还原成各国自身意义上的国家主义，而是各国在这个世界当中确立自己的位置意义上的国家主义。即各国成为世界性意义上的国家主义。"③ 随后，西田又一次提到了战争，然而，这一次他的措辞不是"战争"而是"斗争"："如前所述的各民族在进入到世界史的关系当中时，像今天这样引起国家间的激烈斗争是必然趋势。其中，最具有世界史倾向的（国家）成为中心，时代将归于安定。"而在这样的国家中，历史的社会与个人之间是以创造为媒介的自己

---

① 西田幾多郎：『西田幾多郎全集』第十二卷，岩波書店 1966 年版，第 269—270 頁。
② 同上书，第 270 頁。
③ 同上书，第 270—271 頁。

同一关系，唯有如此，这样的国家才拥有永远的生命。在第三部分的最后，西田论证了皇室在日本历史和现实中的意义。"在我国的历史中，既不是全体对个人，也不是个人对全体，而是个人与全体互相否定，以皇室为中心生生发展而来。尽管有时也有以某个全体性势力作为中心的情况，但总是复归到肇国之精神当中，蹈出以皇室为中心之新时代，创造出新时代。在我国，皇室总是拥有包含过去未来的现在的意义……所谓复古，总是维新。"① 这无疑是《日本文化的问题》中对皇室在日本历史中的作用的高度概括。西田的核心意图亦非常明确地表露出来：向天皇解读皇室是日本历史的核心的意义，暗示皇室拥有包含过去未来现在的自己同一性，即"世界性"。然而，这里只是一个暗示而已，皇室的"世界性"在《世界新秩序原理》中才有直接的论证。在"御进讲"时，皇室的"世界性"理论已经在西田哲学的理论中酝酿成熟，而在"御进讲"中并未直接表述出来，仅仅是作了暗示。这表明在当时的极端天皇崇拜的氛围中，西田仍然不能在天皇面前直陈其核心观点。

综上，此次"御进讲"主要围绕"历史的世界"的"文化意义"，以及"国家主义中必须包含面向世界的原理"等命题展开，与《日本文化的问题》和同年11月出版的《国家理由的问题》的内容基本一致。由于讲演时间只有30分钟，再加之演讲内容晦涩难懂，西田自己也称："后半部分的重要内容稍显急促"，② 由于西田哲学话语体系的艰涩与暧昧，天皇或许也不太了解西田的深意，此次"御进讲"的实际效果并未展现出来。然而，从讲座的内容上看，这可以说是西田面对日本最高统治者的时局论，因为我们从其讲座中可以读出如下信息。首先，此次讲座层次清晰、语言精练，从哲学的基本概念、历史与特征出发，既区分了东西方哲学的特征，又论及了西方哲学的发展历程；既概括了民族的形成，又论及世界的发展；既剖析了国家主义的特征，又隐喻了日本面向世界的发展方向。西田试图利用很短的篇幅向昭和天皇展示其哲学中与历史、文化、国家相关的所有核心内容。可以看出西田对此次"御进讲"的重视。其次，西田两次列举了天皇熟知的生物学的例子来论证民族与环境、生物

---

① 西田幾多郎：『西田幾多郎全集』第十二卷，岩波書店1966年版，第271—272頁。
② 西田幾多郎：『西田幾多郎全集』第十九卷，西田書簡第1534、1542号，岩波書店1989年版，第146—149頁。

与环境之间的关系，这也说明西田为此次讲座做了充分准备。最后，这次讲座的核心意图非常明确：从历史哲学的角度向天皇展示日本文化、日本国家的面向未来的可能性——拥有"世界性"；从日本历史的角度诠释皇室的地位——日本的核心。这两项核心观点是西田在晚年论述文化观、国家观、世界观的核心观点，其具体论证在其著作中都能够找到。因此，此次"御进讲"是西田对现实日本国家发展方向的高度概括，在整个西田哲学国家观中具有总结性意义。

第三节　发表《世界新秩序原理》

1943年5月19日，西田应陆军方面的邀请出席国策研究会，并在陆军军务局长佐藤贤了等官员面前作《世界新秩序原理》演讲。这篇演讲成为解读西田与军部、西田与战争之间关系的重要文件，因此，直至今日，对这篇演讲的写作过程，是否为西田本人撰写，是否代表西田本意等问题仍为争论点颇多的话题。本节结合事件亲历者矢次一夫和田边寿利的回忆，细致梳理《世界新秩序原理》的写作与发表过程，解读西田与军部之间的关系。

1943年2月到7月，在西田日记中记载了与陆军方面的接触。2月17日"国策研究会叫作石田矶次的人来访（金井介绍来的）"[1]；3月5日"国策研究会的矢次一夫来访"[2]；4月8日"田边寿利来访"；4月9日"金井章二、田边寿利来访"[3]；5月19日"去国策研究会，夜里十一点多从东京坐汽车回家，佐藤军务局长、永井、柳、下村海南等"；5月20日"田边来访，称遇到了金井"；5月21日"田边来访，关于建议书"；5月22日"田边来访"；5月23日"田边来访"；5月24日"金井、田边来访，镰仓警察署长、特高来访（奉知事之命）"；5月26日"田边来访"；5月28日"田边来，将《世界新秩序原理》原稿交给他"；5月30

---

[1] 西田幾多郎：『西田幾多郎全集』第十七卷，岩波書店1989年版，第660頁。
[2] 同上书，第661頁。
[3] 同上书，第663頁。

日"田边来"①；6月9日"田边带来《世界新秩序原理》二十册"②；7月21日"田边寿利来访，把原稿交给他"；31日"田边寿利来访"③。从上述日记的记载内容来看，1943年2月至7月，正是西田策划写作《世界新秩序原理》的时期，这一时期，作为陆军联络人的田边寿利频繁访问西田，特别是《世界新秩序原理》即将完成的5月下旬，田边几乎每天都到西田家关心写作进度，直到5月28日完成写作；另外，西田还亲自参加由军部开设的国策研究会，与陆军高官商讨《世界新秩序原理》的撰写原则问题。因此可以说，西田写作《世界新秩序原理》的背景是与陆军方面的充分接触。

一　矢次一夫的回忆

关于西田为什么在这一时期应陆军的要求撰写《世界新秩序原理》，以及《世界新秩序原理》是否完全由西田执笔的问题，在与此事件有关的矢次一夫和田边寿利那里却出现了不同的记载。矢次一夫是战前与战后都十分活跃的政客，他在战前联络陆军内部的统制派建立国策研究会。1980年，矢次一夫出版《东条英机及其时代》，书中专门记述了"西田几多郎博士与大东亚战争"。矢次一夫回忆其在1943年3月5日访问西田的缘由时说，原蒙古国政府最高顾问金井章二在1943年初访问矢次，称大本营计划在夏秋时节召集"大东亚各国"代表开会，请矢次出面邀请西田等主张世界性理念的日本知名学者撰写理论文章。于是，矢次一夫与金井章二、石田矶次陆续访问西田。据矢次的回忆，西田最初对陆军的来访持抵触态度。矢次一夫在回忆3月5日与西田的最早会面时说："初次见面的寒暄过后，在我围绕从金井、石田那里预先承诺下的问题，将要表明来意时，他突然一挥手，直截了当地说，最近的官僚和军人究竟把学者当成了什么？好像成为被政府官员定做的东西那样，命令我们这样那样，真是无礼。这是一种激烈反击的情绪。"④ 对于西田的这种态度，矢次首先以"我不是您的弟子"为由进行反击。随后，矢次反驳说："关于博士的

---

① 西田幾多郎：『西田幾多郎全集』第十七卷，岩波書店1989年版，第665頁。
② 同上书，第666頁。
③ 同上书，第669頁。
④ 矢次一夫：『東条英機とその時代』，三天書房1980年版，第300頁。

上述主张，即认为学者为当时的政府、权力者提供学问上的辅助是作为学者最大的堕落、耻辱，我认为这个看法甚为奇怪。在我的知识范围内，从历史上来看，学者是经常为当时的政府、权力者提供学问上的协助的。"①

根据矢次一夫的回忆，在这次交谈后的数日，西田在给矢次的信中说："初次会面时甚为失礼，想再次会面"，在接下来的会面中，西田答应了矢次的请求。"又过了一段时间，好像是六月初，金井来，说，喂，成了。我看到他甩在我面前的正是论文《世界新秩序原理——西田几多郎》。金井在临走前嘱咐我说，这虽然与我们相互期待的《大东亚宣言》的提案有些许不同，但是，请把这个作为《大东亚宣言》制定者的指导精神，成为其灵魂，拜托了。"②矢次在得到西田的论文后，将其复制二十份，分发给首相、陆海军大臣、次官、军务局长、参谋本部及军令部长官，以及外务大臣、情报局总裁、书记官长等官员，使《世界新秩序原理》在日本军政高官中广泛传阅。

作为事件的参与者和战争的亲历者，矢次一夫对西田的《世界新秩序原理》做出如下评价："我并不认为当时的西田博士是战后那些忌讳一切军事手段的妇人和平论者。对于没有机会理解博士战争论的我来说，尽管对这个问题不能做明确的批评，但是，在《世界新秩序原理》中，博士明确肯定了在实现'一个世界'的过程中，战争的必然性。依据博士的观点，应该有'正确的战争'，即使强烈否定侵略主义、帝国主义指导下的战争，却认为拥有进步性的战争是必要的恶，有时甚至被认为是正确的……并且西田博士似乎认为，正确的战争这个立场，不仅体现在战争目的上，还要求战争手段也要一贯正确，结束战争的方法也应当正确。"③在矢次看来，西田撰写《世界新秩序原理》的意图在于，在军部和政府以军事力量强行推行"大东亚共荣圈"时，试图强调"正确的战争""拥有进步性的战争"的作用，并在理念上，以"进步性的战争"理念诠释"大东亚共荣圈"的合理性。然而，西田这种试图以"正确的战争"诠释"大东亚共荣圈"理念的努力并未获得日本政府的首肯。在总结军政人士对西田上述理念的态度时，矢次说："《大东亚共同宣言》并不长，没有

---

① 矢次一夫：『東条英機とその時代』，三天書房1980年版，第301頁。
② 同上书，第303頁。
③ 同上书，第311—312頁。

必要在此做详细介绍,是用所谓官样文字的口吻写成的,当然,与我们一起努力的西田博士提出的《世界新秩序原理》中包含的理想根本没有体现。这对于西田博士来说,或许并非出于本意,但是现在想起这件事来,也未尝不是幸运的……在我将西田博士的论稿送到各个相关阁僚那里时,他们都欢喜地向我致谢,但是仅此而已……战争中,我对各种问题倾尽心力全是白费力气,这次与西田博士的多次会谈也是最大的徒劳之举。"①

在矢次一夫的回忆中,详细叙述了被诸多西田研究者反复讨论的西田是否面临被捕危险的问题。据矢次回忆,1943 年 5 月,情报局下令缩减《中央公论》《改造》等自由主义杂志的发行数量,情报局和陆军报道局等机构联合一部分右翼知识分子对自由主义的进步学者和官僚展开"有计划的、毫不留情的攻击"。在这种形势下,矢次从金井章二那里听说宪兵队将要逮捕西田,便开始多方奔走,试图从宪兵队和警视厅的抓捕中营救西田。其主要的营救行动就是 5 月 19 日请西田去国策研究会,矢次邀请陆军军务局长佐藤贤了、情报局总裁天羽英二、前内务大臣汤泽三千男,还邀请下村海南、大藏公望、永井柳太郎等人协调。关于这次在国策研究会上的会见,矢次描述说:"在各自做了自我介绍之后,我就依据搜集到的情报,将逮捕西田博士的阴谋揭露出来,随后,从陆军(包括宪兵队)内务省警保局(包括警视厅)等机构处获得了一定妥善处理,避免出现上述情况的保证……对于这件事,下村和大藏主张逮捕是非法行为,希望相关各省厅,特别是陆军妥善处理此事。在这过程中一直缄默不语的佐藤贤了终于表态,他以强有力的语调对西田博士保证:'先生将被逮捕的传闻我是初次听说,陆军方面绝不会允许这种事情发生,请先生放心。'我也如释重负,博士也好像放心了。不过,博士只是默默地点头首肯,没有说其他的客套话,也没有说请多关照什么的,不愧是西田博士啊……西田的身边人也有危险,不仅是我们,各方面都在努力营救,结果,只有博士从严厉的追究中逃离出来。"② 按照矢次的记述,西田在当时已经面临即将被宪兵队逮捕的危险,矢次是在知晓这种危险后,才召集了这次国策研究会的聚会,并在矢次的协调下,最终保证了西田的人身安全。

---

① 矢次一夫:『東条英機とその時代』,三天书房 1980 年版,第 315 页。
② 同上书,第 319—221 页。

在矢次一夫的回忆中,这次国策研究会并没有讨论《世界新秩序原理》的撰写问题,然而,在另一个事件亲历者田边寿利的回忆中,西田与陆军的关系却是另一番样子。

二 田边寿利的回忆

田边寿利作为社会学者,很早就与西田有交往,1942 年 10 月 18 日的西田日记中记载"田边很罕见地来访"[①]。西田用了"罕见"一词,表明以前联系并不频繁的田边的到访令西田稍感意外。此后在西田的日记中,田边经常出现,这意味着从此时开始,田边充当了沟通西田与陆军方面的联络人角色。田边在战后举行的"第十二次西田先生纪念演讲会"中作了《晚年的西田几多郎与日本的命运》演讲,回顾了西田参加国策研究会的缘由,及其与陆军方面的接触。

按照田边的回忆,1943 年 5 月 19 日的国策研究会,是陆军方面为了"向国民清楚地阐明政府立场",通过蒙古政府的最高顾问金井章二发出"求教于西田先生"的邀请。[②] 出席这次会议的是陆军军务局长佐藤贤了、永井柳太郎、后藤文夫等 20 人。[③] 田边在回忆会面的情景时说:"佐藤贤了第一个提出问题,他提出的问题是:'我们要将日本的天皇以怎样的形态,指引到怎样的方向上去呢?'话音刚落,先生冷不防地怒斥道:'这是没有道理的,你在说什么啊!''那种做法不是帝国主义吗?''既然是共荣圈,那么大家如果得不到满足的话就不能称其为共荣圈,随意地从一方利益出发做决定的共荣圈是强制性的,束缚了其他所有成员的自由意志,这样的共荣圈是不应该存在的。'……西田先生还说,在欧洲的侵略下复兴亚洲,这是理所当然的事情。如果为这个目的付出牺牲的话,那么在共荣圈中就要团结一致。如果是真正的共荣圈,那么日本就应当这样来做。如果不这样做,就不能称之为圣战,所谓共荣圈就什么都不是。面对西田的上述谈话,就连佐藤贤了也说了一句'实在抱歉'……先生从一开始表达了上述内容,大家似乎都明白了,也都摆出明白了的表情,嘴里

[①] 西田幾多郎:『西田幾多郎全集』第十七卷,岩波書店 1989 年版,第 654 頁。
[②] 田边寿利:『晚年の西田幾多郎と日本の運命』,西田幾多郎先生頌德会 1962 年版,第 21 頁。
[③] 同上書,第 27 頁。

说着'谢谢',但实际上并没有弄明白。"①

根据田边的回忆,这次国策研究会召开不仅不是为了保证西田的人身安全,反而是军方为了诠释"共荣圈"理念而"求教于西田先生"。会上,西田也并非缄默不语,而是以强硬的姿态反驳军方的"共荣圈"理念;会议的结果是,以佐藤为首的陆军首脑率先向西田表达歉意,这次会议也成为接下来军方请西田撰写《世界新秩序原理》的契机。

田边回忆说,在国策研究会的初次交锋之后,军方向西田提出邀请:"由于要作为政府的意见在议会中公开发表",所以,请将谈话写成文章。西田说了句"这也真没有办法啊",便开始执笔。在初稿完成后,军方提出文章"难懂,请稍作融通",西田请田边完成这项工作。田边"因为实在没有办法,就不管怎样都要使其浅显易懂,便使用先生的语言,用想方设法使军方明白的方式改写文章。我花费了几天终于完成了。这个容易理解的版本就是《世界新秩序原理》。……由于整个过程都是极机密的,所以把这本书在极机密的状态下印刷百本。西田先生审阅后发到军方的有30本,余下的由西田先生、金井和我做了适当分配。由于仅仅给了知道这件事情的人,所以,结果只印刷了100本"。② 作为事件的亲历者,田边详细叙述了《世界新秩序原理》的撰写过程。根据田边的记述,《世界新秩序原理》率先由西田执笔,但因为内容晦涩难懂,军方提出修改请求,再由田边寿利仿照西田的措辞,以"使军方明白的方式改写"。这个改写后的文本再经过西田审阅,这就是现在能够见到的《世界新秩序原理》。该书仅印刷了100本,军方保留30本,西田得到20本。由于田边是事件的亲历者,其证词便具有实证性,因此,田边的上述叙述被很多西田研究者引用,下村寅太郎在《西田几多郎全集》第十二卷的后记中采纳了田边的证词③,小坂国继在《西田哲学与现代》中也引用了田边的记述④。正因为在田边的记述中,西田不是以向陆军寻求庇护的姿态,而是以辩论的姿态出现的,加上为军部撰写的《世界新秩序原理》又经过了

---

① 田辺寿利:『晩年の西田幾多郎と日本の運命』,西田幾多郎先生頌徳会1962年版,第27—28頁。

② 同上书,第30—31頁。

③ 西田幾多郎:『西田幾多郎全集』第十二卷,岩波書店1988年版,第472—473頁。

④ 小坂国継:『西田哲学と現代:歴史・宗教・自然を読み解く』,ミネルヴァ書房2001年版,第71頁。

田边的修改，因此，在研究西田与军部之间的关系问题时，战后诸多的西田研究者根据田边的上述回忆，判定西田在战时发挥了试图"将军部指导下的战争引导到正确方向"的积极作用①。不过，也有学者主张田边的证言是对西田进行了"过高评价"。②

综上所述，关于同一场会面，田边寿利与矢次一夫的回忆大相径庭。矢次一夫围绕的主题是西田存在被捕危险，最终由自己出面联络军方高官并成功化解危险。在这个过程中，西田并未做明确表态，只是"默默首肯"而已。从矢次一夫的回忆中，看不到西田在此次会议上有何作为。田边寿利则细致记述了西田与军方高官的交锋，并展现出军方"向西田求教"的诚恳态度，以及后来西田撰写《世界新秩序原理》的过程，对照西田的日记和书信，也可以看到西田与田边交往、与军部交流的相关记述。这与在西田的日记和书信中大致看不到直接指向其存在"被捕危险"的证据相比，田边的记述可信度较高。然而，在田边的回忆中，西田被描述成对军部战争理念进行针锋相对批判的学者，这又与西田最后为军部撰写《世界新秩序原理》，诠释"大东亚共荣圈"理念的行动相矛盾。

因此，有必要梳理此时的西田与军部之间的关系。在日本法西斯体制确立后，西田与日本政府和军部之间一直保持着若即若离的微妙关系，这是对其撰写《世界新秩序原理》存在诸多争议的重要原因。邀请西田为天皇演讲的行动表明，在"大东亚共荣圈"理论被确定为日本对外方针之后，西田哲学的"世界性"理念受到了以天皇为首的日本政界、军界、文化界的普遍重视，西田的声望迅速提升。西田在1942年1月25日写给朝永三十郎的信中说："在文部省的会议上，我不客气地提出文部省应当充分追随时代的时候，意外拥有大部分人的同意。"③ 西田声望的提升，促使陆军方面产生了聘请西田解读"大东亚共荣圈"理念的打算。

---

① 下村寅太郎、上田闲照、上山春平、小坂国继、藤田正胜等西田研究者大致都持此观点。

② 吉田傑俊：『京都学派の哲学——西田・三木・戶坂を中心に』，大月书店2011年版，第200頁。

③ 西田幾多郎：『西田幾多郎全集』第十九卷，西田書簡第1534号，岩波书店1989年版，第146頁。

太平洋战争开始后不久，日本军部筹备召开大东亚会议，急需由权威学者从学术角度解读"大东亚共荣圈"理念。于是，矢次一夫和金井章次策划联络西田。从 1943 年 2 月开始，这种联络日渐频繁，西田也亲自参加国策研究会，并在与军方的深入沟通后，撰写了由军方秘密印刷出版的《世界新秩序原理》。从当时的时局分析，日本政府自 1940 年把亚洲战略的主题词定位为"大东亚共荣圈"以来，直到战败，带有欺骗性和侵略性的"大东亚共荣圈"理论并未发生实质性变化。从时间上看，军方提出"大东亚共荣圈"理论早于西田撰写《世界新秩序原理》，因此，并不是陆军方面为了确定今后的国策方向求教于西田，而是正相反。由于 1943 年 5 月，日本在对外侵略的战场上已经开始力不从心，战况渐趋恶化，面对来自日本政府和海军方面的压力，陆军方面作为推行战争的主导者，决定通过在思想上深化和加强对"大东亚共荣圈"理论的诠释与宣扬，使"大东亚共荣圈"理念更加具体和有"说服力"。于是，陆军方面邀请在文化界、政界颇有声望，并与海军方面有联系的西田从日本哲学的角度解读"世界新秩序"和"东亚共荣圈"理念。

三 "东条演说"与《世界新秩序原理》

陆军方面邀请西田参加国策研究会的直接原因，是为在即将召开的第 82 届议会中东条英机首相的施政演说寻求理论支持。西田显然也是知道陆军的这个意图的，他在 5 月 30 日写给堀维孝的信中说："我在 19 号的会上谈到的内容或许在下月中旬的声明中有所参考，因为这件事的关系，最近人员往来较多，很忙。"① 显然，西田十分重视在国策研究会上的发言是否会被政府接受，上述发言还导致拜访他的人增多，表明西田的"世界性原理"主张受到日本社会文化界关注。

西田在 6 月 14 日写给堀维孝的信中说："在上一封信中寄过去的内容（《世界新秩序原理》）想必您已看过。它将对明天的声明（东条英机的声明）有怎样的影响呢？最终会采纳多少呢？着实令人不安……我只是

---

① 西田幾多郎：『西田幾多郎全集』第十九卷，西田書簡第 1776 号，岩波書店 1989 年版，第 241 頁。

想尽量在日本精神中解读出世界性。"① 这封书信表明，西田在国策研究会上的讲话并非像上田闲照所说"不是西田自发的讲话，而是受局势胁迫的发言"②，而是西田基本认同经过田边寿利修改的《世界新秩序原理》代表了自己的主张，并期望自己的主张能够影响到军部高层的执政理念。

在同一天写给和辻哲郎的信中，西田说："在信中附的，是因意外的关系接受陆军方面的请求写成的。这不过是金井章次、田边寿利根据我撰写的东西写成的。此书若公布于世，将成为杂七杂八的人攻击的对象，我只是期望能够引起多方注意，我与偏狭的日本主义者相对，主张在日本精神中存在世界性。"③ 这封信表露出西田一方面预见到自己的"世界性"理念将导致右倾势力的攻击，但同时也期望引起日本社会主义，借此宣扬自己主张的心理。

1943年6月16—19日，第82届帝国议会召开，东条英机作为内阁总理大臣发表施政演说。在演说中，东条声称："将大东亚从英美多年之桎梏中永久解放，以回归其本来之姿，此乃帝国不动之大方针。帝国之施策始终一贯据此大方针制定，直至今日无半点偏移。大东亚战争勃发以来，一年有半，今大东亚十亿民众已了解我国之真意，均澎湃认同如下事实：若无大东亚战争之完胜，则无大东亚之解放；若无新大东亚之建设，则无大东亚民众之福祉。对于以上形势，帝国有必要思索对应诸国家、诸民族之诚意与协力，于此关键时刻推出崭新施政策略。当今之务，其主要者，应率先声明我国政府之信念。对于满洲国，将该国视为帝国之亲邦，皇帝陛下率先躬行垂范，国民上下一心，于物质精神两方面协助帝国，两国友谊长存，毫无嫌隙。对于帝国，亦应回应其信义，为其健全之发展助力。对于中华民国，汪主席以下之官民现今对帝国之诚意态度，自心底拥护，应于日华共同宣言之精神下，相互提携，已达至共同目的。饱受英美世界霸权涂炭百年之久之中华民国，今当挣脱其羁绊，走向自强之途，以完全

---

① 西田幾多郎：『西田幾多郎全集』第十九卷，西田書簡第1780号，岩波書店1989年版，第243頁。
② 上田閑照：『上田閑照集』第一卷「西田幾多郎」，岩波書店2001年版，第213頁。
③ 西田幾多郎：『西田幾多郎全集』第十九卷，西田書簡第1781号，岩波書店1989年版，第243頁。

自主独立之国家，与帝国共同建设崭新之大东亚。"①

东条演说通篇都没有提及日本文化"面向世界"的理念，反而仍然以"对抗英美""提携东亚诸国"为基调，因此，与西田的期许存在很大距离。这表明日本军部主张的理念仍然为："若无大东亚战争之完胜，则无大东亚之解放；若无新大东亚之建设，则无大东亚民众之福祉。"战争是"解放"大东亚的前提，同时，"建设"大东亚的目标是"将大东亚从英美多年之桎梏中永久解放，以回归其本来之姿"。该逻辑具有明显的单一指向性：战争是"解放"的手段，"解放"是战争的目标，尽管其最终的目标是通过"大东亚战争之完胜"实现"大东亚民众之福祉"，但整个东条演说并未对大东亚"回归其本来之姿"，即"大东亚民众之福祉"做任何深入解读，因此，在军部描绘的面向未来的逻辑体系中，未来仅仅是一个极端模糊的理想状态，这个未来也仅仅是"大东亚"的未来，而不是日本面向世界的未来，更不是世界的未来。实际上，东条演说试图达到的最直接的政治性目的是分化东亚各国在理念上对日本侵略的抵制。荣泽幸二认为东条这次演说"对于那些不了解'显现'八纮一宇精神的大东亚共荣圈建设真意的东亚、东南亚诸民族、诸国家，要进行彻底'讨伐'。然而，对于了解该理念，并协助建设者，则以我国家族国家之君臣父子之情对待之。将满洲国视为我帝国之'亲邦'，其'上下一致，于物质精神两方面协助帝国'乃至大之要求。帝国亦回应此信义，为该国之健全发展竭尽心力"。②

军部提出的这个以分化敌国为目标，仅突出战争，而极端模糊未来的"帝国不动之大方针"，一定令竭力推崇日本精神世界性理念的西田极度失望。西田在6月23日写给和辻哲郎的信中说："对东条的演说感到失望，我认为演说一点也没能理解我的理念（虽然也不是没有道理），不过，这是陆军很稀有地征求我等的意见，我想尽可能地、慢慢地使他们多少明白一点儿就好了，却没能如愿。"③西田在信中提及的"我的理念"，

---

① 『官報』号外　昭和十八年六月十六日　貴族院議事速記第一号　内閣総理大臣ノ演説。国立国会図書館検索システム［003/029］82-貴-本会議-1号（回）昭和18年06月16日東条の演説。

② 栄沢幸二：『「大東亜共栄圏」の思想』，講談社現代新書1995年版，第105頁。

③ 西田幾多郎：『西田幾多郎全集』第十九巻，西田書簡第1784号，岩波書店1989年版，第245頁。

应当是《世界新秩序原理》中论证的"东亚共荣圈"原理与"世界性的世界形成主义"。东条英机在演说中,把"东亚共荣"方针的最终实现与"大东亚战争"的"完胜"完全结合起来,以欺骗性的"大东亚共荣圈"口号为侵略亚洲的"大东亚战争"辩解。而西田在"东亚共荣圈"原理中,虽然表现出对以国际联盟为代表的西方世界国际关系理念的强烈反感,和使皇室为中心的日本成为亚洲"领袖"的强烈愿望,但是,西田哲学世界观的最终目标是"世界性的世界主义",即面向世界的"东亚共荣圈"。他多次站在面向世界的角度批判"狭隘的帝国主义和日本主义"。与日本军方的单一指向性逻辑不同,西田一方面表现出试图通过侵略战争的胜利,实现"为世界提供一个新的发展方向"的意图;另一方面,又试图以宗教的、文化的方式为日本文化寻找到面向世界的"文化意义""世界史意义"。这种暧昧的态度,导致西田此时面对时局的矛盾心理:既排斥明确赞颂战争和憧憬战争胜利的东条演说,又着力宣扬使日本的"皇道"走向世界。因此,在《世界新秩序原理》的话语体系中,西田也运用了东条演说中多次出现的诸如"肇国""各得其所"等措辞。西田在论述日本国体的"世界性意义"时,着力强调来源于"肇国神话"的日本"国体"拥有其他民族国家不可比拟的"优越性"。西田还把使"万邦各得其所"的天皇"圣谕"当作人类历史发展的终极理念,即"世界性的世界"形成原理。因此,在宣扬"日本精神""优越性"和建立以日本为中心的东亚秩序等问题上,东条英机的发言与西田哲学世界观大致趋同。二者的区别在于:东条英机主张在东亚建立以"大日本帝国"为中心的"新秩序";而西田主张在世界构筑以"皇室"为核心的"新秩序"。以东条英机为首的日本军部把构建"大东亚共荣圈"这个"特殊利益圈"作为当时重要的对外政策理念;西田则将"东亚共荣圈"作为通往"世界性的世界"的一个必经之路,他最终关注的是"世界性的世界"的形成。

综上所述,从西田哲学世界观的核心理念"世界性的世界"的形成步骤上看,西田哲学世界观是"立足东亚""面向世界"的,其核心目标是实现日本文化(包括日本式的秩序与道德)的"世界主义"。而此时以东条英机为首的法西斯政府已经把"大东亚共荣圈"理论作为搜刮亚洲各国资源,与西方殖民主义者争霸的实际策略思想。不过,从西田撰写《世界新秩序原理》的过程来看,尽管存在理念上的差异,但是,力图为日本政府与军部修正战争理念和世界秩序理念成为西田在战时最重要的政治实践行为。西田积极参加近卫集团的思想讨论，参与政府组织的文化活动、为天皇讲学；与陆军、海军当权者进行直接接触，通过亲自组织并向海军介绍"世界史的哲学"派（由其弟子组建的京都学派）参与海军方面关于战争理念的讨论；应陆军方面的要求，撰写《世界新秩序原理》，竭力向陆军宣扬自己的主张。关于上述政治性行为，诸多日本学者认为，西田是"被政治利用"，在"不得已的情况下"做出的迎合政府的行为，甚至认为西田的发言是以"反语"的形式隐喻反对战争的主张。但是，通过上述对西田与时局关系的考察，完全有理由认为，由于西田的政治性行为都在其日记与书信中有条理地记录下来，从这些记录中可以看出，西田的主张与理念没有因所谓的"外压"而发生明显转向，他不仅能够在与友人的交流中畅所欲言，更能对来自军方特别是陆军方面的人员直接表现出不满情绪，且在其与近卫集团、海军等方面的接触中表现出欲参与政治的强烈欲望。因此，西田在战时的政治性行为应当真实地体现了他完全自主且强烈的主观意愿，不仅不是"被利用""不得已"，而是正相反，西田积极主动地融入政治圈子，并试图以其独特的哲学"世界性"理念改变执政者的政治理念。

第四章　西田几多郎与"世界史的哲学""近代的超克"

关于西田几多郎与主张"世界史的哲学"的"京都学派"之间的关系问题，学界众说纷纭，有主张认为，尽管西田没有出席三次"世界史的立场与日本"座谈会，但作为"京都学派"哲学家们的宗师，理应属于"京都学派"的旗手①；有观点认为，西田之所以没有参加座谈会，是因为其理念与其弟子高坂正显、高山岩男、西谷启治、铃木成高具有根本区别，因此，不应当将其列入"京都学派"。② 这一争议的产生自然源于西田与高坂正显、高山岩男、西谷启治、铃木成高等人的师生关系，加上在座谈会召开前后，西田与其弟子们频频交往，且在书信中表露出对弟子们参与座谈会的复杂心情，因此，对于西田是否真正属于"京都学派"的问题尚在讨论之中。再加上西田与三木清之间也是亲密的师生关系，这样，关于西田门下弟子的"左倾"与"右倾"分化问题，及其各自与西田哲学理念之间的承继关系问题也成为独特的研究课题。③

实际上，日本学界存在的上述根本分歧直接指向的仍然是西田几多郎是否参与战争的问题。因为无论如何，西田作为"京都学派"的宗师，理所应当被视为"京都学派"的创始者，那些竭力将西田从"京都学派"中剥解出来的研究者，无非是要论证西田及其哲学在战时扮演了远离政治

---

① 倾向于该主张的有：後藤道夫、山科三郎『ナショナリズムと戦争』，広松渉『近代の超克論——昭和思想史への一断想』等。

② 这一主张是当前日本学界的主流观点，倾向于该主张的有：小坂国継『西田哲学と現代：歴史・宗教・自然を読み解く』，上山春平『日本の思想』，小坂国継『西田幾多郎：その思想と現代』，新田義弘『現代の問いとしての西田哲学』，藤田正勝『西田幾多郎の思索世界——純粋経験から世界認識へ』等。

③ 吉田杰俊在『京都学派の哲学——西田・三木・戸坂を中心に』（大月書店2011年版）中，就围绕此问题展开剖析。

的角色。因此，今天论证西田是否应当属于"京都学派"似乎已经没有太大意义。

在太平洋战争爆发前后的日本，几乎所有的学者均不可回避地面临"战争合理与否"这一重大现实问题。在高坂正显、高山岩男、西谷启治、铃木成高等最活跃的哲学家们召开"世界史的立场与日本"座谈会，为战争寻找理论支撑的同时，文学界、史学界甚至自然科学界的知识分子也试图从感情上和逻辑上诠释与深化"圣战"理论，其代表就是《文学界》杂志召开的"近代的超克"座谈会。这两个座谈会集中代表了战时日本学术精英对"战争与道义""近代及其超越"问题的多样化态度。本章主要以这两次代表性的座谈会为切入点，通过剖析西田几多郎与"世界史的哲学派""近代的超克"之间的思想关联性及分歧点，透视战时日本知识精英的思想倾向。

第一节　"世界史的哲学派"

一　"京都学派"与"世界史的哲学派"

一般认为，"京都学派"是以西田几多郎的"西田哲学"为中心，以京都大学哲学科为据点，在明治末期到昭和前期形成的哲学派别。曾经担任"京都学派"主导下的学术杂志《哲学研究》编辑的中井正一在提及"京都学派"时说："那绝不是一个固定的团体，是一个闪耀学术光辉的、巨大的流星。"① 竹田笃司认为"京都学派"的概念"极不明确"，应当定义为："以西田、田边为中心，直接接受其学术的、人格的影响的人们（包括二者死后），在大约四分之三世纪的漫长时间里紧密交织成的知识谱系的整体。"② 藤田正胜也持大致相同的观点，他把"京都学派"当成了一个包含对立批判的，开放性的"知识的共同体"。③

最早提出"京都学派"概念的是战前就读于京都大学哲学科、师从

---

① 中井正一：『回顧十年』，京都哲学会『哲学研究』第420号，1951年，第112頁。
② 竹田篤司：『下村寅太郎——「精神史」への軌跡』，藤田正勝『京都学派の哲学』，昭和堂2001年版，第234頁。
③ 藤田正勝：『西田幾多郎——生きることと哲学』，岩波新書2007年版，第78—82頁。

西田和田边的户坂润。户坂润将"京都学派"作为一个批判的对象,指出:"今天的我并没有对西田哲学的是非进行决定性判定的资格,但却可以大体上描绘其性质。现今必须判断西田哲学是拥有怎样的社会政治意义的观念形态。不仅如此,现在,西田哲学已经发展为西田学派,或者发展为京都学派,成为拥有一个完整形态的社会存在。……今天的经院哲学似乎是以西田=田边哲学——京都学派哲学——为代表的。"① 户坂润把西田哲学看作"资产阶级哲学的精髓",认为"京都学派"是沿着从西田到田边、再到三木这个线索发展的一个"社会性存在体"。② 吉田杰俊认为户坂的这个判断构成"此后对西田哲学的一个基础性批判",并指出由于在户坂那个时代并未对"京都学派"参与战争的过程展开讨论,因此,这个批判才能成为一个基础。③

　　战后日本学界对"京都学派"与战争之间关系问题进行的批判性考察主要围绕两个主题展开:关于西田在战争期间发表的《日本文化的问题》演讲;西田的弟子们即"世界史的哲学派"召开与参加的"世界史的立场与日本"和"近代的超克"两场座谈会。古田光率先对西田哲学、"京都学派"的第二代("世界史的哲学派")与战争之间的关系展开批判性研究。在评判西田哲学时,古田认为:"该哲学无论如何都是基于国家与社会现实,并且无论何时何地都在立足现实的基础上展开思考,因此,它绝非拥有本来意义上的非国家主义、反国家主义性格。"④ 在评判"京都学派"的第二代("世界史的哲学派")与战争之间的关系时,古田提出:"战时贯穿西田——三木——京都学派的指向的基本线索,是在认同日本帝国主义动向的同时,尽量阻止该动向朝着独善的侵略主义方向推进。为了达到上述目的,只能首先在名称上承认超国家主义者们打出的'国体''八纮一宇'等口号,使其在内涵上向西田哲学历史哲学的理念转化,通过这个方式起到阻碍现实日本国家发展步伐的作用。正因为如

---

① 戸坂潤:『京都学派の哲学』,『戸坂潤全集』第三卷,勁草書房1966年版,第174—17頁。
② 同上书,第348頁。
③ 吉田傑俊:『京都学派の哲学——西田・三木・戸坂を中心に』,大月書店2011年版,第15頁。
④ 古田光:『日本的観念論哲学の成立』,遠山茂樹『近代日本思想史』第二卷,青木書店1956年版,第452頁。

此，该哲学一方面招致了超国家主义者的激烈反抗；另一方面，对于亚洲诸民族，也起到在辩证法功能上，美化在'八纮一宇'的名义下统治亚洲这个日本战争理念的机能。同时对于国内的知识阶层，也发挥了在'圣战'的名义下驱使知识阶层从内心参加、协助原本充满各种矛盾的太平洋战争的作用。"① 古田光的上述言论代表了战后初期，在以反思战争为主题的思想氛围下，日本马克思主义史学家对西田哲学及其追随者——"世界史的哲学派"的辛辣批判。古田在批判中，将"世界史的哲学派"作为"京都学派"的第二代，也就是说，战后初期的学界普遍认同西田几多郎为"京都学派"创始人，与其直属弟子即"京都学派"第二代学者一同属于"京都学派"（广义上的"京都学派"）的观点。

尽管单纯地划分学派的所属并没有特别突出的学术意义，但是，从西田与弟子们的关系，以及西田在太平洋战争爆发前后在观念上和行动上与弟子们出现分歧的事实出发，本书基本认同古田的上述划分。暂且将"京都学派"分为广义和狭义两个范畴：包含西田几多郎在内的学术谱系上的"京都学派"为广义上的"京都学派"，直至今日，该学派仍然具有从未中断的学术传承；以高山岩男、高坂正显、西谷启治、铃木成高等"京都学派"第二代弟子为代表的"世界史的哲学派"作为狭义上的"京都学派"，他们在战时积极参与政府活动，通过参与"近代的超克"座谈会，主办"世界史的立场与日本"座谈会，竭力为近代日本的对外侵略战争寻求理论支撑，战后，该派别在学术上受到集中批判。

二 战时的日本思想界

"京都学派"中的"世界史的哲学派"在战时受到海军招募，在政治实践上参与到战争中。为了厘清"世界史的哲学派"以怎样的姿态投入军部的怀抱，有必要梳理战时日本思想界的整体状况。

九一八事变后，"八纮一宇"就成为日本对外政策的宗旨，对内实行以"国体明征"为旗帜的思想统治。在这样的政治与思想高压下，以蓑田胸喜、三井甲之等学者为首的右翼思想团体"原理日本社"展开针对社会主义者和自由主义者的检举运动。"原理日本社"拥有陆军背景，以

---

① 古田光：『第二次大戦下の思想の状況』，遠山茂樹『近代日本思想史』第二巻，青木書店1956年版，第723—724頁。

文部省教学局、内务省警保局、检事局为后台，发行《原理日本》《读书人》等杂志，主要以"帝大教授的思想问题"为主要攻击目标，告发自由主义教授及其著述中的"反国体"内容。此后，日本思想界相继发生的泷川事件、"天皇机关说"事件、矢内原事件、河合事件、津田事件等主要的思想钳制事件几乎都与其相关。① 在"原理日本社"的检举活动与日本政府的思想高压态势下，整个日本学术界几乎不可能组织起对超国家主义、帝国主义的集中性批判。从"京都学派"的活动来看，此时的西田几多郎尚在书斋中治学，尚未开始对政治与战争发表言论。与西田一样，大多数学者都在潜心构筑自己的学术体系，且由于日本社会存在经院思想界与中小学思想教育相对脱离的习惯，因此，此时日本学界各个领域的学术尚处于自然发展与完善阶段。在受到"原理日本社"的检举与攻击后，以西田为代表的学者才试图走出书斋，面向现实政治诠释自己的主张。

"二二六事件"后，日本政府提出"大东亚共荣圈"理念，该理念将"八纮一宇"的口号理论化、具体化，成为日本政府的国策思想。1938年，第一届近卫内阁提出《建设大东亚新秩序的声明》。值得注意的是，此时期的日本思想界开始广泛关注现实政治问题，在近卫内阁发表声明的时期，日本思想界出现两个对立的"东亚新秩序论"。一个是"皇道哲学派"鹿子木员信等人提出的以"日本至上主义"为核心的"东亚新秩序论"，主张东亚协同体的根本性原理只应当是"皇国日本"的"肇国精神"，这是露骨的侵略主义论调；另一个是以三木清、尾崎秀实等为首的"昭和研究会"提出的"东亚新秩序论"，反对超国家主义者持有的"偏狭的日本至上主义"，通过强调"东亚协作"来抑制"皇道哲学派"提倡的侵略、独裁观念。这个阶段正是西田在政治上最活跃的时期，他试图通过与近卫内阁的交往，积极参与文部省主持的文化宣传活动，发表《日本文化的问题》，竭力诠释"面向世界"的日本文化观。这个时期"京都学派"的政治宣传活动大体上以西田的活动为主，"世界史的哲学派"的理念构筑虽已开始，却仍然局限在书斋中。

太平洋战争爆发后，随着战况的推演，全体日本国民密切关注战争的

---

① 古田光：『第二次大戦下の思想的状況』，遠山茂樹『近代日本思想史』第二卷，青木書店 1956 年版，第 693 頁。

进展。从总体上看，日本民众与学者的感情经历了由惧怕、紧张、感激，再回到紧张、迷茫、担心的过程。最初的惧怕与紧张是伴随着偷袭珍珠港的消息传来后产生的，随后，在日本政府的宣传下，国民对"皇军""勇敢进击"的"感激之情"被煽动起来。1943年以后，随着战场上颓势的出现，对战争未来的迷茫、紧张、惧怕之情再度笼罩日本。上述对待战争在感情上的起伏也体现在"皇道派哲学"与"世界史的哲学派"之间的"争夺战"上。为了支撑对外侵略战争，政府需要知识界提供一种赋予"应召""战死"以"神圣意义"的思想理念，"世界史的哲学派"被海军选中，承担了这一使命。这个时期"京都学派"的政治宣传活动以"世界史的哲学派"最为活跃，尽管西田面对"皇道派哲学"的攻击，仍然在做最后的努力，试图通过与陆军的接近、撰写《世界新秩序原理》等行为达到宣扬自己主张的目的，但是，最终他对"东条演说"大感失望，也基本宣告了西田参与政治活动的终结。与之相对，"世界史的哲学派"的活动在此时期最为活跃，先后组织了三次"世界史的立场与日本"座谈会，并参与"近代的超克"座谈会，试图为战争寻找"道义的支撑"。

三 "世界史的哲学派"与海军

关于"世界史的哲学派"的形成，田边元、高山岩男的弟子大岛康正在1965年发表的《大东亚战争与京都学派》中回忆道，从1940年开始，"在所谓京都学派中开始形成一个新的集团"。[①] 这一时期，高坂正显、木村素卫分别从东京文理科大学、广岛文理科大学调入京大，西谷启治从德国留学归来，与原本在京大任教的高山岩男、铃木成高汇合，这些学者共同从历史哲学的角度关注日本当代史，相继出版《历史的世界》（高坂正显）、《世界观与国家观》（西谷启治）、《世界史的哲学》（高山岩男）、《兰克与世界史学》（铃木成高）等著作，至此，"世界史的哲学派"宣告成立。

据大岛康正回忆，"世界史的哲学派"与海军方面的接触最初是秘密进行的。"海军方面认为，如果不能想方设法阻止陆军，则日美之间的战

---

① 大島康正：『大東亜戦争と京都学派』，『中央公論』1965年8月号。收录于森哲郎『世界史の理論』，燈影社2000年版，第127頁。

争将不可避免，与美国交战，日本毫无胜算，为了抑制战争，海军省调查课的高木惣吉大佐秘密来京，向京都大学求助。应海军方面的上述请求，在京都哲学中产生了一个秘密组织。表面上，这个组织只有高山岩男一人接受了海军省的嘱托，但实际上在文学部教授会中获得承认。同时，高坂正显、西谷启治、木村素卫、铃木成高暗中协助。于是，从大学刚刚毕业两年的我便秘密地承担该事务性工作。我的职责是，在每个月举行的一到两次聚会时，负责联络日期与具体时间、筹备聚会场所，在聚会时，记录大家的意见，会后整理、誊写发言内容，并发送给海军调查课。为此，海军每月支付给我 30 日元补助。"① 大岛的上述回忆与西田日记中记载的与高木惣吉的会面相吻合。西田日记中记载，1939 年 2 月 18 日，"到大矶的原田那里去，见到了叫高木的海军士官、野村大将、池田成彬。7 点左右归家"。② 这次会面揭开了西田与海军方面接触的序幕。在此后的西田日记中，高木惣吉的名字屡屡出现：9 月 15 日，"到大矶原田那里去，晚上，高木（海军）、长与来会，10 点左右归家"；9 月 28 日，"海军高木惣吉与天川勇来访"；③ 1941 年 9 月 7 日，"上午去拜访原田，高木、长与来会"；11 日"下午，和辻、谷川、高木惣吉、天川来访"。④ 在与海军方面首次接触后，西田便授意弟子高山岩男做"京都学派"与海军的联络人。这样，在西田的亲自授意下，"京都学派"开始与海军持续性联络。

1942 年 2 月 12 日，"世界史的哲学派"与海军进行了第一次正式聚会，从此，直到战败，"世界史的哲学派"与海军之间的秘密聚会频频举行。负责会议记录的大岛康正回忆说："在我的家里还保存着当时的会议记录。现在，可将其大致分为三个时期。首先，在刚刚开始的时候，讨论的议题是如何防止战争爆发。然而，大家很快发现讨论这个问题显然已经来不及了，因为在《中央公论》杂志组织的'世界史的立场与日本'座谈会刚刚结束 13 天后，就发生了偷袭珍珠港事件，日美间燃起战火。从

---

① 大島康正：『大東亜戦争と京都学派』，『中央公論』1965 年 8 月号。收录于森哲郎『世界史の理論』，燈影社 2000 年版，第 129 頁。

② 西田幾多郎：『西田幾多郎全集』第十七卷，岩波書店 1989 年版，第 591 頁。

③ 同上书，第 602 頁。

④ 同上书，第 643 頁。

那以后，直到昭和 19 年秋天，聚会的题目为如何使陆军回归理性，同时使战争早日以对我方有利的方式结束。由于为了实现这个目标必须推翻东条内阁，重新组成米内内阁，于是又针对上述问题展开多方讨论。从昭和 19 年末到昭和 20 年战败之前，记录的主要内容是，根据海军获得的秘密情报，战败已经是不争的事实，于是，战后处理问题成为议论的中心议题。"①

关于大岛上述回忆的真实性问题，日本学界尚存在不同看法。大桥良介通过与在大岛家里发现的大岛笔记的对比，认为大岛回忆的上述三个时期的议题并不真实。大桥在《京都学派与日本海军》中认为，聚会的第二阶段的题目"推翻东条内阁"在大岛笔记中并未出现，第三阶段的题目"战后处理问题"在大岛笔记中也极少出现。②

从大岛的上述回忆中可以看出，从 1939 年开始，"世界史的哲学派"作为海军的智囊参与到日本战时政治、军事的核心事物当中。从三个阶段的会议主要议题的变化中可以看出，海军想从"世界史的哲学派"中获得的协助不仅仅是为了寻求包纳东西方文化的"世界性理念"，海军"更希望实现的是，通过这些智囊的协助，能够增强处于劣势的海军的政治影响力"③，从而战胜陆军，左右日本政局的方向，并影响战争的结局。由此可见，"世界史的哲学派"在这期间已经可以参与到海军核心的决策中了。

"世界史的哲学派"与海军的上述聚会西田均未参加。"世界史的哲学派"召开的著名的"世界史的立场与日本"座谈会，西田也未参加，在座谈会上，"世界史的哲学派"竭力论证的"共荣圈""圣战""八纮一宇""道义的生命力"等理论在支持战争的感情性因素上，远比西田在《世界新秩序原理》和《国体》中论证的理念要强烈得多。由于"世界史的哲学派"同时也参与到"近代的超克"座谈会的讨论中，因此，对于"世界史的哲学派"的具体主张及其与西田哲学理念之间的对比，将在下一节进行集中论述。

---

① 大島康正：『大東亜戦争と京都学派』，『中央公論』1965 年 8 月号。收录于森哲郎『世界史の理論』，燈影社 2000 年版，第 130 頁。
② 大橋良介：『京都学派と日本海軍』，PHP 研究所 2001 年版，第 17—18 頁。
③ 高木惣吉：『太平洋戦争と陸海軍の抗争』，経済往来社 1982 年版，第 190—191 頁。

第二节 西田几多郎与"近代的超克"

20世纪40年代初,随着日本对外侵略战争的扩大,为了防止在国民中间滋生厌战情绪,进一步强化"圣战"的"道义性",日本政府对内竭力宣扬只有对外战争才是日本的"世界史的使命"的思想。当时的日本哲学家也不可回避地要从历史哲学的高度,解答战争合理与否这一重大的现实问题。于是,在日本政府的授意下,文学界和哲学界的知识分子便试图从感情上和逻辑上诠释与深化"圣战"理论,妄图使之深深地植根于日本的国民意志之中。最典型的例子是《文学界》杂志在1942年7月召开的以"近代的超克"为题的座谈会。根据竹内好的回忆,"近代的超克"一词,即是因这次座谈会而流行起来,成为"一个操控战争时期日本知识分子的流行语"。[①] 在这次座谈会上,除了保田与重郎、河上徹太郎等文学界的"日本浪漫派"之外,信奉西田哲学的西谷启治、铃木成高也出席了座谈会。从此,西田哲学的文化观、世界观被其弟子——"京都学派"的哲学家们做了充分发挥,"京都学派"的哲学家提出的"战争哲学""总力战的哲学""世界史的哲学"等理论恰好迎合了日本政府的需要,他们竭力论证日本发动的扩张战争、太平洋战争具有所谓"世界史的意义",竭力宣传日本在改变世界史进程的所谓关键时刻应起到"中心的""领袖的"作用。在太平洋战争爆发前后的年代里,"世界史的哲学"与"近代的超克"思维相伴随,活跃在战时的日本社会,产生了重要影响。

对西田哲学的"世界性的世界形成主义"与高山岩男、高坂正显、西谷启治、铃木成高等提出的"世界史的哲学派"的关系问题,日本学者提出诸多区别。小坂国继认为:"他们(高山岩男、高坂正显、西谷启治、铃木成高等主张的'世界史的哲学')强调日本在大东亚战争中特殊的位置,在他们的近代化批判中,无论从哪个角度说,政治性要素都强于文化性要素,并且,在实际上积极地参与战争这一点上,与西田、田边

---

① 竹内好:『近代の超克』,河上徹太郎、竹内好:『近代の超克』,冨山房百科文库1979年版,第274页。

（田边元）、三木（三木清）不同。"① 荒井正雄认为，西田的《世界新秩序原理》强调的是各个国家民族"以各自的世界史的使命结合成一个世界史的世界，而绝不是为日本在东亚的指导权寻求理论依据"。因此，他认为"近代的超克"论受到西田影响的仅仅是"世界史的使命"，尽管把"近代的超克"论作为战争时期"臭名昭著"的战争协从论来批判，但是，不能把它作为西田哲学的"正统的展开"来进行批判。② 铃木亨也强调"应当将西田哲学，和在太平洋战争中大肆宣扬所谓'大东亚战争'意义、积极协助战争的西田的亚流们区别对待"。③ 本节就从"道义的生命""圣战"和"日本的世界性的使命"等"世界史的哲学"的重要命题出发，研讨"京都学派"的"世界史的哲学"与西田哲学的"世界性的世界形成主义"之间的联系。

一 关于"近代的超克"

竹内好认为，"近代的超克"有广义和狭义之分。狭义的"近代的超克"体现在《文学界》杂志在 1942 年 9—10 月刊载的学术讨论会纪要中。广义的"近代的超克"还包括由师从西田几多郎、田边元的"京都学派"四位哲学家、历史学家于 1941 年至 1942 年召开的三次座谈会，以及后来由中央公论社出版的单行本《世界史的立场与日本》中的立场。作为对日本历史上一场思想运动的界定，竹内的上述概括是恰当的。并且竹内也认识到："'近代的超克'作为思想，在今天仍然存在。"④ 与战后初期对"近代的超克"思想进行的深刻剖析和尖锐批判不同，从竹内好的时代开始，就有很多日本学者以"超克近代"的方式，对照近代以来西方的存在论和自然科学，解读日本的实在观、自然观中蕴藏的"面向世界的可能性"，并试图以此应对当前世界面临的地球环境问题和政治上的区域一体化问题。而且，他们在论及日本文化中蕴藏的"面向世界的可能性"问题时，几乎都要拿出西田哲学的"纯粹经验""绝对无"的

---

① 小坂国継：『西田哲学と現代：歴史・宗教・自然を読み解く』，ミネルヴァ書房 2001 年版，第 23—24 頁。

② 荒井正雄：『西田哲学読解：ヘーゲル解釈と国家論』，晃洋書房 2001 年版，第 124 頁。

③ 鈴木亨：『西田幾多郎の世界』，勁草書房 1988 年版，第 83 頁。

④ 竹内好：『近代の超克』，河上徹太郎・竹内好：『近代の超克』，冨山房百科文庫 1979 年版，第 284 頁。

"场所逻辑"，"绝对矛盾自己同一"的辩证法，甚至"逆对应"的宗教逻辑作为日本哲学的特殊原点，再由此论证西田哲学的"现代性"。① 探讨日本文化"面向世界的可能性"问题是个艰难的现实性课题，而找到西田哲学与"近代的超克"思想之间的共同点，探明二者的关系，将能够为西田哲学的"世界性"和"现代性"作出符合历史的评判。这也是在本节中比较西田哲学与"近代的超克"，而不是仅仅比较西田哲学世界观与"世界史的哲学"的原因。

从思想的角度给"近代的超克"下定义，是一个非常困难的工作。连"近代的超克"座谈会主持人河上彻太郎最终都没有得出明确的结论，只是含糊地称它为一个"模型"，一个无法用语言表述的"符牒一样的东西"，河上本想通过抛出这个"符牒"，使与会者马上产生一种共通的感觉，并由此展开讨论。然而，"近代的超克"座谈会的结局是没有获得任何结论和共识。② 从河上彻太郎在提出"近代的超克"一词时就希望获得学者共鸣的初衷出发可以判断，在当时的思想界，"近代的超克"已经是被学者们普遍熟知的一种思考方式。从文字上理解，所谓"近代的超克"是指对"近代"的超越与克服。在参与座谈会的学者们对"近代"进行的各种解读中，西谷启治的观点最具有代表性。他认为："一般说来，所谓近代的东西，就是欧罗巴的东西"，"在日本，近代的东西也是以明治维新以后移入的欧罗巴的东西为基础的"。③ 按照西谷启治的观点，"超克"的对象——近代具有两重含义：近代化了的欧洲，和明治维新以来欧洲化了的日本。下村寅太郎和小坂国继对"近代化"的具体概括颇为全面：在社会构成上的市民社会；在政治理念上的民主主义；在经济结构上的资本主义；在社会思想上的自由主义、个人主义；在认知理念上的经

---

① 这方面的著作有：小坂国继『西田哲学と現代：歴史・宗教・自然を読み解く』，ミネルヴァ書房 2001 年版；上山春平『日本の思想』，サイマル出版会 1971 年版；小坂国継『西田幾多郎：その思想と現代』，ミネルヴァ書房 1995 年版；根井康之『西田哲学で現代社会を観る』，農山漁村文化協会 1992 年版；新田義弘『現代の問いとしての西田哲学』，岩波書店 1998 年版；藤田正勝『時代のなかに立つ西田幾多郎——嘉戸一将「西田幾多郎と国家への問い」——』，『思想』第 857 号，1995 年 11 月等。

② 河上徹太郎、竹内好：『近代の超克』，冨山房百科文庫 1979 年版，第 171—172 頁。

③ 西谷启治：『「近代の超克」私論』，河上徹太郎、竹内好：『近代の超克』，冨山房百科文庫 1979 年版，第 18—19 頁。

验主义，包括以实证、实验为基础的近代科学体系；在宗教形态上的世俗主义；在价值理念上的合理主义。①

在"近代的超克"思维中，由于近代是指西欧的近代，近代化就是西欧化，因此，对近代的"超克"便要由非西欧的日本来完成。然而，由于此时的日本已经是"近代化"了的日本，或者说是"西欧化"了的日本，故日本要进行的"近代的超克"必须包含"超克"西欧和"超克"西欧化了的自己自身的双重含义。不过，不论从哪个角度说，"近代的超克"的主体，必须是立足自身并超越自身的日本。因为日本的西欧化是通过嫁接的方式实现的，"输入日本的西欧文化已经丧失了在西欧那里拥有的关联性"，②所以，日本的西欧化不是完全意义上的西欧化，唯有如此，日本才可以站在非西欧的传统文化的基础上"超克"西欧的近代化，同时"超克"自身。这正是西田哲学中强调的"立足自身并超越自身"的"绝对无"的立场。

早在1933年，文部省下属的国民精神文化研究所授意藤泽亲雄发表批判西欧近代思想和论述日本国体"优越性"的论文。藤泽亲雄在文章中提出："近代主义"的危机在于"自由主义国家观"导致的"政治极端不稳定"，而只有创设"新的权威和秩序"才能克服上述"近代主义"危机。他提倡的所谓"新的权威和秩序"是"立体的人类关系"，实际上是以天皇为顶端的纵向位阶关系。主张以日本特有的"立体的人类关系"克服西欧"平面的人类关系"，以日本的"皇道"克服欧洲的"近代"。③藤泽亲雄的理论中明显地包含"近代的超克"论的核心内容。这表明在日本政府退出国联，明确表示与西方价值体系和国际关系原则决裂的时期，思想界也随之展开批判西欧"近代主义"的思想运动。与此同时，西田在1934年发表的《从形而上学的立场观察东西方古代的文化形态》中，把欧洲文化中的科学精神、合理主义和实证主义精神评价为"追求

---

① 下村寅太郎：『日本の近代化における哲学について』，『下村寅太郎著作集』第十二卷，みすず書房1990年版；小坂国継：『西田哲学と現代：歴史・宗教・自然を読み解く』，ミネルヴァ書房2001年版。

② 西谷啓治：『「近代の超克」私論』，河上徹太郎、竹内好：『近代の超克』，冨山房百科文庫1979年版，第19頁。

③ 藤澤親雄：『西欧近代思想と日本国体・文部省学生部・思想問題・四』1933年版，转引自後藤道夫、山科三郎『ナショナリズムと戦争』，大月書店2004年版，第131—132頁。

客观而否定主观",从而把欧洲文化定位为站在彻底否定主观立场上的"有"的文化。同时强调受到中印文化影响之前的日本文化具有的"独特性"与"原初性",并且这种"原初性"的日本文化具有"同化"中国、印度文化的功能。① 这表明,此时的西田也开始从文化观入手探寻克服西欧近代文化,发扬日本"原初性"文化的理由和途径了。

太平洋战争爆发后,积蓄在思想领域的"克服近代主义"危机的意识,在与欧美国家开战的刺激下迅速蔓延,于是,"近代的超克"论席卷日本思想界,成为一个时代的标记符号。此时的"近代的超克"论更多地倾向于专门批判英美的帝国主义、殖民主义、自由主义、功利主义,而对日本自身,则集中地诠释其"历史形成"的"特殊性"和"面向世界"的"优越性",以及日本文化中独特的"超越自身"的特性。于是,"近代的超克"论实质上并未真正发挥"超克"西欧的同时也"超克"日本自身的双重功能,而是在把近代西欧的帝国主义行为批判为殖民地主义、侵略主义的同时,把日本针对亚洲国家的帝国主义行径美化为"解放亚洲"。"近代的超克"论实际上转变为站在日本民族"优越论"的前提下,诠释"大东亚共荣圈"理念的工具。

西田的学生,"京都学派"的四位哲学家高坂正显、高山岩男、西谷启治、铃木成高在1941年11月26日,即太平洋战争爆发的13天前,召开了由高坂正显主持,主题为"世界史的立场与日本"座谈会。以后,随着战局的变化,又在1942年和1943年分别召开了主题为"东亚共荣圈的伦理性和历史性"及"总力战的哲学"的座谈会。"京都学派"的哲学家把日本发动的对外侵略战争美化为实现所谓"世界史的使命"的"圣战"。其主要的理论构成是日本拥有"道义的生命力""圣战"等理论。

二 日本国家拥有的"道义的生命力"

"道义的生命力"一词来源于19世纪德国世界史学家兰克提出的"道义的生命力"(Moralis-che Energie)。"道义的生命力"是兰克为了使新兴的普鲁士在道义上获得合理性,在1833年出版《强国论》中第一次使用的名词。兰克既反对因法国革命而兴起的自由主义和民主主义两大思潮,又排斥与之对立的、服务于维也纳体制的反动思潮,于是企图在普鲁

---

① 西田幾多郎:『西田幾多郎全集』第六卷,岩波書店2003年版,第344頁。

士的历史进程中发现"正义"与"力"的统一,故此提出"道义的生命力"。"京都学派"的哲学家们也与兰克一样,竭力强调日本国家从形成的那一天开始就具有"道义的生命力",并试图从日本国家拥有的"道义的生命力"出发,为"大东亚战争"披上"道义性"和"伦理性"外衣。西谷启治就在《"近代的超克"私论》中详细阐述了日本国家拥有"道德的能量"的源泉、地位以及"世界意义"。

(一)关于"道义的生命力"的源泉

西谷启治把"道义的生命力"的来源归结为宗教立场的"灭私奉公"这一国民伦理。他认为,西方近世时期的宗教没能产生统一近世精神的力量,反而导致信仰与科学在方向上的背离,在社会结构上,导致个人与国家的对立。在这种形势下,就必须强调基于"主体的无"的宗教立场的"灭私奉公"。"主体的无的立场是将广义上的技术、伦理和宗教三个领域一以贯之之道,是在现实的职分性活动的基础上,能够通向国民伦理的宗教性立场。"所谓"职分性活动",按照西谷启治的解释,就是通过对"小我"的绝对否定来完全投身于各自职位的"灭私奉公",是"主体无"的立场。西谷启治把宗教性理解为"超越伦理的领域","为伦理性精神赋予基础,是内在于伦理之中,使伦理得以存在的力的源泉"。① 于是,在西谷启治的理论构成中,"灭私奉公"就是"主体无"的宗教立场,而宗教立场又是伦理性的基础。因此,"灭私奉公"的国民道德原则便很自然地通过"主体无"的宗教立场获得了"伦理性"。

西田在1934年发表的《作为辩证法的一般者的世界》中,把宗教定位为道德背后的绝对者,将道德绝对化为神的命令。他认为:"道德不仅仅是理性的自律,它还有绝对者的命令的意义,在那里才有真正的良心的权威。"② 也就是说,在"道德来源于宗教性"这个理论前提上,西谷启治完全继承了西田哲学的认识论。

(二)关于"道义的生命力"的作用

关于"道义的生命力"在国家,乃至于世界上的作用问题,西田强调"职分的"原则在构成国家和世界上的重要性。他不承认在国家道德

---

① 西谷启治:『「近代の超克」私論』,河上徹太郎、竹内好:『近代の超克』,富山房百科文库1979年版,第27—28页。

② 西田幾多郎:『西田幾多郎全集』第六卷,岩波书店2003年版,第331—333页。

之外还存在"抽象的"合理主义道德,并将具体道德行为的规范形态归结为国体。他提出,在国体中,"我们的生命在任何地点都必须是职分的"。在这里,"自己"不再是单纯抽象的个人,而是真正"理性"的个人,是绝对者,完全投入到"整体的一"之中,这是道德当为的根基。西田又将"职分的"道德原则推广到世界,认为在"世界性的世界"中,"各民族是立体地结合起来的,是万邦各得其所"。①

西谷启治认为,国民的"灭私奉公"将使国家拥有集中国家"总力"的强有力的能量。"国家从集中总力中产生出的强大能量在根本上也是伦理性的精神力量。也就是说,各自的个人通过在其职位上努力灭私,而产生出国民的精神力量,通过在其职位上献身的努力练达,而产生出国民伦理性的精神力量,只有上述精神力量的集中,才能产生能量(集中国家总力的强大能量)。"这种能量就是基于宗教性立场的"道义的生命力"。因此,"道义的生命力是国家存在的伦理性本质"。②"道义的生命力是在国家生命的核心处被发现的。它得以拥有国家性与世界性相即的性格,意味着在国家生命的核心处开启了世界性的大门。"③ 这里的"国家性与世界性相即的性格",就是"绝对矛盾自己同一",即无媒介的"同一"关系。

西谷启治将西田推崇的"职分的"道德原则具体化为"灭私奉公",并借以强化其调动国家总力的现实功能。从表面上看,西谷启治似乎在强调个体服从整体的整体主义倾向上远远甚于西田,但实际上,西田主张的完全投入到"整体的一"之中的"职分的"道德原则本身就包含个体被整体吞并的倾向。因此,与其说"京都学派"的弟子们站在现实的立场把西田哲学的国家道德观进行了大胆发挥,不如说这是西田哲学国家道德观逻辑自身的进一步推演。

(三)关于日本国家拥有的"道义的生命力"的特殊意义

"京都学派"的弟子们论述"道义的生命力"的目的在于阐释日本天皇制国家具有独特的"道义性"。西田认为:"国家即道德的国体观只在

---

① 西田幾多郎:『西田幾多郎全集』第十一卷,岩波書店 2005 年版,第 200—201 頁。
② 西谷启治:『「近代の超克」私論』,河上徹太郎、竹内好:『近代の超克』,冨山房百科文庫 1979 年版,第 27 頁。
③ 同上书,第 33 頁。

我们日本才获得发展。""严密地说，所谓国体，在我国之外是没有的。"①与西田一样，西谷启治也认为在东方国家中，唯有日本才拥有国家的"道义性"，并把这种"道义性"归结为神。他认为："事实上，能够把东方的宗教性和国家伦理深深地结合，并赋予其基础，能够使其成为国家能量的原动力的国家，在东方自身那里，除了日本之外是没有的。"西谷启治借助《神皇正统记》中的记述，把上述"日本独有"的国家生命的本原具体阐述为"去私心""归心源"的"清明之心"。"清明之心是在灭私心时体现出的心源，同时，它还作为天照大神的御心，流淌在国家生命当中；作为神灵的苗裔，流淌到我们的血液当中。"国民要"通过否定私心，回归自己的心源，在一方面实现奉公伦理的同时，还直接地与神灵的御心碰触，像天地之始成为今日之始一样，获得了创造性的自由，唯有如此，才是神之道的根本"。②这样，西谷通过"清明之心"，既实现了天照大神"御心"与国民"灭私奉公"的同一，又实现了国家道德与"神之道"的完全同一。

在西谷启治的逻辑里，并不是把"清明之心"作为国民与国家、个体与神之间同一的媒介，而是"清明之心"既是神灵之御心，又是个体自己的心源；既是国民的"灭私奉公"，又是国家生命的动力。因此，西谷启治宣扬的"清明之心"的同一性方式仍然是西田哲学逻辑中的无媒介的同一。

（四）关于日本国家拥有"道义的生命力"的世界意义

在西田看来，未来世界的趋势是以"世界上独一无二的"日本"国家即道德的国体本意"为核心，各个国家民族之间通过一种"职分的"而非"单纯平等"或"排他"的关系，"立体地"构成一个"新的世界"。也就是说，西田将"职分的"道德性原则进一步推演到世界观中，提倡"各民族是立体地结合起来的，是万邦各得其所"。③西谷启治也认为，日本国家拥有的"道义的生命力"不仅是日本人和日本民族的伦理，而且可以成为一种"世界性的伦理"，并与建设"大东亚"和建立"世界

---

① 西田幾多郎：『西田幾多郎全集』第十一卷，岩波書店2005年版，第202頁。
② 西谷启治：『「近代の超克」私論』，河上徹太郎、竹内好：『近代の超克』，冨山房百科文庫1979年版，第29—30頁。
③ 西田幾多郎：『西田幾多郎全集』第十一卷，岩波書店2005年版，第201頁。

新秩序"联系起来。他提出:"毋庸赘述,我国现在直接面对的课题是建立世界新秩序和建设大东亚的课题。现在,集中国家总力,特别是强有力的道义的生命力成为必要,这也是为了实现上述课题。然而对于我国来说,建设大东亚并非意味着获得殖民地,这一点自不必说。并且建立世界新秩序也是建立正义秩序的意思。这在某种意义上是世界史的必然,同时,这个必然也作为使命担负在我国的肩上。"而日本拥有上述"正义的"使命的根本原因就在于,日本"作为国家的坚固的统一,和由此产生的道义的生命力"。①

关于国家与世界的关系问题,西谷启治强调在日本国家的"道义的生命力"中,二者是同一关系,并力图与殖民主义、帝国主义相区分。他提出:"道义的生命力使得国民各自在其职位上灭私,向国家奉公,在实现作为国民的伦理的同时,还使作为这些国民共同体的国家自身伦理化,并且赋予国家集中的、强有力的能量。然而,如果仅仅如此,它便与上述意义上的世界性伦理毫无关系,在某些场合下,还可能与把其他民族和国家当作殖民地式榨取对象的不正义相结合,也可以说是实现了国家的私欲。然而,对于现今的我国来说,国家伦理的原动力——道义的生命力,必须是直接通向世界伦理的原动力。即,国家的生命力是为了实现世界伦理的能量,反过来,世界伦理唯有依据将其作为使命来承担的国家的道德能量才能实现。因此,这种道义的生命力便拥有了国家性的即世界性的,世界性的即国家性的性格。"② 西谷启治在这里一再强调,只有在"现今的"、日本的国家道德中,国家性与世界性才能达到"同一"的关系,日本的"建设大东亚"和"建立世界新秩序"才能区别于国家向外扩张的殖民主义、帝国主义。

西田在论证"东亚共荣圈"原理与殖民主义和帝国主义的区别时,强调的是"日本民族在自身中包含世界性的世界形成原理",和"内在即超越、超越即内在"的"日本精神"的精髓。西谷强调的国家性与世界性之间的"相即"关系,就是西田哲学"绝对矛盾自己同一"的关系,因此,西谷启治完全继承了西田哲学原理,强调作为日本国家生命本原的

---

① 西谷启治:『「近代の超克」私論』,河上徹太郎、竹内好:『近代の超克』,富山房百科文库 1979 年版,第 32 页。

② 同上书,第 33 页。

"清明心"具有否定自身的包容性，即"绝对无"的特征。

综上所述，西谷启治对日本国家拥有"道义的生命力"的阐释，实际上是将西田哲学应用于现实的日本社会，这也是基于日本"优越论"的西田哲学中的日本国家道德观的进一步发挥。不过，与西田重点强调在文化上、宗教上使日本精神走向世界相对，"京都学派"的学者强调通过"圣战"来实践"八纮一宇"的世界秩序。

三 关于"圣战"

九一八事变后，日本天皇制国家的政府和军部从神道教出发，把对外侵略战争美化为基于天皇"祖宗的遗业"，以"实现东亚的永远和平"为目标的"圣战"，并在每一次扩大侵略战争时，都以昭和天皇下达"诏敕"的方式强化"圣战"理念。在日本政府和军部进行的"圣战"宣传中，通过宣扬实现"大东亚永远的和平"来转移战争责任；通过号召"亿兆一心"的"举国家之总力"来达致"八纮一宇"的称霸世界幻想。这种基于对天皇虔诚宗教感情的对外战争宣传，从明治维新以来就浸染在日本国民意识中。随着1938年"国家总动员法"的公布，1940年"新体制运动"的开展，以及"大政翼赞体制"的形成，日本军部法西斯体制完全确立。由海军支持的"京都学派"的"世界史的哲学"观念活跃在日本学术界，他们从哲学角度把太平洋战争诠释为亚洲反对西方帝国主义的"正义的解放战争"，从而为"圣战"披上了理性外衣，起到了使对外侵略战争正当化的作用。关于"京都学派"在战争中的作用问题，日本学者的意见倾向比较一致。如竹内良知指出，"京都学派""致力于遮蔽战争的侵略性"，"世界史的哲学"是日本帝国主义与天皇制法西斯主义的意识形态。[①] 广松涉评价高山岩男的"世界史的哲学"时，也认为高山的学说"起到了使战争合理化的作用"；[②] 竹内好则认为"京都学派"的主张只是一个空洞的论调而已，对当时日本的官方思想进行了演绎和解

---

① 转引自河上徹太郎、竹内好『近代の超克』，富山房百科文庫1979年版，第320页。
② 広松涉：『近代の超克論——昭和思想史への一断想』，朝日出版社1983年版，第89—90页。

释。① 后藤道夫、山科三郎甚至把"世界史的哲学"批判为"死亡哲学",认为"京都学派"宣扬的理论的实质是"通过所谓'圣战'这场战争,磨耗人类的感性和批判理性的力量,认可人类互相杀戮的行为,是诱使国民走向'死亡'之路的诡辩"。②

"京都学派"的战争理论从"道义的生命力"出发,把发动战争的责任推卸给被侵略国家,以此诠释"圣战"的"道义性"。高山岩男在《世界史的哲学》中提出,由于国家拥有本原的"道义的生命力",因此,"道义的健康与生命力是和国家相一致的……若道义和生命力间发生间隙或乖离,国家本身便发生动摇,旋即发生历史世界的动摇。自古以来,多少国家在历史世界之中走向了衰亡,那决不是由于外国侵略那样的外部原因,而是由于国家内部的道义和生命力的颓废衰退,换言之,即由于道义和生命力分离的原因"。③ 通过上述理论,高山首先把日本发动侵略中国的战争的原因归结为被侵略的中国发生了"道义"和"生命力"的颓废和分离,从而把战争责任推卸到被害国身上。在"近代的超克"座谈会上,与会者也纷纷为"八纮一宇"的"圣战"辩护,他们或者狂喜于对英美开战的消息,或者强调战争被推进到一个新时期的所谓"历史性"意义,或者从文明史论的角度出发,把日本的"使命"定位为把东方国家从西欧文明的支配中解放出来。④

在"京都学派"的座谈会上,学者们从历史的角度出发诠释战争的作用,进而赞颂"总力战"。高坂正显认为,"世界历史是诸民族斗争的历史",国家因战争而存在,只有通过战争,民族才能"作为国家而自觉,并保持其主体性"。⑤ 可见,在对战争作用的认识上,"京都学派"延续并发展了西田对文化间的斗争在世界历史进程中的作用的认同理念。西田在论述人类诸文化之间的斗争和世界新文化的形成问题时,使用的词汇是"世界斗争",而非"战争"。如西田在《日本文化的问题》中提出:"从

---

① 竹内好:『近代の超克』,河上彻太郎、竹内好:『近代の超克』,冨山房百科文库 1979 年版,第 321 页。
② 後藤道夫、山科三郎:『ナショナリズムと戦争』,大月书店 2004 年版,第 161 页。
③ 高山岩男:『世界史の哲学』,岩波书店 1942 年版,第 360—361 页。
④ 後藤道夫、山科三郎:『ナショナリズムと戦争』,大月书店 2004 年版,第 154 页。
⑤ [日] 高坂正显:《历史的世界》,转引自战军《评"世界史的哲学"》,《外国问题研究》1989 年第 2 期。

今天的世界斗争中必将产生新的人类形态。"① 从《日本文化的问题》演讲时间看，此处的"今天的世界斗争"并非第二次世界大战，而仅仅是各个民族在文化上的斗争。到了《世界新秩序原理》时期，西田才把"今天重新经历世界大战的原因"归结为世界亟须构筑"新的世界构成原理"。所以，"今天的世界大战要求彻底地解决这个课题"。② 而此时西田对待战争的态度，是在认同战争作用，憧憬战争将要带来的"世界性结局"的同时，表露出对战争的忧虑。这种对战争充满矛盾的认知，便给予"京都学派"学者们充分的发挥余地。

在"京都学派"座谈会上，学者们把西田哲学中对文化斗争的作用的认识发挥到"圣战"高度，提出战争是世界历史迈向未来必须经历的阶段，并通过对"总力战"、永久战争和"肇国"理想三者之间的严整的逻辑说明，为战争赋予了无限"生命力"，以颂扬"圣战"的"正当性"和"创造性"。③ 在对"圣战"的无限颂扬这一点上，"京都学派"的学者们对西田哲学原理进行了较大发挥。针对弟子们的这种理论倾向，西田表现出了担心。在这一时期的日记和书信中，西田多次提及对"武力的战争"的反感，和对弟子们学术上的规劝都表明了这种担心。如在 1943 年 8 月 9 日写给西谷启治的信中，西田谈到了对西谷启治撰写《世界观与国家观》的看法："在我的想法中，对于这类问题（国家观与世界观的问题），如果不能脱离抽象的意识的主观的哲学立场，就不能获得解决，因为作为人类的发展契机，必须深刻地把握我的所谓矛盾自己同一的历史的世界的自己形成立场。请深入地研究我的立场吧！"④ 从这封书信中可以看出西田在学术上对西谷启治委婉的批评和告诫，西田认为"京都学派"的弟子们在世界观的基本立场上仍然没能摆脱抽象的"意识的主观"，这与西田在《世界新秩序原理》中明确以"非主体的主体"来批判"使自己主体化"的狭隘的帝国主义和日本主义立场大体上是一致的。从中可

---

① 西田幾多郎：『日本文化の問題』，岩波書店 1982 年版，第 73 頁。
② 西田幾多郎：『西田幾多郎全集』第十一卷，岩波書店 2005 年版，第 445 頁。
③ 竹内好认为，"京都学派"对总体战争、永久战争和"肇国"理想这三个支柱间的关系进行的逻辑说明是非常完美的。（竹内好：『近代の超克』，河上徹太郎、竹内好：『近代の超克』，冨山房百科文庫 1979 年版，第 316—318 頁。）
④ 西田幾多郎：『西田幾多郎全集』第十九卷，西田書簡第 1802 号，岩波書店 1989 年版，第 251 頁。

以看出西田对于弟子们偏离他的"矛盾自己同一"立场的担心。实际上，由于西田哲学的"绝对无"立场中带有浓厚的宗教气息，西田哲学"绝对矛盾自己同一"的辩证法是"似是而非"的辩证法，因此，西田哲学的基本立场是暧昧的、神秘的，导致其一旦践行到现实世界，就变成根本无法把握的虚无主义理念，最终上演了西田哲学被政治化的"京都学派"的"悲剧"，这也可以看作是西田哲学理念自身的"悲剧"。

第三节 西田哲学世界观与军部的战争理念

西田哲学世界观中的"理想世界"是所谓"世界性的世界形成主义"。西田哲学世界观的重要组成是所谓"东亚共荣圈原理"，即首先以日本为中心，在东亚地区建设"特殊性的世界"，再以此为基础实现"世界性的世界"。在西田哲学世界观中，明确地批判主张各民族平等、独立的国际联盟的理念。西田对世界观的详细论证是在他与军部之间保持微妙关系的情况下进行的，其世界观，特别是"东亚共荣圈原理"与战时日本政府推行的"大东亚共荣圈"理念之间虽有不同，但在亚洲观的总体倾向性上，特别是对于日本在"共荣圈"中所处的地位等结论性问题上完全一致。他的"东亚共荣圈原理"中的部分理念被近卫文麿吸收，在近卫内阁的"东亚新秩序声明"中体现出来。本节在探讨西田哲学世界观的内涵的基础上，从理念上梳理其与军部"大东亚共荣圈"理念之间的联系，同时，系统地梳理西田在一生中的不同时期对战争的体认等问题。

一 "国际联盟主义"与"世界性的世界形成主义"

在西田哲学中，"纯粹经验"的认识论，"绝对矛盾自己同一"的辩证法，"绝对无"的"场所逻辑"，以及"行动主义"的伦理观等命题都体现出反对西方哲学普遍认同的原理和价值的倾向。在西田晚年论述的世界观中，也表现出了明显反对"国际联盟主义"的情感。

西田是在《世界新秩序原理》中明确批判国际联盟理念的，发表《世界新秩序原理》谈话，距离1933年3月日本宣布退出国联已经有整整十年，并且，在日本宣布退出国联时，从西田的日记和书简中看不到任何相关记述，西田是从1938年发表《日本文化的问题》的演讲之后，才开始关心日本文化在世界中的作用等问题的，对于世界观的思考则是在太平洋战争爆发之后。在《世界新秩序原理》中，西田才对其世界观进行集中梳理，这表明西田哲学世界观中的反"国际联盟"倾向不仅未给日本政府的外交决策造成丝毫影响，反而是在日本发动的侵略战争已经显露颓势的形势下，西田应陆军的邀请，试图从批判"国际联盟"的角度出发阐述"世界性的世界"形成理念，并论证皇道的"世界史意义"。这表明西田哲学的世界观理论的提出受到了战时日本政治性因素的影响，是对时局变化的对应。

西田在《世界新秩序原理》的开篇就表现出对国际联盟理念的反感："所谓各个国家民族超越自身构成一个世界，并不是像威尔逊国际联盟那样，单纯平等地承认各民族独立的所谓民族自觉主义。那种世界（民族自觉主义的世界）只不过是 18 世纪抽象的世界理念而已。今天的世界大战已经证明，根据这种理念不可能解决现实历史课题。"① 西田把国际联盟理念批判为"18 世纪抽象的世界理念"。按照西田对世界发展的阶段性分析，18 世纪的欧洲是"个人自觉的时代"，是"个人主义、自由主义时代"。在这个时代，尚未出现国家与国家之间的真正对立，因此，主张各民族平等独立的国际联盟理念只适用于这样的时代。进入 19 世纪以后，各个国家意识到要以强硬的方式实现自身强大，因此，19 世纪是"国家自觉的时代"，是"帝国主义时代"。各个国家为了实现自身的强大，不惜使用武力。到了 20 世纪，世界应当进入"世界自觉的时代"，即世界各国意识到各自"世界史的使命"，并立足自身、超越自身，构筑"世界性的世界"。西田认为："从第一次世界大战时开始，世界就已经步入了这个阶段，然而，第一次世界大战的终结并未解决这一课题。在那时，除了古旧的、抽象的世界理念之外，并没有出现任何新的世界构成原理。这是今天又重新经历世界大战的原因。今天的世界大战要求彻底地解决这个课题。"②

在上述对世界历史的阶段性分析中，西田着重强调的是：国际联盟理念是在"一战"后出现的"古旧的""抽象的世界理念"，它仅适用于国家之间没有形成真正对立的 18 世纪，不能解决当下战争所要解决的"世

---

① 西田幾多郎：『西田幾多郎全集』第十一卷，岩波書店 2005 年版，第 445 頁。
② 同上书，第 444—445 頁。

界性的世界"这个世界发展的终极课题。西田把国际联盟推崇的各个国家平等独立的理念称为"国际联盟主义",并经常在"国际联盟主义"前面加上"抽象的"作为定语。"抽象的"一词在西田哲学的伦理观中被经常使用在对西方合理主义道德规范的评价上,西田对"国际联盟主义"的批判是基于西田哲学伦理观中排斥西方合理主义道德的立场。

西田对"国际联盟主义"的反感主要表现在两个方面:其一,反对国际联盟理念中崇尚各民族独立、平等的原则;其二,质疑通过选举产生国际联盟领袖的正当性。西田把"国际联盟主义"批判为"单纯平等地承认各民族独立的所谓民族自觉主义",它"不可能解决现实历史课题"。西田把国际联盟理念主张各民族之间平等独立的关系称为"横向"关系,他认为,这种"横向"关系只能带来各民族之间无休止的争斗,要想彻底结束这种争斗,必须在世界上建立一种新的格局。构成这种格局的基础是将日本的"纵向的世界性特色向横向的世界性扩大",① 将日本的"纵向的世界形成的原理"变成世界形成的原理。② 西田主张的以"纵向世界"代替"横向世界"的目标,是各国以"矛盾自己同一"的方式结合成的一个"职分的世界",这个"职分的世界"的核心是日本皇室。因此,西田反对国际联盟理念的立足点仍然是"皇室中心主义",上述立场使"世界性的世界形成主义"与"国际联盟主义"截然对立。

具体到"特殊性的世界"——"东亚共荣圈原理"时,西田从领袖原则的角度再次批判"国际联盟主义"。他提出:"所谓共荣圈,成为其中心的民族不是像国际联盟那样被抽象地选出的,而必须是历史地形成的。"③ 西田认为,由于国际联盟的领袖是通过抽象选举的方式产生的,因此其正当性值得怀疑。与之相对,由于"共荣圈"的领袖是"历史地形成的",其本身就具备充当领袖的"优越"素质,故具有绝对的"正当性",是"完全道德"的。西田的上述领袖原则中蕴含着战时日本对欧美流行的世界理念的强烈反抗情绪。

西田的反"国际联盟主义"是其"世界性的世界形成主义"的理论支撑之一。西田在论述国际联盟理念的实质时说:"在抽象的联盟主义的

---

① 西田幾多郎:『日本文化の問題』,岩波書店1982年版,第92页。
② 同上书,第81页。
③ 西田幾多郎:『西田幾多郎全集』第十一卷,岩波書店2005年版,第449页。

肌体内部，与帝国主义结合在一起。"揭示国际联盟理念中的帝国主义本质，是西田对当时国际社会通用理念的尖锐批判，表达了对18世纪以来西方中心主义世界观的强烈不满。于是，在诠释"世界新秩序原理"时，西田试图以日本中心主义的世界观代替西方中心主义的世界观。"我所说的所谓世界性的世界形成主义，与将他族殖民地化的英美的帝国主义或者联盟主义正相反，必须是基于皇道精神的八纮为宇的世界主义。"① 可见，西田哲学世界观的最终归宿是"八纮为宇"的"世界主义"，其世界观的实质是为基于日本"优越论"的"皇国至上主义"辩护。

二 "东亚共荣圈原理"与军部法西斯

"东亚共荣圈原理"作为西田哲学世界观的重要组成部分，在其著作中被多次详细论及，西田试图通过对"东亚共荣圈"的描绘，勾勒出理想中的亚洲构图。因此，有必要着重分析"东亚共荣圈原理"的主要内容，并辨析其与军部提出的"大东亚共荣圈"之间在理念上的异同。同时，西田哲学亚洲观的提出也是试图在政治上产生影响，特别是对东条英机政府和近卫文麿政府，因此，也有必要关注西田的"东亚共荣圈原理"与东条"大东亚宣言"、近卫"东亚新秩序声明"之间在理念上的异同。值得关注的是，随着近年来日本学界出现关注西田哲学的热潮，论证西田哲学亚洲观拥有"现代性"意义的研究成果多了起来，本书也相应对照日本学者的研究结论，剖析西田哲学亚洲观的时代性与"现代性"意义。

（一）军部"大东亚共荣圈"理论的提出

中国学者和日本学者一致认为，"大东亚共荣圈"一词在日本正式使用始于第二次近卫内阁的外相松冈洋右。据中国学者王屏的考证，1940年8月1日，松冈洋右在有关日本对外方针政策的讲话中指出："作为我国现行的外交方针，其目的在于本着这一皇道大精神首先确立以日满支为其一环的大东亚共荣圈。"从此，建设"大东亚共荣圈"便作为近代日本的基本国策，被第二次近卫内阁以政府"基本国策纲要"的形式固定下来。② 近卫内阁在"基本国策纲要"中阐明的日本国策方针是："皇国的

---

① 西田幾多郎：『西田幾多郎全集』第十一卷，岩波書店2005年版，第448頁。
② 王屏：《近代日本的亚细亚主义》，商务印书馆2004年版，第281页。

国策乃基于八纮一宇之肇国大精神，以确立世界和平为其根本，首先建成以皇国为中心，以日、满、支紧密结合为基础的大东亚新秩序。"① 同年9月，天皇在《缔结日德意三国同盟诏书》中鼓舞国民："于八纮之内宣扬大义，合坤舆为一宇。"② 自此，日本的亚洲战略从"东亚新秩序"发展为更加具体的"大东亚共荣圈"。宣扬将东亚民族"包摄"在以日本为中心的一个"大家族国家"之中的"大东亚共荣圈"从此成为近代日本推行的"皇道外交"的基本原则，日本政府在所谓"解放亚洲"的幌子下，把"大东亚战争"美化为"圣战"，实际推行独霸亚洲、掠夺亚洲的"共荣圈战略"。

正式提出以"大东亚共荣圈"作为日本基本国策方针的近卫内阁首相近卫文麿是西田的门生和西田哲学的信奉者，从西田的日记和书简中，经常可以看到近卫文麿、原田熊雄和木户幸一（1940年任内大臣，是昭和天皇的近臣）的名字。西田详细解读"东亚共荣圈"理念的《世界新秩序原理》发表于1943年5月，从时间上看，西田提出"东亚共荣圈"理念，是在日本政府已经明确"皇国外交"的方针之后，西田试图从其独特的哲学文化观、世界观出发，从更深层次诠释日本政府的"大东亚共荣圈"理念。

（二）军部"大东亚共荣圈"理论的结构

"大东亚共荣圈"作为概念虽然出现得较晚，但作为思想却孕育已久。幕末的佐藤信渊和吉田松阴的理论就构成了其思想源头。③ "一战"后，日本社会思想界更是兴起了形形色色的"亚洲观"。1924年10月5日，《日本及日本人》杂志发行秋季增刊"大亚细亚主义"专栏，思想界就"亚洲观"广泛发表看法，专栏中大多数观点宣扬的都是对外扩张的"大亚细亚主义"，其中充斥着以日本"指导亚洲""率领亚洲"的日本文化"优越论"倾向。蕨壃堂在《大亚细亚主义等同于大日本主义》一文中认为，中国和印度的文化已经荒废，日本是东方文化的中心，在亚洲，甚至在世界，作为"本堂"的日本应当以其"至大的包容性"将世

---

① 王屏：《近代日本的亚细亚主义》，商务印书馆2004年版，第284页。
② 後藤道夫、山科三郎：『ナショナリズムと戦争』，大月書店2004年版，第148頁。
③ 王屏：《近代日本的亚细亚主义》，商务印书馆2004年版，第282页。

界万物揽入怀中。① 蕨墡堂的上述观点与西田在《日本文化的问题》中论证的使自己成为"无"来包容"万有"的日本文化的"包容性"特征和"世界史意义"完全相同，二者的区别仅在于前者的表述比较简单直接，后者则醉心于学术饶舌而已。

1938年11月3日，近卫内阁发表著名的"东亚新秩序"声明（即第二次近卫声明），声明提出建设"东亚新秩序"的目标是："在东亚确立国际正义""创造新文化"。此后，日本知识界为使声明"理论化"，纷纷炮制"新逻辑"，制造"新理论"，其中具有代表性的是主张实现东亚"文化一体化"的"东亚协同体论"和表面上标榜"各民族自主独立"，实际上宣扬殖民主义的"东亚联盟论"。1940年8月，"基本国策纲要"的出台，使"东亚协同体论"与"东亚联盟论"归结到"大东亚共荣圈"理论中去。日本政府提出的"大东亚共荣圈"理念，是一面宣扬所谓"将共荣圈内的各民族从欧美的桎梏中解放出来"，一面从极端的国家利己主义出发，侵略、掠夺亚洲各国的侵略理论。同时，"大东亚共荣圈"理论还是日本政府对中国、泰国、马来西亚、印度、缅甸等亚洲国家实施野蛮侵略的具体扩张政策。为了使国民在"大东亚共荣圈"的理念上实现高度的思想统一，军部联络文化界、哲学界和新闻界的名人，试图从各种角度诠释"大东亚共荣圈"理论。西田的《世界新秩序原理》就是在这种形势下写就的。

从理论的基本结构上看，军部推行的"大东亚共荣圈"理论的主要内容包括：从"布皇道于世界"的立场出发，宣扬"八纮一宇"的"皇道精神"；表面上标榜东亚以及东南亚各国"共同繁荣"，实质上试图构筑以日本为中心的"特殊利益"圈，试图以所谓"东亚共存共荣"为九一八事变后日本侵略中国的行为辩护；在"解放亚洲"的口号下，公开挑战以美国为中心的华盛顿体系，表现出强硬的对抗西方姿态。在日本政府的"大东亚共荣圈"这一政治性口号的笼罩下，从明治时代标榜"脱亚入欧"以来一直追随欧美国家的日本人，终于找到了成为"亚洲盟主"，从欧美帝国主义的统治中"解放"亚洲殖民地，构建经济上的"共荣圈"的理念。这样，一方面是日本政府严格的舆论压制和对实际战况

---

① 《日本及日本人》秋季增刊，1924年10月5日，第188页。（转引自王屏《近代日本的亚细亚主义》，商务印书馆2004年版，第27—28页。）

的新闻封锁,另一方面是日本民众对"亚洲盟主"和"共荣圈"的狂热信奉,导致本应作为"时代的良心"的知识阶层、精英集团也在"大东亚共荣圈"的理念之下缄口不言。正如日本学者杉田雅夫对战时日本的评价:"特别是当时作为精英而存在的知识分子,拥有大学文凭、在大学的讲台或文坛上拥有影响力的那些人们,他们把公开发表意见当作能够获得生活口粮的手段,正如很多例子表现出的那样,那些拒绝协助战争或发表反体制言论等行为就等同于失去职位、名誉,甚至生命。"① 作者认为,在这种良知被强权和狂信绑架的文化氛围下,知识分子只能被动地为战争效力。西田几多郎亦是如此,他在对自己的亚洲观的诠释上,也基本上与"大东亚共荣圈"理念保持一致。从其在此期间并未保持沉默,而是积极联络政界高官,不断回应军部召唤的行为中,无疑体现出西田本人试图以其哲学理念充当对外侵略战争帮凶的明确意图。

(三) 西田哲学的"东亚共荣圈"与军部的"大东亚共荣圈"

对照军部的"大东亚共荣圈"理论,西田哲学的"东亚共荣圈"原理表现出以下倾向:

第一,西田有意将"世界性的世界形成主义"归结为"八纮为宇"理念。他主张,"世界性的世界"是"人类历史发展的终极理念,这也是今天的世界大战要求解决的世界新秩序原理。所谓我国的八纮为宇的理念即是如此。窃以为使万邦各得其所的圣旨的真意也在于此"。② 西田哲学的世界观最终回归到"使万邦共沐皇恩"的皇室中心主义中去,其目的是将"八纮为宇"的"皇道精神"发挥于世界。

第二,西田在论及国家的未来发展方向时,主张国家的"终极繁盛"。在"东亚共荣圈"理论中,他提出:"我们东亚民族必须一起高举东亚文化的理念,实现世界史的奋起。而为了构成一个特殊性的世界,必须要有成为其中心、担当其课题者,今天,在东亚,非日本莫属。"③ 他一方面强调各国"充分发挥个性",构成一个"共同繁荣"的世界;另一方面却宣扬日本要成为东亚的"中心"。这显然是充满矛盾的理论,在当

---

① 杉田雅夫:『大東亜共栄圏の正当化と論理「世界史の哲学と三木清」』,『人間関係論集』21号,2004年3月,第73—73頁。
② 西田幾多郎:『西田幾多郎全集』第十一卷,岩波書店2005年版,第445—446頁。
③ 同上书,第446頁。

时以对外侵略和反侵略为主导意识倾向的世界局势下，所谓"东亚各国共同繁荣"的理想方向必然被使日本成为东亚"中心"的现实目标湮没。虽然在西田哲学的理论中，对站在本国中心主义立场对待他族的"主体性"做法持批判态度。但是，西田对"共荣圈"内部各国关系问题的前后矛盾的理论仍然与军部的欺骗性宣传表里一致。从这个角度说，西田的"东亚共荣圈"理论旨在支持军部的"大东亚共荣圈"宣传。

第三，西田在《世界新秩序原理》中，明确表现出批判国际联盟理念的倾向。与西田哲学伦理观排斥西方合理主义道德的立场相同，西田站在"皇室中心主义"立场，抨击国际联盟理念是"古旧的""抽象的世界理念"。他在反对国际联盟理念中崇尚的各民族独立、平等原则的同时，质疑通过选举产生的国际联盟领袖的正当性，主张使日本的"纵向的世界性特色向横向的世界性扩大"，[①] 即以皇室为核心的"纵向世界"代替独立、平等原则下的"横向世界"。与军部的"大东亚共荣圈"理论一样，在西田哲学的世界观中也蕴含着强烈的对抗以美国为首的西方世界的情绪。

同时，西田的"东亚共荣圈"原理与军部宣传的"大东亚共荣圈"理论有明显区别，即实现"共存共荣"的途径。西田主张以"内在即超越"的主体与客体之间"绝对矛盾自己同一"的方式实现"共同繁荣"，即"文化的""道德的""宗教的"方式，并明确反对使自身"主体化"的"帝国主义""侵略主义"。他试图以"非主体的主体"排斥"主体化"的方式，批驳狭隘的国粹主义和日本主义。与西田的"东亚共荣圈"原理不同，军部的"大东亚共荣圈"原理借助天皇的宗教权威，毫不避讳地宣扬战争的"神圣意义"，把对外侵略战争美化成"解放亚洲"的"圣战"。

基于上述区别，一些日本学者认为西田的主张是"非侵略的世界协调主义"，"西田对军部法西斯的批判姿态是不变的"。[②] 认为西田的"东亚共荣圈原理"与军部法西斯的"大东亚共荣圈原理"之间，因一字之差，而具有本质区别，并认为西田在战时有意疏远甚至消极抵制日本法西

[①] 西田幾多郎：『日本文化の問題』，岩波書店1982年版，第92頁。
[②] 荒井正雄：『西田哲学読解：ヘーゲル解釈と国家論』，晃洋書房2001年版，第104—114頁。

斯政府。① 以上对西田哲学世界观的判断,在当前日本学界具有代表性。值得关注的是,西田哲学的"非主体的主体"逻辑也是以日本文化"优越论"为前提的,其目的是试图以"内在即超越"的"绝对无"的日本"皇室"之光映照世界。西田的这种"日本文化的世界性"主张与军部在"大东亚共荣圈"理论中宣扬的"圣战",尽管途径不同,但"使世界沐浴皇室之光"的终极目标却完全一致。因此,认为西田立足于"批判"军部法西斯的立场的观点欠缺说服力。从西田发表《世界新秩序原理》的背景,及其与日本政要的关系上看,西田并未"有意疏远甚至消极抵制法西斯政府",而是在政府的授意下一步步实践着自己的"职分"——构建"东亚共荣圈"理念。从西田对皇室的"世界史意义"的解读中,可以窥见其欲将日本主义"发扬"到世界的意图,因此,西田的"东亚共荣圈原理"与军部法西斯"大东亚共荣圈原理"殊途同归。西田与军部法西斯之间的关系并非"对抗",而是妥协与合作。

三 "特殊性的世界"理论的"现代性"意义

近年来,日本学者非常关注西田哲学的"现代性",认为西田的"东亚共荣圈"原理是"国家主义和世界主义并存的逻辑,它类似现代欧洲诸国保持国家主权的'统合理论'",进而提出当前具有代表性的区域世界的格局模式——"欧洲一体化"模式就是西田哲学"绝对矛盾自己同一"逻辑的有效应用,认为当前的"欧洲一体化"是并列的、相对立的欧洲各国在地域性的欧洲价值理念之下,"绝对矛盾自己同一"地构成了一个"地域性的世界",这个"地域性的世界",就是西田哲学世界观中的"特殊性的世界"。基于以上判断,日本学者下结论说:"比起把西田哲学当作'法西斯意识形态'的哲学、过去的哲学而一味摒弃的方法,承认西田哲学拥有的现代性——在多文明世界中的世界性,援引他的多样化国际社会的方法论,例如诸民族、诸国家共存(历史的世界的形成)

---

① 上田閑照(上田閑照『上田閑照集』第一卷『西田幾多郎』,岩波書店 2001 年版)、小坂国继(小坂国継『西田哲学と現代:歴史・宗教・自然を読み解く』,ミネルヴァ書房 2001 年版)和上山春平(上山春平『日本の思想』,サイマル出版会 1971 年版)都持这种观点。

的方法论，不是公平的评价吗？"① 将西田"特殊性的世界"理论中的"世界主义"主张作为西田哲学拥有"现代性"的依据，必须建立在对西田的"东亚共荣圈"原理进行全面、细致的分析，并对当时世界主流意识形态和亚洲局势进行综合认识的基础上，而不能仅仅关注西田哲学的方法论和西田哲学世界观中构筑"新世界"的理想模式。

（一）"特殊性的世界"理论的时代性与"现代性"

任何一种国际关系新模式的建立和新格局的形成，都是由当时的时代特征决定的。当代世界欧洲一体化格局的形成，是建立在欧洲各国经济普遍均衡发展，各国均实现了长期、稳定、普遍的政治平等，以及一致的基督教信仰等诸多前提的基础上，通过平等的外交协商，以充分尊重各民族成员的全民公决的形式构建起来的。这种区域一体化格局提供了一个全新的世界格局发展方向。西田哲学的亚洲观和世界观既是时代的产物，又影响了那个时代。在20世纪40年代，世界各国经济发展水平严重失衡，各民族国家的政治平等远未实现，在国际关系实态上，崇尚"弱肉强食"的社会达尔文主义仍然盛行一时，随着世界大战的蔓延，世界的各种文明进入了空前激烈的角逐厮杀之中。此时的日本国民处在对"八纮一宇"的"皇道精神"的非理性的疯狂信仰中，日本政府在"大东亚共荣圈"的欺骗性宣传下，通过侵略战争对亚洲国家实施野蛮掠夺，并在文化方面，对东亚各国采取蛮横的"同化主义"政策，甚至不惜使用"三光政策"的极端手段。在这种国际国内形势下，西田提出的"东亚共荣圈"原理不仅在名称上与军部法西斯的"大东亚共荣圈"理论基本一致，而且由于其中包含日本历史"特殊性"和日本民族"优越论"的倾向，使得西田宣扬的"皇道精神"的"世界性意义"必然滑入本民族中心主义的泥潭。

西田哲学世界观的终极结论并未脱离"八纮为宇"的皇室中心主义。在西田的哲学体系中，"绝对无"的"场所逻辑"和"绝对矛盾自己同一"的辩证法作为方法论，起到解读皇室中心主义世界观的作用。因此，在忽略西田努力论证"八纮为宇"的"皇道精神"的前提下，赞扬西田哲学世界观的"现代性意义"的做法是值得推敲的，这只能表露出研究

---

① 荒井正雄：『西田哲学読解：ヘーゲル解釈と国家論』，晃洋書房2001年版，第79—83頁。

者试图证实日本文化拥有"世界意义"的迫切心情。没有冷静批判视角的日本文化研究极易像西田哲学的结论一样，在不知不觉中滑入本民族中心主义的泥沼，导致其学说本身的"悲剧"。

(二) 西田的"皇道"与孙中山的"王道"

有些日本学者认为，由于西田站在反对"皇道的霸道化"立场，因此，西田的"皇道"近似于孙中山的"王道"，西田是在此基础上强调皇道的世界性意义的。① 1924 年 11 月，孙中山在神户高等女子学校作《大亚洲主义》演讲。在演讲中，孙中山从东西方文明冲突的角度提出："东方的文化是王道，西方的文化是霸道。讲王道是主张仁义道德，讲霸道是主张功利强权。讲仁义道德是用正义来感化人，讲功利强权是用洋枪大炮来压迫人。"② 号召亚洲人民用武装斗争的方式驱逐西方侵略者。在演讲的最后，孙中山针对日本与亚洲国家的关系问题，郑重地提出忠告："你们日本民族既得到了欧美的霸道文化，又有亚洲王道文化的本质。今后，面对世界文化的前途，究竟是做西方霸道的鹰犬还是做东方王道的干城，就在你们日本国民去详审慎择了。"③

与孙中山主张一方面以仁义道德来感化人，另一方面以武力对抗侵略的"王道"不同，西田的"皇道"既不提倡东方传统的仁义道德，也不主张西方的合理主义逻辑。"今天世界的道义，既不是基督教的博爱主义，也不是支那古代的所谓王道。而必须是各个国家民族超越自己形成一个世界性的世界，必须是成为世界性的世界的建造者。我国的国体不是单纯的所谓全体主义。皇室作为包纳过去未来的绝对现在，是我们的世界之始，世界之终。在以皇室为中心形成一个历史的世界的地方，有万世一系的我国国体的精华。我国的皇室不仅是所谓单纯的一个民族国家的中心。在我国的皇道中包含着八纮为宇的世界形成原理。"④ 可见，与孙中山立足于中华传统华夷思想基础上的"王道"不同，西田的"皇道"立足于以皇室为中心的日本国体。从这个角度说，西田的"皇道"与孙中山的

---

① 上田閑照：『西田幾多郎——「あの戰争」と「日本文化の問題」』，『思想』第 857 号，1995 年 11 月，第 118 頁。

② 陈德仁、安井三吉：《孫文講演"大亞洲主義"資料集》，台北法律文化社 1989 年版，第 71 页。

③ 同上书，第 80 页。

④ 西田幾多郎：『西田幾多郎全集』第十一卷，岩波書店 2005 年版，第 446 頁。

"王道"具有本质区别。在整个国家都投入到对外侵略这一"总力战"的战时日本，主张以"皇室之光映照世界"的西田哲学世界观不可能对军部法西斯推行的"霸道"路线起到对抗作用，反而与对外侵略的"霸道"相妥协。

四 西田几多郎对战争的态度

从总体上看，西田对战争的态度是暧昧的。西田并未在著作中专门论述过战争问题，然而，西田哲学的世界观是在日本政府对外推行大规模侵略战争的背景下提出的。他虽然未对当时的世界大战作明确的评价和分析，却在论述人类历史的形成和各民族国家的关系等问题时表露出对战争的态度。从西田在不同时期论及战争的文章片段中，尚不能全面地总结出西田的战争观，只能看到西田对战争的感受，对战争在人类历史形成中的作用等问题的看法。西田明确论及战争是从《日本文化的问题》开始的，在后来的《世界新秩序原理》和晚年的书信中，西田表露出对战争的反感和对日本战败的预见，很多日本学者据此认为西田是"反对战争""反对侵略"的。在此，有必要从西田日记、书简和论文入手，结合西田哲学的国家观、世界观，全面地评述西田对战争的态度。

（一）日本学者的观点

由于西田在论及战争时，还掺杂了诸如民族间的"斗争""武力"等相关概念，因此，在日本学者那里，对西田哲学的国家理论与战争之间的关系问题存在诸多观点。矢次一夫认为，西田为了竭力说明形成"特殊性的世界"的必然性，而感受到战争"有时起到对世界史进程中产生的矛盾和摩擦进行调节的作用"，"博士（西田）指出的历史进程还是正确的"。① 上山春平认为："西田至少在主观上是反对法西斯、反对帝国主义的"，"他为了反对独裁政治和侵略战争，并未像《三醉人》中的绅士君那样，采取彻底的民主主义与和平主义，他的整体的一和个体的多的矛盾自己同一的立场，当然不同于右翼豪杰君的立场，也不是左翼绅士君的立场，可以说是接近奉行中道的南海先生的立场"。② 小坂国继从西田晚年写给高山岩男、长与善郎、高坂正显、久松真一的信中明确表示的对战争

---

① 矢次一夫：『西田幾多郎博士の大東亜戦争観』，新纪元社1954年版，第287—288页。
② 上山春平：『日本の思想』，サイマル出版会1971年版，第155—156页。

的反感和对战败的预想出发，认为西田和"京都学派"的弟子们与军部，特别是海军方面接触，"并不是为了协助和参加军部推行的战争，而是在冷静地接受历史现实及其发展方向的基础上，试图实现把军部的独断专横纠正为道义，把东亚共荣圈的理念引导到正确的方向"。"在今天看来，这个理念可以说仍然是正确的。"①

上田闲照更加细致地列举了认为西田哲学支持了日本侵略战争的三种说法："（1）因为西田是战争的支持参加者，所以西田的思想自不必说，就连其哲学也应当否定。（2）西田支持参加战争是因为他的思想，即，在西田的思想中有作为思想的本质性缺欠，因此支持了战争。（3）在西田的思想中有某种弱点，因此，他在不知不觉中支持了战争。"对于这三种说法，上田闲照均持反对意见。他认为，西田始终是一个哲学家，"不能把西田看作'日本精神'主义者、'天皇'绝对论者、国家主义者、军国主义者、战争参与者、'大东亚战争'的舆论宣传者"。② 的确，西田始终作为哲学家构建和坚持着独特的哲学体系，在与军部、政府之间的关系上也一直保持着独立性，并因此在战时受到来自国家主义者的攻击。从这个角度上说，西田并不是战争的直接参与者。

吉田杰俊认为：西田对战争"采取的是不得已的妥协态度（理论上"反对"，实际上追随）"，"他对战争既不能说是全盘肯定，严格意义上讲，也不能说是否定"。③

以西田是战争参与者为前提批判西田哲学是本末倒置的。相反，应当从西田哲学国家观的构成与原理出发，结合西田在战时的时论，研讨西田与战争的关系。关于西田哲学国家观的评价，在本书的第二章中已经论述，因此，这里着重讨论西田在不同时期对人生价值与对外战争、战争与世界历史的形成、战争与日本民族的未来等问题的认识。

（二）战争与人生的价值——从亲情角度出发对战争的体认

早在日俄战争爆发后，西田就在两篇追忆文章中表露出对人生的价值

---

① 小坂国継：『西田哲学と現代：歴史・宗教・自然を読み解く』，ミネルヴァ書房2001年版，第91頁。

② 上田閑照：『西田幾多郎——「あの戦争」と「日本文化の問題」』，『思想』第857号，1995年11月，第121—122頁。

③ 吉田傑俊：『京都学派の哲学——西田・三木・戸坂を中心に』，大月書店2011年版、第227頁。

和战争的看法。1904年5月11日、12日，西田在《北国新闻》杂志上发表《追忆向少佐》；同年11月15日、17日、18日，西田在《政教新闻》杂志上发表《追忆吾弟西田凭次郎》。从这两篇文章中可以体味到西田从人生的价值出发对亲友"奉献于国家"的"豪情"的赞颂，和从亲情、友情出发对战争"悲哀"的体认。

《追忆向少佐》是西田怀念他在石川县专门学校初等中学校时期的友人向菊太郎的文章。日俄战争开始后不久，向菊太郎服役的海军运输船在1904年4月受到俄罗斯舰队的攻击，向菊太郎战死。① 西田在文章中称："向君幼时立志加入海军，当此国家大事之时，得以为国忠勇战死，故虽只经历了34年的短暂一生，却死而无憾。""死乃人生不得已之结局，特别是武者之死更是成就其目的的结局。"在文章的最后，西田还表达出对日本国民的勉励："我国国民在思虑到出征军人的苦衷时，不是徒然陶醉于战胜的美酒之中，而是必须以如军人屹立于敌人阵前般的严肃意志，励志家业、为国尽力。"② 西田在悼念文章中体现出的用"军人的意志"鼓舞日本国民为国效力的情感跃然纸上。

《追忆吾弟西田凭次郎》是西田怀念弟弟的文章，西田凭次郎于1904年8月24日旅顺港附近的盘龙山战斗中阵亡。在这篇文章中，西田不仅表现出了对弟弟的深深怀念之情，而且再次从人生的价值角度思考生死问题。西田特意列举了凭次郎寄给母亲的最后一封家书中的一段话："家中之事，一定在母亲的尽力操劳下一切皆好，因此，我一点也不顾念家中之事，唯有一心为我中队。"西田在提到凭次郎的品质时，突出赞颂了其"舍家为国"精神："渠（西田凭次郎的乳名）自任士官以来，直至此次战死，专心一意地爱自己的部队，为之尽力。"③ 西田在叙述凭次郎战斗经历时，更颂扬了他的"勇敢无畏"："渠在战死的前一天，被在身边爆炸的炮弹的余波伤到一只眼，身体也已非常疲倦，然而，他仍鼓起勇气，加入到24日的望台突击队，向高地挺进。"④ 西田在评价凭次郎的死时，称赞他"死得其所"。1904年8月29日，西田在写给桑原政荣的信中说：

---

① 西田幾多郎：『西田幾多郎全集』第十一卷，岩波書店2005年版，第498—499頁。
② 同上书，第221页。
③ 同上书，第224页。
④ 同上书，第225页。

"小生失去唯一的弟弟,确实心痛,每虑及此,唯洒泪而已。然因其名誉极高地战死,人故有一死,故唯有舍弟之死才是无上之死场所,虑及此处,吾心稍慰。"① 在西田看来,慿次郎的"舍家为国""勇敢无畏"和"死得其所"都是在对外侵略战争中体现出的日本军人的"价值",在尽一个军人的"本分"。

在《追忆吾弟西田慿次郎》的最后,西田总结说:"以达人之眼观之,人生之价值不在乎长短,而在乎如何终其一生。因吾弟自幼拥有军人之气质与志向,当此国家面临大事之时,倾其体力,奋战及死,故,于尽军人之本分之上,无更高之期望。深山之树木,春时虽无人观赏亦开花,秋时虽无人采摘亦结实,万物皆尽自己之本分。其中最能尽其本分者之一生,必为最具价值之一生。特别是,此次战争之结果乃我国之势力扩张至东亚,汝等之尸身成为新帝国之奠基,思虑及此,又颇有壮快之感。"② 可见,与狂热地寄希望于对外侵略战争的当时日本国民一样,年轻的西田也把日俄战争信奉为日本在东亚建立"新帝国"的途径。并从实现人生价值的角度思考战死的"意义",为投身于对外侵略战争,直至战死的亲友感到"宽慰"。

在对侵略战争寄予期望和对军人施以赞颂的同时,西田对战死者和战争也抱有浓厚的悲情。在《追忆向少佐》中,西田说:"应当怜惜的是在数月之间相继失去父母的君的遗子。在法国的某个胜利纪念标志上雕刻着孤儿寡妇,在庆贺战争胜利的时候,不能忘记其严肃而悲惨的一面。"③ 西田在1904年12月25日写给好友山本良吉的信中说:"从理性上,或许应当反复言及军人的本怀,或者用现在的流行语叫名誉地战死,却难以忘却自幼的亲情,每每想起,心绪难平。昨天还浑身健硕、意气风发地分别的人,今天就不得不埋尸于异乡的土地上。只能在松林寂寞、寒风呼啸之处,立于一座新墓碑之前,泣奉一束花草。人生是何等悲惨啊!"④ 对于因战争带来的失去亲人的悲

---

① 西田幾多郎:『西田幾多郎全集』第十八卷,西田書簡第45号,岩波書店1989年版,第64頁。
② 西田幾多郎:『西田幾多郎全集』第十一卷,岩波書店2005年版,第226頁。
③ 同上书,第221页。
④ 西田幾多郎:『西田幾多郎全集』第十八卷,西田書簡第46号,岩波書店1989年版,第65頁。

痛，年轻的西田已经有极深的体会。及至后来的1937年，在儿子外彦应召出征时，西田从亲情出发，再一次表现出对战争的强烈反感："这次战争是一场不知何时能够结束的战争"，①"这次战争往坏处说，无法预测将持续到何处，无论如何，只期盼其如君所说地告一段落"。②"战争要持续到何处？即使结果胜利了，又将如何？耗费了众多人命和国库货币，万一未能达到目的，将是悲惨的。"③ 上述书信中表达了西田对战争的厌倦和希望战争早日结束的心情。但是，其中也掺杂着一旦战争"达到目的"，那么战争不仅不是"悲惨的"，而且将成为推动日本"皇道之光照耀世界"的"悲壮的"推动力的心情，体现出一种忧虑与期盼相交织的复杂心情。

纵观西田的一生，他对战争始终怀有上述"豪情"与"悲情"相交织的复杂矛盾感情，这种矛盾的战争情结，与西田哲学"悲哀""忧虑"的情感基调相呼应，一直困扰着西田的一生，这一方面体现在他论述国家观和世界观的著作中对战争作用的期盼上，另一方面体现在他的书信和日记中流露出的对战争的悲情上。

（三）战争与"世界历史的形成"——从历史形成角度诠释战争的作用

在《日本文化的问题》之后，西田在论述各民族文化间的关系、世界历史的形成和世界历史的发展方向时，都提到了战争的作用。这一时期，西田着重强调的是历史发展的"悲剧式"特征和战争的"不可避免"。西田断言："今天的世界已经在环境上成为了一个世界。"④ "世界越在环境上趋向于一体，越从横向的世界迈向纵向的世界，主体与主体之间的斗争就越难以避免。"⑤ 因此，"历史的进步是悲剧式的"。⑥ 而斗争

---

① 西田幾多郎：『西田幾多郎全集』第十八卷，西田書簡第1140号，岩波書店1989年版，第616頁。
② 西田幾多郎：『西田幾多郎全集』第十八卷，西田書簡第1148号，岩波書店1989年版，第619—620頁。
③ 西田幾多郎：『西田幾多郎全集』第十八卷，西田書簡第1147号，岩波書店1989年版，第619頁。
④ 西田幾多郎：『日本文化の問題』，岩波書店1982年版，第101頁。
⑤ 同上书，第125頁。
⑥ 同上书，第72頁。

的结果将是在优势文化的主导下创造新的"世界性的文化","新的人类"将在"悲剧"中产生。

由于战争"不可避免",因此,就要找到当时的世界大战要解决的世界性课题——产生"新的人类形态",构成新的"世界性的世界"。尽管西田强调各国通过"自觉到世界史的使命"来构成"世界性的世界",但是,他把形成"世界性的世界"的手段更多地寄托在战争上,他对东亚战争,乃至于世界大战都寄予希望。"正如历史上,希腊在希波战争中的胜利决定了欧洲世界的文化发展方向一样,今天的东亚战争也会在今后的世界史中决定一个方向。"① 在这里,西田满怀希望地把"东亚战争"当作实现日本文化"世界性"的前提,在文化自我肯定的前提下,主张以战争为手段的日本文化的对外扩张。

在《哲学论文集第四补遗》中,西田解释了"圣战"的"真意":"真正的国家主义必须包含世界性的世界形成主义。所谓单纯的民族性的国家主义没有超越民族斗争的立场,从那里也产生不出圣战一词。"② 西田在这里强调的是,不能仅仅从民族斗争的角度理解"圣战"的含义,必须在包含世界性的"国家主义"中,才能产生"圣战"。而只有以皇室为核心的日本才拥有这样的"国家主义"。他认为在西方诸国的所谓国家中,"超越与内在、一与多是对立的",在西方国家那里,"像我国那样的超越即内在、内在即超越,在民族形成的自身中超越自己,形成世界史的国家神圣观是发展不了的。这是国家即道德的国体观唯独在我们日本才能发展的原因"。③ 按照西田的推理,既然在世界上只有日本才具有"国家神圣观",那么基于这种"国家神圣观"的"圣战"也必然是唯有日本才有资格发动的,或者说,唯有在日本"国家神圣观"指导下发动的战争才能被称为"圣战"。西田试图将"圣战"超越于民族斗争之上,通过把"圣战"抬高到形成"世界性的世界"的高度,达到为日本的对外侵略战争提供"道义"依据的目的。

如果说西田对战争在历史上的作用的认识是出于对历史发展的"悲剧式"推动力的认同的话,那么,他对当时正在进行的日本对外侵略战

---

① 西田幾多郎:『西田幾多郎全集』第十一卷,岩波書店 2005 年版,第 446 頁。
② 同上书,第 201 頁。
③ 同上书,第 202 頁。

争的体认，则是在未对当时日本发动的"东亚战争"的根本原因和战争理念进行具体细致的批判分析的基础上作出的战争认同，体现出战时日本站在压迫民族的立场上，试图通过战争的胜利，使日本文化走向世界的意图，以及由此憧憬对外征服战争早日胜利的迫切心情。

（四）晚年的战争观——反思战争与日本民族的未来

与早期西田对战争的态度一样，在诠释"世界性的世界"形成的方式上，也处处体现出对战争这把"双刃剑"的认识，他既希望通过当时的世界大战建立以"皇道"为核心的"世界新秩序"，又忌惮战争带来的难以预测的"悲惨"结局。在1939年，得知德国入侵波兰的消息时，西田在写给堀维孝的信中说："波德开启战端，不过，是否尚未开启真正的欧洲大战呢？我与日本人不同，主张尽量诉诸外交努力。此事端若发展为世界大战，则历史也将改变。人类世界在任何时候都不能陷入诸如今天的世界的状态吧！没有谁能真正阻止诺亚洪水的到来。"① 这是西田在诠释战争对形成"世界性的世界"的作用之前，对即将爆发的世界大战的忧虑。然而，由于此时西田尚把德国入侵波兰看作西方世界的民族国家之间的战争，也由于西田在后来的《哲学论文集第四补遗》中，对"圣战"的"道义性"进行了深入解读，因此，仅从上述书信内容尚不能断言西田是反对战争的"和平主义"者。

太平洋战争爆发后，日本的知识分子一方面高度振奋，普遍地表现出了"欢喜不已"的心情；另一方面，在欣喜的背后，也有一些知识分子表达出了"无以名状的悲哀"。高见顺在《昭和文学盛衰史》中回忆他听到天皇宣战诏书时的心情时说："以'保有天佑……'开篇的宣战诏敕，给我带来无以名状的悲哀之感，今天仍然记忆犹新。""那既不是来源于我内心深处的反对战争、憎恶战争的心情，也不是来源于讴歌战争、欢迎开战的心情。而是日本具有的无以名状的悲哀，这是一种将我的心诱向悲哀的悲情。"② 在天皇宣布宣战诏书时，对战争的礼赞之情弥漫在日本知识界的上空，战争肯定论得到了普遍认可。这时的西田因严重的关节病，于1941年11月3日至12月23日在京都府立医院住院治疗。此期间，由

---

① 西田幾多郎：『西田幾多郎全集』第十九卷，西田書簡第1370号，岩波書店1989年版，第83頁。

② 转引自河上徹太郎、竹内好『近代の超克』，冨山房百科文庫1979年版，第302页。

于手足不能活动，西田不得不停止写作，连书信都是口述的。他的《日记》也因此在1941年11月27日到翌年的6月23日处于空白状态。西田是在医院的病床上听到使日本知识界"欣喜不已"的日本海军偷袭珍珠港胜利的消息的。西田在日本历史上的关键时期，没有在日记和书信中表示任何战争态度的原因当然不仅仅是由于病痛。实际上，西田在亲身经历甲午战争、日俄战争、九一八事变、卢沟桥事变等日本多次对外开战的关键时期，均未正面表述过对战争的态度，而是把精力投入到对其哲学体系的构筑之中。这次战争也不例外，西田依旧表现出了一种对当时所有日本国民普遍关注的战况和战果不甚关心的态度。如果没有后来发表的《世界新秩序原理》和《哲学论文集第四补遗》中对战争的历史作用的诠释和对"东亚共荣圈"的解读，西田似乎真的置身于战争之外，或者说超越于战争之上了。

　　随着侵略战争的挫败，日本国民对战争的情绪从早期的对胜利寄予厚望，逐渐演化成对战争结局的迷茫和失落，只希望战争早些结束。西田对战争的"悲情"意识也逐渐显露出来。1944年9月发表的《哲学论文集第四补遗》是晚年西田对其国体观的总结性著作，这里集中论述了日本"国家即道德"的国体的"特殊性"，并从"世界性"的角度诠释"圣战"。此后不久，随着日本对外侵略战争形势的变化，特别是1945年2月，东京、大阪、名古屋遭受盟军空军的大规模空袭以来，西田在日记和书信中开始多次出现对战争的反思和对战败后日本民族未来的担忧。1945年3月11日，西田在写给他的弟子高山岩男的信中说："东京的形势实在很严酷，真是很可怜。敌机不时经过我们的头顶，不过好像不轰炸这里。京都现在好像平安无事，但这也很难说。总力战等（说法）在此时完全是错误的……我认为要设法使我们民族无论如何都不要在此时丧失精神上的自信。即使通过力来实现，也无论到何地都不要在道义上、文化上丧失我国国体在历史的世界性，和世界史的世界形成性的立场上的自信。必须牢固地把握上述立场，拥有将来民族发展的自信。"① 三天后，西田在写给长与善郎的信中则正面阐述了武力的危害："我认为，把国体与武力结合在一起，把民族的自信放置在武力上是根本错误的。自古以来，是没有

---

① 西田幾多郎：『西田幾多郎全集』第十九卷，西田書簡第2143号，岩波書店1989年版，第398頁。

仅仅依靠武力获得繁荣的国家的。武力直接导致失败,永远繁荣的国家必须以出色的道德和文化作为根基。我国国民现今实际上正处于必须从上述根基出发进行大转换的时期。无视外交和其他的一切,仅以武力指导国民的话,在武力失败的时候,国民还能在哪里拥有自信的根基呢?唯有丧失自信的国民才是实际上的亡国之民。因此,即使国家在武力上出现些许衰落,如果国民在崇高博大的立场上拥有自尊心,那么此国民必将蓬勃再起。我相信日本国民是相当优秀的国民,只是指导者拙劣。甚为遗憾的是,学者和文学家都不进行深刻思索,只是一味追随指导者而已。我不禁慨叹国家的思想像今天这样贫瘠。"①

在上述书信中,西田明确地批判了日本政府推行的"以武力指导国民""把国体与武力结合在一起"的做法。这体现出西田对侵略战争的反感。不过,应当注意的是,西田站在发挥"日本国体在道义上、文化上的世界性"的前提下反对武力,并且试图以此为动力,在日本即将彻底失败时唤起日本民族的自信心。也就是说,西田一贯主张的使"优越的"日本国体"走向世界"的理论前提并未改变。在实现上述前提的手段问题上,已经预见到对外侵略战争必将失败的西田站在"道义""文化"的角度批判武力,这也是西田在书信中使用的词汇是"武力"而不是"战争"的原因。西田对武力的批判,仅仅出现在1945年以后,而此时日本战败已成定局,西田迫切希望日本国民在战败的打击下,不要"在道义上、文化上丧失我国国体在历史的世界性,和世界史的世界形成性的立场上的自信",可见,此时的西田试图以批判武力的方式激励国民。

综上所述,西田在著作中对战争作用的认同,和在书信中对战争的忧虑构成其对战争态度的基调。他从"世界性"的角度对"圣战"的诠释成为京都学派"世界史的哲学"的理论基础。西田在晚年批判日本政府,批判武力的危害,但由于他仍站在日本民族"优越论"的立场,试图诠释日本文化的"面向世界的优越性"和日本国体的"道义"性,并未脱离"皇道""八纮一宇"等日本政府的官方意识形态,更未能对日本对外侵略战争进行真正冷静的思考,因此,仅从其批判武力的言论出发,并不

---

① 西田幾多郎:『西田幾多郎全集』第十九卷,西田書簡第2147号,岩波書店1989年版,第401—402頁。

能断定西田是反对战争的。实际上,正如美国学者费伯格所说:"他直到最后还依然希望日本能够通过战争成为一个新的政治、文化领域内的中心。"①

---

① [美] A. 费伯格:《西田哲学中的现代性问题》,刘丰译,《世界哲学》2004 年第 2 期。

第五章　西田哲学国家观与其他思想家的国家观比较

　　1935年的"国体明征运动"和1936年的"二二六事件"后，日本政府加强对言论自由的控制。1937年，文部省颁布《国体本意》，进一步强化天皇作为"现人神"的神圣性。从此，由军部法西斯宣扬的"日本精神论""日本主义"哲学逐渐成为占据绝对统治地位的思想。20世纪30年代以后，与日本社会的上述思想状况相对应，西田开始从其独特的哲学原理出发论证国家观和世界观。一般认为，"国体明征运动"和"二二六事件"构成了西田写作《国家理由的问题》的背景。① 西田在思考国家人格、国家理性，以及日本国家的"世界性"问题时，也在关注日本思想界发生的变化，在西田书简中可以梳理出其对"国体明征运动""二二六事件"和津田左右吉事件的态度。

　　由于西田哲学国家观具有鲜明的时代特征，也由于当时的日本思想界处在对"国家主体"和日本"国体"等问题的激烈讨论和交锋之中，因此，把西田哲学国家观与当时思想界具有代表性的国家理论作比较性研究，可以拓宽视角，有助于明确西田哲学国家观与当时日本出现的众多国家理论的关系，从而对其作有效定位。本章主要将西田哲学国家观与美浓部达吉、穗积八束、北一辉、津田左右吉等近代日本思想界具有突出特征的思想家的国家观作一比较。

第一节　西田哲学国家观与"天皇机关说"论争

　　"天皇机关说"论争是指由帝国大学教授美浓部达吉与文部省御用学者穗积八束、上杉慎吉之间展开的一场关于"国体"、主权等问题的论

---

①　荒井正雄：『西田哲学読解：ヘーゲル解釈と国家論』，晃洋書房2001年版，第99頁。

争。这场论争从 1911 年上杉慎吉在《太阳》杂志上发表《关于国体的异说》，指责美浓部达吉"天皇机关说"违反宪法第一条开始，直到美浓部因"国体明征运动"的攻击辞去贵族院议员为止，是近代日本政治学界最突出的国家法理论争。美浓部达吉在 1912 年 3 月出版《宪法讲话》，系统论证了"天皇机关说"，并对穗积八束和上杉慎吉主张的"天皇主权说"进行批判，双方从此展开论战。美浓部的"天皇机关说"以在 19 世纪德国官方法学界占据统治地位的"国家法人说"和"君主机关说"为理论基础，拥有严整的学术立论。而穗积八束是公认的御用学者，并非学术权威，上杉慎吉的"天皇主权说"也只能依据宪法条文，从国民对天皇的感情出发对诸如"机关"等措辞进行抨击，加上"天皇机关说"大致契合了大正时期藩阀与政党相妥协，知识界与政界的领导者试图实践西方"宪政常道"的政治情势，因此，获得了法学界的普遍认同，在日本知识界获得了绝对性胜利。然而，"天皇主权说"是在教育界和军界一直占据统治地位的学说，上杉慎吉从 1913 起兼任陆军大学的教授，从 1916 年起兼任海军大学的教授，在军队中广泛宣扬"天皇主权说"。

  进入昭和时期以后，随着军部法西斯势力抬头，日本政府逐步加强对思想言论的钳制力度，在军部和政府的宣传煽动下，天皇的"神性"被绝对化，对天皇的存在进行法理学分析的"天皇机关说"不断受到攻击。1935 年 2 月 18 日，贵族院议员菊池武夫首先对"天皇机关说"发难，指责"天皇机关说"破坏"国体"，并攻击美浓部达吉是"叛逆者""学匪"，挑起了所谓"国体明征运动"。从此，以贵族院为首，众议院、学术界、军方都明确抨击美浓部达吉和"天皇机关说"。最终，日本政府在 8 月 3 日发表"国体明征"声明。声明指出，天皇在颁布宪法时发布的上谕和宪法第一条中就已经明确："大日本帝国统治大权作为威仪，存在于天皇那里。如果认为此统治权不存在于天皇，认为天皇是为了实现统治权的机关的话，这是完全叛逆万邦无比之我国国体本意的……政府将愈加效力于国体明征，以发扬其精华。"[①] 随后，日本政府进一步加强对言论自由的限制。9 月 14 日，美浓部达吉被迫辞去贵族院议员，"天皇机关说"被彻底排斥出日本学界。"二二六事件"后上台的广田内阁表示，严厉取缔反对统治权归天皇的学说和意见。1937 年，文部省颁布《国体本意》，

---

① 转引自土屋道雄『天皇機関説』，『横浜創英短期大学紀要 2』，1994 年 3 月，第 131 页。

着力强调天皇的神圣不可侵犯。

西田对日本国体、皇室的论证是在"国体明征运动"结束之后，从论证视角来看，西田并未对日本近代的政体构成问题进行具体表述与评价，仅从"绝对矛盾自己同一"的哲学方法论角度提出了对皇室、国体、国家人格等问题的理论定位。本节就从天皇、国家、国体、皇室、国家人格等问题范畴入手，比较西田哲学国家观和立足于近代政治学方法论的"天皇机关说"与"天皇主权说"中的相对应理论，借此窥探近代日本国家观念的共性特征。

一 天皇与国家

"天皇主权说"和"天皇机关说"争论的焦点之一是天皇在行使国家统治权时的地位问题，即国家的统治权归属于天皇还是归属于国家的问题。在这里，仅举出几处双方关于天皇与国家的各自概念、相互关系的理论，并对照西田哲学国家观，窥探两种学说的异同。

穗积八束认为："主权是国家最高的权力。君主个人固有的权力就是源于国家最高权力的主权。主权是统治国家的权力。君主个人在自己的名下，为了国家而行使自己的权力时，就是主权者。""君主的意志就是国家的意志，君主与国家相同化，君主即国家。""君主是主权者，最高的、绝对大的权力作为君主个人的权力，在其名下行使之。"① 穗积八束的理论图示为：君主是主权者，君主的权力是最高的权力——主权，国家等同于君主，那么君主的权力就是国家最高的权力。上杉慎吉也认为："大日本帝国是纯粹的君主国，天皇是完全的、无缺憾的统治权者，我国国体法律上的天皇的意志，作为唯一的统治权，国家中所有的意志都须服从之，唯有天皇的意志才是统治权。天皇与统治权不可分，且不存在任何与天皇共同行使统治权的人，天皇的意志直接成为了统治权，任何人的意志都不成为其确立的要素。天皇的意志是最高的、独立的，臣民要绝对地、无条件地服从。天皇的统治权是无限制的，不存在其波及不到的范围。"② 从论争的角度出发，"天皇主权说"反复强调国家的统治权就是天皇的统治权，它是绝对的、唯一的、最高的、无限制的。

---

① 穗积八束：『修正増補 憲法提要』，有斐閣1935年版，第44—46頁。
② 上杉慎吉：『新稿憲法述義』第九版，有斐閣1928年版，第86—87頁。

美浓部达吉在《宪法讲话》中给国家下的定义是："国家是以一定的土地为基础的团体"，而"所谓国家拥有最高的权力，决不是所谓拥有绝对无限制的权力的意思，普遍认为的国家拥有绝对无限的权力的说法甚为荒谬，如前所述，国家一方面受国际法的限制，另一方面受国内法的限制。"① 美浓部着重强调的是：国家是由具有共同目的的多数人组成的团体，国家作为一个团体，在法律上拥有人格，国家的统治权属于国家。国家与所有的团体一样，要通过机关来活动，国家的活动就是国家机关的活动。在国家机关中，必须有一个最高机关，这个最高机关的组织方式因君主国和共和国而不同，在君主国，君主作为国家的最高机关，统揽国家的统治权。"尽管实现和行使统治权的最高权力原本属于君主，但是其权力却不是君主作为自己的权力而享有的，权力的主体不是君主而是国家。"②

上杉慎吉认为，美浓部达吉的"国家是团体"的理论违反了《大日本帝国宪法》中"大日本帝国由万世一系之天皇统治之"的原则，"大日本帝国由万世一系之天皇统治之，天皇是统治者，被统治者是臣民，主权只属于天皇，臣民服从之，主客之分义确定而不紊乱"。③ 美浓部达吉在反驳以君主为主体、民众为客体的主张时认为："所谓国家是团体，意思是指组织国家的所有个人皆有共同的目的，协力一致遂行其目的。把它放在君主国里是指，君主和臣民的目的相同，君主的目的即所有臣民的目的。""在认同君主和臣民的目的相同的情况下，诸如把君主当作统治权的主体，把臣民当作其客体的学说是完全不能立足的。"④ 与上杉慎吉主张的"主客之分义确定而不紊乱"相比，美浓部反对把天皇当作统治者，把臣民当作被统治者的主客对立观念，主张在君民目的一致前提下的主客合一，即上下同心。这一点可以说与西田哲学的政治伦理观是一致的。

---

① 美濃部達吉：『憲法講話史料集』第 1 卷，『美濃部憲法学と政治（1）憲法と政治』，ゆまに書房 2003 年版，第 15 頁。

② 美濃部達吉：『国家及政体論』，星島二郎：『最近憲法論 上杉慎吉対美濃部達吉』，みずず書房 1989 年版，第 372 頁。

③ 上杉慎吉：『国体に関する異説』，星島二郎：『最近憲法論 上杉慎吉対美濃部達吉』，みずず書房 1989 年版，第 20 頁。

④ 美濃部達吉：『国家及政体論』，星島二郎：『最近憲法論 上杉慎吉対美濃部達吉』，みずず書房 1989 年版，第 392 頁。

上杉慎吉在论争时认为，"天皇机关说"是对德国国家学说的照搬，进而将美浓部的学说抨击为民主主义学说，"我以天皇为主权者，美浓部博士以全体人民的团体为统治权的主体。我以我国为君主国，美浓部博士以我国为民主国"。① 并再三强调，天皇是统治权的主体才是日本国体的特殊性所在。美浓部则针锋相对地把"天皇主权说"抨击为曾经在西方流行一时的"君主神权说"，是力图把日本的国体引向君主专制政治的学说。② 美浓部努力将自己的学说与民主主义划清界限，强调国家团体说才是日本固有的思想，"在我们帝国，建国初期以来，君民的团结最坚固，至明治之圣代则愈加坚固。似我帝国般团体性自觉的强固旺盛者，各国几乎未见可比者。诸如所谓把国家团体说当作民主主义的学说是妄断的，完全虚伪的。不仅如此，似我帝国般的国家，在为数众多的世界诸国中，是最能契合国家是一个团体的思想的"。③ 美浓部还援引天皇敕语中的"我臣民克忠克孝，亿兆一心"的措辞，把敕语中说的"向外宣扬我帝国之光荣，永久巩固祖宗之遗业"作为日本君民永远、共同的目的，并认为："为达此目的、亿兆一心、奉体君意，君民犹如一体，不仅在现在成为一体，自建国之初至以后将来，永远互为一体。所谓国家，就是这种永远恒久的结合体。当然不是臣民即国家，也不是君主一身即国家。"④ 与"天皇主权说"一味强调天皇的权力就是国家最高的权力相比，"天皇机关说"则重视天皇和臣民之间在过去、现在和将来一直保持的坚固如一的"一体性"关系，美浓部称这种关系为"团体性自觉"，认为只有这种"亿兆一心"的"团体性自觉"才是日本国家优于世界各国的"优越性"所在。美浓部的"团体性自觉"近似于建立在西田哲学主客合一"知的直观"基础上的天皇与臣民间"绝对矛盾自己同一"的关系。

美浓部反对把关于统治权属于君主还是属于国家的论争说成是关乎国体的论争，认为双方"见解的分歧仅在于统治权及统治权主体的法理上

---

① 上杉慎吉：『国体に関する異説』，星岛二郎：『最近憲法論 上杉慎吉対美濃部達吉』，みずず書房1989年版，第21頁。
② 美濃部達吉：『時事憲法問題批判』，法制時報社1935年版，第66—67頁。
③ 美濃部達吉：『国家及政体論』，星岛二郎：『最近憲法論 上杉慎吉対美濃部達吉』，みずず書房1989年版，第396—397頁。
④ 同上书，第397—398頁。

的性质"。① 他在论证"国家团体说"时,也竭力避免可能产生的与宪法条文相背离和对天皇尊严的冒渎,这体现在他谨慎的措辞上。例如,与上杉慎吉在抨击他的学说时一律使用"人民"一词相对,美浓部在论证国家团体说时,一律使用"臣民"一词,以期尊重天皇的尊严,并与宪法一致。实际上,美浓部也丝毫没有冲击"明治宪法"、干犯天皇尊严的用心,他的"国家团体说"并不是试图使日本走向民主主义的理论,他仅仅试图利用西方法理学原理解读近代日本天皇制统治体系,论证日本国体的"优越性"而已。可以说,美浓部的"天皇机关说"是对"明治宪法"进行的立宪主义、自由主义的解释。②

在"天皇主权说"与"天皇机关说"的多次交锋中,双方把论争的焦点逐渐集中在统治权在君主还是在国家、天皇与臣民的主客关系是否存在等问题上,这使人们往往因关注具体论争,而忽略双方立论的根本原则。在"明治宪法"颁布之初,就被确定为有资格解释宪法的官方学者穗积八束在1910年发表的《宪法提要》中提出:"所谓国家,是一定的民族,占据一定的领土,以独立的主权统治之的团体。"③ 而"所有团体其所以成为团体者,在于目的同一与行动一致。这种一致应当看作仅仅通过构成团体的各个人之间对等的自由意志的情投意合来保持的。然而,单纯地通过各个人之间对等的自由意志的情投意合组成的团体,也能够被各个人的自由意志颠覆,使其保持一致甚为薄弱。若团体自身拥有绝对强大的权力,能够节制各个人的意志的自由,得以保持上述一致,则这种结合是坚固的,将作为生存竞争中的最适合者,实现永久繁荣"。④ 从上述论述中可以看出穗积八束的理论特征。一方面,他站在国家是团体的前提下强调团体的"目的同一"与"行动一致",并主张这种一致来源于团体成员"自由意志的情投意合",这与美浓部达吉倡导的"团体性自觉"是一

---

① 美濃部達吉:『国家及政体論』,星島二郎:『最近憲法論 上杉慎吉対美濃部達吉』,みずず書房1989年版,第474頁。

② 富永健在《天皇机关说与国体论》(『天皇機関説と国体論』,『憲法論叢』,2005年12期)中援引宫泽俊义(『天皇機関説事件(下)』,有斐閣1970年版)的观点,认为,广义上的"天皇机关说"还意味着对"明治宪法"进行立宪主义的、自由主义的解释,并提醒留意美浓部的"立宪政体论"。

③ 長尾龍一:『日本憲法史叢書7 穂積八束集』,信山社2001年版,第40頁。

④ 同上书,第49頁。

致的；但另一方面，穗积八束反对"对等的自由意志的情投意合"，强调永久繁荣的国家必须拥有的"绝对强大"的权力，主张以权力抑制个人的自由意志的方式使"情投意合"变得坚固起来。这里体现出穗积八束在处理天皇独揽大权与君民上下一心问题上的两难处境。这个两难课题在近代日本哲学和宪法学思想中是普遍存在的。穗积八束试图以绝对权力掌控下的纵向的"情投意合"反对以对等的自由意志保持的横向的"情投意合"，这种国家构成观念与西田提出的日本是以"超越即内在"的皇室为核心的纵向的历史的世界的理论在结构上是一致的。不过，与穗积八束强调以天皇的绝对权力统治日本国家不同，西田则从文化、宗教和历史形成的角度阐释皇室的"超越性"地位，并以"超越即内在""内在即超越"的"绝对矛盾自己同一"的逻辑巧妙地弥合了在穗积八束那里无法解决的两难课题。美浓部则试图以"天皇机关说"为近代日本天皇制统治体系找到符合法理学的解释。

二 "国家人格"的问题

"天皇主权说"对"天皇机关说"的批判还集中在美浓部倡导的"国家法人说"上。"国家法人说"由19世纪的德意志法学家盖博（C. F. v. Gerber）等人提出后，成为世界通用的学说。"国家法人说"站在自由主义的立场反对君主集权，主张国家统治权的主体不在统治者那里，而在作为法人的国家那里，进而认为统治权的主体不是具体的人或阶级，而是抽象的"国家法人"。穗积八束把"国家法人说"批判为"试图把国家暗示为民主共和的社团"，"我国的两三位学者没有任何必要将其移植到我国国土上来，在日本，现在还没有导致民心分裂、民主共和思想和君位主权思想的冲突，也没有必须调和这种冲突的必要……更没有假借如此暧昧、复杂、难解的德意志色彩的君主机关说之流的必要"。① 穗积八束从"国家法人说"的诞生背景出发，抨击它是对德国存在的君主主义和民主主义两种对立思潮的折中调和，而在日本，天皇与臣民之间不存在对立与冲突，更不需要借用什么学说来调和二者的冲突，因此，"国家法人说"并不适用于日本。上杉慎吉也认为，"国家法人说"只适用于人

---

① 穗積八束：『国体の異説と人心の傾向』，星島二郎：『最近憲法論 上杉慎吉対美濃部達吉』，みすず書房1989年版，第91頁。

民主权的国家,"在人民主权的国家,主张王权的官学,以国家法人说最为便利"。① "国家法人说本来是以民主共和思想为基础,以否认西洋诸国的国王的统治权为结论的学说,因此,在把我国的天皇与西洋诸国的国王等同视之,把天皇当作国家机关的时候,毋庸赘言,自然从其学说中就能看到反对我国国体的结论。"②

在反对"国家法人说"时,穗积八束和上杉慎吉的理由都是该学说是西方的学说,不符合日本的国体,因此不适用于日本。而对"国家法人说"的理论前提——国家人格问题,"天皇主权说"却持认同态度。穗积八束认为:"国家在法理上的观念里具有人格。所谓人格,是法认同保护的自主生存的主体。在肉体的个人中拥有人格,在国家中拥有人格,其理毫无差异。二者共为事实,自主生存,且受法律上的认知保护。"③ "国家作为法理抽象的观念,拥有自主的目的,拥有独立的意志,是拥有主权的人格主体。"④ 穗积八束认为,在受法律确认和保护的前提下,国家拥有人格,且与个人一样,国家因拥有自主的目的和独立的意志而成为人格主体。

美浓部也把国家人格与个人人格联系起来,并且也以法律上的确认作为拥有人格的前提。他认为:"作为拥有自己的目的(利益),且为了达致其目的而拥有意志力,并在法律上获得认识者,称为法律上的人格者。""法律保护的人类的利益,决不仅仅是个人的利益,法律在保护个人的利益的同时,还保护团体的利益。" "国家作为团体的最坚固者,是最显著的独立的利益的主体。法律要超出其他所有的利益之上,首先保护国家的利益。换言之,国家是一个团体人(法人)。"⑤ 美浓部在论证国家人格问题时,更倾向于以法律的确认和保护为前提,并从这个前提出发推导出国家是法人的结论。这一点尽管与"天皇主权说"着重强调国家的自主生存不同,但是很显然,在对国家人格问题的认识上,二者都承认国家拥有独立自主的、受法律保护的人格。

---

① 上杉慎吉:『新稿憲法述義』第九版,有斐閣1928年版,第105頁。
② 同上书,第112頁。
③ 長尾龍一:『日本憲法史叢書7 穂積八束集』,信山社2001年版,第59頁。
④ 穂積八束:『修正増補 憲法提要』,有斐閣1935年版,第28頁。
⑤ 美濃部達吉:『国家及政体論』,星島二郎:『最近憲法論 上杉慎吉対美濃部達吉』,みすず書房1989年版,第401—402頁。

由于都承认国家拥有人格，因此，"天皇机关说"和"天皇主权说"都坚信：拥有人格的国家是永远存在的。穗积八束说："当说到国家拥有自主生存的时候，就意味着在国家中拥有独立的、永远的生命。生命是什么？就是自主的生存。生命的存在是由其想要生存的自主的活动来表现的。而所谓生命，在其本来的性质中是永远独立的……所谓国家拥有生命，意味着国家是独立的、永远的、自主的主体。"① 美浓部也认为："国家是团体的一个种类，然而，国家是团体中目的最广大，结合最永久的……（国家）的结合绝不是一时的，而是延亘到永远的结合，加入这种结合的个人要经历不断的新陈代谢，今天生存的人经历了百年以后，将不再有这个人继续存在，要由全新的人来替代，尽管如此，国家仍然是作为同一的国家永远存续。"②

在西田哲学国家观中，首先承认国家是一个统一的人格，能够"统一我们的全部意识活动，并且可以当作一个人格表现来看的便是国家"，"我们所以为国家效力就是为了争取伟大人格的发展与完成"。③ 其次，拥有"伟大人格"的国家是"历史形成的主体"，是"道德的源泉"，也是整个人类历史的终极存在、核心存在，具有至高无上的神性，在未来的世界里，国家不仅不会消亡，而且将走向终极繁盛。

西田和"天皇机关说"论争双方对"国家人格"和"国家永续"的论证都是受到19世界德意志经典哲学思想影响的结果。然而，正如恩格斯所说："按照哲学家的学说，国家是'观念的实现'，或是译成了哲学语言的尘世上的上帝王国，也就是永恒的真理和正义所借以实现或应当借以实现的场所。由此就产生了对国家以及一切有关国家的事物的崇拜。"④ 由"国家人格"和"国家永续"的理论出发，再加上对天皇权威的宗教式的宣扬，近代的日本思想家和哲学家们必然推导出各种饱含崇拜日本国家和天皇情绪的结论。"天皇机关说"和"天皇主权说"的论争是在不触动这种对国家、对天皇的崇拜之情的前提下展开的。

---

① 長尾龍一：『日本憲法史叢書7穂積八束集』，信山社2001年版，第55頁。
② 美濃部達吉：『憲法講話史料集』第1卷，『美濃部憲法学と政治（1）憲法と政治』，ゆまに書房2003年版，第7—8頁。
③ ［日］西田几多郎：《善的研究》，何倩译，商务印书馆1997年版，第121—122页。
④ ［德］恩格斯：《〈法兰西内战〉1891年单行本导言》，载《马克思恩格斯选集》第2卷，第336页。

三 关于"国体"的内涵

在西田哲学国家观中可以看到一个比较清晰的对"国体"的认知脉络:"国体"产生于"历史的种"的形成,它与国家同时产生,相伴存在。"国体"是在历史上形成的国家的"个性",具有道德性和宗教性是国体的突出特征,"具体的道德的规范形态必须称作国体"。①"所谓国体,作为超越即内在、内在即超越的世界性的世界形成,必须是宗教的。不然的话,它就不能成为道德的根源。"② 关于日本的"国体精华",西田将之归结到"绝对矛盾自己同一"的皇室那里。由于"在我国的历史中,万世不易的皇室作为时间的、空间的场所,主体性的东西被包含在皇室之内"。③ 因此,"在我国国体中,皇室是世界之始终。皇室包含过去未来,作为绝对现在的自我限定,所有都是以皇室为中心生生不息地发展的,这是我国国体的精华"。④ 最终,道德性的"国体"与"超越性"的皇室完全结合在一起。

"天皇机关说"与"天皇主权说"争论的焦点之一是如何理解"国体"问题。由于双方对"国体"的诠释角度不同,因此,有很多争论不能相互契合。在此,与其详细列举双方争论的观点和论争过程,不如寻找双方对"国体"的基本认知态度,并加以比较。

把"国体"的概念引入日本法学领域的是穗积八束。⑤ 穗积八束认为,从法理学考察国家时,"国体"的最重要特征在于主权的所在,而主权的所在又是由历史的形成决定的。他认为:"国体因主权的所在而确定,主权的所在是历史的成果,出自于民族的确信,若历史的成果不分明,民族的确信不一致,即主权的所在不明,此乃国体脆弱者也。"⑥ "国体由主权之所在而确定。我民族之建国,系源于万世一系之皇统,二者相依存、相始终,我国之皇位乃国家之基轴,主权之渊源。此我民族一致之

---

① 西田幾多郎:『西田幾多郎全集』第十一卷,岩波書店 2005 年版,第 200 頁。
② 同上书,第 205 页。
③ 西田幾多郎:『日本文化の問題』,岩波書店 1982 年版,第 77 頁。
④ 西田幾多郎:『西田幾多郎全集』第十一卷,岩波書店 2005 年版,第 201 頁。
⑤ 富永健:『天皇機関説と国体論』,『憲法論叢』2005 年 12 期,第 77 頁。
⑥ 穗積八束:『修正增補 憲法提要』,有斐閣 1935 年版,第 107—108 頁。

确信，乃溯千古、亘万世而不变之事，此乃君主国体之最纯洁、最巩固者也。"① 上杉慎吉的理论与穗积八束大致相同，他更加明确地强调日本的"国体"就是以天皇作为统治权的主体，即主权在天皇。上杉慎吉还着重从君民关系角度列举出日本"国体"的突出"优点"："我国的君民关系，与欧罗巴诸国或支那相比有显著不同，以此作为国体精华的要点。我国的历史与欧罗巴历史上的君民斗争的历史相比，乃君民和合之历史也。君不思虐民，民不愿犯君，延续数千载而无可称为暴君虐主之事，堪称世界无比。"② 从以上论述中可见，"天皇主权说"在论证日本"国体"时强调"历史的成果"，突出"君民和合"，这在论证方法上与西田哲学的"国体"理论是一致的。至于"天皇主权说"一再强调"国体"因主权的所在而确定的观点，则是出于与"天皇机关说"进行论争的目的。

美浓部立足于政体一元论，不主张从法律概念的角度论述"国体"，对"国体"的论述更偏重于伦理角度。美浓部认为："国体的观念是显示我帝国自开辟以来，奉戴万世一系的皇统的历史性事实，以及我国民对待皇室持有的世界无比的崇敬恭顺的感情的伦理性事实观念，不能显示现在的宪法制度。"③ 他认为日本"国体"的特色仅在于皇室在历史上长期作为国家中心的事实，和国民对皇室的宗教式的崇敬忠爱的感情上。美浓部试图通过突出日本"国体"在历史上和伦理上的"特殊性"，把"国体"与主权、统治权的主体、统治权的机关等法理概念分离开来。他认为："国体不是宪法上的概念，而是伦理上的概念。宪法确定国家的政治组织，却不能确定国体。"④ 很显然，美浓部将"国体"诠释为游离于宪法之外的伦理观念，可以巧妙地规避"天皇主权论"者依据宪法条文对他进行的批判。美浓部这种跳出法律框架，从伦理角度谈论"国体"的方式与西田强调的"一切出于皇室，一切归于皇室的内在即超越的矛盾自己同一"的日本"国体精华"的表述方式很相似。西田在论述日本"国

---

① 長尾龍一：『日本憲法史叢書7 穂積八束集』，信山社2001年版，第66頁。
② 上杉慎吉：『国体に関する異説』，星島二郎：『最近憲法論 上杉慎吉対美濃部達吉』，みすず書房1989年版，第37頁。
③ 美濃部達吉：『逐条憲法精義』，转引自富永健『天皇機関説と国体論』，『憲法論叢』，2005年12期，第81頁。
④ 美濃部達吉：『帝国の国体と帝国憲法』，『法学協会雑誌』31卷6号，1913年版，第18頁。转引自富永健『天皇機関説と国体論』，『憲法論叢』，2005年12期，第81頁。

体"时，也采取了避开法理学理论和政治倾向性，而着重强调"国体"的"道德性"和"宗教性"的方式。

与西田一样，在美浓部那里，一旦跳出宪法体系，"国体"必将变成"超越性"的存在，正如他在《帝国的国体与帝国的宪法》的最后所说："自不待言，国家的政体影响民族精神，在其限度上，国体（国民精神）与政体（国家的政治组织）拥有不可分离的关系。""在我帝国国体基础上的宪法的特征是以万世一系的皇统作为君主来奉戴的君主政体。"关于"国体"与宪法的关系，他提出："本来，国体与宪法并非全无关系，自不待言。伴随着国体的不同，宪法也将受其影响，特别是我帝国的国体，在其宪法中也必须要求君主主义，即普通所说的主权在君主义。"① 可见，美浓部在论及"国体"与政体和宪法的关系时，主张"国体"是超越于政体和宪法之上的事实，"国体"决定政体的具体形式，决定宪法的基本原则，即"国体"是"超越性"的事实。

综上所述，与西田对日本"国体"的体认方式一样，"天皇机关说"和"天皇主权说"在对日本"国体"的阐释过程中，都站在历史形成的角度，都极端重视"国家人格"、重视"国体"，试图通过对"万世一系"的皇统权威的论证，解读日本"国体"的"特殊性"。因此，实际上的论争双方都立足在诠释皇室权威的前提下，表现出拥护"主权在君主义"的倾向。

"天皇主权说"与"天皇机关说"是近代日本为了解决具有浓厚封建性、宗教性的天皇统治权与近代世界通用的，以民主主义、自由平等为标榜的国家主权理念之间的关系时，出现的两种理论倾向。尽管双方在主权所在等问题上截然对立，但在对"国家人格""国体"，特别是"日本国体精华"等问题上的态度基本一致。西田哲学国家观则试图以"矛盾的自己同一"的辩证法和"历史的世界的自己形成"原理，消弭天皇（皇室）与国家在法理上的概念区分，以"绝对无的场所"理论超越于政治学的争论双方之上。

西田在1944年9月完成的论文《国家与国体》中，在对《国家理由的问题》中提出的国家、主权、法等概念进行重新强调的同时，对法学

---

① 美濃部達吉：『帝国の国体と帝国憲法』，『法学協会雑誌』31卷6号，1913年版，第18頁。转引自富永健『天皇機関説と国体論』，『憲法論叢』，2005年12期，第82頁。

者关于"国体"与政体的争论作出了评价。在这里,西田给国家下的定义为:"所谓国家,必须作为历史的世界的自己形成的形态,必须拥有人格的生命。""作为形成自己自身的形态的自己表现,即作为国家确立的根基,绝对的意志的自己表现是主权。我是把主权的确立思考为法的根基的。"① 西田再次重申了国家拥有的"人格的生命",主权是国家的根基,是法的根基。

在《国家理由的问题》中,西田就试图通过把法律诠释为在历史上形成的民族共同意志,来证明法律的"绝对客观性"和神圣不可侵犯性。在西田那里,法成为一种充满对国家未来的期待和肯定国家现实的感性概念,是西田伦理学中"至善"的延伸。在解读主权时,西田也运用与解读法相同手法,即,将现实国家中的法律与实在界的"不变的法则"混淆在一起,认为"主权是绝对意志的自己表现",从而把理念中的主权与现实国家拥有的主权混同。西田提出的"绝对意志的自己表现"的主权,实质上是等同于"神意"的人类最高法则。这样,西田运用"历史的世界的自己形成"理论,将国家、法、主权都提升到拥有绝对道德性的层面。再运用"绝对矛盾自己同一"的逻辑,将三者统一在"国体"这一概念范畴中。最终,西田在以皇室为核心的日本"国体精华"中寻求到了具有宗教性和理性特征的法与主权。

西田在《国家与国体》中提出:"所谓国家,是形成自己自身的一个世界。所谓国体,就是这个历史的生命限定自己自身的形态。""形成自己自身的形态,无论如何都是多与一的矛盾的自己同一,从多到一就能够想到共和国,从一到多就能够想到君主国。而作为万世一系的君主国,我国国体的独特性在于:并不是仅仅在所谓君主国的概念中加入万世一系的差别,而是我国国体作为真正的矛盾的自己同一,必须是所谓历史的创造形态。多作为一的多,是万民翼赞,一作为不否定多的一,是义乃君臣、情兼父子。"② 这样,西田运用"多"与"一"的"矛盾自己同一"的逻辑消弭了"天皇机关说"论争双方争执不休的天皇主权还是国家主权的矛盾。并把双方都统一到"共为陛下赤子"的皇道中去,试图证明日本"国体"所谓"天壤无穷"的"永久性"。

---

① 西田幾多郎:『西田幾多郎全集』第十一卷,岩波书店 2005 年版,第 458 页。
② 同上书。

四　西田几多郎与"国体明征运动"

　　1935年2月,贵族院议员菊池武夫对"天皇机关说"发难,挑起了"国体明征运动"。3月20日,贵族院通过了《关于刷新政教的决议案》,提出:"政府须明征国体之本义,基于我古来之国民精神,以革除时弊、更张庶政,以期于危难之时匡救国运,于奋进之时不留遗憾。"针对贵族院的上述决议精神,《朝日新闻》在翌日的社论中表示赞同,"关于建议案的宗旨,原本任何人都不应当存有异议"。然而,社论对贵族院采取的以决议来弹压美浓部思想的做法提出批评,认为:"应当三思,在弹压之外重新寻求更好的处置方法。"① 从此,"天皇机关说"事件受到学术界、新闻界和政界的广泛关注,西田也在书简中发表了对事件的看法。3月20日,西田在写给山本良吉的信中说:"我认为,在日本对西洋的所谓法律学进行更加根本性的(哲学性的)研究是特别必要的。"② 促使西田发出上述感慨的显然是贵族院通过的决议案,这句话表现出西田当时并未站在论争双方的任何一方,而是认为双方在研究上都不够深刻,提倡从哲学角度深入研究西方的法律学。3月21日,西田在写给堀维孝的信中表达了对美浓部的同情和对美浓部此后研究活动的担心:"美浓部氏实在可怜,将来,在公法等领域,特别是诸如真正的国史领域,将不能进行研究了吧!"③ 西田在这里表现出了与《朝日新闻》一样的心情。

　　3月29日,西田在写给原田熊雄的信中说:"据报纸报道,美浓部的问题好像也是陆军在插手,我想这将会酿成什么事件啊。如果诸事都按照这种格调来行事的话,我对国家前途甚为忧虑。"④ 表明西田反对陆军方面对思想论争的横加干涉。在5月19日,西田写给山本良吉的信中较详细地叙述了对"国体明征运动"的看法:"例如宪法问题,陆军大臣之流想要怎样呢?是像报纸那样,以所谓解释国定的方式来决定吗?由于学者

---

① 转引自土屋道雄『天皇機関説』,『横浜創英短期大学紀要2』,1994年3月,第128頁。
② 西田幾多郎:『西田幾多郎全集』第十八巻,西田書簡第910号,岩波書店1989年版,第523頁。
③ 西田幾多郎:『西田幾多郎全集』第十八巻,西田書簡第911号,岩波書店1989年版,第524頁。
④ 西田幾多郎:『西田幾多郎全集』第十八巻,西田書簡第914号,岩波書店1989年版,第525頁。

作出了某种解释，政治家和法官如果认为在国策上不可行，便可以不予采纳吗？对于学者来说，如果不允许其进行学问上的充分研究的话，将来就不能出现真正在学问上拥有权威的日本宪法理论。我并不是说美浓部氏的学说是好的，其他学说的失败是由于这些学者欠缺学识才能。正如我们前几天谈到的，日本的法学者在法律的哲学性、历史性的研究上是怠惰的，必须对之进行深刻的根本性研究。在军队中也许认为，学问性的解释最好由权力来确定吧，然而，我认为这反而阻碍了学问的进步……关于人们为什么反对美浓部学说，我认为必须考虑到此前学问上的衰落形势，这不仅仅是所谓崇拜外来思想的单纯的事件。"[1] 在西田的评论中，尽管对美浓部流露出了同情的态度，并批判了军部横加干涉学术研究的行为，但是，西田也明确表示不赞同美浓部的学说，而是呼吁从哲学性和历史性的角度研究日本法学。实际上，西田后来撰写的《国家理由的问题》《世界新秩序原理》和《国家与国体》等著作就是试图从哲学角度研究国家、主权与法律问题，并运用西方法律学的名词诠释日本"国体本意"。

从西田的上述言论可以推断，西田在9月18日写给原田熊雄的信中说的"美浓部事件终于免于起诉，真是不幸中的万幸"，[2] 这句感慨并不是出于对美浓部学说的同情，而是对政府最终没有动用权力手段处置思想家这一结局的感叹。[3]

五 日本近代国家理论的特征

"天皇机关说"和"天皇主权说"论争体现出来源于西方的资产阶级君主立宪思想，与植根于传统日本的封建神权君主论之间的矛盾，"天皇机关说"在"国体明征运动"中的败北，则标志着以天皇为"现人神"的法西斯思想的上台。此后，"天皇主权说"被奉为经典，在日本法学界，再也听不到不同的声音了。持续了15年的"天皇机关说"论争是近代日本两种最具代表性的国家理论的正面交锋。由于争论的双方对国家人

---

[1] 西田幾多郎：『西田幾多郎全集』第十八卷，西田書簡第926号，岩波書店1989年版，第530頁。

[2] 西田幾多郎：『西田幾多郎全集』第十八卷，西田書簡第952号，岩波書店1989年版，第540頁。

[3] 荒井正雄认为西田在书简中表现出对美浓部的宪法解释的同情。（荒井正雄：『西田哲学読解：ヘーゲル解釈と国家論』，晃洋書房2001年版，第101頁。）

格、"国体",特别是日本"国体精华"等问题上的态度基本一致,再加上西田在论争结束后,试图从哲学性、历史性的角度超越并融合争论双方的观点,提出了独特的国家理论。因此,从"天皇机关说"论争和西田哲学国家观入手,可以总结出日本近代国家思想具有的某些共性特征。

第一,把国家视为人类历史的"终极存在",极端重视国家人格。即使是美浓部的"天皇机关说",也是在所谓"团体性的统治"和"公共利益的支配"等词语的修饰下,主张国家的永恒意义。这种对国家人格的强调甚至信仰,一方面使统治者借助国家人格而具有了"超越性的人格";另一方面,通过使被统治者信奉权力背后的"超越性"的人格权威,来实现所谓"亿兆一心"的假象。正如恩格斯所说:"国家和宗教的本质在于人类对自身的不安。"① 日本近代国家思想对国家人格的虔诚信奉表明,近代日本民族在强烈不安全感的驱使下,竭力在思想上树立位于现实权力背后的超人类权威——国家或天皇,并试图使之成为所有个人能够"安身立命"的信仰。

这种视国家为"终极存在""永恒存在"的国家理论在本质上是面向本民族内部的、狭隘的国家理论。尽管以西田为首的思想家竭力标榜所谓"开放的、面向世界"的国家观、世界观,但是,日本近代国家理论中宣扬"国家永恒"的理论前提,及"八纮一宇"的世界主义,实质上都是以皇室为中心,这导致以日本民族为实际领袖的区域性世界理论,仍然具有来源于日本民族"优越论"的狭隘性。

第二,宣扬日本"国体"具有"万邦无比"的"优越性"。在近代日本的国家思想中,"国体"是一个被赋予了无穷的感情性因素的"超越性"概念。即使是倾向于资产阶级立宪思想的国家理论,也试图运用西方政治学的概念和原理,寻找以天皇为核心的日本"国体"的"独特性"和"超越性"。一方面,由于来源于日本传统社会的天皇信仰在近代不仅没有受到遏制,反而被以"明治宪法精神"为首的国家正统思想体系充分利用和发挥;另一方面,明治初期的启蒙思想家仅以介绍和启蒙的方式对待西方的民主主义、自由主义思想,而未能充分研究占据西方近代社会相当长的历史时期的"自由主义"思想拥有的思想史意义,更未能彻底阐明西方思想的构成原理,导致在日本社会的欧化风潮走向低谷的时期,

---

① 《马克思恩格斯全集》第一卷,第626页。

民主主义和自由主义思想成为日本近代思想界集中质疑、批判的对象，而质疑与批判的立足点就是带有极强封建性的日本传统天皇信仰。最终导致思想界不约而同地从日本的历史形成、民族传统信仰等角度出发论证日本"国体"的"优越性"。

第三，否定天皇与臣民之间是统治者与被统治者的关系，强调"君民和合"。在近代日本国家思想中，天皇这个来源于氏族首长时代的领袖，是既总揽国家的统治大权，又具有宗教性神圣权威的日本民族的统帅。天皇的这种双重性格具体体现为天皇与臣民之间的"合一"关系，这既是西田哲学中的自己与他者、人与神之间的"绝对矛盾自己同一"的关系，又是美浓部"天皇机关说"中宣扬的天皇与臣民之间的"团体性自觉"。

近代日本国家思想对天皇与臣民之间的上述关系的论证，仍然源于近代日本人"对自身的不安"。正如恩格斯所说："文明时代最有势力的王公和最伟大的国家要人或统帅，也可能要羡慕最平凡的氏族首长所享有的，不是用强迫手段获得的无可争辩的尊敬。后者是站在社会之中，而前者却不得不企图成为一种处于社会之外和社会之上的东西。"① 以西田和美浓部为代表的思想家，就试图使近代天皇既拥有近代国家最高统帅的权威，又受到和氏族首长一样的无可争辩的尊敬。于是，他们从日本历史形成的角度诠释天皇与国民之间的"一体性"关系，并竭力反对把天皇与臣民视为主体与客体的对立的观点，从而把天皇塑造成超越于社会之上，同时又内在于社会之中的"超越即内在"的存在，以最大限度地拓展天皇的权威。

第二节　西田哲学国家观与北一辉的"超国家主义"

北一辉是日本学界公认的法西斯主义思想家，在日俄战争时期，狂热地主张日俄开战。日俄战争结束后的1906年5月，北一辉自费出版第一部代表作《国体论与纯正社会主义》，试图以社会进化论为基础，构建出独特的理论体系。在书中，北一辉以尖刻的语言批判穗积八束的国体论，

---

① ［德］恩格斯：《家庭、私有制和国家的起源》，载《马克思恩格斯选集》第4卷，第168页。

也因为书中的过激思想，使该书在正式发行5天后，便遭到日本政府的禁止。1911年10月，辛亥革命爆发后，北一辉来到中国。1916年，他撰写了以中国革命为研究对象的第二部代表作《支那革命外史》，提出以"日中提携"和"解放亚洲"为标榜的"大亚细亚主义"。第一次世界大战结束后，为了使日本在必然爆发的第二世界大战中获胜，北一辉于1919年在上海撰写了第三部代表作《日本改造法案大纲》，细致地提出了"超国家主义"的主张。《日本改造法案大纲》不仅成为法西斯团体"犹存社"的"原典"，还在一部分军人和学生中引起共鸣，它给日本社会思想带来巨大冲击，并最终引发"二二六事件"。

北一辉的道德观、天皇观、国家观、亚洲观和世界观在诸多近代日本思想流派中独具特色，其思想中蕴含的法西斯主义元素已经被日本学界普遍承认。因此，比较北一辉的"超国家主义"与西田哲学国家观中对道德、个人、国家、天皇等问题的主张，能够进一步明晰西田哲学国家观的时代性，有助于对西田哲学国家观作出客观评判。

一 日本学者对北一辉的评价

第二次世界大战结束后，日本学者关于北一辉的研究成果较为丰富。田中惣五郎在1949年出版的《日本法西斯主义的源流——北一辉的思想与生涯》被认为是第二次世界大战后关于北一辉最早的研究著作。田中在该书的中，把北一辉定位为"日本法西斯主义的源流""法西斯运动的指导者"。① 随后，以丸山真男为代表的一批研究者深化了对法西斯主义者北一辉的研究。丸山真男在阐释日本法西斯主义意识形态的特征时指出，北一辉是日本法西斯思想家中"农本主义色彩最淡，而提倡中央集权的国家统制最彻底的"一个，最终把北一辉定位为"日本法西斯主义的教祖"。②

1956年，久野收在评价北一辉时，提出了与"法西斯主义"接近的"超国家主义"的概念。③ 此后，"超国家主义"一词与"法西斯主义"一起，构成了评价北一辉的常用词汇。然而，日本学者对于"超国家主

---

① 田中惣五郎：『日本ファッシズムの源流：北一輝の思想と生涯』，白揚社1949年版，第1頁。
② ［日］丸山真男：『現代政治の思想と行動』上卷，未来社1956年版，第29—30頁。
③ 久野収：『日本の超国家主義』，『現代日本の思想』，岩波書店1956年版。

义"的概念问题,一直没有给出一个明确的表述。① 丸山真男认为,"超国家主义"的逻辑在于:天皇是权威中心和道德根源,是价值的绝对体现,以天皇为中心,万民在距离此中心的各种地方辅佐天皇,如果用同心圆来表示的话,那么天皇这个中心不是一个点,而是贯通了历史上皇祖皇宗的时间上的一个纵轴,从这个纵轴衍生出无限价值。当这个无限的价值向世界扩大时,就产生出"万邦各得其所"的世界政策。② 丸山真男的上述定义范畴意味着把"超国家主义"与法西斯主义等同起来。在桥川文三看来,"在所谓的超国家主义中,不仅包含国家主义的极端形态,还包含以某种形式追求超越现实国家的价值的形态",他进而认为北一辉使"日本的超国家主义达到了正统的完成形态"③。

1959年,《北一辉著作集》前两卷发行,北一辉的三部代表作公诸于众,使北一辉研究进入新阶段。特别是20世纪70年代以后,出现了借用精神医学的研究方法,对北一辉的内心世界进行逻辑探查的研究。④ 不仅在学术界,而且在作家、诗人、评论家那里,也不断出现各具特色的北一辉研究,对北一辉的评价趋于多样化。从总体上看,在战后日本思想界,对北一辉的评价大致有以下两种结论:绝大部分学者仍然将其定位为"右翼""法西斯主义者""超国家主义者""独裁主义者"和"帝国主义者";另有一部分学者把北一辉称颂为"左翼""民主主义者""个人主义者"和"浪漫的革命家"。⑤ 前者的评价在日本思想界占据优势。

随着研究的深入,学者们能够更深入地剖析北一辉思想的实质,也由此出现诸多颇有力度的结论。关于北一辉的"纯正社会主义",井田辉敏认为:"从客观角度来看,北的'纯正社会主义'不断地向'所谓为了国

---

① 桥川文三在《现代日本思想大系31 超国家主义》的解说中也承认,由于超国家主义的整体性理论趋于暧昧,因此北一辉对超国家主义的概念性分析是不彻底的,仅仅对超国家主义的某些思想和行动进行了阐述而已。(橋川文三:『現代日本思想大系31 超国家主義』,筑摩書房1964年版,第57—58頁。)

② [日]丸山真男:《现代政治的思想与行动——兼论日本军国主义》,林明德译,联经事业出版公司1984年版,第15—16页。

③ 橋川文三:『現代日本思想大系31 超国家主義』,筑摩書房1964年版,第58頁、23頁。

④ 竹山護夫:『北一輝の生存空間の転換』,转引自宮本盛太郎『北一輝の人間像』,有斐閣1976年版,第72—191頁。

⑤ 岡本幸治:『北一輝転換期の思想構造』,ミネルヴァ書房1996年版,緒言第3頁。

家的国家主权论的社会主义'方向'偏离',终究不能不说,难以抹去其堕入'帝国主义'的遗憾。""国家在拥有自身欲望的时候,无论何时,都能够很容易地将个人的价值(自由、独立)完全空洞化,北对此深信不疑。"① 野村浩一在《北一辉著作集》第二卷解说中认为,北一辉"在撰写《日本改造法案大纲》时,不是作为'纯正社会主义者',而是作为'纯正法西斯主义者'出现的"。②

关于北一辉的国家改造理论,信夫清三郎指出:北一辉的"革命与国家改造的计划并没有同军国主义割断关系……他所说的政变隐秘着军事独裁(法西斯主义)的可能性"。③ 冈本幸治认为,北一辉是"国家大于等于(≥)国民"主义者,"二者处于动态的紧张关系之中,即在平时是等号(=)关系,但在危机形势下,大于号(>)就要放在前面"。也就是说,"在危机感高涨的时期,把优先权赋予'国家'的比重增加,'国民'则相对退后","反之,在'国家'的独立没有濒临危机的平时,'国民'的权力,即以确保自由、平等为核心的个人权力的主张,尊重个性的思想就要相对地放在前面"。④

关于北一辉的亚洲观、世界观,佐藤美奈子认为,北一辉在《支那革命外史》中,在驳斥蔑视中国的思想倾向,主张中日对等的同时,还设定出了一个以"思想的指导者""强者"日本"教导"中国的上下关系,这体现出北一辉亚洲思想的矛盾性。⑤ 古屋哲夫认为,日俄战争期间的北一辉"尽管作为社会主义者,或者作为反国体论者批判现实的明治国家,但在另一方面,他还作为帝国主义者,同样拥护明治国家的膨胀"。⑥ 萩原稔认为,在北一辉的亚洲观中存在两面性,即"一方面高唱解放亚洲,另一方面主张压制亚洲,以日本作为夺取利权的存在而君临亚洲","还包含在国际上主张领土(特别是土地)少的日本应当从拥有丰

---

① 转引自小松茂夫、田中浩『日本の国家思想』,青木書店 1980 年版,第 186 页。
② 北一辉:『北一輝著作集 2』,みすず書房 1979 年版,第 420 页。
③ [日]信夫清三郎:《日本政治史 1》,周启乾译,上海译文出版社 1981 年版,第 146 页。
④ 冈本幸治:『北一輝転換期の思想構造』,ミネルヴァ書房 1996 年版,第 43 页。
⑤ 佐藤美奈子:『「東洋」の出現——北一輝〈支那革命外史〉の一考察』,『政治思想研究』第 1 号,2001 年 5 月。
⑥ 古屋哲夫:『北一輝論(1)』,『大阪学報』36 号,1973 年 3 月,第 135 页。

富领土的西欧列强那里获得平等的领土要求,并与以下逻辑相联系:为了实现上述愿望,日本应当以自身的武力获得满洲和韩国等地,以作为日本的领土"①。

综上,由于北一辉在著作中表现出了明显的国家优先倾向和具体的对外扩张意图,因此,日本学者在对北一辉的研究结论中,都难以完全否认其法西斯主义、帝国主义的本质。与北一辉的研究结论相对照,日本学者对西田哲学国家观的评价则体现出更大的褒奖空间。然而,如果比较二者的道德观、国家观、亚洲观乃至世界观时,却能够发现许多相似之处。

二 北一辉基于社会进化论的道德观与西田哲学道德观

进化论是19世纪后半叶至20世纪初期在欧美最流行的思想之一,进化论在传入日本之初,就不是作为自然科学,而是被当作关于人类和社会的最新的进化思想来把握的。② 1904年丘浅治郎《进化论讲话》出版后,北一辉对进化论产生了浓厚的兴趣。在处女作《国体论与纯正社会主义》中,北一辉从生物进化论的角度出发考察社会哲学。他把生物进化论赞颂为"哲学史上未曾有过的大革命",使"人类思想史开始面向全新的光明世界"。③ 北一辉接触生物进化论的时期正是日俄战争即将爆发的年代,对于高唱主战论调、力主国家防卫必要性的北一辉来说,重视以个体为单位展开竞争的生物进化论已经不能满足时代的需要,他更加重视的是以集团为单位的竞争,即国家间的竞争。在《国体论与纯正社会主义》中,北一辉专门论述了生存竞争的单位问题。他提出:"现今的生物进化论在确定生存竞争的单位时,是以个人主义的独断的先入为主思想来确定的……而我们要寻求的是以社会的生存进化为目的的,以社会为单位的生存竞争的事实。"④ 北一辉始终将进化论当作其论证国民道德和"国体"问题的理论出发点。

---

① 萩原稔:『北一輝における「アジア主義」の源流』,『同志社法学(53—3)』,2001年版,第88—89頁。

② 村上陽一郎:『生物進化論に対する日本の反応』,『日本人と近代科学』,新曜社1980年版,第98頁。

③ 北一輝:『国体論と純正社会主義』,『北一輝著作集1』,みすず書房1978年版,第108頁。

④ 同上书,第103頁。

在论述个人与社会（国家）的关系和道德行为准则时，北一辉的理论与西田哲学道德观存在明显的相似之处。关于个人与社会的关系问题，二者都主张在"同一"基础上的个人完全服从社会。北一辉认为，个人作为一个个体构成生存竞争的一个单位，社会也作为一个个体构成生存竞争的一个单位，因此，个人与社会是同一的，"个人即社会"。① 而个体拥有意识，那么个人的意识就称作利己心，社会的意识就称作公共心。一个个体，在作为个人而拥有意识的同时，也作为社会的一分子拥有社会这一个体的意识。北一辉将上述个体中的个人意识称为"小我"，将社会意识称为"大我"。他批判现实的生物进化论者只重视"小我"而忘却"大我"的倾向，主张"小我"和"大我"并非同等重要，应当将社会的利己心放在特别重要的地位上，并将其命名为"公共心""社会性""道德的本能""神的心"。② 西田在1923年撰写的《法与道德》中也提出：在道德义务的世界中，个人意识与社会意识是统一的。个人就是一个社会，社会就是一个个人，即个人与社会的"同一"。每一个社会都将产生固定的道德，西田称之为"共同意志"。"在这个世界上，我们满足自己的欲望，必须获得共同意志的认同，我们是在共同意志的认同下生存的。在这里，产生出为了法律而服从法律的当为之念。完全的道德行为也不仅仅在于服从良心，它必须包含服从上述客观法则。"③ 西田主张"个体是在共同意志的认同下生存的"，个体要进行的任何行为都必须获得共同意志的认同，只有在这个前提下，个人意志的行为才是"完全的道德行为"。与北一辉一样，西田崇尚的也是在共同意志完全笼罩下的个人的道德行为，主张共同意志的绝对权威。值得注意的是，与北一辉将社会意识命名为"神的心"一样，西田也将以共同意志为核心的道德法比拟为"神意"的表达，"正如主张神的权威的伦理学家所说的，道德法也可以看作是由神赋予的"。④

北一辉和西田在论述"大我"，即不同的"共同意志"之间的关系

---

① 北一辉：『国体論と純正社会主義』，『北一輝著作集1』，みすず書房1978年版，第120頁。

② 同上书，第105頁。

③ 西田幾多郎：『西田幾多郎全集』第三卷，岩波書店1988年版，第493—494頁。

④ 同上书，第499頁。

时，都将弱肉强食的竞争道德化。北一辉认为，"在社会进化的路途上，没有相互扶助的道德的无数个人正在作为劣败者被淘汰"，"下等人种的灭亡是社会进化的必然结果"。① 西田也提出："我认为一个社会当中的固定的道德理想恰好能够比作生物的种属"，他们依据适者生存的法则进行竞争。② 从二人对道德社会内外特征的表述中，我们发现，与西田一样，北一辉在强调道德社会内部价值观高度一致，即"同一"的同时，借用生物界"适者生存"原理来阐明社会间对抗的合理性。

北一辉在分析当时世界列强间弱肉强食的战争形势后，更加意识到"位于帝国主义包围攻击中"的日本面临的巨大危机，于是，由他倡导的"纯正社会主义"必然构建在"大我"和"小我"互相调和的基础上，而这种调和的基本道德准则是将"小我"完全融入"大我"之中。北一辉在给道德下的最终定义中说："所谓道德，是社会性对我们作出的如下要求：作为社会的分子，为社会的生存进化而活动。因此，我们把我们自身作为社会的一分子（不是以小我为目的）而付出的更高努力是充分的道德性行为，同时，更多地要求自己为了其他的分子，或将来的分子，即把为了大我而消弭小我的行动作为更高的道德性行为。无视大我的生存进化，追求小我的名誉荣达的行为不仅是不道德的，而且，以小我的利益为目的的行为假使偶尔符合社会利益，一般情况下也不将其视为道德性行为。"③ 北一辉从社会的生存进化角度论证了舍弃"小我"服从"大我"的道德观，西田则从整体与个体之间"矛盾自己同一"的逻辑关系出发，主张将个体融入到整体当中的道德当为。西田认为：我们自己通过回归本原的方式与绝对者相接的时候，我们便完全投入到"整体的一"之中，"在这里，存在着我们道德当为的根基"。④ 与北一辉一样，西田把社会诠释成理性的道德主体，⑤ 崇尚由代表"客观法则"的共同意志完全笼罩下的个人的道德行为，意在突出共同意志的绝对权威。因此，尽管论述方式

---

① 北一辉：『国体論と純正社会主義』，『北一辉著作集1』，みすず書房1978年版，第114頁。
② 西田幾多郎：『西田幾多郎全集』第三卷，岩波書店1988年版，第506頁。
③ 北一辉：『国体論と純正社会主義』，『北一辉著作集1』，みすず書房1978年版，第184頁。
④ 西田幾多郎：『西田幾多郎全集』第十一卷，岩波書店2005年版，第201頁。
⑤ 西田幾多郎：『日本文化の問題』，岩波書店1982年版，第64頁。

不同，但西田和北一辉在道德观的核心主张上拥有一致性。

北一辉从社会进化论出发论及个人道德行为的准则，认为社会间的竞争依据的是生物界的适者生存原理，为了使日本社会在充满竞争的世界中获胜，北一辉突出强调社会意志，他把社会意志当作"神的心"，把个人意志服从社会意志当作最高的道德行为。可见，西田与北一辉围绕道德问题的论述，从核心主张到论述方式都具有一致性，二者的区别仅在于：与基于深奥哲学逻辑的西田哲学道德观相比，北一辉的道德观简明直接；与谨慎、严密的西田哲学道德观相比，北一辉的道德观更具煽动性。

三 北一辉国体论与西田哲学国家观

在阐释各自的国家理论之前，北一辉和西田都对卢梭的"国家契约说"加以评判。北一辉把卢梭的社会契约论斥为"机械的社会观"，是"毫无根据的臆说"。他反对把宪法当作君主与国民之间订立的契约，因为君主与国民并不是相互对立的两个阶级，他主张日本天皇和日本国民共同拥有对日本帝国的权利义务。[①] 同样，西田在《国家理由的问题》中把卢梭基于社会契约论的国家意志学说斥为"只不过立足于启蒙时代的抽象合理主义而已"，[②] 认为卢梭的社会契约论是功利主义的。与卢梭相比，西田认同马基雅维里的学说，认为"国家是一个共同的人格，这种国家意志的命令所在，就是国家理由。马基雅维里及其流派就认识到了这一点"。[③] 从北一辉高度重视"国家理性"的特点上看，他的国体论也接近马基雅维里的学说。[④]

（一）国家人格论

1906 年 5 月，北一辉自费出版处女作《国体论及纯正社会主义》，试图从"纯正社会主义"立场出发构建自己独特的理论体系。北一辉在《国体论与纯正社会主义》的序言中，以一个战斗者的姿态表明了自己的立场："本书专以打击性的、折服性的口吻征服当前的所谓学者阶级为目

---

① 北一輝：『国体論と純正社会主義』，『北一輝著作集 1』，みすず書房 1978 年版，第 212—213 頁。
② 西田幾多郎：『西田幾多郎全集』第九卷，岩波書店 2004 年版，第 324 頁。
③ 同上书，第 304 頁。
④ 小松茂夫、田中浩：『日本の国家思想』下卷，青木書店 1980 年版，第 169 頁。

的",并列出了以穗积八束为首的"正在传播国体论妄想的日本代表性学者们"。① 北一辉在国体论中主张日本的"国体"是"公民国家","今天的国体不是把国家作为君主的所有物,不是把国家作为为了君主的利益而存在的时代的国体,而是将国家的实在性人格作为法律上的人格来认识的公民国家的国体"。② "在公民国家的国体那里,国家作为主权的本体,既是实在性的人格,也是法律上的人格。"③ 北一辉的国家主权论是建立在国家人格实在论基础上的。他认为,国家在任何时代都拥有实在性的人格,只不过在明治维新以前,所谓"为了国家"的要求实质上是"为了君主",即为了国家的所有者的目的和利益,因此,国家的实在性的人格体现为国家所有者的"物格"。明治维新在法律上承认了国家人格,才使得日本"公民国家"的"国体"得以确立。

北一辉在著作中并未专门阐释人格的概念,仅把人格作为论证"国体"的一般性概念。西田则专门论述了人格的形成与内涵。西田认为:"我所说的人格,是指在主观的、客观的真正历史世界的发展中形成的个体。""真正的人格必须以历史为媒介。"④ 西田把人格嵌入到历史的发展过程中,并给民族文化赋予人格意义。关于国家人格与个人人格,西田提出,国家是一个统一的人格,"我们之所以为国家效力,就是为了争取伟大人格的发展与完成"。⑤ 在西田那里,个人的人格是国家这个"伟大人格"的附属物。因此,北一辉和西田一样,都是在确认现实国家拥有人格的前提下解读"国体"问题,并赋予国家"人格尊严"的。实际上,不仅在北一辉和西田那里,在当时日本其他思想家的国家理论中,人格论都占有一席之地。例如,在法学界展开激烈论战的"天皇主权说"和"天皇机关说",在国家人格问题上的主张也大致趋同。穗积八束认为,国家在受法律的确认和保护的前提下拥有人格,且与个人一样,国家因拥有自主的目的和独立的意志而成为人格主体。"在肉体的个人中拥有人格,在国家中拥有人格,其理毫无差异。二者共为事实,自主生存,且受

---

① 北一辉:『国体論と純正社会主義』,『北一輝著作集1』,みすず書房1978年版,第4—5頁。
② 同上书,第247頁。
③ 同上书,第241頁。
④ 西田幾多郎:『西田幾多郎全集』第十三卷,岩波書店1988年版,第135—136頁。
⑤ [日]西田几多郎:《善的研究》,何倩译,商务印书馆1997年版,第122页。

法律上的认知保护。"① 美浓部达吉从法律的确认和保护这个前提出发推导出国家是法人的结论。二者在承认国家人格问题上并无分歧，都承认国家拥有独立自主的、受法律保护的人格。"天皇机关说"和"天皇主权说"都坚信：拥有人格的国家是"永远的存在"。可见，对国家人格的确认几乎成为战时日本思想界普遍认同的原则，并成为诸多思想者立论的前提，这无疑体现出战时日本国家思想的突出特征。

（二）国家与国民的关系

在北一辉的"纯正社会主义"构想中，为国家（社会）、君主（天皇）、国民（个人）三方面的关系描绘出独特的理论构图。关于国家与国民的关系问题，北一辉批判了"国家万能主义"和"愚众万能主义"。北一辉把国家机关压制个人的经济行为、国家干涉国民的思想信仰斥为"国家万能主义"；相反，把无视社会国家的幸福进化、专注于个人的自由和独立的个人主义斥为"愚众万能主义"。北一辉理想中的社会是建立在明确自觉到社会性和个人性基础上的"纯正社会主义"。其"纯正社会主义"在高唱国家主权的绝对性的同时，在提倡国民自发参与国家政权的前提下，积极地认同个人的自由与独立意识。② 北一辉反对将国家与国民置于对立、对抗的紧张关系之中的近代市民社会的政治理论，他主张使个人（小我）不断地向国家（大我）归一，在此基础上寻求两者的共存关系。北一辉提出："主权在国家就是社会主义，政权在国民（广义的）就是民主主义。"③ 主权与政权是密不可分的，因此，国家与国民便处于紧密不可分的一体性关系之中。至于国家与国民、主权与政权以什么为媒介实现完美融合的问题，北一辉屡次强调："国家主义和个人主义应当通过社会主义来实现其完全的理想"，"所谓国家主义，必须在被社会民主主义包容的情况下才得以完全实现其理想"。④

西田在论述国家与个人的关系时，运用了"绝对矛盾自己同一"的

---

① 長尾龍一：『日本憲法史叢書 7 穗積八束集』，信山社 2001 年版，第 59 頁。

② 丸山真男在《日本政治思想史研究》中，将北一辉对国家主权绝对性的认同定位为"政治性的集中原理"，将北一辉对个人自由独立的容忍定位为"政治性的扩大原理"。（丸山真男：『日本政治思想史研究』，東大出版会 1958 年版，第 358—360 頁。）

③ 北一輝：『国体論と純正社会主義』，『北一輝著作集 1』，みすず書房 1978 年版，第 247 頁。

④ 同上書，第 122—124 頁。

辩证法，即强调二者无媒介的"同一"。与北一辉从政治学、社会学角度论述国家与国民不同，西田更多地从历史的形成和民族、宗教的角度阐释国家与国民的"矛盾同一"关系。不过，二者尽管逻辑构图不同，却拥有一个大致相同的论证重点——强调国家与国民的一体性关系。

（三）对现实中的国家与理想中的国家的认识

西田在《善的研究》中提及的国家是一种现实国家形态，"今天，国家是统一的共同意识的最伟大的表现"。① 后来，西田运用"绝对矛盾自己同一"的辩证法将国家诠释为神意的表达，并竭力强调国家的道德性，这又体现出对理想中的国家的体认。不过，西田在对国家的解读中表现出明显认同日本现实国家的倾向。他试图通过对现实国家人格的确认，描绘出一个在国家"伟大人格"的包容下彰显个人意志的积极的、温馨的日本社会。特别是到了晚年，西田明确把理想中的"道德国家"与现实中的日本天皇制国家糅合在一起，把以皇室为中心的日本国家诠释为"面向世界的国家""最优国家""世界史的国家"，从而弥合了"国家"在现实与理想之间的裂隙，为其颂扬日本皇室的"世界性"铺平了道路。

北一辉则依据进化论，对日本历史上和现实中的国家形态作出了明确定位，并竭力突出现实日本国家的"民主性质"。北一辉认为，日本历史上的国家形态经历了三个阶段的进化：君主国家时代、贵族国家时代和民主国家时代。"从藤原氏开始到源平之争的时代是君主国家时代，在这个时代，天皇在理论上把所有的土地人民作为私有财产，拥有生杀予夺的大权。从源氏到德川氏的时代是贵族国家时代，在这个时代，各地的群雄或诸侯在各自范围内把土地人民作为私有财产，作为君临其上的小国家小君主，演绎着交战与结盟。天皇作为这些小君主的盟主——幕府光荣加冕的罗马教皇，拥有国民信仰的传统中心的意义。""从维新革命开始，日本进入民主国家时代，从此，天皇拥有纯正的政治性中心的意义，作为现代民主国家的总代表而代表国家。"② 北一辉认为，明治维新的成果是把日本国家变成了"全体国民的国家"，他还把维新之后的日本国家命名为"公民国家"，以突出与以前的"家长国家"的本质区别，并以此与"天皇主权说"对抗。

---

① ［日］西田几多郎：《善的研究》，何倩译，商务印书馆1997年版，第122页。
② 北一辉：『日本改造法案大綱』，『北一輝著作集2』，みすず書房1979年版，第293頁。

北一辉把世界上的"公民国家"的政体分为三大类:"其一,把最高机关作为拥有特权的国家一员来组织的政体(例如解放农奴后的俄罗斯,以及从明治维新到明治23年的日本政体);其二,把最高机关作为平等的多数和拥有特权的国家一员来组织的政体(例如英吉利、德意志以及明治23年以后的日本政体);其三,把最高机关作为平等的多数来组织的政体(例如法兰西、美利坚合众国的政体)。"① 北一辉主张"明治宪法"颁布后的日本政体是"在国家主权的公民国家的国体之下,把国家的所有部分都当作在国家生存进化目的之下的行动机关","即世俗所说的所谓君民共治政体"。② 他反对君主主权论,把国民和天皇都放在国家的最高机关的位置上,他反对共和政体论,把明治宪法体系下的日本政体定位为"民主的政体"。北一辉对"明治宪法"的解读是站在反对"天皇主权说"的立场上的,因此充满了战斗性。③ 北一辉的主张与其说是对现实日本国家的认同,不如说是在重新解读现实日本国家本质的基础上提出的国家改革方案,是北一辉理想中的国家面貌。

由于北一辉采取通过解读"明治宪法"中规定的国家本质的方式提出理想中的国家面貌,因此,他必须建设现实中的国家通往理想中的国家的桥梁,也正是出于这个目的,北一辉提出了具体的改造国家方案。值得注意的是,北一辉的国家改造方案以实现国家的"道义性"和"伦理性"为目的,主张在法律上承认现实的国家。"看看今天的法律,大日本帝国是庄严的伦理性制度,以满足一切伦理性要求为理想。然而,在这个国家的法律下,存在着经济性贵族的割据,由于国家主义的盗夺,经济性贵族的个人主义玷污了伦理性的光彩,大日本帝国的本体因被罪恶蒙蔽而变得丑陋。"④ 北一辉竭力赞颂"明治宪法"体系下日本现实国家的"伦理性"和"大日本帝国的本体",这构成北一辉国家认识的基调,也是其理

---

① 北一辉:『国体論と純正社会主義』,『北一輝著作集1』,みすず書房1978年版,第236頁。

② 同上书,第247頁。

③ 北一辉也反对"天皇机关说"中仅仅把天皇定位为最高机关的观点,主张天皇仅仅是行使国家主权的特殊机关。(北一辉:『国体論と純正社会主義』,『北一輝著作集1』,みすず書房1978年版,第232—236頁。)

④ 北一辉:『国体論と純正社会主義』,『北一輝著作集1』,みすず書房1978年版,第395頁。

想中的国家必须拥有的品质。因此，北一辉并不是否定现实中的国家，而是试图通过"国家改造"，使现实国家的"伦理性"得到最大发挥，达致理想中的国家的标准。

与西田通过谨慎的逻辑性推理和论证，最终在学术上弥合了现实国家与理想国家的裂隙不同，北一辉则试图以大胆的改革政治方案，清除掉附着在现实国家法律上的"污垢"，凸显国家的"道义性"与"伦理性"，努力使日本的现实国家转化成理想中的"公民国家"。尽管处理方式截然不同，但二者都重点关注国家的"道德意义"，其目的都在于，在帝国主义战争横行的世界，在本质上认同现实国家的前提下，为日本国家的"终极繁盛"和"走向世界"寻找出路。在西田那里，理想中的"道德国家"是以皇室为中心的"绝对矛盾的自己同一"；在北一辉那里，理想中的"公民国家"是通过发动天皇大权最终实现的。

(四) 天皇观

北一辉的天皇观经历了一个戏剧化的不断演进的过程。在处女作《国体论与纯正社会主义》中，青年时代的北一辉言辞激烈地批判穗积八束的"天皇主权说"，同时，他也反对美浓部达吉的天皇是国家最高机关的观点，主张天皇与议会同为国家的"特殊机关"，[①] 从而把国民的政治地位提高到全新高度，体现出北一辉思想中突出的民主主义倾向。然而，在亲眼目睹中国革命的种种曲折困难之后，北一辉对天皇在革命中的作用颇感关注，其天皇观亦随之发生转变。[②] 在《支那革命外史》中，北一辉认识到，"在革命的旋涡中，一切事务都不允许有理性的判断"，"革命的群集心理"需要的是偶像，是"正义之神"。[③] 于是，北一辉开始对明治天皇称颂有加，突出强调天皇的军事统帅者身份，"明治大皇帝佛心如天"，是为了国家的统一而"手持利剑的弥陀如来"，拥有着"盈满宇宙的慈悲心"，[④] 是"在伏见街道大败德川军队，创立革命政府的革命的指

---

① 冈本幸治把北一辉的这种宪法论称为"天皇、议会最高机关说"。(冈本幸治：『北一輝転換期の思想構造』，ミネルヴァ書房 1996 年版，第 267 頁。)

② 田中惣五郎认为，"这是北心灵深处沉睡的忠君爱国思想（或者逻辑）对应时代变化而表面化的结果"。(田中惣五郎：『増補版北一輝——日本のファッシズムの象徴』，三一書房 1971 年版，第 392—394 頁。)

③ 北一輝：『支那革命外史』，『北一輝著作集 2』，みすず書房 1979 年版，第 55 頁。

④ 同上书，第 154 頁。

导者"，是"在藩南一举镇压假借征韩论之名而挑起第二革命的大臣将军的强大新锐的统一者"。① 1919 年，北一辉在上海撰写《日本改造法案大纲》，明确阐述了"超国家主义"的主张。北一辉主张在"拥奉天皇"的前提下，对日本的政治、经济、军事、对外方针等进行全面改造。试图通过法西斯式的国家改造，达到最大限度强化天皇专制制度，摆脱内外交困窘境的目的。在书中，北一辉再次诠释了天皇对于日本国家的意义。在《日本改造法案大纲》的卷首，北一辉重新诠释了"国民的天皇"，"天皇的原义，明确天皇是国民的总代表，是国家的支柱的原理主义"。②"维新革命以后的日本是以天皇为政治性中心的近代民主国"，"从此时开始，天皇拥有纯粹的政治性中心的意义，作为现代民主国的总代表，代表国家"。③这样，北一辉对天皇的认识，便由处女作中的与议会同为国家"特殊机关"，上升为"能够代表国家的政治性中心"。不仅如此，北一辉还把通过投票选举国家元首的美国式民主主义批判为"毫无科学根据"的"低能哲学"。提出当今日本应当像明治大帝施行维新革命那样，使皇室再次成为"位于平等国民之上的总司令"。"二二六事件"后，北一辉"一君万民的大日本帝国"的革命蓝图破灭，在被捕后的陈述中，北一辉回顾并总结了自己的国体观和天皇认识。他提出："关于我的国体观……通过五年、十年的修行积累，意识到日本的神国的根本意义"，④"日本的国体应当是以一个天子为中心的万民一律平等无差别"。⑤"日本的皇室毋庸讳言是国民的大神，国民是这个大神的氏子。"⑥ 北一辉把日本称为"神国"，把皇室称为"国民的大神"，把国民称为"大神的氏子"，以此作为其天皇观的终结。

由于北一辉在三部主要著作中都对天皇作出了不同的论证，因此，关于北一辉的天皇观，日本学界的评价始终充满争论，并一直存在完全对立的观点。例如，早在 1934 年，与北一辉同时代的学者仓田百三在《读〈日本改造法案大纲〉——关于其思想氛围》一文中，就把北一辉的天皇

---

① 北一辉：『支那革命外史』，『北一輝著作集2』，みすず書房 1979 年版，第 145 頁。
② 北一辉：『日本改造法案大綱』，『北一輝著作集2』，みすず書房 1979 年版，第 293 頁。
③ 同上书，第 294 頁。
④ 北一辉：『北一輝著作集3』，みすず書房 1976 年版，第 443 頁。
⑤ 同上书，第 462 頁。
⑥ 同上书，第 463 頁。

观定性为"天皇绝对神格主义",认为位于北一辉"性格最深处的是绝对的宗教感情"。① 然而,1935 年 10 月刊行的《皇军一体论》则认为《日本改造法案大纲》"是冒渎国体的思想","实际上是侵犯天皇神圣权威的一个大不敬思想"。② 至今学界对北一辉不同历史时期的天皇认识仍然存在诸多争议,如认为:"本应以辛辣的讽刺来分析天皇与国民的北,在说到明治天皇时,突然变成了浪漫立场,或者说变成了理想主义立场……而且,对本应是'拥有特权的国民中的一人'的天皇寄予无限崇拜,由于他为天皇的'特权'添加无限的内容,结果将自己的逻辑推翻……北的这种逻辑乃至于心情是相当怪异的。"③ 伊藤隆认为,北一辉的天皇观与大川周明提出的"情在父子,义在君臣,在高举君民一体的果实的同时,使我国的真面目得以发挥"的观点十分接近,认为这种天皇观与北一辉在处女作中批判的国体论相距不远。④ 冈本幸治则认为,北一辉尊奉天皇,是他为了实现构想中的国家——"真正的公民国家"而运用的不可或缺的"手段",北一辉处女作中确立的天皇观一直作为其此后的思考和判断基轴,从未改变。只不过在《支那革命外史》之后发生了动摇而已。⑤

从北一辉本人复杂烦冗的表述和学者们莫衷一是的判断出发,似乎很难为北一辉的天皇观找到合理的解读。然而,综观北一辉的国家观、天皇观,却可以大致梳理出几支并行的逻辑链条:第一,在宪法学理论上,北一辉鲜明地打出了"国家的天皇",反对"天皇的国家"。他主张在维新革命后,日本国家不再是权力者的所有物,而是作为独自的生命体(作为一个完整独立的人格)的"国家主权的公民国家"。这样的"公民国家"的最理想的形态是"一君万民",天皇是国家的支柱。第二,在个人感情上,从中学时代开始,北一辉就表现出了强烈的尊皇心,他把北条氏斥为中伤"完璧的国体"的"逆贼"。北一辉对明治天皇也充满独特的敬爱之情,他把明治天皇奉为"大英雄""卓越的大皇帝",并从宗教角度

---

① 北一辉:『北一辉著作集 3』,みすず書房 1976 年版,第 602—603 页。
② 高橋正衛『現代史資料 23 国家主義運動 3』,みすず書房 2004 年版,第 376—377 页。
③ 利根川裕:『北一輝における天皇(上)』,『浪曼』,1974 年 3 月号,第 276 页。
④ 转引自利根川裕『昭和初期政治史研究』,東京大学出版会 1969 年版,第 413 页。
⑤ 岡本幸治:『北一輝転換期の思想構造』,ミネルヴァ書房 1996 年版,第 276—277 页。

赞颂明治天皇的"佛心""慈悲心",北一辉的这种天皇情结始终未变。从这样的感情出发,当目睹辛亥革命以后的中国政局动荡、兵连祸结、生灵涂炭时,北一辉更加迷恋日本"万世一系"的天皇统治,对天皇制倍加赞颂,他提出的国家改造方案也是以天皇大权的发动为前提的。第三,在与世界上其他国家的政治体制进行对比的时候,北一辉蔑视美国、法国的民主主义原理,把天皇制日本称为"神国"。在《日本改造法案大纲》中,北一辉号召国民"只对日本天皇陛下报以期待",倡导国民对天皇抱有"神格性的信任"。北一辉提出,把天皇作为神格者的维新革命,"与法国革命相比,将没有悲惨与动乱,而彻底地成功。并且这种由神格的天皇主持的日本的国家改造将不会有俄罗斯革命的虐杀兵乱,不经历德意志革命的迟钝缓慢,而在整然的秩序之下得以贯彻"。① 北一辉并没有从理论上论证天皇的"神格性"意义,他只是竭力强调:只要国民拥有对天皇的"神格性信任","维新革命"便能迅速、平静地获得成功,日本国家的政治体制就会发挥出优于欧美国家的特性。也就是说,北一辉始终把天皇拥有"神格"作为一个先天的理论前提,因此,在北一辉的国家改造方案中包含着对天皇的浓厚宗教情结。

　　与北一辉的视角不同,西田在创造了独特的哲学辩证法之后,才从"矛盾自己同一"的逻辑出发论证皇室的神格性意义,从而使日本"国体"带有"神国性"。北一辉主张"神格性信任"的前提是天皇与全体日本国民存在"共通意志",他主张通过政变来改造国家,而这种政变不同于"滥用权力的政变",而必须是"通过国民的集聚,再与元首之间的合体来发动权力的政变"。② 北一辉的"合体"的本意就是西田哲学中的自己与他者、人与神之间"绝对矛盾自己同一"的关系。由此可见,在对当时日本天皇的基本认识上,西田与北一辉都试图论证和发挥天皇的"神格性意义",并且二者主张的理想中的天皇与国民的关系也完全一致。

　　北一辉构筑的通过天皇行使大权来建立理想中的"公民国家"构想,是北一辉"超国家主义"理论的基本框架。这种在"天皇大权"笼罩与捍卫下的"民主国家"构想是奇特的、日本式的近代国家构建方式,它充满了封建性和宗教性,是日本近代国家理念最戏剧化的表现,也是西方

---

① 北一辉:『日本改造法案大綱』,『北一輝著作集2』,みすず書房1979年版,第378頁。
② 同上书,第372頁。

社会民主主义理论与近代日本封建性、宗教性的天皇观相融合的怪胎。由于北一辉的这种理论在信仰上触犯了天皇的"神圣权威",在政治上与"天皇无答责"的日本政治惯例相背离,因此他的理论最终被日本天皇制国家以最严厉的方式扼杀。

四 北一辉与西田哲学世界观

在处女作《国体论与纯正社会主义》中,北一辉从纯正社会主义理想出发,提出未来世界的模式——"社会主义的世界联邦"。在这个所谓"社会主义的世界联邦"里,个人的自由和国家的独立之间,一个国家与世界上所有国家和民族之间的关系是"小我"与"大我"的关系。为了个人的自由而忘却国家这个"大我",以及为了国家的独立而忘却世界这个"大我"的行为都是不道德的。在这个"世界联邦"里,没有战争,没有阶级斗争,没有国家间的竞争,整个世界成为了一个社会、一个国家,此时的人类正在向"类神人"进化。[①] 按照北一辉的逻辑,如果把个人看作"小我",把国家当作"大我"看待的话,那么这个最终包纳一切的"世界联邦"就是"无我"。[②] 达到"无我"的境界,人类将不断进化到"神类",此时的世界是"真正伦理性的、道德性的世界"。北一辉论证的"小我""大我""无我"的个人、国家、世界联邦三者的逻辑关系,与西田哲学场所逻辑中"有的场所""相对无的场所""绝对无的场所"的逻辑拥有异曲同工之妙。因此可以说,北一辉在《国体论与纯正社会主义》中最先提出的"世界联邦"构想与西田的理想世界构想在结构上是一致的。

然而,西田对理想世界的诠释是一以贯之的,他始终主张国家走向终极繁荣,各国在日本的"国体"模式下"自觉使命",使各民族"立体地

[①] 北一輝:『国体論と純正社会主義』,『北一輝著作集1』,みすず書房1978年版,第123—124頁。

[②] 松本健一也认为,北一辉在意识到自我的有限性之后,试图在国家这个有机体中获得自我生命的延伸,而北一辉很快就意识到了国家主义的方向,即"因为大我的生命也是一千年或两千年,是有限的,所以,拥有永远的生命的,是更大的大我,即'无我',这意味着'神之国'。在那里,国家的生命获得了永远的保证"。(松本健一:『評伝北一輝Ⅱ明治国体論に抗して』,岩波書店2004年版,第72—73頁。)

结合",达到"万邦各得其所"。① 西田的"世界性的世界"是使世界各国"矛盾自己同一"地统一在皇室这个"终极理念"之下,"沐浴皇室的光辉"。与西田相比,北一辉的"世界联邦"构想随着时代的变迁和北一辉对现实世界中帝国主义国家弱肉强食竞争的认识的深化,经历了一个不断被修正、被完善的过程。在《国体论与纯正社会主义》中,北一辉明确提出反对帝国主义战争的主张:"社会主义的世界联邦国家,是在国家人种的分化式发达的基础上实现的世界性同化作用。因此,在排除威胁本国独立者的同时,不容许通过强制力将自家的同化作用施加到其他国家之上的侵略。"②"像今天这样忘却世界的大我,以国家的小我为中心不断实施的所有行动,就像帝国主义者正在赞美的那样,这实在是无视伦理性制度的国家的犯罪。"③ 然而,在目睹了中国在帝国主义铁蹄下被蹂躏的种种惨状后,参照日本现状,北一辉对通向"世界联邦"这个最终理想的路径和"世界联邦"的最终形态作了修正。在《日本改造法案大纲》中,北一辉把积极对外战争作为实现"世界联邦"理想的直接有效手段。

在《日本改造法案大纲》中,北一辉主张国家拥有对那些"侵占广大领土,无视人类共存这一天道的人们开战的权利"。具体到当时的国际形势,北一辉提出,"英国是跨世界的大富豪,俄罗斯是北半球的大地主",日本处于国际上的无产者地位,"在全世界无产阶级的欢呼声中","在正义的召唤下",日本拥有从列强的独占下夺取世界的权力。④ 此时的北一辉把战争当成了通往"正义"的必经之路和为了实现"世界联邦"理想的手段。于是,战争变成为了"和平"的战争,为了"社会进化"的战争。这时的北一辉已经完全由一个"纯正社会主义者"沦为帝国主义者。⑤ 与北一辉一样,西田在晚年也对当时进行的太平洋战争寄予希望:"正如历史上,希腊在希波战争中的胜利决定了欧洲世界的文化发展

---

① 西田幾多郎:《西田幾多郎全集》第十一卷,岩波書店 2005 年版,第 201 頁。
② 北一輝:『国体論と純正社会主義』,『北一輝著作集 1』,みすず書房 1978 年版,第 111 頁。
③ 同上书,第 122 頁。
④ 北一輝:『日本改造法案大綱』,『北一輝著作集 2』,みすず書房 1979 年版,第 343 頁。
⑤ 岩瀬昌登认为,"从战争观的角度说,北一辉始终站在国家主义的立场肯定帝国主义战争"。(岩瀬昌登:『北一輝と超国家主義』,雄山閣 1974 年版,第 29—30 頁。)

方向一样，今天的东亚战争也会在今后的世界史中决定一个方向"。① 他满怀期望地把"东亚战争"当作确立新"世界秩序"的手段，试图为侵略战争赋予"文化意义"和"世界史意义"。不过，与北一辉的激进的开战主张不同的是，西田对战争作用的论证始终没有脱离谨慎的学术语境。

关于理想世界的最终形态，西田把当时的国际通用理念斥为"抽象理论"，主张以皇室为核心的"纵向"世界秩序代替独立、平等原则下的"横向"世界秩序。北一辉则以激进的言论赞颂战争，颂扬帝国主义，明确主张通过帝国主义战争实现"社会进化"。这时的"社会进化"，不再是"无我"的"世界联邦"，而是"在将来的新领土上废弃不同的人种和民族差别"，使"地球上只有一个大日本帝国"。② 北一辉在世界观中把帝国主义发挥到了极致。

在亚洲观中，北一辉和西田都表现出了难以解脱的矛盾情结。西田一方面强调亚洲各国"充分发挥个性"，构成一个"共同繁荣"的"特殊性的世界"；另一方面，却宣扬日本要成为东亚的"中心"。由于这种矛盾性，使西田理论中的所谓"东亚各国共同繁荣"理想完全被日本成为东亚"中心"的理论湮没。北一辉则一面宣扬由日本"解放"亚洲，一面主张以武力侵夺"满洲"和韩国领土。在北一辉那里，"解放"是侵夺的口实，侵夺是"解放"的实质。

值得注意的是，北一辉的"世界联邦"和西田的"绝对无"都与"神"的境界相连接，即他们的世界理想都带有浓厚的宗教色彩。北一辉在《日本改造法案大纲》的结语中说："印度文明以西的小乘（佛教）式思想变成了西洋的宗教哲学，在印度本土绝迹，（佛教）经由的支那亦只存在其形骸，唯独东海的粟岛（日本）使大乘（佛教）宝藏得以密封，使其日本化，进而近代化、世界化，当其在第二场大战（日俄战争）后复兴，并照耀全世界之时，便可与昔日'文艺复兴'相媲美。所谓东西文明的融合，是以日本化、世界化的亚细亚思想启蒙当今低级的所谓文明国民。"③ 北一辉认为，只有日本保存了大乘佛教的真髓，并宣扬以日本化的大乘佛教思想"教导"亚洲乃至世界上的各民族。西田在论证日本

---

① 西田幾多郎：『西田幾多郎全集』第十一卷，岩波書店 2005 年版，第 446 页。
② 北一輝：『日本改造法案大綱』，『北一輝著作集2』，みすず書房 1979 年版，第 337 页。
③ 同上书，第 351 页。

文化的"优越性"时，也把柔软心的"日本精神"说成是"神的声音"，它既不同于基督教中带有超越性的神的语言，也不同于中国文化中固定的圣人的说教，而是"历史社会的终极目的与归宿"，"是宇宙的根本"。① 西田还借助皇室的"神性"来宣扬日本的家族国家是"万朝无类"的"最优国体"，"在《神皇正统记》中提及的大日本乃神国，异朝无与类比的我国国体中，包含着绝对的历史的世界性"。② 这种利用宗教的神意来诠释日本国体"优越性"的论证方式在战时日本非常流行。与北一辉把"日本化"的亚细亚思想当作融合东西文明的手段一样，西田在日本文化论的结论中也认为日本文化是东西方文化合而为一的媒介，并由此推导出日本文化拥有"包容世界"的"优越性"的结论。

在北一辉的著作中，颂扬帝国主义侵略战争的语句随处可见，因此，他被公认为"日本法西斯主义的教祖"。细致品读北一辉的三部著作，便可窥见其法西斯主义的理论架构。北一辉从社会进化的角度论证舍弃"小我"服从"大我"的道德观，在法理上，认为"大我"——国家拥有"实在的人格"，拥有"道义性"与"伦理性"，强调国家与国民的"一体性"关系。北一辉理想中的未来世界是"社会主义的世界联邦"，然而，随着对弱肉强食的现实世界的认识逐步深刻，北一辉主张通过发动天皇大权来实现日本国家的改造。于是，理想中的"社会主义的世界联邦"变成了一个世界唯一的"大日本帝国"。上述思想脉络是理想与现实的碰撞在北一辉思想中的展现，在这种发展式的思想架构中，随处可以看到西田哲学文化观、国家观、宗教观、亚洲观、世界观中的理念。所不同的是，西田醉心于理论体系的构筑，北一辉则致力于探求"解救"国家的方案。正是由于上述学术方向的不同，导致二人尽管在认识上存在共识，却被划归到不同的学术领域中，并在日本学界产生了迥然相异的评价。

第三节　西田哲学与津田史学

津田左右吉是日本近代思想史上一位富有批判精神的史学家，他在对

---

① 西田幾多郎：『西田幾多郎全集』第一卷，岩波书店1987年版，第173頁。
② 西田幾多郎：『西田幾多郎全集』第十一卷，岩波书店2005年版，第450頁。

当时的日本史学进行深刻批判的基础上，构建起一个以重新认识中日两国古代典籍为出发点的独特史学体系，被当时的日本史学界称为"津田史学"。津田史学作为涉及历史学、历史教育、文化论、文艺学、语言学等诸多领域的庞大体系，不仅包含了津田左右吉对中日两国古代历史的深刻解读，而且从历史研究的方法论出发，对文化观、天皇观、道德观、中国观、亚洲观等问题提出独到见解。与西田哲学一样，津田史学构成日本近代思想史上独具特色的思想体系。对二者的文化观、道德观、天皇观、中国观和亚洲观等进行比较，将有助于揭示近代日本杰出思想家的思想特质和认知方式。

津田左右吉的一生经历了明治、大正、昭和三个时代，并亲历了第二次世界大战，成为活跃在日本战前、战后的思想家。1873年10月3日，津田左右吉出生在岐阜县加茂郡。1890年来到东京专门学校学习，1895年结识了日本东洋史学的开拓者——白鸟库吉，开始接触东洋史。1908年，作为"满鲜历史地理调查部"的研究员，开始了专门的研究者生涯。1913年，津田左右吉出版了他的第一部作品《神代史的新研究》①，1919年出版的《古事记及日本书纪的新研究》②成为津田史学在"记纪研究"领域的出发点。到1924年发表《神代史的研究》③和《古事记及日本书纪的研究》④为止，津田史学在大正时代末期正式确立。进入昭和时代以后，随着日本社会思潮由大正民主主义向昭和国家主义转化，津田左右吉也把研究的主要领域转换为对"支那思想""东洋文化"的批判研究，他相继出版了《道家思想及其展开》⑤、《左传的思想史研究》⑥、《儒教的实践道德》⑦等著作。

在日本战时"超国家主义""日本精神论"和皇国史观盛行的背景下，津田左右吉运用严谨的历史学方法论，进一步对日本古代史展开批判

---

① 津田左右吉：『新しい神代史の研究』，二松堂1913年版。
② 津田左右吉：『古事記及日本書記の新研究』，洛陽堂1919年版。
③ 津田左右吉：『神代史の研究』，岩波書店1924年版。
④ 津田左右吉：『古事記及日本書記の研究』，岩波書店1924年版。
⑤ 津田左右吉：『道家の思想と其の展開』，東洋文庫1927年版。
⑥ 津田左右吉：『左伝の思想史的研究』，東洋文庫1935年版。
⑦ 津田左右吉：『儒教の実践道徳』，岩波全書1938年版。

研究，1930年出版的《日本上代史研究》①和1933年出版的《上古时代日本的社会及思想》②成为津田战前"记纪研究"的重要作品。津田左右吉本人也因此遭到以日本右翼活动家蓑田胸喜为首的右翼势力的集中攻击。1939年末，津田左右吉在东京大学法学部主办的东洋政治思想史讲座上发表演讲时，遭到右翼学生的政治性攻击。1940年，津田左右吉的著作《古事记及日本书纪的研究》《神代史的研究》《上古时代日本的社会及思想》被当局禁止发行，津田左右吉本人以"对皇室不敬罪"受到起诉。直到1944年11月，东京法院以"诉讼超时"为由，宣告对津田左右吉等人免予起诉为止。这场对津田史学进行的政治性弹压，宣告津田左右吉战前"记纪研究"的终结。

随着第二次世界大战结束，津田左右吉的人生经历和研究生涯都发生了重大转换。一方面，在社会上，他获得了前所未有的各种荣誉：成为日本帝国学士院的会员，获得天皇授予的文化勋章，成为美浓加茂市名誉市民，获得"朝日赏"等。另一方面，在学术上，他专心进行对战前研究成果的修正和总结工作，在日本战后风行一时的天皇制议论中，津田左右吉坚决地站在维护天皇制、认同皇室权威的立场，展开对"左翼"进步思想的批判。日本学术界因此称津田左右吉是一个前后充满矛盾的思想家。然而，从津田左右吉天皇观的系统性研讨中，我们可以看到其思想的前后一致性。

从战前的经历来看，津田左右吉与西田几多郎、美浓部达吉一样，作为日本近代著名思想家，都从贯彻始终的独创的方法论出发，自觉构建出具有独特价值取向的精神世界。他们分别在日本史学界、哲学界和法学界建立起完整的学术体系，并因此成为撼动近代日本思想的重要学者。同时，作为知识精英，他们又都是在各自学术领域体现出鲜明批判精神的思想家，津田左右吉、西田几多郎和美浓部达吉都亲历了第二次世界大战前日本政治对学术的残酷镇压。第二次世界大战后，当马克思主义学说被日本史学界广泛应用时，津田左右吉再次拾起批判之矛，矛头直指马克思主义历史观。与津田左右吉和美浓部达吉不同的是，西田几多郎由于在论著中并未体现出明显的批判现实倾向，因此，西田虽然也受到来自右翼思想

---

① 津田左右吉：『日本上代史研究』，岩波書店1930年版。
② 津田左右吉：『上代日本の社会及び思想』，岩波書店1933年版。

家的攻击，在政治上却并未受到压制。甚至陆军方面还试图利用西田哲学的世界观为当时日本的亚洲战略提示方向。中国学者刘岳兵据此认为，晚期的西田对时局的基本态度是"在容忍中的抵抗"。① 品读《世界新秩序原理》，也不难看出西田试图从"日本文化的世界性"角度为对外侵略战争寻找依据的初衷。同时，西田在日记和书信中也多次强调他的国家观与当时日本社会流行的家族国家观的区别，并多次表述过对政治干扰学术的不满，然而这种对时局的"抵抗"与津田左右吉和美浓部达吉在学说中反复建构，并构成各自突出特征的批判性视角相比，是微弱的。另外，从津田左右吉在战前和战后始终坚持的鲜明批判精神入手来品味津田的学术结论，将为我们深刻认识其思想的一贯性和关联性提供新视角。从上述思考出发，本节对津田左右吉和西田几多郎的道德观、历史观、文化观、天皇观、中国观和亚洲观等展开对比性研讨。

一 津田史学与西田哲学道德观、历史观

（一）道德观

在论述道德的形成问题时，西田哲学认为道德是"在历史上形成的"，"我们总是要在历史中去发现道德行为的内容"。② 西田认为，在历史中存在一个唯一的、不可动摇的、严肃的、我们必须服从的"道德的当为"，它是这个世界上唯一的道德命令、绝对命令。由此出发，西田提出道德的实践也必须遵循这个"历史形成的"方向。"所谓道德的实践，必须是我们作为被创造的创造者，去形成历史的世界。（中略）在这个世界中的我们自己，到任何时候都必须是历史性的、操作性的自己，是创造性的自己。"③ 西田所称的历史是"被创造者的创造"过程，即充满对自身形成无限认同的感性化的历史。

与西田在哲学历史观的叙述中对历史道德的感性认同不同，津田左右吉通过对中国的儒家道德和日本的武士道德进行冷峻批判感悟道德形成。津田左右吉把儒家道德视为"权力阶级的道德，而非民众的道德"，"是

---

① 刘岳兵：《西田哲学中矛盾的现代性：与时局的对抗与屈服》，《世界哲学》2010年第1期。
② 西田幾多郎：『西田幾多郎全集』第三卷，岩波書店1988年版，第502頁。
③ 西田幾多郎：『日本文化の問題』，岩波書店1982年版，第131—132頁。

在个人与个人之间一定关系的基础上确立的,而完全不去考量个人与社会或集团之间,以及作为部分的个人与全体之间的关系"。① 在批判武士的道德时,津田左右吉认为,"武士的道义并非来源于心,即生活的内在要求,而是来源于社会性的制裁"。② 津田左右吉在 1931 年发表在《东洋学报》杂志的论文《儒教的礼乐说》中提到了道德的形成:"道德本身本来是自然形成的社会性约束力,对于个人来说,只是习惯性地服从它而已,(中略) 一旦道德意识发达起来,个人的习惯便成为道德的主体。即使如此,服从社会性的约束也是一种道德,并且这种服从是作为个人道德性修养的一个方法来考量的"。③ 也就是说,津田左右吉与西田几多郎一样,主张道德的自然形成,它应该是"民众的道德",应当来源于"心的内在要求",而不是来自权力阶级或社会性制裁这种外在要求。主张只有这种历史上形成的道德才具有无限广大的"创造性"意义。有趣的是,对历史充满感性化认知的哲学家西田几多郎,把历史上形成的这个"道德的当为"描述为唯一的、不可动摇的、严肃的道德命令。而以严密的史学研究方法著称的历史学家津田左右吉,则把道德描述得颇具感性色彩。在 1896 年 12 月 16 日的日记中,津田左右吉叙述道:"道德不是冷静地抑制感情,而是要温和地激活感情。在沸沸然热血迸发之处,在滂滂沱涕泪交流之所,若不是欲罢而不能罢,欲止而不能止之根柢处之行为,便不可称之为善良行为。"④ 从上述语句中可以感受到,青年的津田左右吉试图为道德赋予高度纯化的意义。这种强调道德的自发性和个体性的理念贯穿了津田左右吉的一生。

关于道德观念上的个人与社会的关系问题,津田左右吉的立场十分鲜明。他主张在道德意识被建立起来之后,便发生了个人与"社会性约束"之间的关系,而在这个关系中,尽管从个人的道德修养上来说,服从社会性约束是一个道德行为,但"必须把个人的道德意识当作主体",从而赋予个人突破或反抗"社会性约束"的道德意义。这种主张很显然源自津田左右吉奉行一生的鲜明的批判精神。例如在论述文学的意义时,津田左

---

① 津田左右吉:『津田左右吉全集』第二十八卷,岩波书店 1988 年版,第 412 页。
② 津田左右吉:『平民文学の時代 上』,洛阳堂 1918 年版,第 419 页。
③ 家永三郎:『津田左右吉的思想史的研究』,岩波书店 1971 年版,第 129 页。
④ 津田左右吉:『津田左右吉全集』第二十五卷,岩波书店 1988 年版,第 92 页。

右吉认为文学能够推进人类的道德，这种推进多是以反抗某种社会道德的因袭信条的形式展现的，因此，有生命的文学能够将人类的道德生活本身推向一个更高阶段。① 津田左右吉从鲜明的批判精神出发，把个人的道德意识与"社会性约束"对立起来，主张在道德上对人类活生生的人格认同。西田几多郎则从个体与整体"矛盾自己同一"的关系出发，主张个人的道德行为要与"道德社会"的绝对精神合一。尽管前者提倡批判性的道德发展，后者强调无媒介的"同一"，但是，在对道德的形成和发展中，二者都明确地反对诸如儒家人伦道德体系中细致、固定的道德准则，和西方伦理学中固定的合理主义道德规范，而追求情意上的道德当为。两位思想家这种共同的道德意识，在一个侧面反映出日本文化中"柔软的"道德取向。

西田几多郎运用"绝对矛盾自己同一"的方法论，把个人与"道德社会"同一，主张"道德社会"发展的最高阶段是国家。在日本，个人道德实践的依据是统一于皇室之下，并最终以日本皇室为中心的"国家即道德的国体"统驭世界。这样，经历重重叠叠的"矛盾自己同一"，皇室与个人被统一起来，进而描绘出日本"国家道德"的前进方向。津田左右吉反对由皇室统治日本国民的主张，认为皇室内在于日本国民之中，与日本国民共同创造不断变迁的历史。他认为在现代日本国家中，国民对皇室的道德观念不再像历史上的武士那样，要舍命为主君战斗。"在现代的国家，一个一个的国民为了全体的国民（天皇），并且在国民生活的所有方面尽到作为国民的责任义务，便成为了对自身就是国民的统治者——皇室的道德性责任义务。"② 也就是说，津田左右吉主张皇室本身就是国民的一员，国民作为历史的实践者，对现实生活承担的道德责任，就是对内在于国民之中的皇室承担道德义务。这种皇室与国民的关系在西田哲学中被表述为"内在即超越"的"神人合一"关系。因此，津田左右吉和西田几多郎都把皇室与国民的"真正结合"提升到了道德高度，这也是反映在近代日本文化中的具有代表性的天皇观。

（二）历史观

津田史学在日本近代史学流派中独树一帜、影响深远。关于津田左右

---

① 津田左右吉：『津田左右吉全集』第二十二卷，岩波書店 1988 年版，第 589—590 页。
② 津田左右吉：『津田左右吉全集』第二十八卷，岩波書店 1988 年版，第 142—143 页。

吉的历史观，日本学界的诸多学者从历史学、文化学、史料学角度入手展开细致分析，并从不同的学科领域出发，把津田史学的历史观概括为"民族史观"①、"国民史观"②、"民间史学"③、"中正史观"④、"唯心主义史观"⑤、"资产阶级自由主义的历史学"⑥等。作为完整、庞大的学说体系，津田史学在不同侧面展示出独特的研究视角，构筑起严密的理论体系，因此，很难以概括性文字全面评判津田史学的历史观。在这里，只能从对比西田哲学与津田史学的历史观角度入手，解读津田史学的历史观，借此揭示日本近代思想家群体在历史意识上的共性特征。

津田史学的最突出业绩是运用与当时的日本经院史学相比，视野更加广阔的研究视角。津田史学跳出了当时日本官方经院史学立足的从儒家正统性道德和权力阶级入手分析历史的研究立场，把历史定位为"国民生活的历史"，认为历史内容是讲述国民生活诸形态的变迁，这种历史视角使得津田史学的视野无限扩充到政治、经济、社会、文化、文艺、宗教等领域，构成了津田史学作为一个综合性史学研究体系的前提。主张国民的主体性推动历史发展的结论也成为津田史学的杰出亮点。然而，正由于津田史学将历史研究的视野无限展开，因此，在他试图把描绘庞大纷繁、波澜壮烈的历史全景作为历史学者的最高任务时，得出了不应当以某种规律性的理论概括历史的结论。当然，这种结论的提出，隐含了津田左右吉对第二次世界大战后在日本史学界盛行一时的马克思主义史学理论的批判。

津田左右吉在1946年发表的《日本历史研究中的科学态度》中，对"国民史观"作了细致论述："历史是国民生活的过程，国民的生活是在过去中形成的，或者是处在被过去赋予的状态中，它依据现在生活的要求发生改变，并面向未来创造出崭新的状态。在这个过程中，国民的意志欲望和志向发挥作用，因此，历史研究不仅要阐明过去的生活经历的必然性

---

① 上田正昭：『津田史学の本質と課題』，『日本歴史講座8』，東京大学出版社1957年版。
② 増淵竜夫：『歴史意識と国際感覚——日本の近代史学史における中国と日本』，『思想』464号，1963年2月。
③ 家永三郎：『津田左右吉の思想史的研究』，岩波書店1971年版，第105頁。
④ 佐藤堅司：『津田史学の核心』，『駒沢大学研究紀要13』，1955年版，第127頁。
⑤ 沈仁安、宋成有：《近代日本的史学和史观》，载《日本史论文集》，生活·读书·新知三联书店1982年版。
⑥ 岩井忠熊：『岩波講座日本歴史22，別巻1』，岩波書店1963年版，第110頁。

路径，更有必要研究在这个路径中的自由志向，为什么产生这个路径——缘由，以及这个路径如何变迁——情势（在这里包含着自古就被当作难题的自由与必然之间的交汇）。在一个国民的生活中，存在着历史养成的那个国民的特殊性，这个特殊性是历史性地、不断地变化的，并且应当继续变化下去。在特殊性中拥有生活的意义，不应当否认拥有的特殊性，以及这个特殊性生生不息的延伸。历史研究的任务并不在于试图发现生活中一般性的、在人类中具有普遍性的法则，而是对国民具体性的生活样态及其发展情形进行具体性的把握，把它作为历史加以构筑。因此，在上述研究道路上，不应当采取假定出些许一般性法则、公式，并将其套用到某些国民生活中去的方法。（中略）由于在人的生活中包含诸多方面，由诸多方面的相互作用才构成了一个生活。因此，把其中的一两个作为基础性因素，把其他因素都作为从这些基础性因素中派生出来的因素的思考是僻陋之见。"①

仅从津田左右吉的上述论述出发，就可以发现津田史学与西田哲学在历史观上的对应关系。

首先，关于个人在历史中发挥的作用，以及如何认识这种作用的问题，二者都主张历史是由人的活动构成的。西田哲学主张个人要成为"历史的世界自己创造的力点"，"必须是自己成为立法者，必须是从自己自身处开始世界秩序"，②强调人以"创造性"的行动推动历史，而这种推动是建立在人与"历史的世界"之间"矛盾自己同一"的关系之上的。因此，西田哲学历史观中强调的人的作用是基于其独特哲学辩证法的"纯作用"，用西田的哲学语言表述就是"表现的作用"，即"自己成为历史的世界的映象，不，自己必须成为世界自己表现的符号"。③津田史学则立足于对历史进行批判性的细致研究，提出"历史是国民生活的过程"，在这个过程中，国民的意志、欲望、志向发挥作用，历史学家需要做的就是"对国民具体性的生活样态及其发展情形进行具体性把握，把它作为历史加以构筑"。津田左右吉在这句话中用了两个"具体性"，可见他在历史研究的方法上对日本传统史学和西方史学崇尚"普遍性"的

---

① 津田左右吉：『津田左右吉歷史論集』，岩波書店2006年版，第275—276頁。
② 西田幾多郎：『西田幾多郎全集』第九卷，岩波書店2004年版，第319頁。
③ 同上书，第314頁。

反感，表明津田史学具有格外关注具体历史过程的特点。在近代日本皇国史观逐渐占据史学研究主流的背景下，西田哲学和津田史学重视人的活动在历史过程中作用的观点本身具有进步性和鲜明的批判现实意义，体现出杰出思想家的独特思维。

其次，二者都主张由人创造的历史是不断发展变化的。在对历史发展样态的描述中，二者得出了几乎完全相同的结论。津田左右吉把国民历史发展过程论述为"处在被过去赋予的状态中，依据现在生活的要求发生改变，并面向未来创造出崭新的状态"。津田左右吉通过国民生活状态这个纽带把过去、现在、未来紧密地联系在一起。西田几多郎则从抽象时间上的过去、现在与未来"绝对矛盾自己同一"的关系入手解读"历史的世界"的形成过程。他认为，在现在中包含着已逝去的过去和尚未到来的未来。"历史的世界是从被创造者到创造者形成自己自身的过程。"① 关于如何认识这个不断变化的历史过程问题，津田史学认为，历史过程自身存在"自由的志向"，只要通过对国民生活样态和发展变迁进行具体把握就可以明晰这一"自由的志向"。因此，他反对在历史学中设置一般性的、具有普遍性的法则。西田哲学也在承认历史是具体的、客观的事实的基础上，认为在历史事实的背后存在"个性化"的东西。在他看来，"历史产生于各个共同体社会，各个共同体社会拥有各自的世界观、人生观，他们各自构成一个特殊性的世界"。这虽然是像梦一样的世界，是行为的世界，却是真正的"行为的直观的世界"。② 作为历史学家，津田左右吉一生都在致力于寻求发现历史的真实的有效方法，他最终主张通过对国民生活样态进行具体研究就可以明晰历史中存在的"自由的志向"。作为哲学家，西田几多郎一直要解读的是个人与宇宙、世界、历史的关系，并试图以此揭开人生的要义。他主张把个人投身到历史的世界中去，作为"被创造的创造者"发挥作用。尽管二者试图解答的问题不同，但他们都把历史过程当作与每个人的意志、行为、感情息息相关，同时具有独立"自由意志"的存在来看待，进而主张不同民族历史的"个性"决定了其独特的"自由意志"。

再次，与西田哲学对西方哲学中的一般性原理持批判态度一样，津田

---

① 西田幾多郎：『日本文化の問題』，岩波書店 1982 年版，第 54 頁。
② 西田幾多郎：『西田幾多郎全集』第六卷，岩波書店 2003 年版，第 323 頁。

史学也强烈抵制"假定出些许一般性法则、公式,并将其套用到某些国民的生活当中去的方法"。他主张"历史研究的任务并不在于试图发现生活变迁中一般性的,在人类当中具有普遍性的法则"。"不应当以那种抽象性的法则来规定历史的具体过程。"① 津田左右吉在战后发表的两篇文章《日本历史研究中的科学态度》和《历史学中的"人"的恢复》中,都对唯物史观主张的历史发展存在客观规律的观点大加批判,从而在史学研究方法论上再次引起关注。值得注意的是,津田左右吉并非主张历史是毫无规律可言的偶然性事件的集合,他只是反对以抽象性法则规定具体性历史事实,强调历史发展的多种方向性。而决定历史发展方向性的就是由一个一个的国民的活动决定的历史自身的"自由的志向"。由反对一般性的法则出发,他强调历史性地、不断地变化的"国民的特殊性",并主张将这种"国民的特殊性"生生不息地延伸下去。这种对"国民的特殊性"满怀期望的情怀与西田几多郎强调不同的历史应具备不同"个性"的观点也具有相似性。西田认为:"历史产生于各个共同体社会,各个共同体社会拥有各自的世界观、人生观,他们各自构成一个特殊性的世界。"② 西田认为,特殊性的世界的历史不仅仅是事实的集合,在事实的背后还体现出"个性化"和"理性"。与津田左右吉的"自由的志向"不同的是,西田强调这种"个性"和"理性"带有强烈的原始宗教信仰。因此,与细致分析各民族历史发展历程的津田史学相比,西田哲学的历史观更加重视来源于宗教、神话的民族"个性"。

最后,关于推动历史发展的终极动力问题。西田哲学认为:"科学者一般认为世界是从物质世界中开始的,但是,我们所说的历史的世界不是从单纯的物质世界中开始的。历史的世界是从主客观的相互限定中开始的",即主张"历史的世界"是在主观与客观、个体与整体之间"矛盾自己同一"的关系中开始的。西田几多郎声称:只有这样的历史性的世界"才是创造性的"。③ 西田哲学试图通过"绝对矛盾自己同一"的辩证法超越唯物主义与唯心主义,反而使西田哲学的历史观明显地呈现出唯心主义倾向。津田左右吉认为"历史是国民生活的过程",国民的生活是由一

---

① 津田左右吉:『津田左右吉歷史論集』,岩波书店2006年版,第347页。
② 西田幾多郎:『西田幾多郎全集』第六卷,岩波书店2003年版,第323页。
③ 同上书,第322页。

刻也不能停止的活动构成的连续性过程，而"推动生活的是心的活动"，"这里所说的心的活动，并不仅仅是理智，还包含意念、欲望、情感，一句话，包含所谓生活情绪的东西"。① 也就是说，津田左右吉虽然承认人类的历史是国民生活的历史，却把生活的发展动力归因于人的内心活动。在津田史学中，社会组织、政治制度、经济结构、集团力量等社会存在统统来源于人的"生活情绪"。从这个角度来说，与西田哲学一样，津田史学的历史观也是唯心主义的历史观。

二 津田史学与西田哲学文化观

津田史学和西田哲学都非常关注日本文化的特征，并试图在东西方文化构图中寻求日本文化的定位。于是，二者分别从史学和哲学角度定义日本文化，进而站在面向世界的立场上论证日本文化的"世界性意义"。20世纪30年代，西田几多郎便开始关注东西方文化问题，他从其哲学的认识论和辩证法出发，提出文化多元论，以对抗"欧洲文化至上主义"，寻找日本文化的特征，进而推导出"世界性文化"的方向。与西田几多郎不同的是，津田左右吉早在"满鲜历史地理调查部"期间就开始了对中国古代思想文化的批判性研究，从此开始直至第二次世界大战后，津田左右吉在构筑其史学研究体系的同时，一直在论证日本文化与中国文化的关系问题，"东洋文化"是否真正存在的问题，并论证在日本"民族生活的历史"中形成的日本文化的"独特性"。如果说西田几多郎的文化观是建立在其哲学原理基础上的实际应用的话，那么津田左右吉的文化观则是构成其史学体系的基础性理念。

关于文化的定义，津田左右吉在《亚洲不是一体》中提出："一个民族的文化是指作为该民族生活全体的活动的状态，这种生活是不可分割的一个生活。在民族文化的形成中包含诸多要素，不过，这些要素通过相互作用、相互浸透，才形成了一个文化。"② 津田左右吉从历史动态发展的角度出发，在文化定义中强调"一个文化"的"整体性"和"活动的状态"，为他接下来从与中国文化、印度文化和西方文化的区别中阐释日本文化"独自性"做铺垫。西田几多郎的文化定义是："所谓文化，作为绝

---

① 津田左右吉：『津田左右吉歴史論集』，岩波書店2006年版，第329页。
② 津田左右吉：『津田左右吉全集』第二十八卷，岩波書店1988年版，第429页。

对矛盾自己同一的世界的种，是形成自身的种的形成，即人类的形成。而人类的形成必须是历史的世界的自己形成，必须是创造。"① 在西田几多郎的文化定义中强调的是文化的"创造性"意义，它是由人类的"创造性的纯活动"创造的。西田提出的"种"是在历史中形成的相对独立的民族，它"拥有特殊的文化形态"。②

从二者的文化定义上看，他们都试图以时间性的历史视角和空间性的民族地域视角解读文化。津田左右吉阐述文化的重点在于文化具有对内不可分割、对外独立活动的特征，而西田几多郎则重点阐释文化"创造性"的"自己形成"过程。二者都将文化置于最广阔的历史和现实视野中，通过文化的"整体性""活动性"和"创造性"特征入手探寻文化的真谛。这种对待文化的广阔性视野，极大地拓展了近代日本思想界对文化问题的研究视域，代表了当时文化研究的最高水平。然而，不可忽视的是，他们提出的文化定义都是为其接下来论证日本文化特征这一主题服务的，这种论证步骤的相似性表明二者文化观的重心都在于寻求日本文化在世界文化中的"恰当"定位。这也表明战时日本思想界普遍存在的课题意识是：如何在历史上的中国文化和现实中的西方文化双重笼罩下寻求日本文化的"独特性"和"创造性"，并在此基础上着力诠释日本文化的"优越性"。

(一) 对中国文化的态度

津田左右吉的中国文化观是在其老师白鸟库吉的直接影响下形成的。白鸟库吉把中国古代文化定位在"物神崇拜"阶段，把中国文化视为一种低级的、原始的文化。③ 这种对中国文化整体上的蔑视构成了以白鸟库吉为首的日本"东洋史学"研究者共同的立论基础。津田左右吉在白鸟库吉的中国文化观基础上，通过对儒家思想和道家思想的批判性研究，进一步总结出中国文化的特征。他分别在 1929 年发表的《中国思潮》和 1933 年发表的《上古时代中国人的世界观》中详细论证了中国文化的内容。

首先，津田左右吉认为，中国文化是"政治万能主义，即帝王万能

---

① 西田幾多郎：『日本文化の問題』，岩波書店 1982 年版，第 68、69 頁。
② 同上书，第 71 頁。
③ 严绍璗：《日本中国学史》第一卷，江西人民出版社 1991 年版。

主义"的文化。他强调中国文化具有政治、道德思想远离宗教的特性。他发现在中国文化中，统御世界、主宰人生的不是宗教上的神，而是政治上的帝王。由于礼乐教化都是帝王的责任，那么民众就被当作没有任何独立意志或思考的存在，因此，中国文化不承认民众存在任何"道义性人格"。这种脱离宗教的，不为民众所有的政治性文化导致"在中国人中不存在现代性意义上的国民观念"，"民众只是单纯意义上的多数人，而不是作为一个组织体的国民"。① 津田左右吉对中国政治文化的辛辣批判是建立在对被儒家文化奉为理想的"唐虞三代"的怀疑和批判的基础上的，其认识来源无疑是白鸟库吉主张的"尧舜禹抹杀论"。而关于中国文化的政治性特征，西田几多郎也做过表述。他认为，中国文化是"以中国民族的社会组织，即所谓礼俗为中心发展形成的文化（其特色是政治性和道德性）"。在中国文化中，既没有关于人格的思考，也缺乏自己否定的"生生发展"。② 津田左右吉和西田几多郎都从文化的"人格"意义出发指出中国文化的缺陷——由于不承认民众的"人格"而导致文化上丧失"人格"。与西田几多郎相比，细致批判了儒家和道家思想的津田左右吉的主张更加鲜明具体，其对中国文化的批判也更多地带有蔑视情绪。

值得注意的是，从津田左右吉充满对照意义的批判性思索中，也可以看到其政治文化观的某些主张。例如，他以宗教上的神对世界人生的主宰来对照政治上的帝王对世界人生的主宰；他以民众拥有的宗教性的"道义性人格"来对照"单纯意义上的多数人"。在与中国文化比较的对照系那里，津田左右吉意图强调的是"宗教性的神"的主宰意义，这种强调文化宗教性意义的理念在西田哲学中被表述为"神的摄理"。

其次，津田左右吉认为中国文化是"利己主义的文化"。他认为，历史上的帝王为了抢夺民众利益而征收租税，众多庶民为了远离盘剥而归顺"圣王仁君"，因此，在中国人中间不会产生出以"公共为目的的公共事业"，不仅君主与臣民的关系是利己主义的，就连看透世间鄙陋而避世独处的隐遁思想也是消极的利己主义。于是，"依附强者便是凌虐弱者的观念成为中国文化的常态"。津田甚至认为，这种利己主义导致"中国人的

---

① 津田左右吉：『津田左右吉全集』第二十八卷，岩波书店1988年版，第320—324页。
② 西田幾多郎：『日本文化の問題』，岩波书店1982年版，第102页。

生活是极端物质主义和肉欲本位的"。① 在津田左右吉关于中国文化"利己主义"特征的论述中充斥着对中国历史文化表象的否定性情绪，这种对研究对象的负面情绪早在"满鲜历史地理调查部"期间就在他的日记中表露出来。津田在 1911 年 8 月 9 日的《鼠日记》中记述道："权谋与术数、贪欲与暴戾、在虚礼包裹下的残忍行径、巧言矫饰下的冷酷内心……这些都出自于中国人的头脑，我的头被这些书中散发的污浊空气压迫，感到无法忍受的厌恶。"② 在津田左右吉关于中国文化的所有著述中，几乎都可以体味到这种在最先接触中国文化时便已经抱有的厌恶情绪。这种情绪是在近代日本民族主义的文化氛围中孕育而成的，在此后的史学研究中，津田左右吉对中国历史的整体性判断便掺杂了这种情绪。在 1936 年发表的《中国哲学》一文中，津田总结了上自战国诸子、下至清朝考据学的中国思想史脉络，得出"中国哲学缺乏哲学性思索"的结论，并认为："在原本重视实利的中国人的思考中，不承认作为（哲学）思考的价值。然而，并不是说因此中国思想就毫无意义，而是说它作为中国特殊的生活及其民族性的体现而拥有重要意义。"③

与津田左右吉在学术史上表现出的对中国文化的强烈负面情绪相比，西田几多郎则从宏大的历史过程入手论证中国文化的特征。在西田对中国文化的解读中，没有诸如"利己主义"的措辞。他认为，由于在中国文化的周边不存在与之对立摩擦的强大文化，因此，中国文化中没有自我否定因素，缺乏积极进取的科学精神，是僵化的、固定化的文化。④ 将自古以来富有深刻自我批判精神的中国文化主观地斥为"缺乏进取精神和自我否定因素"，意在衬托日本文化的"优越意识"，并借此提升日本文化的所谓"世界性意义"。这一思路本身就是近代日本思想界缺乏自我批判意识的有力证明。

再次，津田左右吉和西田几多郎从各自不同的角度解析中国文化中的自然观。津田左右吉认为，道家的无为无欲也好，儒家的克己复礼也罢，二者都以取法自然为最终道德规范。"中国人道德思想的根本是所有学派

---

① 津田左右吉：『津田左右吉全集』第二十八卷，岩波书店 1988 年版，第 324—326 页。
② 津田左右吉：『津田左右吉全集』第二十六卷，岩波书店 1988 年版，第 480 页。
③ 津田左右吉：『津田左右吉全集』第二十八卷，岩波书店 1988 年版，第 523 页。
④ 西田幾多郎：『日本文化の問題』，岩波书店 1982 年版，第 103 页。

通用的'复归于自然'一词,这么说毫不过分,他们把自然中的'存在'当作人的'当为'。"① 然而,由于在这种"复归于自然"思想的根基处承认人和自然相背离的事实,而中国文化却丝毫没有解释为什么作为自然生灵的人类却背离自然的问题。因此,中国文化的自然观是不彻底的,它只能主张自然无欲无求,而人类拥有意志和欲求,所以人类与自然相背离。于是津田左右吉得出结论说:中国文化否定人的意志欲望,"在中国人的道德观念中,把道义看作固定性的东西,将合乎道义者与不合乎道义者截然区分为是与非,从而展现出轻视在生活中实现道义理想的意志、努力及其过程的倾向"。"不重视人的意志是中国思想的共同倾向。"② 津田左右吉把"存天理灭人欲"的理学观点看作中国文化的根基所在,简单地将"天理"与自然混同起来判断中国文化的特征,并据此将中国文化批判为"否定个人意志的文化"。

西田几多郎在《日本文化的问题》中,从历史的角度列举中国文化中"天命观"的发展沿革。他认为,构成中国历史的中心的是天的思想,"天子受命于天故称天子。中国古代民族相信,由于人类由天而生,故应遵从天的意志"。到了汉代的儒教那里,主张"人类之道便是天之道",到了宋代,主张"理乃天人合一之理"。西田认为,中国文化并不深刻考量诸如西洋文化中的人类与自然之间的对立矛盾,中国文化的自然"是主体性的自然,是人类性的自然,而不是到任何时候都是作为从被创造者到创造者的历史性的形成作用,也不是到任何地方都作为从被创造者到创造者的历史性的自然"。③ "中国的所谓天命是思想而不是事实,是理而不是事。"④ 西田批判中国文化的目的是试图通过否认"天命观"的"创造性意义"来突出日本文化的"创造性",他把中国文化中的自然定位为"主体性的自然",是为了与日本文化中的"非主体的主体的自然"相区分。与津田左右吉一样,西田一方面发现中国文化并不深刻思考人类与自然的对立矛盾的倾向,因此,西田认同津田左右吉提出的中国文化自然观"不彻底"的观点。另一方面,西田也认为中国文化中的自然并不观照人

---

① 津田左右吉:『津田左右吉全集』第二十八卷,岩波书店1988年版,第328页。
② 同上书,第329页。
③ 西田幾多郎:『日本文化の問題』,岩波书店1982年版,第79页。
④ 同上书,第81页。

类意志的创造性作用,从而指责中国文化带有"否定个人意志"的特性。

最后,津田左右吉从批判中国文化的宇宙观出发,指陈了中国人"理智性""逻辑性"的内心生活,并进一步诠释中国文化中的"实用主义"政治道德理念。津田左右吉认为中国文化中的宇宙观是"机械性的",在阴阳说和五行说中主张"日月星辰的运行、春夏秋冬的循环、所有万象的变化都是必然的理数",[①] 认为天地有"生生之德",这种宇宙观应用于政治当中就是"德政论",有为的帝王能够改变天体运行和四时变化,但这绝不是因帝王的能动作用而做出的改变,而是因帝王的德政感应了天地。这种宇宙观应用于人生当中就是"定命论","它在把人生视为机械的同时,不承认人的情意,同时也不能容忍任何理智以上的东西"。[②] "由于支配天地和人生的是理法,所以理法便成为知识的对象",在理法那里,没有人的智力所不能及者。这构成了中国人的逻辑与理智,因此,在中国人的内心生活中没有冥想性或神秘性的思维,没有对待事物的直观性态度,所有的一切都要依据烦琐的逻辑之路。他认为,中国人的初衷并不是依据理智之力来探明事物的真实,而是正相反,其学问、理智是为求得利禄、出人头地的实用主义目的服务的。因此,在中国人之间因为不尊重知识导致没有真正的学问,在政治和道德中却充满着违反事实的空虚的知识。

津田左右吉上述对中国文化宇宙观的构图可以分为理论原理和实际应用两部分。在理念上,津田批判了"阴阳五行说"的朴素唯物主义认识论,他认为阴阳五行的变化推移并不出自于任何意志,由于在那样的宇宙中不存在诸如发展的观念,所以,这种宇宙的生生之德便不承认内在于宇宙中的目的性。也就是说,津田左右吉认为宇宙是拥有目的和意志的"有机存在",而不是"阴阳五行说"中认为的"机械性"存在。关于这一点,他和西田哲学的宇宙观具有一定的相似性。西田哲学认为宇宙间有个一定不变之理,它"既是万物的统一力,又是意识内部的统一力"。"理本身是创造性的,我们能完全没入其中,并且按照它来进行活动,但不能把它看成是意识现象。"[③] 人类不可能通过智力活动来认知理,却可

---

① 津田左右吉:『津田左右吉全集』第二十八卷,岩波书店1988年版,第329页。
② 同上书,第330页。
③ [日]西田几多郎:《善的研究》,何倩译,商务印书馆1997年版,第56页。

以通过认识自我心中的理来体会宇宙之理。这里的"理"便是拥有目的和意志的"情意化"存在,西田最终将其描绘为"神"。认为宇宙是神的人格性体现,万物是通过神的统一而确立的,"神是宇宙的根本,同时又必须是我们人类的根本,我们皈依神就是皈依于我们的根本"。①

在实际应用上,津田左右吉批判了中国文化政治上的"德政论"和人生观中的"定命论",指出二者最终都将为实用主义目的服务。在《上古时代中国人的世界观》中,津田把这种实用主义具体化为"对生存的极端执着",并把中国人的"权势欲、名利欲、实利主义或利己主义的生活,时而被激发出的残忍性,或者默默地安守与世、与人无关的生活"等欲念都看作是直接、间接地与这种"对生存的极端执着"相关。② 这种对中国文化充满蔑视的语言的背后,蕴含着对日本文化价值观、生死观的情感认同。

综上所述,津田左右吉把中国文化思想的基本倾向概括为"政治万能主义,即帝王万能主义"的文化,"利己主义的文化",否定人的意志欲望的自然观和"机械性的"宇宙观等。津田左右吉对中国文化的上述认知与西田几多郎的中国文化观虽然视角不同,却体现出了在评判原则和认识角度上的相似性。津田与西田在定位中国文化时都表现出明确的目的性。津田从中国上古时代的思想发展入手,运用理性与蔑视相杂糅的文化表述体系,言辞激烈地辨析中国文化的"落后"与"僵化",西田从哲学上的世界形成原理出发得出中国文化不是"从被创造者到创造者的创造性文化"的结论。二者对中国文化的解释中透露出在事实上把丰富的中国文化史简单化、概念化的倾向。③ 二者论述中国文化特征的作品都发表于20世纪30—40年代,他们对中国文化的定位反映出战时日本思想界试图通过对中国文化的重新解读与审视,寻求日本文化的"纯粹性""独立性"和"现代性"的思考原则。可以说,津田左右吉和西田几多郎的中国文化观的目的都在于提纯日本文化。

---

① [日]西田几多郎:《善的研究》,何倩译,商务印书馆1997年版,第130页。
② 津田左右吉:『津田左右吉全集』第二十八卷,岩波書店1988年版,第371頁。
③ 刘萍在《津田左右吉研究》中认为:"由于津田左右吉对'道家思想'的研究其着眼点在于获得最终的关于社会实践价值的判断,因此,他在事实上把中国丰富的思想史简化了。"(刘萍:《津田左右吉研究》,中华书局2004年版,第230页。)

津田左右吉与西田几多郎在面对中国文化这一研究对象，即"他者"时，都是立足于自身深层文化心理作出评判的。从二者对中国文化的解读和最终结论中，我们便可以解读出他们对日本文化的"自我意识"。在他们的思想中表现出的对中国文化的轻视，对亚洲文化的判断，乃至于对世界文化走向的关注，都体现出在心理上对置身其中的日本文化内在精神的依恋，这在二者对日本文化的诠释中明显地表现出来。

（二）提纯日本文化

在面对近代西方强势文化这个对照系时，西田从总体上看是通过把日本文化嵌入东方文化范畴的方式论证东方文化和日本文化的独特性的，并以多元文化观对抗西方文化中心论。不过，我们在西田哲学文化观中不难发现一个奇特的双重话语体系，即，在论证世界文化的方向问题时，他往往把日本文化与东方文化"同一"起来，强调东方文化即日本文化的"世界性意义"；在论证具体的东方文化的内涵时，他又明确区分日本文化、中国文化、印度文化，突出论证日本文化的"独特性"，揭示中国文化和印度文化的缺点。这导致在西田的著作中，时而将东方文化混同为日本文化，时而将二者明确区分。西田的这种关于东方文化和日本文化的双重话语体系无疑在论证一个命题：在世界文化和东方文化中突出日本文化的"独特性"和"优越性"。

与西田不同的是，津田左右吉在论证文化问题时始终不承认东方文化这个概念范畴的存在，这使得津田的文化观具有鲜明的"脱亚入欧"倾向。津田左右吉在1931年发表于《历史教育》杂志第六卷第八号上的《东洋文化、东洋思想、东洋史》中认为："尽管有印度的文化，中国的文化，日本的文化，但所谓东洋文化是在哪里都不存在的。尽管有日本的历史，中国的历史，但所谓东洋史是不成立的。"[①] 津田是在分析中国、印度、日本各自独立的历史发展过程之后得出上述结论的。他认为，历史上的中国和印度基本上位于互相隔离的两个地区，印度文化在历史上并未对中国文化造成影响，因此，"在完全位于不同的世界，没有共同的生活、共同的历史的印度和中国的文化中，不存在共通性的东西，这是理所当然的"[②]。中国与日本的关系也是一样，两个民族各自拥有各自的世界

---

① 津田左右吉：『津田左右吉全集』第二十八卷，岩波书店1988年版，第364页。
② 同上书，第362页。

和各自的历史,日本人的道德生活、精神生活与中国人完全不同。"在日本,由于经历了独自的历史,因此养成了独自的文化、独自的生活。"①很显然,尽管在对待东方文化这个概念问题上的观点相反,但是,与西田一样,津田在论述日本文化与中国文化、印度文化的关系时,着力强调的也是日本文化的"独自发展"。

既然不承认东方文化的存在,那么津田左右吉在面对西方文化这一概念范畴时,就必须分别定位日本文化、中国文化和印度文化。他认为:现代的西方文化与古代的希腊罗马文化完全不同,是在罗马帝国分裂后的"新欧洲"发展起来的新文化。印度文化和中国文化是在古代集大成之后毫无变化的文化,是停滞的文化。而日本文化"在独特的历史步伐中,经历了新世界的逐次展开,平安朝和镰仓、室町、德川时代均拥有各自特殊的时代特征,其社会组织、政治形态,以及各个时代的生活均显著不同。尽管在文化的复杂性、深度和变化的程度上存在差异,但是,日本民族拥有可以与欧洲历史相媲美的历史"。②他由此推断,在随着历史发展不断进步的日本文化中孕育的现代性因素必然与欧洲文化中的现代性因素相通。这样,原本源自西方的近代文化成为日本文化中的固有因素,日本文化便脱离了中国文化、印度文化的荫庇。津田左右吉认为:"现代日本与中国和印度完全没有关系,而是通过日本独自的历史发展,进入了西方发达的现代文化世界。因此,日本自发地产生出与现代西方共通的思想,这绝不是外来思想。"③津田左右吉通过对西方历史和日本历史的分析,得出日本文化与西方文化在内在思想上的"共通性"。而这个结论是在与"停滞的"中国文化和印度文化进行鲜明对照的前提下得出的。可见,津田在定位日本文化与中国文化、印度文化、西方文化的关系上,运用的是"脱亚入欧"的思维,其目的与西田一样,试图把日本文化从中国的儒家文化、印度的佛教文化的影响中完全剥离出来。在二者不懈地提纯日本文化的学术构建中隐含着近代日本普遍存在的文化民族主义情怀。

津田左右吉和西田几多郎在世界文化的构图中定位日本文化之后,便展开了对日本文化"质朴""纯粹"的"历史底蕴"的论证。在1940年

---

① 津田左右吉:『津田左右吉全集』第二十八卷,岩波书店1988年版,第364页。
② 同上书,第366页。
③ 同上书,第366—367页。

发表的《日本历史的特性》中，津田列举出日本历史的特性："日本历史是通过日本民族全体的创造发展而来的。""在其根本上，可以被称为人性的东西没有受到政治性、社会性，以及宗教性权威的压抑。"① 正是基于这种自然的"人性"，日本文化没有真正吸收儒教"礼"的思想，武士的道义是由社会风尚培养形成的，尽管武士的生活欠缺教养，却拥有质朴、率真、自由的"人性"。津田突出日本人的道义观不是"被规定的"，而是在历史上形成的。这种在历史上形成的充满"人性"的道义观不仅与通过政治性的"礼"的说教压抑人性的儒教道义观相比是"优越的"，甚至与曾经通过宗教压抑人性的基督教文化相比，也是"优越的"。津田认为，在日本历史上没有发生诸如西欧历史上文艺复兴那样的思想运动，是因为在日本历史上不存在欧洲中世纪那样的压抑人性的时代。津田眼中的"人性"与西田哲学中日本文化的"情意化"特征颇为相似。西田认为日本文化是在时间中活动的、"情意"的、律动的文化。这种"情意"的文化既不是从外部约束人们的诸如圣王礼教的道德准则，也不是宗教性的神的律法，而是在"无限的连续性"中历史地形成的。不过，与津田不同的是，西田把日本文化的特性归结为拥有"肇国的事实"，② 最终把日本历史和文化的形成原理定位为皇道。

津田提出的日本文化中的"自由的人性"和西田提出的"情意化的日本文化"，都从历史发展的角度论证日本文化的"特殊性"。他们认为，这种"特殊性"不仅与中国文化、印度文化相比拥有"优越性"，而且与在当时世界处于绝对强势地位的西方文化相比也具有突出的"优越性"，这种"优越性"是通过日本文化的"世界性意义"展现出来的。

（三）日本文化的"世界性意义"

西田哲学的日本文化论是反对西欧文化中心主义的多元文化论，在论证日本文化的"世界性"时，他自始至终都在质疑西方文化中的理性和科学精神，赞扬日本文化的"包容性"特征和"世界史意义"。与西田一样，津田也是在论证现代西方文化存在缺陷的前提下提出日本文化的特性和"超越性"的。在《东洋文化、东洋思想、东洋史》的最后，津田提出："现代文化并非至高无上，现代文化自身存在诸多缺陷，实际上是弊

---

① 津田左右吉：『津田左右吉全集』第二十八卷，岩波書店 1988 年版，第 95—108 頁。
② 西田幾多郎：『日本文化の問題』，岩波書店 1982 年版，第 80 頁。

害百出的。毋庸讳言，它应当被超越，应当在其中创造出崭新的文化。然而，超越它，或者使崭新的文化从中产生，应当依据日本民族现实生活本身的力量，而不应当依赖所谓东洋文化，即在印度和中国产生的古代文化的力量。因为它们不仅不具备任何超越现代的力量，而且对于日本来说，它们从遥远的过去直至现在，在任何时候都是异国的文化，而不是日本人自身的东西。这样，在与欧洲截然不同的环境中经历了不同生活的日本人便位于超越发源于欧洲的现代文化的最好的地位上了。"① 津田认为，日本文化具备的这种超越现代文化的力量源于日本人的现实生活，"文化和思想不是概念，而是生活。因此，随着所谓现代文化、现代思想愈益深入地浸染日本民族生活的深处，则从其自身当中，或者正因为这种浸染而超越现代文化、现代思想，涌现出推动日本民族的崭新生活、崭新文化、崭新思想的力量。并且，崭新的传统，崭新的民族精神应当从那里形成。民族性和民族精神都不是固定的，而是不断更新的，它们不论何时都是从现实生活中产生出来的"。② 对于这种源于现实生活的日本文化在哪些方面体现出对西方现代文化的超越这一问题，津田在这篇文章中并未论及。他强调的仅仅是在日本文化中蕴藏着与中国、印度文化"僵化"和"停滞"不同的"不断更新"的力量，他认为这种源自于日本民族现实生活的力量将成为超越西方现代文化的源泉。

　　津田左右吉的上述主张构成其战前日本文化论的主要内容，其中体现出他对九一八事变后日本政府宣扬日本和中国"同文同种"，以"日、满、华一体化"抵抗英美观点的批判，这种大胆的批判立场展现出一名试图超越政治羁绊的史学者的批判精神。然而，他否认东洋文化的存在，简单、冷峻地批判中国文化、印度文化，模糊地提升日本文化"超越性"力量的主张不仅在文化上支持了日本对中国的侵略行为，而且为日本后来试图称霸世界的对外侵略行为提供了文化支持。日本战败后，津田重新将上述日本文化论作了细致解读，提出在日本人传统生活中存在"救助现代文化弊病的力量"。他在 1955 年发表的《亚洲并非一体》中指出，随着日本民族对现代文化的吸收，在日本也出现了现代文化的弊病。在这些弊病面前，"传统性的生活氛围、生活状态是与现代文化并存的日本人独

---

① 津田左右吉：『津田左右吉全集』第二十八卷，岩波书店 1988 年版，第 367 页。
② 同上书，第 368 页。

自拥有的，它拥有纠正这些弊病的力量"。这些力量具体包括："知性、能力、人类的情意；依靠自己的力量经营自己的生活，和以依赖他人为耻、以谦让为美德的道德观念；感受恩义的气质；勤勉的风俗；以及深深植根于日本风貌的特殊的美的感觉。这些都内在于日本人的传统生活当中。"① 津田认为，这些传统日本文化的特有品质不仅可以救助现代文化的弊病，阻止其浸染，而且在其中包含着西方发达的现代文化要素。也就是说，这种拯救既是对受到西方现代文化弊病传染的现代日本文化的救助，更是日本文化中的传统性因素对西方现代文化的救助，因为在日本文化中包含着西方现代文化。津田的上述逻辑与西田哲学"内在即超越"理念是一致的，西田在战时对日本文化的"世界性"的论述中也运用了"内在即超越"理论。

在《亚洲并非一体》的最后，津田指出，在当前很多日本人心中存在着在中国面前的劣等感觉，对此，"日本人应当熟知共产主义国家中国的实际状况，透彻地体察中国人的心理，完全抹去对中国应当抱有愧疚心的劣等感觉，毅然面对中国"。在面向世界时，日本要以"独自的国策"存在于世界之中。② 第二次世界大战后，津田左右吉认为，日本史学界马克思主义史学家的主张出于"一些知识分子对战胜国中国的劣等感"，为了消除这种"劣等感"，津田依然主张日本文化的"独特性"，否认亚洲文化的存在。与西田为了与战时称霸世界的西方文明对抗而强调日本文化在历史上形成的"独特性"一样，尽管时代迥异，但二者对日本文化的期待是一致的，他们都以批判其他强势文化的视角审视日本文化在世界文化中的定位，体现出试图重振日本民族文化信心的决心。并且，在对日本文化"独特性"的具体解读中，二者都把日本传统文化中偏向情意化的感性体验作为构成日本文化"独特性"和"超越性"的重要因素，不仅以此提纯日本文化，而且以此论证日本文化的"世界意义"。作为拥有时代影响力的思想家，二者准确地捕捉到日本文化中的某些特殊性因素，并将这种特殊因素最大化地展现出来，最热情地论证其"世界性意义"，展现不同时代日本文化论的共性特征。然而，作为杰出思想家，他们在对待问题对象时也体现出了较多的情意性倾向，使他们在对待中国文化、印度

---

① 津田左右吉：『津田左右吉全集』第二十八卷，岩波书店1988年版，第434页。
② 同上书，第437页。

文化、欧洲文化和日本文化时，不自觉地采取了截然不同的感情，最终使得他们只把批判的矛头对准了前者，而对日本文化的判断，由于缺乏最起码的批判视角，便自然堕入本民族文化认同主义的时代情怀中了。

三 津田史学与西田哲学天皇观、国家观

作为以批判视角审视现实社会的思想家，津田左右吉与西田几多郎都对战前日本社会信奉的神秘主义天皇观进行了深刻批判。尽管西田几多郎在诠释皇室的"世界意义"时表现出与绝对主义天皇观的妥协，但西田明确反对当时日本社会流行的家族国家观，试图以"内在即超越"的哲学逻辑，将天皇从神秘主义的樊篱中解救出来，使日本的皇室成为具有近代意义的国民的象征。然而，由于西田哲学自身带有浓重的宗教气息，加之他采取了以哲学的神对抗神秘主义的神的方式，因此，尽管西田一直试图以哲学逻辑来论证皇室的"矛盾自己同一"性，但是西田哲学最终不但未能与神秘主义完全脱离，反而重新回到神秘主义的泥沼中。

津田左右吉则从历史研究入手，以"记纪批判"的方式对抗日本社会流行的神秘主义天皇信仰，把天皇从日本创世神的后代的神秘主义说教中解救出来，从历史角度给脱离神秘主义色彩的天皇赋予"精神性权威"，诠释国民对天皇的敬爱之情。总之，二者对神秘主义天皇信仰的态度表现出一致性，都从不同的学术理念出发重新诠释天皇的权威。在二者的解读中，历史学者津田左右吉对神秘主义天皇信仰的批判更加彻底、深刻。哲学家西田几多郎由于在晚年表现出的对皇室的暧昧态度，导致其天皇观欠缺批判性。然而，从二者关于皇室在日本历史上的作用和天皇与国民关系的具体阐述中，很容易发现二者天皇观的共性。

与西田一样，津田左右吉从历史学角度对明治时代以后流行的以皇室为宗家，以国民为支脉的家族国家观进行了彻底批判。他提出："认为日本国家是家族国家的看法是将两个根本不同的生活形态——家族的结合，和依靠政治性权力统治国家相混同。这个思想在江户时代之前根本不存在，到了明治时代才开始在世上宣传，这是日本为了重新在世界诸多国家间立足，确保自身的地位，为了能够稳固内部的国民结合，而作为其思想根据臆测出来的，没有经过任何学术性研究。"① 津田还考证了日本历史

---

① 津田左右吉：『津田左右吉全集』第二十八卷，岩波书店1988年版，第122页。

上的神社信仰和"天皇亲政"的事实。他认为，对神社的崇敬是出于民俗，神社的本质也并非道德性意义，而在日本历史中，天皇几乎没有亲自执掌政权。于是，近代家族国家观的逻辑链条被津田史学彻底瓦解，天皇统治日本国家的"历史事实"被否认，天皇变成了带有宗教性的精神权威。津田认为天皇在日本历史上的作用主要是："天皇的道德性、精神性权威自然而然地把政府的政策引向正确道路，万一出现政策错误的情况，还存在大臣谏奏这条道路。"①

作为历史学家，津田左右吉通过对日本历史的细致研究得出关于天皇在日本历史上作用的判断，他的观点在战前和战后是一致的。不过，饶有兴味的是，在战前，他的天皇观是对占据社会思潮主导方向的家族国家观的深刻批判，在战后，他的天皇观批判的矛头指向了左翼思想阵营的废除天皇制理论。津田左右吉正是在对截然相反的两种理论体系的批判中，构建了他的天皇观的逻辑结构和最终结论。在分析历史上的天皇作用问题时，津田左右吉得出了许多符合日本历史文化事实的结论。然而，值得关注的是，津田左右吉论证天皇在历史上并未统治日本国家的目的在于强调天皇无须担任任何政治性责任，其中自然包括战争责任。津田认为："战争是由于军部的专横引起的，政府不能抑制军部，议会自己放弃了宪法赋予它的权能，不能监督政府，反而与政府一起追随军部，理应监督议会的国民也推卸了责任义务，使议会采取了上述态度，如果把上述情形当作导致开战和战败的原因，那么就可以明确战败的责任在于国民。"② 这样，在津田那里，唯独天皇成为在日本历史和现实中不用承担任何政治性责任的存在，即超越于具体政治之上的存在。于是，超脱了政治的天皇便成为有资格拥有绝对精神权威、文化权威的存在。

与津田左右吉一样，西田几多郎一直在强调日本皇室带有的"超越的宗教性"。在批判家族国家观时，西田认为："不能把国家考虑成单纯的家族的延长。正如皇室作为纵向的世界，是所谓矛盾自己同一的家族性的一样，还必须是超越性的。天皇必须作为历史的世界的客观表现，君临在我们之上。"③ 也就是说，西田不主张单纯强调皇室谱系的延续性，而

---

① 津田左右吉：『津田左右吉全集』第二十八卷，岩波书店1988年版，第144页。
② 同上书，第146页。
③ 西田几多郎：『西田几多郎全集』第九卷，岩波书店2004年版，第94—95页。

是把皇室诠释为"从被创造者到创造者"的"历史的世界的客观表现",并从这个意义上赋予皇室"真正的超越性"特征,从而突出皇室的"世界性""进步性"。在西田那里,天皇不但超越政治,而且超越历史,他把皇室诠释成了代表日本文化"优越性"的文化性存在和凝聚日本精神的宗教性存在。

由于津田左右吉对家族国家观的批判是建立在对日本历史进行详细论证的基础上的,所以,尽管二者都意在突出天皇的宗教性精神权威,但在对战时日本流行的家族国家观的批判上,津田史学表现出比西田哲学更加彻底的倾向。然而,津田左右吉在论证天皇在历史上的作用问题时,则处处表现出对天皇的敬爱之情。津田列举了日本历史上皇室地位稳固的五条原因:第一,皇室是在日本民族内部自然生成的统治者,因此豪族和民众均未产生对皇室的反抗态度;第二,在日本历史上并未发生与异民族之间的战争,因此没有提供动摇君主地位,使君主家系发生更迭的机会;第三,在日本历史上,政治的具体运作是重臣在天皇的名义下进行的,因此,皇室不承担因为政治过失而带来的责任;第四,日本历史上天皇力量的发挥表现为宗教性任务和文化上的作用,因此,对于日本人来说,天皇不仅应当受到尊敬和感谢,而且在天皇的宗教性任务和文化地位中存在着天皇的精神性权威;第五,一般来说,皇室处于新文化的指导者地位,与展示武力不同,皇室给人一种尊敬与亲近的感觉,人们通过与皇室的接近来沐浴其文化的智慧。于是,对皇室的敬爱之情便自然而然地产生出来。① 在上述五条原因中,前三条论证的是皇室的产生与性质,突出强调的是皇室"内在于日本国民之中"的"自然生成"性,以及在历史事实上,皇室系谱的一贯性和皇室远离实际政治运作的性质。后两条则诠释天皇的精神性权威——宗教任务与文化地位。在对天皇的宗教任务与文化地位的认识上,津田突出的是天皇拥有指引日本新文化的地位,而民众对天皇的敬爱之情便是在这种对新文化的热爱中自然产生的。

西田几多郎在《日本文化的问题》中,也论证了天皇在日本历史上的作用问题。西田认为,日本历史上虽然出现了诸如苏我氏、藤原氏和幕府将军等"权力主体",但是,万世不易的皇室始终存在于这些"权力主

---

① 津田左右吉:『津田左右吉歴史論集』,岩波書店2006年版,第294—300頁。

体"的背后,并"超越于这些主体性的东西之上,作为主体的一与个体的多之间的矛盾的自己同一,位于这个限定自己自身的世界之中"。① "在我国的历史中,万世不易的皇室作为时间的、空间的场所,主体性的东西被包含在皇室之内。"② 可以说,在对天皇与日本历史上"权力主体"之间关系的判断上,尽管西田运用的是其哲学特有的烦琐拗口的话语表述体系,但与津田一样,二者都强调皇室应当位于实际政治的背后,拥有超越性的精神权威。关于皇室拥有的宗教性权威和文化地位的问题,西田从宗教性的哲学思考出发,既重视皇室的宗教意义,又强调皇室在文化上的"世界性";津田则突出强调皇室的文化地位。值得注意的是,二者淡化皇室的政治性作用而强调宗教、文化权威在当时日本社会都拥有鲜明的批判意义。西田批判的重心在于把天皇提升为全体日本国民"家长"的家族国家观,津田批判的则是第二次世界大战后主张在政治上废除天皇的思潮。

西田几多郎把皇室当作"历史的世界的客观表现",作为历史的"创造者",皇室将与日本民族一同走向未来,走向永久。津田左右吉对皇室未来的憧憬与西田几多郎一样,在历史地论证了皇室"地位永固"之后,得出的结论是:"持续存在的事实是皇室的本质,皇室原本就是应当长久持续下去的","皇室在未来也将长期持续下去的欲求是作为道德性义务被感知的","皇位永固的思想是历史地形成并被固定下来的,因此,这一思想在今后唯有更加稳固"。③ 津田左右吉对皇室永续的论证依然源于其一贯的批判视角,即出于对战后日本兴起的废除天皇制思潮的批判。同时,津田对皇室永续的论证也来源于其对天皇始终抱有的敬爱之情。④

作为历史学家,津田左右吉还从天皇与国民的关系角度入手,论证了日本国家的存在理念和日本民主政治的方向。关于皇室的产生,津田认为:"日本的皇室从日本民族内部产生,统一日本民族,形成日本国家,

---

① 西田幾多郎:『日本文化の問題』,岩波書店1982年版,第75頁。
② 同上書,第77頁。
③ 津田左右吉:『津田左右吉歴史論集』,岩波書店2006年版,第302—304頁。
④ 家永三郎通过对津田左右吉日记的研究,认为津田左右吉"对皇室始终怀有敬爱之念",津田左右吉战前的天皇观批判表现为:神秘主义批判,形式上威压主义的批判,天皇亲政论批判。(家永三郎:『津田左右吉の思想史的研究』,岩波書店1971年版,第154—161頁。)

成为了它的统治者。(中略)皇室从高高在上的顶峰俯视民众,并试图运用权力压服民众的事情,在漫长的历史上一次也没有发生过。换句话说,在实际的政治上,皇室与民众不是对立的。"① 与西田反对将皇室与国民对立起来,主张皇室与国民之间是"内在并超越"的"矛盾自己同一"的关系一致,津田也反对将皇室与国民对立起来的观点,主张皇室是内在于日本国民中,并不是依据武力,而是自然形成的统治者。他认为:"作为思想与国家的统治者,皇室的地位不是皇室与国民对立,从外部君临国民,而是通过位于国民内部,体现国民的意志,通过在上述意义的基础上实行统治,使皇室与国民调和。"②

既然天皇与国民的关系不是外在对立,而是内在同一的,那么就可以在民主政治中找到处理天皇与国民关系的最佳途径。津田提出:"所谓民主政治,是国民自身主宰国家一切事物的政治,如果把由过去的国民创造出来的,并且历史地促成的所有事物都当作当前国民拥有的事物的话,皇室便是国民的皇室,天皇也成为国民的天皇,国民就应当把这个天皇、这个皇室作为我的天皇、我的皇室来爱戴它。由爱戴而生尊重,这样,其历史地传承下来的地位就应当发挥出与现代的政治思想相适合的作用。"③ "如果到了国民主宰国家一切的时候,那么皇室便能够位于国民之内,与国民一体。具体地说,就是在作为国民结合的中心,国民精神的活生生的象征那里,拥有皇室存在的意义。" "由于位于国民的内部,因此皇室与国民一同步入永久,与国民通过父祖子孙相继延续直至无穷一样,皇室与这些国民都是万世一系的。"④ 至此,从天皇与国民的一体性关系出发,津田终于推导出皇室在民主政治中存在的意义,并借助国民的存在意义,通过对在第二次世界大战后已经成为历史沉渣的天皇"万世一系"思想的重新解读,把皇室的存在推导到永久。这反映出在战后初期的民主思潮冲击下,津田对皇室在日本历史上作用的肯定和对皇室永续存在的迷恋。尽管西田并未经历战后民主主义思潮的冲击,但是,西田在晚年竭力宣扬的"国体精华"就是主张皇室永续存在。西田认为:"在我国的国体中,

---

① 津田左右吉:『津田左右吉歴史論集』,岩波書店 2006 年版,第 319—320 页。
② 同上书,第 320 页。
③ 津田左右吉:『津田左右吉全集』第二十八卷,岩波書店 1988 年版,第 151 页。
④ 津田左右吉:『津田左右吉歴史論集』,岩波書店 2006 年版,第 320 页。

皇室是世界之始终。皇室包含过去未来，作为绝对现在的自我限定，所有都是以皇室为中心生生不息地发展的，这是我国国体的精华。"① 这反映出以津田与西田为代表的战时和战后初期具有深刻思索的学者共同拥有的对日本皇室乡愁般的感情倾向。

西田认为："作为纯真的道德实在的家庭和国家，是通过纯真的爱创造出来的超越意志的积极内容。国家与家庭的道德不仅仅是单纯的因袭的道德，其中必须有纯真的感情内容。"② 与西田一样，津田也认为连接天皇与国民的不是政治性因素，而是感情性纽带——爱。"在应当由国民自己主宰国家一切的现代，皇室是国民的皇室，天皇是'我们的天皇'，我们必须爱'我们的天皇'。国民的皇室应当把国民揽入怀抱。把与国民共同经历了两千年历史的皇室放在与现代国家、现代国民生活相适应的地位上，美化它、稳固它，以确定其永久性，这是国民自身的爱的力量。国民爱皇室。唯有在爱中才包含着民主主义的彻底的身姿……并且那样地爱皇室，也是自身中存在的通向世界的人道精神的大披露。"③ 津田不仅把对皇室的爱当作皇室与国民永久存在下去的力量源泉，而且把对皇室的爱提升到拥有"世界性"的"人道精神"的高度。也就是说，津田把国民对皇室的感情发挥到了极致。与美浓部达吉认为日本国体的特色仅在于皇室在历史上长期作为国家生活的中心的事实，和国民对皇室的宗教式的崇敬忠爱的感情一样，津田左右吉的民主主义最终也没有跳出天皇制意识形态樊篱。④ 这种对日本特有的"爱"的情意化追求成为由战前特殊时代滋养出来的思想家的共同价值取向和人格构成。正如西田几多郎认为的："在汝中见我，在我中见汝，这是真爱。""是我们的人格构成"。⑤

作为历史学家，津田左右吉并未系统论证日本近代国家的本质问题，他仅在对皇室永续论的论证中观照了天皇与民主主义国家之间的关系，尽

---

① 西田幾多郎：『西田幾多郎全集』第十一卷，岩波書店2005年版，第201頁。
② 西田幾多郎：『西田幾多郎全集』第三卷，岩波書店1988年版，第498頁。
③ 津田左右吉：『津田左右吉歷史論集』，岩波書店2006年版，第321—322頁。
④ 家永三郎认为，"津田和美浓部都试图把天皇制合理化、近代化，在排除民主主义发展的障碍的同时，反而试图把心情上敬爱的皇室的存续安全化，是天皇制框架内的民主主义者"。"他们容忍了不支持社会主义的自由主义、帝国主义，这恐怕是与大正民主主义的主流共通的。"（家永三郎：『津田左右吉の思想史の研究』，岩波書店1971年版，第344頁。）
⑤ 西田幾多郎：『西田幾多郎全集』第十二卷，岩波書店2004年版，第242—244頁。

管如此，津田左右吉在天皇观中对天皇制永久存续的依恋仍然折射出其国家观念的感情倾向。与西田哲学国家观一样，在津田史学的国家认识中也包含着试图通过对日本历史的细致解读，为皇室的存在赋予绝对性、"世界性意义"的情感，他对未来日本国家形态的憧憬仍然基于皇室永续论。很显然，在这种皇室永续论中，包含着突出日本历史的"特殊性"的民族主义倾向。

结 论

19世纪末20世纪初期的日本，正值近代天皇绝对主义政治体制初步确立，近代启蒙主义的任务大致完成，民众对明治国家的感情空前饱满的时期。在这样的时代，思想上需要一种既认同国家的绝对权威，又主张个人的独立自由的理论，在这样的时代要求下，青年的西田几多郎从感悟"生命的意义"主题出发，从众多的西方哲学国家理论中选择主张"国家至上""民族至上"的新黑格尔主义学说作为《善的研究》的基本逻辑构成，并以此为基调，在文化观、国家观和世界观上展开了哲学思索。

在诠释其哲学核心原理——"纯粹经验"的过程中，西田始终排斥以严密的逻辑推断为前提的西方思维方式，主张以直觉超越逻辑，以意志超越道德，这种哲学认识论的特征成为西田哲学国家观的逻辑前提。带有浓厚的佛教思维特征的"绝对无"的"场所逻辑"是对"纯粹经验"认识论的逻辑归纳，这种试图以东方"无"的逻辑超越西方"有"的逻辑的倾向，在后来论证国家理念问题时被充分运用，从而构成西田哲学国家观的逻辑依据。"绝对矛盾自己同一"的辩证法是对"场所逻辑"的再次加工，也使西田哲学逻辑再一次向宗教靠拢，西田哲学把实在的最大统一力定位为神。从西田对其哲学体系不断充实的过程中，我们可以看到一种对宗教上的神的逐次强化的倾向。最终，人神合一的宗教观成为西田哲学与国家观的归宿。在对国家观和世界观的论证过程中，西田将神与日本皇室对等，于是，皇室成为包摄一切的存在，成为西田哲学与国家观的最终归属。

在日本开始发动大规模对外侵略战争的20世纪30年代以后，西田开始关注文化问题、国家理性问题和世界新秩序问题。西田哲学的文化观是强调文化的"世界性"的多元文化观，他以"文化多元论"对抗"西欧文化至上论"，并着重论证日本文化具有"融通"东西方文化的特殊性质。西田把日本文化诠释成使自己成为"无"来包纳"万有"的"创造性"文化，是拥有"世界性意义"的文化，表现出了强烈的日本文化"优越论"倾向。由于西田还借助皇室在日本历史上的作用来推导日本文化的"特殊性"，因此，西田哲学的文化观不仅未能突破战时日本社会流行的天皇信仰，反而带有试图从哲学角度诠释"万民翼赞"思想的倾向，从这个角度上说，西田哲学也发挥了支撑和宣传天皇制"国体"的作用。尽管西田哲学文化观是面向世界的文化观，但其实质仍然是以日本文化"优越论"为基础的，试图以"日本文化中心主义"代替"西欧文化中心主义"的狭隘的文化观。

在论证国家理性问题时，西田从"历史的世界"的形成的原理出发论证国家的"道德性意义"。西田跳出了西方合理主义道德观的范畴质问国家形成的根本原因，这是非常深刻的角度。然而，在西田哲学那里，理念中的国家与现实中的国家被混同在一起，国家成为超越于道德伦理之上的世界历史的终极存在，西田通过这种混同，为日本现实国家的存在寻找到最终的伦理和逻辑依据。西田对国家理性问题的思考是在1941年以后完成的，在此时的日本社会，天皇制国家已经在"国家总动员""国民精神总动员"等口号下，以强制力在思想、言论、经济等所有领域进行统制和弹压。在这个特殊的时代，西田通过解读国家"超道德"的伦理意义，赋予近代日本国家"神圣的""世界史的使命"，使得西田哲学的国家观具有鲜明的时代特色。西田把日本的"国体"颂扬为"世界最优"的"国体"，这与当时日本社会普遍宣扬的本民族认同主义和对皇室绝对服从与盲目崇拜的思想倾向完全一致。因此，西田哲学的国家观并未跳出日本民族"优越论"和皇室至上主义的窠臼。

西田哲学的世界观是"世界性的世界"理论，他从"绝对矛盾自己同一"的辩证法出发，构想出了一个理想中的"世界性的世界"，并试图以这种新的"世界构成原理"结束战争，使世界走向永远的"繁荣"与"和平"。在"世界新秩序"的形成过程中，西田最重视的是第一个阶段——"特殊性的世界"，即"东亚共荣圈"原理。西田宣扬日本在"东亚共荣圈"中的领袖权是"毫无争议""完全道德"的，这一基本论调与当时日本军部推行的"大东亚共荣圈"的政策理念趋同，表明西田哲学的"世界性的世界"理论不仅未能突破当时日本军部大肆宣扬的"东亚共存共荣""充当东亚领袖"的语境，而且为军部推行的侵略东亚政策提供"原理"和"道义"支持。尽管西田批驳了狭隘的国粹主义和日本主义，但是，在西田哲学世界观"空己容他的主体性"原理中，包含以皇室为中心的日本统一世界的称霸倾向，这与狭隘的国粹主义、日本主义殊途同归。因此，与黑格尔谈论世界历史的着眼点在于日尔曼社会一样，西田眺望世界未来的着眼点在于以皇室为核心的日本，和以日本为中心的东亚。西田哲学的世界观是立足于日本民族的世界观，是狭隘的世界观。

在日本发动侵华战争和太平洋战争时期，西田在日记和书简中多次出现对时局的感慨，这说明晚年的西田对于战争时期的日本政治、文化抱有强烈关心。1935年文部省设立教学刷新评议会以来，西田先后担任教学刷新评议会的委员、日本诸学振兴委员会公开演讲会的讲师，系统阐释其文化观、国家观的著作《学问的方法》《日本文化的问题》就是西田在担任演讲会的讲师期间所作的系列演讲。随后，西田被日本政府授予文化勋章，并在军部的邀请下作了《世界新秩序原理》的演讲。可以说，1935年以后，西田一改以往专心钻研哲学基本问题的作风，开始频繁出现在政府机构组织的活动中。战时日本流行的诸如"日本精神""皇道""国体"等政治性宣传口号频频出现在西田的哲学著作中，西田竭力运用自己的哲学体系解读上述名词，试图赋予这些名词新的含义。

从西田撰写《世界新秩序原理》的过程来看，尽管存在理念上的差异，但是，力图为日本政府与军部修正战争理念和世界秩序理念成为他在战时最重要的政治实践行为。西田积极参加近卫集团的思想讨论活动，参与政府组织的文化活动，为天皇讲学；与陆军、海军当权者进行直接接触，通过亲自组织并向海军介绍"世界史的哲学"派（即由其弟子组建的京都学派）参与海军方面关于战争理念的讨论；应陆军方面的要求，撰写《世界新秩序原理》，竭力向陆军宣扬自己的主张。关于上述政治性行为，诸多日本学者认为西田是"被政治利用"，在"不得已的情况下"做出的迎合政府的行为，甚至认为西田的发言是以"反语"的形式隐喻反对战争的主张。但是，通过对西田与时局关系的考察，完全有理由认为，由于西田的上述政治性行为都在其日记与书信中有条理地记录下来，从这些记录中可以看出西田的主张与理念没有因所谓"外压"而发生明显转向，他不仅能够在与友人的交流中畅所欲言，更能对来自军方特别是陆军方面的人员直接表现出不满情绪，且在其与近卫集团、海军等方面的接触中表现出欲参与政治的强烈欲望。因此，西田在战时的政治性行为应当真实地体现了他完全自主且强烈的主观意愿，不能说是简单的"被利用""不得已",而是正相反,西田积极主动地融入政治圈子,并试图以其独特的哲学"世界性"理念改变执政者的政治理念。

关于西田与"天皇机关说"和"天皇主权说"的关系问题,由于论争双方尽管在主权所在等问题上截然对立,但对"国家人格""国体"等问题的态度基本一致,因此,西田哲学国家观才能以"绝对无的场所"理论超越于政治学的争论双方之上。与西田对日本"国体"的体认方式一样,在对日本"国体"的阐释过程中,"天皇机关说"和"天皇主权说"都站在历史形成的角度,极端重视国家人格,重视"国体",试图通过对"万世一系"的皇统权威的论证,解读日本"国体"的"优越性"。值得关注的是,对"国家人格"的确认是近代日本诸多思想者立论的前提,这几乎成为战时日本思想界普遍认同的原则,这一点在北一辉的思想中也有显著体现。北一辉和西田在论述国家与国民的关系时,都强调国家与国民的一体性关系。二者在解读国家问题时,都把重点放在关注国家的"道德意义"方面,其目的在于为日本国家的"终极繁盛"和"走向世界"寻找出路。在西田那里,理想中的"道德国家"是以皇室为中心的"绝对矛盾自己同一",在北一辉那里,理想中的"公民国家"是通过天皇大权的发动最终实现的。北一辉提出的"世界联邦"构想与西田的理想世界构想在结构上是一致的,与北一辉的积极开战主张不同的是,西田对战争作用的论证始终没有脱离谨慎的学术语境。在与津田史学的关系问题上,二者都把皇室与国民的"真正结合"提升到道德高度;都试图寻求日本文化在世界文化中的"恰当"定位,其目的在于:在历史上的中国文化和现实中的西方文化双重笼罩下寻求日本文化的"独立性""纯粹性"和"创造性"。在他们的学说理论背后,可以看到对置身其中的日本文化内在精神的依恋之情。

作为在近代日本社会颇具影响力,在当前日本学术界颇受关注的独特哲学体系,西田哲学已经不仅仅是日本近代历史上的一个思想断片,西田哲学对东方式思维的深刻诠释和面向世界的开放性立场使其拥有了"世界性哲学"的光环。然而,从西田哲学文化观、国家观和世界观理论中,还可以看到鲜明的时代性特征,最突出的便是对日本文化、日本天皇制国家的依恋和崇敬之情,这种感情基调决定了西田哲学国家观对昭和时代日本政府主流理念的归依。西田哲学国家观中的日本民族"优越论"倾向、皇室中心主义倾向表明，当前已经被牵引到"世界哲学"道路入口处的西田哲学中还存在无法抹去的典型的战时日本的认知立场，在未对西田哲学国家观的上述立场作深刻批判的前提下，就将其抬升为"世界哲学"，其结果只能导致更严重的认知错位与立场偏差。

参考文献

一　外文参考文献

1. 日文参考书目

板橋勇仁：『西田哲学の論理と方法：徹底的批評主義とは何か』，法政大学出版局 2004 年版。

北一輝：『北一輝著作集 1』，みすず書房 1978 年版。

北一輝：『北一輝著作集 2』，みすず書房 1979 年版。

北一輝：『北一輝著作集 3』，みすず書房 1976 年版。

長尾龍一：『日本憲法史叢書 7 穂積八束集』，信山社 2001 年版。

大橋良介：『西田哲学の世界』，筑摩書房 1995 年版。

渡辺治：『日本の大国化とネオ・ナショナリズムの形成』，桜井書店 2001 年版。

岡本幸治：『北一輝転換期の思想構造』，ミネルヴァ書房 1996 年版。

高橋正衛：『現代史資料 23 国家主義運動 3』，みすず書房 2004 年版。

高山岩男：『世界史的哲学』，岩波書店 1942 年版。

根井康之：『西田哲学で現代社会を観る』，農山漁村文化協会 1992 年版。

宮本盛太郎：『北一輝の人間像』，有斐閣 1976 年版。

宮川透：『近代日本思想の構造』，東京大学出版会 1968 年版。

古田光、作田啓一、生松敬三編集：『近代日本社会思想史（2）』，有斐閣 1971 年版。

広松渉：『近代の超克論——昭和思想史への一断想』，朝日出版社 1983 年版。

河上徹太郎、竹内好：『近代の超克』，冨山房百科文庫 1979 年版。

後藤道夫、山科三郎：『ナショナリズムと戦争』，大月書店 2004 年版。

戸坂潤：『無の論理は論理であるか——西田哲学の方法について』，『戸坂潤全集』第二巻，勁草書房 1966 年版。

荒井正雄：『西田哲学読解：ヘーゲル解釈と国家論』，晃洋書房 2001 年版。

荒井正雄：『一つの西田哲学読解』，中部日本教育文化会 1997 年版。

吉本隆明：『現代日本思想大系 4 ナショナリズム』，筑摩書房 1972 年版。

家永三郎：『津田左右吉の思想史的研究』，岩波書店 1971 年版。

嘉戸一将：『西田幾多郎と国家への問い』，以文社 2007 年版。

津田左右吉：『津田左右吉歴史論集』，岩波書店 2006 年版。

津田左右吉：『津田左右吉全集』第二十八巻，岩波書店 1988 年版。

津田左右吉：『津田左右吉全集』第二十二巻，岩波書店 1988 年版。

津田左右吉：『平民文学の時代 上』，洛陽堂 1918 年版。

井田輝敏：『近代日本の思想構造：諭吉・八束・一輝』，木鐸社 1976 年版。

久野収：『日本の超国家主義』，『現代日本の思想』，岩波書店 1956 年版。

袴谷憲昭：『批判仏教』，大蔵出版 1990 年版。

利根川裕：『昭和初期政治史研究』，東京大学出版会 1969 年版。

鈴木亨：『西田幾多郎の世界』，勁草書房 1988 年版。

美濃部達吉：『時事憲法問題批判』，法制時報社 1935 年版。

美濃部達吉：『憲法講話史料集』第 1 巻，ゆまに書房 2003 年版。

平山洋：『西田哲学の再構築』，ミネルヴァ書房 1995 年版。

橋川文三：『現代日本思想大系 31 超国家主義』，筑摩書房 1964 年版。

山田宗睦：『日本型思想の原型』，三一書房 1961 年版。

山田宗睦：『昭和の精神史——京都学派の哲学——』，人文書院 1975 年版。

上山春平：『日本の思想』，サイマル出版会 1971 年版。

上山春平：『日本の土着思想』，弘文堂1965年版。
上杉慎吉：『新稿憲法述義』第九版，有斐閣1928年版。
上田閑照：『上田閑照集』第一巻，岩波書店2001年版。
上田閑照：『西田幾多郎を読む』，岩波書店1989年版。
上田閑照：『西田哲学への問い』，岩波書店1990年版。
上田正昭：『津田史学の本質と課題』，『日本歴史講座8』，東京大学出版社1957年版。
石田一良：『日本思想史概論』，吉川弘文館2001年版。
矢次一夫：『西田幾多郎博士の大東亜戦争観』，新紀元社1954年版。
滝沢克己：『西田哲学の根本問題』，こぶし書房2004年版。
松本健一：『評伝北一輝Ⅱ明治国体論に抗して』，岩波書店2004年版。
穂積八束：『修正増補憲法提要』，有斐閣1935年版。
藤田正勝：『西田幾多郎——生きることと哲学』，岩波新書2007年版。
田中惣五郎：『日本ファッシズムの源流：北一輝の思想と生涯』，白揚社1949年版。
田中惣五郎：『増補版北一輝——日本的ファッシズムの象徴』，三一書房1971年版。
丸山真男：『日本政治思想史研究』，東京大学出版会1958年版。
丸山真男：『現代政治の思想と行動』，未来社1957年版。
西村惠信：『西田幾多郎宛鈴木大拙書簡』，岩波書店2004年版。
西谷啓治編集：『現代日本思想大系22 西田幾多郎』，筑摩書房1968年版。
西田幾多郎：『日本文化の問題』，岩波書店1982年版。
西田幾多郎：『西田幾多郎全集』全二十九巻，岩波書店1979年版。
下村寅太郎：『日本の近代化における哲学について』，『下村寅太郎著作集』第十二巻，みすず書房1990年版。
下村寅太郎：『西田幾多郎——人と思想』，東海大学出版会1965年版。
下村寅太郎、古田光：『現代日本思想大系24』，筑摩書房1965

年版。

小坂国継：『西田幾多郎：その思想と現代』，ミネルヴァ書房 1995 年版。

小坂国継：『西田哲学と現代：歴史・宗教・自然を読み解く』，ミネルヴァ書房 2001 年版。

小林敏明：『西田幾多郎の憂鬱』，岩波書店 2003 年版。

小松茂夫、田中浩：『日本の国家思想』，青木書店 1980 年版。

新田義弘：『現代の問いとしての西田哲学』，岩波書店 1998 年版。

星島二郎：『最近憲法論 上杉慎吉対美濃部達吉』，みずず書房 1989 年版。

岩井忠熊：『岩波講座日本歴史 22，別巻 1』，岩波書店 1963 年版。

岩瀬昌登：『北一輝と超国家主義』，雄山閣 1974 年版。

岩崎允胤：『日本文化論と深層分析』，新日本出版社 1988 年版。

永田広志：『哲学と民主主義』，古明地書店 1948 年版。

粂康弘：『西田哲学——その成立と陥穽』，農山漁村文化協会 1999 年版。

中村雄二郎：『日本文化における悪と罪』，岩波書店 2000 年版。

中村雄二郎：『西田幾多郎』，岩波書店 2000 年版。

中村雄二郎：『西田哲学の脱構築』，岩波書店 1987 年版。

中島健藏：『昭和時代』，岩波新書 1957 年版。

竹山護夫：『北一輝の生存空間の転換』，有斐閣 1976 年版。

竹田篤司：『物語"京都学派"』，中央公論新社 2001 年版。

2. 日本论文

板橋勇仁：『世界においてある身体——西田哲学を手がかりとして身体を見つめる——』，『立正大学人文科学研究所年報』，2001 年。

村上陽一郎：『生物進化論に対する日本の反応』，『日本人と近代科学』，新曜社 1980 年。

村西義一：『象徴と機関（二）——天皇機関説との関連において——』，『法と政治』，1987 年。

村西義一：『象徴と機関（一）——天皇機関説との関連において——』，『法と政治』，1983 年。

大橋良介：『歴史と身体——西田哲学の歴史思惟（2）』，『理想』

第 681 号「特集 西田哲学の諸問題」、2008 年。

大橋良介：『群論的世界――西田哲学の"世界"概念――』、『思想』第 857 号、「西田幾多郎歿後 50 年特集」、1995 年。

大熊治生：『西田哲学における芸術と歴史――「歴史的形成作用としての芸術創作」をめぐって――』、『美学』52 巻第 1 号、2001 年 6 月。

富永健：『天皇機関説と国体論』、『憲法論叢 12』、2005 年。

岡田大一：『北一輝考――二二六事件との関連性――（その二）』、『名古屋女子大学紀要』第 30 巻、1984 年。

岡田大一：『北一輝考――二二六事件との関連性――（その一）』、『名古屋女子大学紀要』第 29 巻、1983 年。

岡田勝明：『悲哀が言葉となるとき――西田哲学における「言語」理解』、『理想』第 681 号「特集 西田哲学の諸問題」、2008 年。

古田光：『西田哲学の位置と意義』、『思想』、1967 年第 7 号。

古屋哲夫：『北一輝論（1）』、『大阪学報』36 号、1973 年 3 月。

花岡永子：『「歴史的現実」と「歴史的実在」の問題――田辺哲学と西田哲学から――』、『大阪府立大學紀要（人文社會科學）』第 50 期、2002 年 3 月。

加島史健：『西田哲学における宗教的世界観の前提』、『宗教研究 77』、2004 年。

井上克人：『東洋的思惟の特質と京都学派の哲学』、『関西大学哲学』第 25 期、2005 年 10 月。

井上克人：『明治期アカデミー哲学の系譜――「現象実在論」をめぐって――』、『関西大学文学論集』第 55 巻第 4 号、2005 年 3 月。

井上義彦：『西田哲学の「場所」の論理とカント』、『民崎大学総合環境研究』6 巻第 1 号、2003 年。

利根川裕：『北一輝における天皇（上）』、『浪曼』、1974 年 3 月号。

林永強：『生命の学問としての哲学――西田幾多郎と牟宗三』、『理想』第 681 号「特集 西田哲学の諸問題」、2008 年。

馬曉華：『東アジアの平和とナショナリズム――ナショナリズムの底流と克服――』、『ノモス 15』、2004 年。

美濃部達吉：『帝国の国体と帝国憲法』，『法学協会雑誌』31 巻 6 号，1913 年。

美濃部仁：『西田における自我——絶対無と時』，『理想』第 681 号「特集 西田哲学の諸問題」，2008 年。

米山優：『創造的モナドロジーのもたらすもの』，『理想』第 681 号「特集 西田哲学の諸問題」，2008 年。

氣多雅子：『西田の自覚とオットーのヌミノーゼの感情』，『理想』第 681 号「特集 西田哲学の諸問題」，2008 年。

秋富克哉：『作るということ——「創造的」純粋経験からの展開』，『理想』第 681 号「特集 西田哲学の諸問題」，2008 年。

萩原桂子：『夏目漱石と西田幾多郎における東洋と西洋——「行人」と「善の研究」——』，『九州女子大学紀要』第 43 巻第 1 号，2006 年。

萩原稔：『北一輝における「アジア主義」の源流』，『同志社法学（53-3）』，2001 年。

萩原稔：『昭和の北一輝：対中国和平論と「国家改造」論の関係を中心に』，『同志社法学（50-6）』，1999 年。

三島正明：『西田幾多郎の科学観と日本の近代』，『二松学舎大学東アジア学術総合研究所集刊』，2005 年。

森哲郎：『西田幾多郎の「表現」思想』，『理想』第 681 号「特集 西田哲学の諸問題」，2008 年。

杉本耕一：『書評：嘉戸一将著 西田幾多郎と国家への問い』，『日本の哲学（8）』，2007 年第 12 期。

上田閑照：『西田幾多郎——「あの戦争」と「日本文化の問題」』，『思想』第 857 号，「西田幾多郎歿後 50 年特集」，1995 年。

深沢徹：『ロマン主義の陥穽——西田幾多郎「日本文化の問題」について——』，『桃山学院大学社会学論集』37 巻第 2 号，2004 年。

石井龍一：『ナショナリズムと戦後秩序』，『川村学園女子大学研究紀要（17-2）』，2006 年。

石神豊：『西田幾多郎の書簡に見る諸思想家——思想家についての記述と注解——』，『創価大学人文論集』，2007 年。

松丸壽雄：『場所的論理とラッセルのパラドックス』，『理想』第

681 号「特集 西田哲学の諸問題」，2008 年。

藤田正勝：『ディルタイと西田幾多郎』，『理想』第 681 号「特集 西田哲学の諸問題」，2008 年。

藤田正勝：『時代のなかに立つ西田幾多郎、嘉戸一将〈西田幾多郎と国家への問い〉——』，『思想』，2007 年第 10 号。

田畑忍：『京都学派の法思想について』，『同志社法学（14-2）』，1962 年。

田中久文：『「創造」論としての日本文化論——西田幾多郎「日本文化の問題」について』，『理想』第 681 号「特集 西田哲学の諸問題」，2008 年。

田中裕：『無の場所と人格——西田哲学とキリスト教の接点』，『理想』第 681 号「特集 西田哲学の諸問題」，2008 年。

土屋道雄：『天皇機関説』，『横浜創英短期大学紀要 2』，1994 年 3 月。

西川富雄：『西田哲学をどう見るか』，『思想』，1985 年第 1 号。

小坂国継：『「永遠の今」について』，『宗教研究 77』，2004 年。

小坂国継：『西田哲学の基層』，『理想』第 681 号「特集 西田哲学の諸問題」，2008 年。

遊佐道子：《アメリカで西田研究を考える》，『思想』第 857 号，「西田幾多郎歿後 50 年特集」，1995 年。

源了圓：『近代日本における伝統観と西田幾多郎——エリオットの伝統論との出会い——』，『思想』第 857 号，「西田幾多郎歿後 50 年特集」，1995 年。

源了圓：『西田幾多郎の日本文化論における「物」をめぐる思想』，『思想』第 888 号，1998 年。

増淵竜夫：『歴史意識と国際感覚——日本の近代史学史における中国と日本（1）』，『思想』第 464 号，1963 年 2 月。

中村雄二郎：『西田幾多郎の宗教論と歴史論』，『思想』，1987 年第 5 号。

中尾訓生：『西田幾太郎の日本文化論』，『山口經濟學雜誌』第 48 巻第 6 号，2000 年。

竹村牧男：『学問と社会および宗教学と現代』，『宗教研究』第 82

卷第 4 号，2009 年。

佐藤堅司：『津田史学の核心』，『駒沢大学研究纪要 13』，1955 年。

佐藤美奈子：『「東洋」の出現——北一輝〈支那革命外史〉の一考察』，『政治思想研究』1 号，2001 年 5 月。

アグネシカ・コズイラ：『パラドックス論理のニヒリズム——西田とハイデッガ——』，『日本研究』第 33 集，2006 年。

シュテンガー ゲオルク，井上克人（訳）：『ハイデッガーと西田における経験という現象——〈思惟の経験〉と〈経験の思惟〉』，『理想』第 681 号「特集 西田哲学の諸問題」，2008 年。

ジョン・C・マラルド，山本誠作（訳）：『世界文化の問題——西田の国家と文化の哲学の体得へ——』，『思想』第 857 号，「西田幾多郎歿後 50 年特集」，1995 年。

ダリシエ ミシェル：『西田幾多郎 窪みと統一』，『理想』第 681 号「特集 西田哲学の諸問題」，2008 年。

バルバリッチ ダミール：『放下としての有』，『理想』第 681 号「特集 西田哲学の諸問題」，2008 年。

ベルナール・ステイウエンス，岩田文昭（訳）：『京都学派の哲学』，『思想』第 857 号，「西田幾多郎歿後 50 年特集」，1995 年。

3. 西文参考文献

Gregor paul, Philosophie in Japan. Von den Anfangen is zur Heian-Ze it München ludicium, 1993.

Lydia Brüll, Die japanischen Philosophie, E ine E in fuhrung. Darm s tade W issenschaftliche Buchgese llschaft, 1989.

Peter Pörtner, Jens Heise, Die Philosophie Japans. Stuttgart Kröner, 1995.

Rude Awakening—Zen, the Kyoto School and the Question of Nationalism, Ed. by James W. Heisig, John C. Maraldo, University of Hawaii Press, 1994.

二 中文参考书目

1. 著作

卞崇道：《日本哲学与现代化》，沈阳出版社 2003 年版。

卞崇道、藤田正胜、高坂史明主编：《东亚近代哲学的意义》，沈阳出版社 2002 年版。

陈德仁、安井三吉：《孫文講演"大亞洲主義"資料集》，台北法律文化社 1989 年版。

崔新京：《日本法西斯思想探源》，社会科学文献出版社 2006 年版。

韩书堂：《纯粹经验：西田几多郎哲学与文艺美学思想研究》，齐鲁书社 2009 年版。

［德］黑格尔：《法哲学原理》，范扬等译，商务印书馆 1961 年版。

［德］亨利希·库诺：《马克思的历史、社会和国家学说》，袁志英译，上海世纪出版集团 2006 年版。

黄心川主编：《东方著名哲学家评传》（日本卷），山东人民出版社 2000 年版。

［德］康德：《道德形而上学原理》，苗力田译，上海人民出版社 1986 年版。

［日］铃木正、卞崇道等著：《日本近代十大哲学家》，上海人民出版社 1989 年版。

刘及辰：《西田哲学》，商务印书馆 1963 年版。

刘及辰：《京都学派哲学》，光明日报出版社 1993 年版。

刘萍：《津田左右吉研究》，中华书局 2004 年版。

刘岳兵：《日本近现代思想史》，世界知识出版社 2009 年版。

吕万和：《简明日本近代史》，天津人民出版社 1984 年版。

沈仁安、宋成有：《近代日本的史学和史观》，生活·读书·新知三联书店 1982 年版。

王屏：《近代日本的亚细亚主义》，商务印书馆 2004 年版。

吴光辉：《传统与超越——日本知识分子的精神轨迹》，中央编译出版社 2003 年版。

［日］丸山真男：《现代政治的思想与行动——兼论日本军国主义》，林明德译，联经事业公司 1984 年版。

［日］信夫清三郎：《日本政治史》，周启乾等译，上海译文出版社 1981 年版。

［日］西田几多郎：《善的研究》，何倩译，商务印书馆 1997 年版。

［日］新渡户稻造：《武士道》，张俊彦译，商务印书馆 2005 年版。

严绍璗：《日本中国学史》，江西人民出版社 1991 年版。

［日］中村雄二郎：《西田几多郎》，卞崇道、刘文柱译，生活·读书·新知三联书店 1983 年版。

［日］中江兆民：《一年有半、续一年有半》，吴藻溪译，商务印书馆 1991 年版。

朱谦之：《日本哲学史》，人民出版社 2002 年版。

2. 论文

［美］A. 费伯格：《西田哲学中的现代性问题》，《世界哲学》2004 年第 2 期。

卞崇道：《面向 21 世纪的中日哲学对话》，《日本研究》2000 年第 1 期。

卞崇道：《日本世界史学派的历史哲学》，《日本研究》2006 年第 3 期。

卞崇道：《试论西田哲学的宗教特性——宗教间对话的可能性》，《杭州师范学院学报》（社会科学版）2006 年第 6 期。

崔建树：《论黑格尔的国家学说及其创新》，《江淮论坛》2006 年第 3 期。

崔新京：《北一辉的法西斯思想》，《日本研究》2002 年第 2 期。

崔新京：《日本法西斯思想的基本内容及其主要特点》，《日本研究》2003 年第 3 期。

龚隽：《"反抗的现代性"：二十世纪的日本禅、京都学派与民族主义》，《世界哲学》2004 年第 2 期。

韩东育：《"仁"在日本近代史观中的非主流地位》，《历史研究》2005 年第 1 期。

韩英：《日本近代自我意识的形成与西田哲学》，《大连大学学报》2003 年第 1 期。

贾纯、君超：《西田几多郎及其哲学》，《东北师大学报》（哲学社会科学版）1986 年第 1 期。

姜芃：《黑格尔的历史哲学与"精神"的世界史》，《山东社会科学》2005 年第 3 期。

李威周：《研究日本哲学史的意义和方法》，《日本研究》1999 年第 1 期。

刘明贤：《格林论共同善》，《湖北社会科学》2010 年第 10 期。

刘岳兵：《西田哲学中矛盾的现代性：与时局的对抗与屈服》，《世界哲学》2010 年第 1 期。

刘岳兵：《主持人手记》，《世界哲学》2010年第1期。

［日］末木文美士：《"日本哲学"的可能性》，龚颖译，《世界哲学》2009年第5期。

潘吉玲：《亚细亚主义的逻辑和伦理——关于近代日本文化的一些思考》，《日本研究》2005年第4期。

朴金波：《论西田的"纯粹经验"》，《吉林大学社会科学学报》1994年第3期。

朴金波：《论西田哲学的体系及其实质》，《外国问题研究》1994年第3期。

朴金波：《西田"融创哲学"研究》，博士学位论文，吉林大学马克思主义哲学专业，2008年。

朴金波：《西田的"绝对无"》，《吉林大学社会科学学报》2001年第2期。

朴金波：《西田的"实践观"》，《吉林省社会主义学院学报》2009年第4期。

顺真：《西田哲学的儒学来源》，《吉首大学学报》2006年第4期。

孙文礼：《试论西田之"纯粹经验"与庄子之"坐忘"》，《新西部》2008年第18期。

王贵贤：《〈德意志意识形态〉中的国家观》，《马克思主义与现实》2006年第4期。

魏育邻：《日本文化民族主义批判——从本居宣长到今日的"靖国辩解话语"》，《日本学刊》2006年第3期。

徐弢：《西田哲学的核心概念及其禅学意涵》，《世界哲学》2007年第5期。

徐英瑾：《西田几多郎的"场所逻辑"及其政治意蕴——一种基于认知语言学的解读》，《学术月刊》2015年第8期。

许晓光：《维新政府成立前日本近代化国家观的发端》，《西南大学学报》（人文社会科学版）2007年第1期。

郁建兴：《黑格尔的国家观》，《政治学研究》1999年第3期。

喻中：《为什么是西田哲学》，《法制日报》2008年5月11日，第10版。

战军：《评"世界史的哲学"》，《外国问题研究》1989年第2期。

后　　记

本书为2011年国家社科基金青年项目《西田哲学中的国家观念研究》（项目批准号11CSS004）结项成果，也是我对我的博士学位论文《西田哲学国家观批判》进行大幅扩充后写就的。对西田哲学国家观念的研究，是我自2005年攻读博士学位以来，一直不断研习的课题。拙作得以付梓，亦是对我长期研讨西田哲学国家观念的一个阶段性总结。

自1994年师从周颂伦先生学习日本史以来，先生敏锐深刻的学术见解、真诚豁达的人格魅力始终令我敬仰。承蒙先生不弃，2005年继续在先生门下攻读博士学位。先生不仅是我学业的领路人，更是我的人生导师。在先生的建议下，我下定决心选择西田哲学国家观念这一难题，并有幸获得国家社科基金项目资助。在完成课题的过程中，从选题、结构，到资料的获取与研读，都获得了先生的悉心指导与帮助。拙作得以完成，心中充满的是对周颂伦先生的感激之情。感谢东北师范大学教授李小白女士在我攻读硕士、博士学位期间给予的多方关怀。

感谢东北师范大学历史文化学院梁茂信、于群、董小川、孙群郎、李晔等先生的指导与帮助，感谢中国社科院美国研究所胡国成先生、吉林大学东北亚研究院陈景彦先生的指导与帮助。

感谢哈尔滨师范大学历史文化学院张晓校先生对拙作提出的宝贵意见，并在出版前夕为我辛苦地修改书稿；感谢王鹤女士帮助我校对英文文献。感谢哈尔滨师范大学历史文化学院为年轻学者提供了广阔的发展平台。

感谢我的家人：感谢丈夫田生军先生对我的支持与陪伴；感谢女儿田园给予我亲情的力量；感谢我的父亲吴德轩、母亲张海荣对我的培养与鼓励。

最后，诚挚地感谢中国社会科学出版社王浩副总编、宫京蕾编辑为出版拙作付出的辛勤劳动。

  本人才疏学浅，拙作难免出现错误，故恳请学界师长、同人批评指正。

吴玲

2019年3月于哈尔滨